中山大学华侨华人研究丛书 ④
香川大学经济研究丛书 26

华侨的社会空间与文化符号

日本中华街研究

王 维 著

中山大学出版社
·广州·

版权所有　翻印必究

图书在版编目（CIP）数据

华侨的社会空间与文化符号：日本中华街研究/王维著.—广州：中山大学出版社，2014.8
（华侨华人研究丛书/香川大学经济研究丛书）
ISBN 978-7-306-04976-6

Ⅰ.①华… Ⅱ.①王… Ⅲ.①华侨—文化研究—日本 Ⅳ.①D634.331.3
中国版本图书馆CIP数据核字（2014）第179469号

出 版 人：徐　劲
策划编辑：李海东
责任编辑：李海东
封面设计：方楚娟
责任校对：何　凡
责任技编：何雅涛
出版发行：中山大学出版社
电　　话：编辑部 020-84114366，84111996，84113349，84111997，84110779
　　　　　发行部 020-84111998，84111981，84111160
地　　址：广州市新港西路135号
邮　　编：510275　　　　传　真：020-84036565
网　　址：http://www.zsup.com.cn　E-mail：zdcbs@mail.sysu.edu.cn
印 刷 者：广州中大印刷有限公司
规　　格：787mm×960mm　1/16　24.75印张　460千字
版次印次：2014年8月第1版　2014年8月第1次印刷
定　　价：60.00元

如发现本书因印装质量影响阅读，请与出版社发行部联系调换

中山大学"华侨华人研究丛书"编辑委员会

顾　问　王晓萍　陈春声　林　琳
主　编　刘　宏
编　委　（以姓氏笔画为序）
　　　　王　柯　王辉耀　龙登高
　　　　刘　宏　刘志伟　吴前进
　　　　周　敏　范若兰　袁　丁
　　　　滨下武志

Abstract

This book examines Chinatowns of Japan with a focus on the social space, cultural symbols and ethnicity of Overseas Chinese in the country. A number of theories have been consulted and employed such as the concepts of Contact Zones, Social Space and Tourism Resources in order to have an in-depth analysis on the cultural activities and characteristics of Chinatowns in Japan's Overseas Chinese community.

There are three major Chinatowns in Japan, i. e. Yokohama Chukagai, Nanjing Machi of Kobe as well as Nagasaki Chukagai. Different development trajectories could be observed in the three Chinatowns due to the differences in their history, community scales and their interactions with local host society. The relationship between Chinese communities with local society and their Japanese neighbors could thus be vividly described as relatives (Nagasaki), friends (Kobe) and neighborhoods (Yokohama), showing a special social and cultural scenario exhibited in the three Overseas Chinese communities, and such a social and cultural scenario was gradually formed through the interactions between Chinese and local host society in different historical and cultural social spaces.

Different from Chinatowns in other parts of the world, traditional Chinatowns in Japan are not exclusive communities dominated by Chinese. For instance, few Overseas Chinese are currently living in the Chinatowns of Nagasaki and Kobe while most of the local residents are Japanese. Unlike Chinatowns in New York or other cities, Japan's Chinatowns could never become economical centres for local Chinese as well as hubs congregated by new Chinese migrants. As a result, hardly could it be termed as "Ethnic Minority Economic Niche".

The author points out that Chinatown is a social space which generates culture. A traditional Chinatown in its capacity of a community (social space) was gradually formed in accordance with the traditional Chinese custom, and the internal and external social connections of Chinatown in turn constitute its social functions and social significance. Inhabitants in the community have greatly changed the Chinatown in terms of the social space through various efforts and practices since 1980s, and different kinds of "capital" played a key role in the process. In other words, the most striking difference exhibited by Japan's Chinatowns is their localization, assimilating into the local Japanese society.

One of the key aspects discussed in the book is the Overseas Chinese culture represented by religious worship and performing art, which are symbolic cultural insignias and are extremely important in terms of the changing ethnicity. In addition, the traditional religious worship activities held in the Chinese temples and organised by the Chinese locality associations are also explored in the book. Religious worship not only provides Overseas Chinese with imagined root-seeking religious ceremonies and social gathering opportunities, but also a social space to build up and maintain various networks peculiar to the Chinese community. Consequently, temples and religious worship activities have jointly become the identity symbols for local Overseas Chinese. Another important aspect examined in the book is the Neo-traditional Culture which has jointly been recreated by Chinatowns of different placesand local societies since 1980s. A special relationship between Japan's Overseas Chinese community and local society and a novel cultural scenario can evidently be shown by the recreated cultural symbol "Neo-traditional Worship and Performing Art". Traditional performing art accompanying the religious worship, however, gradually declined due to the transformation of Overseas Chinese community and was eventually replaced by the neo-traditional performing art. The transformation of social space in the Overseas Chinese community, the cultural interactions among themselves, as well as the significance and functions represented by traditional cultural insignias could thus be observed in the interactions among traditional worship activities, traditional performing art and neo-traditional performing art.

In short, different disseminating trajectories of Chinese culture in Chinatowns of different places such as Nagasaki, Kobe, Yokohama, London and San Francisco could clearly be observed through the analysis and comparisons of different Chinatowns and local cultures. Meanwhile, interactions between Chinese migrant communities and local host societies and their social and cultural situation are also demonstrated.

序

刘 宏*

作为一种"由华人移民创造的全球性的文化现象",唐人街与华人国际移民是共生的。很自然地,唐人街也成为海外华人研究领域的重要对象。现有的研究主要集中在北美、欧洲、东南亚等地的唐人街,对日本的研究则较为缺乏。唐人街在日本通常被称作中华街,横滨中华街、神户南京町、长崎新地中华街是日本当前最具代表性的三大唐人街,它们不仅刻录下了日本华侨社会的悠久历史,也在记述着这个关系场域的时代新生。我认为,王维教授的这本专著填补了该领域的空白。

与世界其他区域的华人社会相比,日本的华侨华人社会有着鲜明的特点。在人口组成上,不论是在东南亚还是欧美等华人移民较集中的区域,这些与在地的主流社会互动而生的社会经济与文化空间大都是以华人为主体,在日本却是个例外。三大唐人街中除了横滨中华街的华人人口比例较高之外,长崎和神户中华街内部的华人比例则要低得多,这对于日本华侨社会的华人性(Chineseness)不可避免地会产生一定程度的影响。在经济角色的扮演方面,虽然日本的中华街在当地经济与社会的发展中也承担着商业中心的重要身份,但是它们"既不具有接受新移民的历史和平台,也不是在日华人经济活动的中心",以致无法成为凝聚华族经济力量的枢纽。在文化的传承与发展方面,由于特殊的历史文化背景以及内外多重关系的影响,日本华侨华人社会既选择了融入当地主流社会,实现与本土社会的一体化,同时也通过与官方和民间社会的合作来推动华族文化传统的传承与复兴。其中,日本华人社会的华人传统文化复兴被赋予了明确的工具性色彩,这一点在世界其他地方虽亦有体现,却并

---

* 刘宏:新加坡南洋理工大学陈嘉庚讲座教授、人文与社会科学院院长暨南洋公共管理研究生院院长;国务院侨办专家咨询委员、教育部长江学者讲座教授。

没有日本这样明显。

日本华人社会的在地化对观察者来说印象是非常深刻的。或者可以说，"与日本社会一体化、与当地一体化是日本中华街与世界其他地方的唐人街不同的最大的特征"。其中原因如作者所指出的，这是华侨在特殊的历史文化背景、日本独特的社会背景以及华侨与日本社会和中国之间的各种"关系"文化中形成的。相比世界其他地区的唐人街，日本的中华街是日本式的，不论是其组织结构还是符号象征都是人为建构的。近年来，随着全球性相互依赖程度的提升，中日两国关系日渐走向成熟和多元。受此影响，日本华侨社会的华侨华人组织、社会团体与个人等行为体开始倡导中华街的复兴事宜，日本政府出于本土经济与社会发展的需要，对这些要求也大都给予积极的支持，最终推动了中华街与本土社会的一体化进程。可以说，日本华侨社会与本土社会之间的互动是积极主动的，作为移居者的一方强调融入，作为在地者的一方则强调接纳与包容，这是移民场域从多元化走向一体化的有效路径。

王维教授在这本洋洋数十万字的大作中，围绕日本三大中华街内部华侨社会发展以及华侨社会与日本主流社会的关系，将以祭祀和艺能为代表的文化主线与日本华侨的主体性特点紧密相连，通过对横滨、长崎和神户三地中华街的比较研究，深入探讨了日本华侨华人社会发展的动态性和连续性，勾勒出一幅描绘旅日华侨的社会生活、文化历史以及经济发展的多维画卷。综合来看，这本书主要有以下几个特点：

首先，坚持个案研究与比较研究的结合，明确研究的角度和尺度。长崎、神户和横滨三大中华街在日本华侨社会的发展历史中虽殊途同归，但是，在地社会的经济发展与文化生活也赋予了它们各自的鲜明特色，作者论述和证实了"长崎是亲戚关系，神户是朋友关系，横滨是邻居关系"。通过以个案为研究的基础，作者探讨了日本华侨社会发展的内在规律；同时，坚持以日本国内比较以及日本与欧美之间的跨国比较的方式，揭示了不同的华侨活动场域之间的异同，从而强化了对该研究的必要性和必然性的认识，使其更具现实意义。

其次，坚持跨国视野与本土情怀的结合，赋予研究以广度和高度。全球化的发展为全球性移民的跨国流动提供了更为便利的客观条件和开放的思维等主观优势。作者一方面用较多的笔墨强调了日本华侨社会的本土化倾向，另一方面也看到了跨国性对日本本土社会的影响，并借助与欧美等海外华人社会的比较，将该项研究置于一个宏大的全球语境中，从而有助于更好地揭示近年来日本华侨社会内在的文化复兴、社会发展以及与本土社会良性互动的内在规律。

最后，坚持历史性与时代性的结合，增进研究的厚度与深度，并辅以大量的原始文献和口述历史访谈为依据。任何一项人文社会科学的研究，脱离了历史的支撑都将是脆弱的，作者通过对日本华侨社会发展历史的梳理与总结，看到其与当前社会发展之间的内在联系。当前日本华侨社会的发展与文化复兴除了政府与社会的支持外，很大程度上的动力与源泉是来自对历史与优秀传统的坚守，对历史的依托与对现实的建构成就了该项研究的深度与厚度。

日本华侨社会的发展已有了400多年的历史，并曾经在整个东亚贸易的跨国网络中发挥过突出的作用。尤其是近代以来，中日两国的恩恩怨怨更让华侨社会在日本社会发展中的角色时常变得扑朔迷离。中日邦交正常化以来，日本华侨社会的发展也步入一个新的阶段。但是，由于主客观条件的限制以及历史与现实的原因，日本国内的华侨华人研究在学界始终处在边缘地位。虽然近年来随着中国国际地位和地区影响力的持续提升，对于日本华侨社会的研究日渐得到了应有的重视，但是需要拓展的内容和领域还有很多。

作为一位知名的旅日华人研究学者，王维教授的这项研究在多个方面都有突破。比如她以祭祀和艺能为代表的文化为主线，描绘出一个文化发展与时代发展相结合的宏大叙事，实现以文化作为切入点和以历史为纽带来串起整个社会的最终研究目的。

作为中山大学"华侨华人研究丛书"的主编和王维教授多年的学界同行，我很高兴本书能在国内问世。我相信，不论是希望深入了解日本华侨社会还是将之作为学术研究的比较参照系的读者，都会和我一样，从本书中受益匪浅。

2014年6月26日
定稿于韩国大邱市

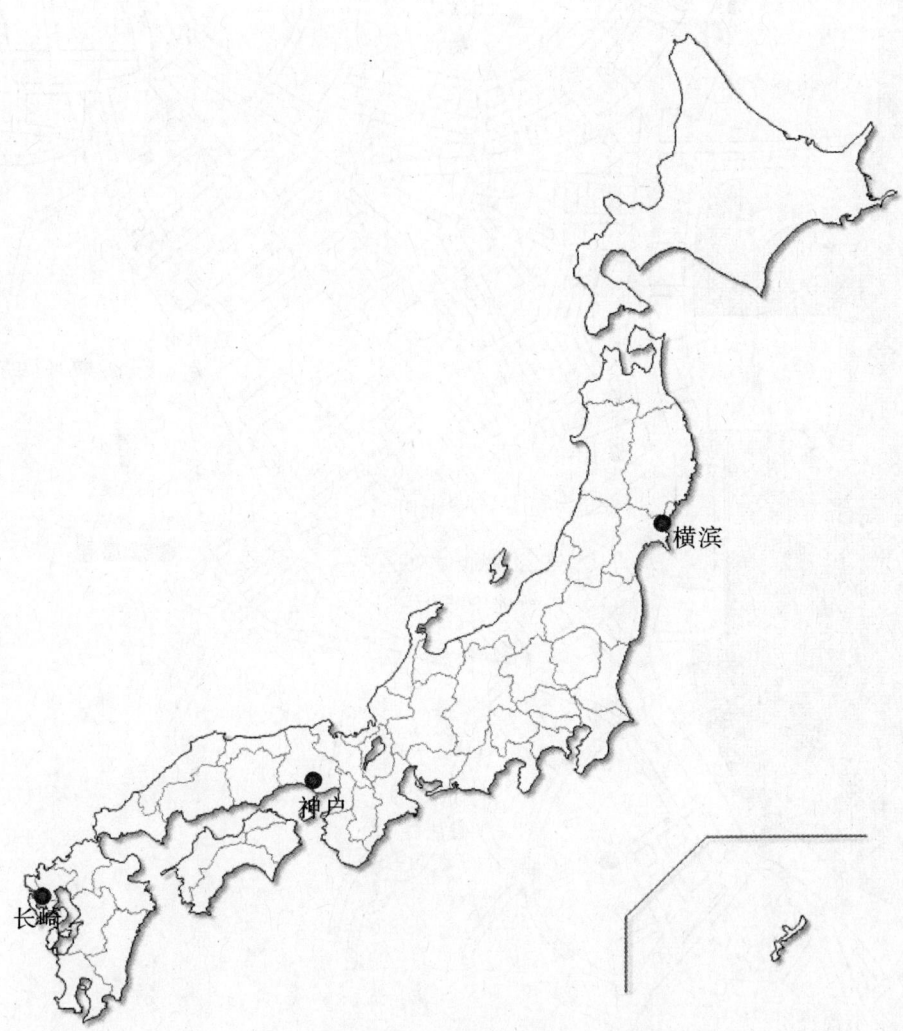

日本中华街所在地

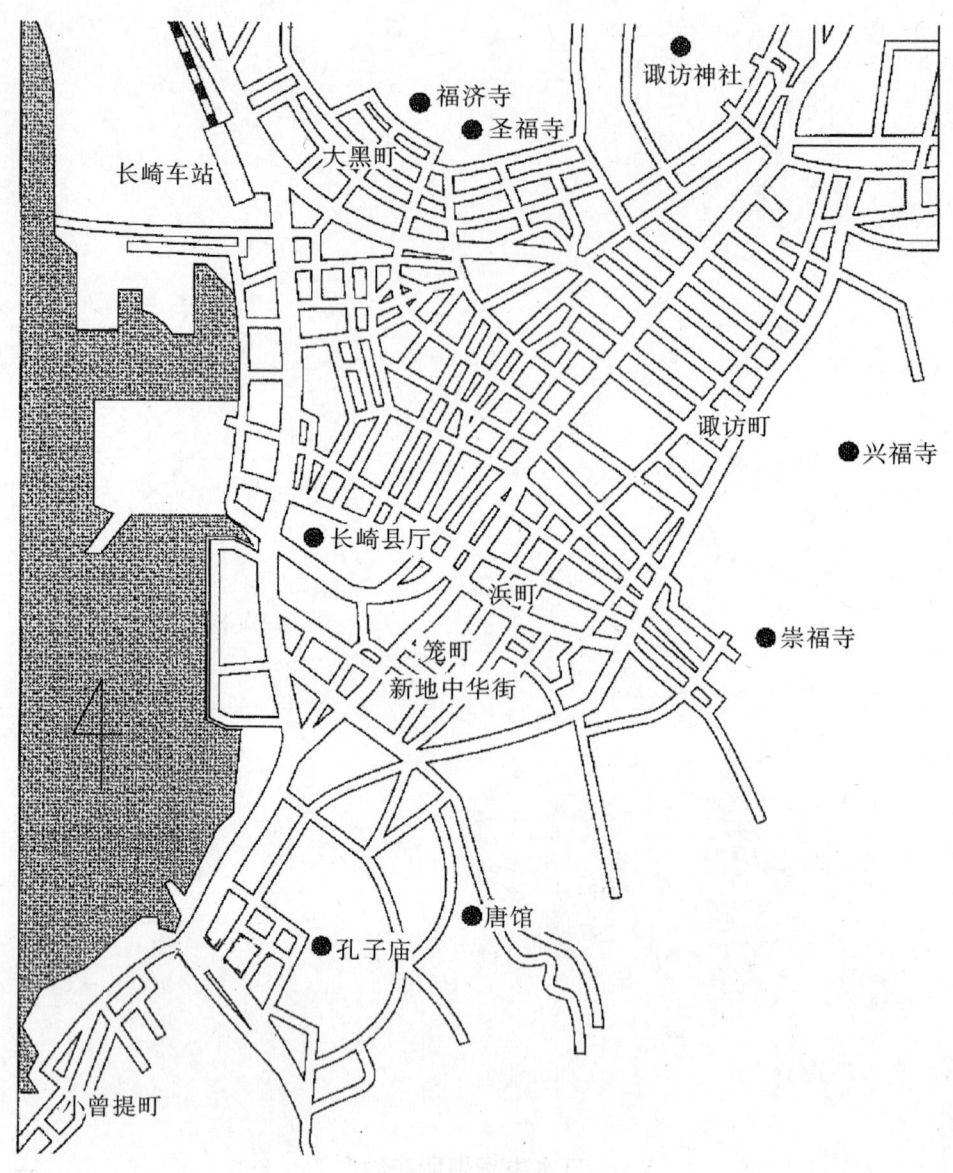

长崎略图

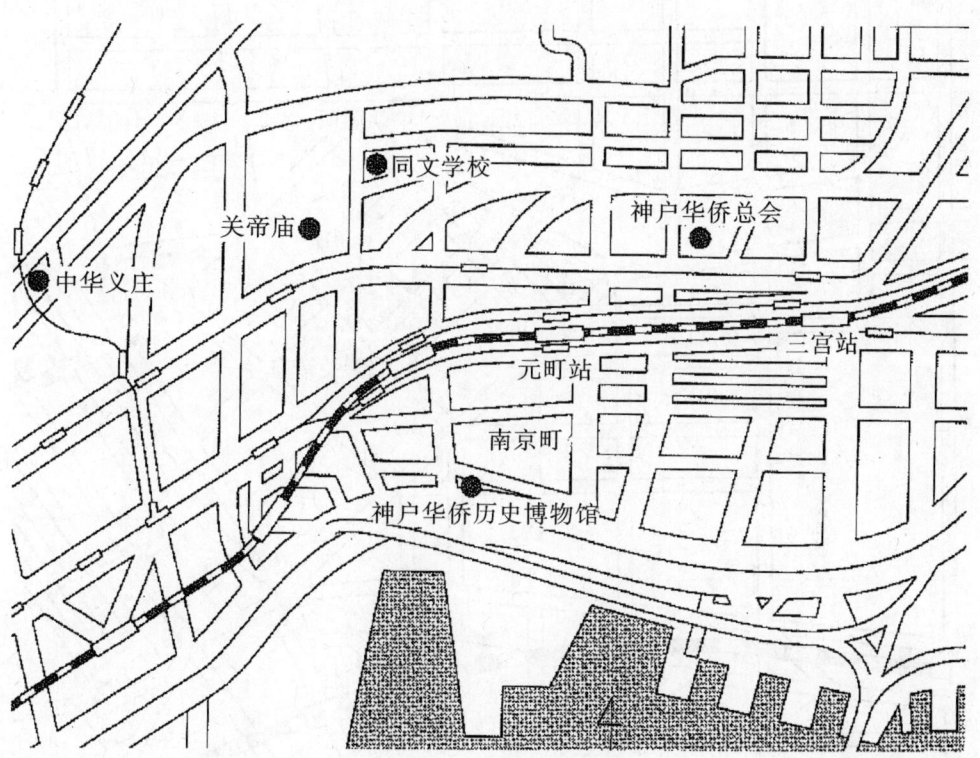

神户略图

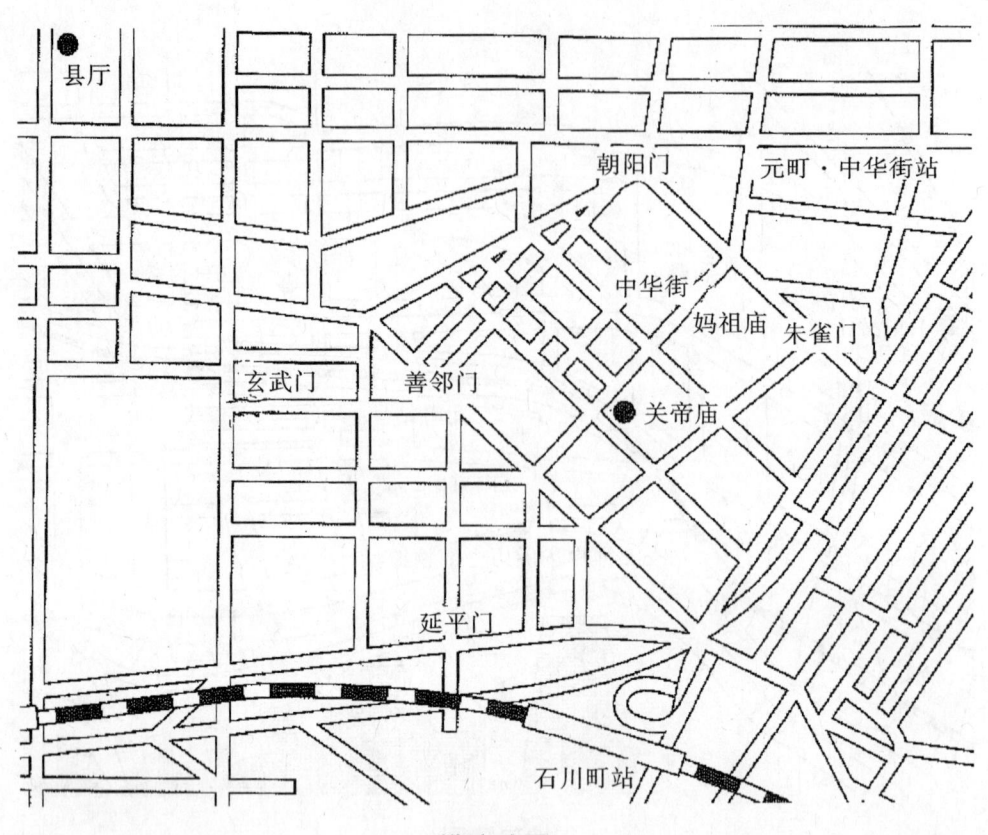

横滨略图

目　录

导　论 …………………………………………………………………… 1
　　一、日本的"华侨"和"华人"性 ………………………………… 2
　　二、祭祀、艺能与中华街 ………………………………………… 5
　　三、日本华侨的族群和族群性 …………………………………… 6
　　四、华侨的社会空间——关系场域 ……………………………… 9
　　五、文化与文化符号 …………………………………………… 13
　　六、本书的意义和结构 ………………………………………… 15

第一章　长崎华侨的社会空间与祭祀文化 ………………………… 21
　第一节　历史空间中的长崎华侨 …………………………………… 22
　第二节　长崎华侨的姻亲网络与社会空间 ………………………… 27
　　一、华侨来日简史：以四海楼为个案的分析 …………………… 27
　　二、对陈氏宗族的探讨 ………………………………………… 31
　　三、长崎华侨的家族、亲戚及姻亲关系 ………………………… 33
　第三节　华侨社会的组织变迁及祭祀空间 ………………………… 45
　　一、唐四寺的建立及其功能 …………………………………… 45
　　二、会所与会馆的设立及其功能 ……………………………… 46
　　三、华侨组织的历史变迁 ……………………………………… 49
　　四、语言多元性的消失与华侨学校的关闭 …………………… 52
　第四节　从民族文化符号到地域文化符号的华侨祭祀与艺能 …… 53
　　一、"明清乐"的传承与变迁 …………………………………… 53
　　二、长崎诹访神社重九祭的诞生 ……………………………… 67
　第五节　传统文化符号的继承及其社会功能 ……………………… 77
　　一、负责祭祀的运作组织 ……………………………………… 78
　　二、传统祭祀与艺能 …………………………………………… 81

第六节　中华街与新传统文化符号的创造 …………………… 92
　　　　一、新地中华街的再造空间 ………………………………… 92
　　　　二、传统艺能——狮子舞的再生 …………………………… 96
　　　　三、跨越地域空间的新传统：长崎灯会 …………………… 100
　　第七节　小　结 ………………………………………………… 110

第二章　神户华侨的社会空间与祭祀文化 ……………………… 113
　　第一节　历史场域中的神户华侨 ……………………………… 114
　　　　一、文明开港与神户华侨 …………………………………… 114
　　　　二、华侨的社会移动和组织变迁 …………………………… 117
　　第二节　传统文化符号的继承及其社会功能 ………………… 121
　　　　一、主要祭祀及其演变 ……………………………………… 121
　　　　二、艺能的空间及其传承 …………………………………… 125
　　第三节　中华街与新传统文化符号的创造 …………………… 130
　　　　一、神户南京町空间的再造 ………………………………… 130
　　　　二、再生的民族文化符号：春节祭 ………………………… 135
　　　　三、有关阪神—淡路大震灾和南京町的记录 ……………… 154
　　第四节　小　结 ………………………………………………… 157

第三章　横滨华侨的社会空间与祭祀文化 ……………………… 161
　　第一节　历史空间中的横滨华侨 ……………………………… 161
　　　　一、与欧美商人为伍的华侨 ………………………………… 161
　　　　二、华侨社会的变迁和组织机构调整 ……………………… 163
　　第二节　传统文化符号的继承及其社会功能 ………………… 170
　　　　一、祭祀及其演变 …………………………………………… 170
　　　　二、华侨的传统艺能及其传承 ……………………………… 180
　　第三节　中华街与新传统文化符号的创造 …………………… 188
　　　　一、横滨中华街空间的再造 ………………………………… 188
　　　　二、超越意识形态对立的新传统：春节祭 ………………… 196
　　第四节　小　结 ………………………………………………… 204

第四章　日本华侨祭祀文化空间与族群性的重建 ……………… 207
　　第一节　华侨文化符号——祭祀和艺能的类型 ……………… 207

一、祭祀的类型……………………………………………………… 207
　　二、艺能的类型……………………………………………………… 210
　　三、从祭祀和艺能看华侨文化的演变……………………………… 213
　第二节　日本华侨的空间、文化再造与族群性……………………… 216
　　一、长崎华侨社会空间、文化再造与族群性……………………… 216
　　二、神户华侨的社会空间与传统创造……………………………… 227
　　三、横滨的传统重建与创造………………………………………… 238
　第三节　三地华侨社会的特点………………………………………… 248
　　一、中华街的关系场域——华侨活动的社会空间………………… 248
　　二、蛇踊（龙舞）、龙踊、龙舞的文化符号……………………… 252
　　三、春节祭的组织活动空间………………………………………… 255

第五章　走向21世纪的日本华侨社会空间与文化符号……………… 259
　第一节　新华侨的出现与华侨社会空间的变化……………………… 259
　　一、日本传统的中华街……………………………………………… 260
　　二、新宿、池袋的地域变迁………………………………………… 262
　　三、池袋唐人街的探索……………………………………………… 264
　　四、竞争、共享与融合……………………………………………… 267
　　五、东京中华街的构思与鸿沟……………………………………… 269
　第二节　新文化符号与日本的地域文化：二胡在日本的传播和发展
　　　　　………………………………………………………………… 273
　　一、中国文化输入的概况及日本音乐的流变与变迁……………… 274
　　二、中国音乐艺能在日本的传承与空间…………………………… 276
　　三、新的文化符号——以二胡传播为例…………………………… 278
　第三节　世界视野中华人传统组织的文化功能和网络：以福建同乡
　　　　　会的祭祀等活动为焦点……………………………………… 289
　　一、在日福建（福清等）华侨的历史特征………………………… 291
　　二、福清华侨的经济活动和网络的形成…………………………… 292
　　三、亲族与姻族网络………………………………………………… 292
　　四、福清华侨组织的形成及过程…………………………………… 293
　　五、以福建华侨为中心的传统祭祀——普度……………………… 294
　　六、旅日福建同乡恳亲会…………………………………………… 295

第六章 全球化背景下的唐人街比较——以春节活动为中心 … 301
第一节 伦敦华人社会与唐人街 … 302
一、英国华人概况 … 302
二、伦敦唐人街的形成和发展 … 306
三、唐人街和中国新年 … 309
第二节 旧金山传统唐人街的空间与日本中华街（以长崎为主）之比较 … 314
一、旧金山唐人街及华人社区的结构 … 314
二、唐人街春节的营造与发展 … 322
三、旧金山唐人街与长崎中华街的比较 … 327
第三节 接触区、社会空间和旅游文化资源——唐人街之比较 … 334
一、接触区的视点 … 334
二、社会空间的视点 … 338
三、旅游文化资源的空间 … 343

第七章 结 论 … 355
一、华侨社会空间——作为各种关系场域的唐人街 … 355
二、在地化和符号化的华侨文化 … 357
三、与地域社会共建的"新族群性" … 358

参考文献 … 362

后 记 … 375

导　论

　　唐人街是由华人移民创造的全球性的文化现象,分布于世界各地的唐人街是在与当地主流社会的邂逅和交流中形成的,是从主流社会中分离出来的生活社会空间。

　　迄今为止,学术界从社会学、历史学、人类学、经济学、地理学等不同的角度,对唐人街进行了各种定义,大致分为以下几种:唐人街是种族隔离区(Peach, 1996)、防御的飞地(Waller, 1985)、新兴的寄港地(Lai, 1988)、民族经济聚集区(Zhou, 1992)、文化社区(Ling, 2004)以及海外的中国(E. Luk, 2008)等。唐人街的研究似乎理所当然的要以华人为主体,因为对于华人来说,大多的唐人街既是进行经济活动的场所,亦是生活的空间,唐人街的来访者除了游客以外,以华人为主。但是,目前日本传统的中华街却有所不同,中华街不完全是华人的社区,特别如长崎、神户的中华街目前居住的华人甚少,中华街成员的一半以上是日本人,中华街的旅游性和商业性很强,其来访者的90%以上是日本人。中华街虽具有商业区的性格,却不同于纽约等地的唐人街,既不具有接受新移民的历史和平台,也不是在日华人经济活动的中心,很难将其称为民族经济聚集区。即使是在具有一定的华人社区规模和功能的横滨中华街,主要来访者亦仍为日本人。从各种意义上说,中华街是日本式的,是华侨按照日本人的想象有意识地选择相关的中国文化符号进行设计和打造的,中华街所提供的各种服务,包括中式餐饮和商品以及文化节日活动等,均是以日本人和日本的游客为消费对象。在中华街的传统创造活动中,日本人作为半个主人公发挥了极大的作用。与日本社会一体化、与当地一体化是日本中华街与世界其他地方的唐人街不同的最大的特征。这种特征是华侨在特殊的历史文化背景、日本独特的社会背景以及华侨与日本社会和中国等各种的"关系"文化中形成的。日本有三大中华街,即横滨中华街、神户南京町、长崎新地中华街。同样是与日本社会一体化的中华街,由于华侨历史的长短、规模大小以及与主流社会的互动关系等,便显示出各自不同的发展变迁过程。横滨中华街发展会前会长林兼正有句名言来形容长崎、神户和横滨华侨与当地社会和日本人的关系：长崎是亲戚关系，神户是朋友关系，横滨是邻居关系。这些关系反映了三地华侨社会各自的社会文化动态，是在各种历史文化社会空间中通过行为者主体与主流社会的相互作用而产生的。日本中华街的文化也正是通过一系列错综复杂的"关系"来形成和发展的。

本书将以日本华侨为主体，以中华街为关系场域，以文化（祭祀艺能）为主线，从比较的视野来探讨日本华侨华人社会文化的动态性（dynamism）。

一、日本的"华侨"和"华人"性

与中国人一词相对应，将海外移居的华系移民称为"华侨"，被认为已经过时且不准确。但是，日本与海外其他地区不同，作为在日本的一个少数族群，日本的华侨华人社会至今是一个一以贯之的中国人的社会，很难看到类似东南亚和北美等地那种从华侨到华人的过渡形式。

有关日本的华侨华人的定义，不同年代以及不同的学者都有很大的不同，华侨的人数也因其定义而大相径庭。① 这与时代的背景以及 R. Cohen 等学者所提出的族群性范畴化的问题有关（Cohen, 1978: 381 - 382）。而且华侨华人的定义在政治或法律范畴和文化共同体上是不同的。1990 年代至 2000 年代初期，在日本经常被提起的是戴国辉的观点。戴国辉强调明确区别华侨与华人的必要性，将华侨严格地定义为：仅指保有中国国籍、因私（不带有中国公务）且长期（不含短期旅行者和公司驻外人员或者留学生、就学生、技术研修生等）居住在海外的中国人，归化者则改称为华人较为妥当（戴，1991: 20）。戴的论点和中国法律上的规定十分相近，即在海外居住，拥有当地国家国籍的人称为华人，而持有中国国籍的视为华侨。但是，将华侨文化作为一个族群文化来探讨时，以国籍为标准来区分并非有效。戴国辉本人也表示："华侨或华人所参与的社会活动，往往是重叠在一起的，很难区分。"（戴，1991: 31）他在使用其术语时，往往是并列记述为"华侨华人"，或是使用带括号的"华侨"这样包含二者的用语。

---

① 1990 年代华侨定义最广义的说法可能是："在汉语中一般将居住在中国领域以外的中国人统称为华侨。日语也参照直至今日。"（戴，1991: 3）例如，朝日新闻社发行的《最新华侨地图》就以日本国法务省入国管理局的统计为基础，称华侨人口现约为 19.5 万人（宫本，1994: 23）。另外，最狭义的定义可能是："中国政府定义的所谓华侨是拥有中国国籍，在日本获得永住居留资格的人。"（陈，1991: 99 - 100）根据这一定义，1988 年末的华侨为 22772 人。

与此相对，同一时代的日本学者西泽治彦在华侨的定义上，重视"身为中国人（汉人）、维持本国的关系以及本人的意识"，即从文化共同体的角度界定，比较侧重行为主体的认同。他认为："在与本国的关系方面，比起国籍，社会和文化的关系更为重要，这与自己是中国人的这种意识问题也有关。"而且，对于认同的多层性，西泽还指出："身为中国人（汉人）的意识可细分为广东、福建、客家等各种方言集团，各集团都有一种凝聚性的约束。这些集团可再细分为同乡集团和亲属集团。对于维系海外中国社会做出贡献的各种华侨团体也与他们社会的这种多层结构相对应。这种多层结构也被看作个人的归属意识，根据各种场合及不同的对象，在不同的层次上有相对凝聚的约束。因此，在这个意义上，所谓华侨的概念也不过是他们自己确定的一个层次而已，华侨的整体在华侨意识上并不是一直犹如磐石般的固定的。"（西泽，1985：237）

西泽的观点对于把握族群意义上的华侨非常重要。有关日本华侨的认同，无论是否获得日本国籍，多数人都认为自己是华侨，而且一部分人仍属于自己的同乡团体。他们在日本社会中，一边在国籍、日常生活方式等方面实现了形式上的日本化，一边在意识上仍然保持着作为华侨或是对于同乡集团的归属意识。但是，同样是华侨，1980年以后来日的所谓新华侨，除了一部分人以外，大多数人没有特殊的同乡社团意识，他们的认同与战前的老华侨有着极大的不同。

日本华侨华人是一个在日的少数族群，但其族群在新与老、集团与个人等侧面来看具有多元性和变化性。在此将对族群这一群体概念作一明确。王松岭和濑川昌久曾经把香港和台湾汉族移民的同乡集团作为族群群体进行考察（王、濑川，1984：407-417）。在本书中，将尝试把日本华侨华人社会作为族群群体，而把同乡集团作为亚族群群体，另外，把长崎、神户、横滨等各地的华侨社会作为族群群体的一部分——地方（地域）族群群体来进行分析。

在研究中可以沿用有关华侨的各种定义，因研究领域和主题的不同其定义也有着不同的界定，但是如果想严格地确定一个万能的定义不仅非常困难，而且并非有效。

族群群体存在着集团内部和外部的"双重界限"（绫部，1993：18），即使是内部界限本身也并非被确定为唯一的。比如长崎的华侨社会，一般来说归化的华侨虽然不能参加华侨总会，但是可以归属于三山公帮（现在长崎华侨唯一的同乡组织）。特别是在华侨的历史可以追溯到江户时代的长崎，"日本人"中曾拥有华侨血统的人也不在少数，历史上从华侨中吸取的传统文化成为现在长崎地方文化的重要组成部分（这也是本书主题之一）。因此，必须对长崎的这种特殊情况加以考虑。

华侨这一用语可以用于个人，也可以用于群体，华侨的定义在这二者之间发生歧义的情况也不少。这是因为把群体意义上的华侨和个人意义上的华侨，用同一样的观念来把握而产生的混乱。因此，本书对华侨、华人的定义采纳戴国辉和陈志明的看法，将其定义为：因私出国并在海外长期居留、同时仍旧持有中国（包括中国大陆、台湾、香港、澳门）护照、保留中国国籍的中国人。至于那些已经归化、入籍外国的中国人或华侨，则为华人，其子孙为华裔。另外，也要考虑到华侨成员中不仅有在双重界限之间移动的，也有处于边界领域的①。这个定义当然也包括所谓"新华侨"②。

新华侨一般是指 1980 年代以后移居日本的中国系移民③。据日本法务省统计，至 2013 年 6 月止在日华侨华人总数为 647230 人④，其中大部分是 1980 年代以后来日的所谓新华侨。由于新华侨移居日本的历史已有 30 年以上，新华侨内部也由于原籍地和移入年代、受教育程度的高低、从事的职业和留日的背景以及和日本社会的关系等方面的不同，与老华侨相比出现更多的阶层性分化以及政治、经济、地域和文化等认同的多元化。对于这种动向，廖赤阳指出："经历过 1980 年代以来急剧变化的日华社会，已经进入了又一个相对稳定的时期，新华侨也不再是边缘和变数，而成为日华社会的主体和常态。新华侨也浸透到华侨总会、中华街和同乡会等老华侨的社团和社区之中，逐渐成为其主体。在社会实践中老华侨也希望取消新华侨这样的用于区隔的称呼。曾经的新华侨已经逐渐步入退休年龄，在日本华侨社会中所议论的新的对象，并非30 年前的'新'移民，而是独生子女一代的新留学生，或者新华侨子女一代。

---

① 举例而言，就是归化后立刻被日本社会同化不再是华侨的人，也有通过与华侨结婚重新获得作为华侨认同的日本人。

② "新华侨"的定义因研究者不同而存在差异。一般是指中国近年来实施经济改革和市场开放政策以后，移居海外的中国人，以及来自台湾地区者。台湾人来日，主要是台湾因甲午战争被割让给日本以后的事情。最初仅限于留学生和官员等，1910 年前后开始，来自台湾的贸易商人逐渐增加。1940年前后，开始从台湾征召预备役人员送往日本，其中一部分安排在兵库、大阪等地的各军工厂。战后，其中大部分撤回台湾，滞留者恢复中国国籍，成为"新华侨"。他们主要从事进出口、珍珠贸易、水果进口、面点等食品加工、金融不动产、饮食、弹子房娱乐等行业。

③ 中国系移民里也包括从台湾、香港等其他地区的移民。

④ 参见日本法务省网站（http://www.moj.go.jp/housei/toukei/toukei_ichiran_touroku.html），2014 年 4 月 2 日阅览。

日本其实已经进入一个'后'新华侨的时代。"① 可见，日本华侨华人社会已经发生了根本性的变化。

除了华侨、华人、老华侨、新华侨以外，在日本，有关名称亦有唐人、在日中国人等。日本与其他国家不同，在国籍上，持中国护照者仍占多数，因此日本华侨社会在人们的印象中是一个延续不断的中国人社会，"在日中国人"一词在日本社会亦因此经常为人们所用。另外，根据政治意识形态的不同，又将在日的华侨划分为大陆派和台湾派。近年来，尽管这种意识形态上的对立已经得到相当程度的缓和，但在横滨仍旧有分属大陆派和台湾派的学校及其他社团组织。而且华文学校和社团组织是传统祭祀艺能文化的主要维系者。

在日本，"唐人"一词指的是江户时代来日的中国人，本来应该称其为明人或清人，但由于来日的中国人自称为"唐人"，唐人一词便成为当时日本社会特别是九州岛地区对华人的称呼②，中国人的贸易被称为"唐人贸易"，中国人的音乐则被称为"唐乐"等。目前，在九州岛被保存下来的"明清乐"和龙舞等，便是由"唐人"传入的，而现在的传承者为当地的日本人。

从综上所述的用语上，日本华侨显示了与海外其他地方不同的"华侨"与"华人"性，这种"华侨"与"华人"性将通过后面的论述具体探讨。为了避免用词混乱，本书在叙述日本的华侨华人或华侨华人社会时，除了个别特殊的语境和时代以外，将统一使用"日本华侨"或"日本华侨社会"。

二、祭祀、艺能与中华街

祭祀在中文解释中为置备供品，对神佛或祖先行礼，表示崇敬并祈求保佑的活动，其场域多限定在庙宇和祠堂、墓地等与神佛、祖先及亡者等有关的地方。与此相对，日语中的祭祀除了中文中上述的意义以外，也包括其他的活动。与祭祀有关的日语词语中有"祭"（读作まつり）一词，其语义不仅包含了中文祭祀一词中的祭祀、祭奠、祭礼和祭拜等在佛寺神社中的各种与神佛有关的活动，同时也包括庙会、赛会、各种纪念活动、节日活动和各种礼仪活动

---

① 参见廖赤阳：《日本华侨研究：对象、方法与问题》，"海外华人研究的回顾与前瞻：方法，理论，视域"国际学术会议（2014.3.21—22，新加坡南洋理工大学）论文；蒙奇：《"21世纪的美国华人"和"后新华侨时代的日本华侨社会"的学术讲座综述》，《华侨华人历史研究》2013年第4期，第77~78页。

② 一说唐人的名称不仅仅是指华人，亦包括当时来自朝鲜半岛的移居者。当时的日本人无法区别华人和朝鲜人，"唐人"便成为对华人和朝鲜人的统称。

等。祭祀的意义则涵盖了"祭"的所有这些语义。艺能一词亦如此,其狭义是指技艺、技能,广义则是电影、戏剧、舞蹈、音乐、文艺、曲艺和艺术技能等娱乐性、大众性较强的表演艺术活动的总称。由于中文中很难找到可以涵盖日语广义上的祭祀和艺能的词语,因此本书在使用这一用语时,将沿用日语的祭祀和艺能。

有关海外唐人街有各种称呼,如华埠、中国城等。但是,日本在重新建构中华街之前,一般对唐人街没有固定的称呼,横滨中华街曾经被称为南京街或唐人街等,而神户的中华街至今仍保留了"南京町"的名称。唐人街的概念在日本的变迁反映了各个时期日本对中国文化的价值观念的变化。"唐人"、"唐馆"等名称,反映了世界体系中华人迁移和日本崇尚中国思想文化的历史轨迹。用"南京"一词,来代表江户时代中后期从中国带入到日本的文化与风俗,如"南京米"、"南京豆"(花生)、"南京袋"、"南京街",在日本关西地区曾经将南瓜称为"南京"等,则与南京在历史上特别是在明清时代的特殊地位以及早期来日的江浙一带的华商给日本带来的影响有关。近代以后随着"中华"概念在日本的形成,"中华"一词逐渐取代"南京"和"唐",成为代表"中国"的思想和文化等的定冠词。"中华街"一词在日本的正式登场,是在1950年代横滨唐人街的牌楼建成以后。从此,"中华街"成为日本传统唐人街的专有名称。尽管在神户沿用了以前"南京町"的名称,但是使用时往往也在"神户南京町"之后加上中华街一词,即"神户南京町——中华街"。在日本除了传统唐人街以外,也有由新移民形成的新唐人街,新唐人街不被称为中华街,而是按照英文的习惯称为"Chinatown"(参见第五章第一节)。因此,本书将遵循日文的表述习惯,将日本传统的唐人街称为中华街,新唐人街称为唐人街。

三、日本华侨的族群和族群性

本书的焦点集中在与祭祀和艺能有关的华侨文化上,因为祭祀和艺能易成为具有象征意义的文化符号,对于处在变化过程中的族群性具有极为重要的意义。对于这一点,很多学者在研究美国少数族群文化认同等问题时有过论述。例如1990年代,日本人类学社会学者绫部恒雄曾经指出:"在美国,各民族集团的成员在整个大社会中被社会化的同时,也在发展与他们的祖先的文化之间的象征性的关系。这种情况下,民族艺能和音乐等就很容易成为民族认同的标志。"(绫部,1993:18)这一论述强调了艺能在族群性重建、再生过程中的重要性。

从本质上追求民族和族群性并不仅限于华人研究，同时也是长期以来以客观主义为标榜的人类学领域的主要研究立场。在此前提下，人类学者进入未开发的某某族或某某族人的领域进行田野调查，创作了大量具有体系性和含括性的民族志。而判断某个民族为一个社会集团的客观性标准则是其民族等共同体是否共同享有一种文化。然而这种强调客观识别的理论取向，进入20世纪六七十年代后有所改变，学者们开始注重考察族群的实践。华侨的个案研究如人类学家陈志明所从事的对马来西亚、新加坡的峇峇人的研究，他指出峇峇族群是早期华人的后裔，他们多数已接受当地马来人的文化，但主观上强烈认同华人（Tan, 1988）。美国学者安德森的"想象的共同体"概念对族群与社会认同研究影响深远——族群与社会认同一定程度上是建立在"想象"的基础上的（Anderson, 1983）。特别是对于族群性和文化认同的解释模式，人类学领域多采取"建构模式"。作为其代表主要有美国社会学者休斯（Everett Hughes）提出的 ins（族群内部）和 outs（族群外部）的概念区分（Hughes, 1994: 91），对后来的认同建构模式影响很大。英国人类学家利奇（Edmund Ronald Leach）在1954年则对缅甸高地的族群互动与卡钦人的族群认同建构之间的关系进行了深入的研究（Leach, 1954）等。特别是本书将参考的瑞典人类学家巴斯（Fredrik Barth）在1969年提出"族群边界"概念，他指出族群是"文化差异下的社会组织"，认为族群边界在多数情况下是主观建构出来的（Barth, 1969）。布迪厄（Pierre Bourdieu）所强调的实践理论中的"惯习"概念对解释族群与社会认同的建构的重要性也有着重要的理论意义（Bourdieu, 1977）。

在日本常常被提到的是绫部有关族群和族群性的理论。[①] "族群"及"族群性"的定义因人而异，绫部对族群和族群性作出以下的定义："所谓族群是'在国民国家的大的范围中，处于与其他同类集团的互动状况之下，拥有其固有的传统文化与自我意识的人们所构成的集团'，……如果所谓民族的概念是相对静态的话，族群的概念可以说是动态的。族群性是指这种族群表现出的性格的整体。"（绫部，1993: 13）

[①] Leach, Edmund Ronald, *Political Systems of Highland Burma: a study of Kachin social structure*, London: Athlone Press, University of London, 1954; Tan, Chee-Beng（陈志明）, *The Baba of Melaka: culture & identity of a Chinese peranak community in Malaysia*, Malaysia: Pelanduk Pub., 1988; Anderson, Benedict, *Imagined Communities: reflections on the origin and spread of nationalism*, London, New York: VERSO, 1983.

但是，在把日本华侨作为一个族群时，并不完全符合上述定义。首先，和"与其他同类集团的互动状况之下"相比，华侨与主流社会（日本社会）的互动状况更为重要。而且，"互动状况"并不仅限于国民国家的范围内部，与祖籍国的互动以及祖籍国与所在国（主流社会）之间关系造成的影响也是不可忽视的。另外，如前所述，作为少数族群的华侨内部是多元的、变化的，族群所表现的性质也是错综复杂的。因此，需要将定义的一部分更改成"与祖籍社会、主流社会以及其他的同类集团的相互行为状况之下"，"族群性是指这种族群表现出的错综复杂的性格的整体"。

有关族群性，重视"归属意识"和"族群界限"的 F. Barth 强调族群的界定应该建立在人们的主观认同之上。但是客观特征论用以描述族群特性的文化内涵并未失去意义，因为它恰恰是人们用来表现主观族群认同的工具。尤其在出现认同危机的人群中，人们迫切需要清晰表达自身的文化特征来确定族群认同。因此二者之间是可以达到一种互动关系的。

F. Barth 认为："族群范畴的重要特性并非'客观'差异的总和，而是其行为者自身认为是重要的和有意义的部分。"他主要关注的不再是族群的文化特征，而是不同的群体之间的关系，即"我们"与"他们"的界限。虽然也有相应的地理边界，无疑我们更应注重的是社会边界。他认为："我们不能设想族群意识单位同文化相似及文化差异性之间是简单的一一对应关系，认识到这一点很重要。涉及的特征不是'客观'差异的总和，而仅仅是成员们自己认为是重要的和有意义的部分……一些文化特征被行动者用来作为差异的标志和象征，其他的被忽略了，在一些关系中，很强的差异反而被淡化和忽略了。"族群的接触之所以持续存在，不仅在于拥有一套标准及符号，更在于它拥有一个可让文化差异得以持续的"互动的结构化"。而族群界限可以维持其实就是人与人之间的社会接触情境存在着文化的差异。（Barth，1994：10－13）

从"'客观'差异"上看，日本华侨在居住、服装、生活方式等文化的日常和外在方面，与主流社会（日本社会）的社会化和同化的倾向较强。特别是很多华侨连汉语也不会说。

因为没有过大规模的集团性移民，日本华侨社会中，在形式上并没有形成中国传统的以父系为中心的宗族及扩大宗族的组织。但是，华侨（特别是以长崎华侨为主的九州岛华侨）相互之间由婚姻关系结成的姻亲网络的纽带则把华侨社会牢固地连接在一起，并作为族群的界限维持了下来。尽管华侨在与主流社会的交往互动中表现出与日常、外在文化的同化倾向，但是华侨社会并非单纯地被日本社会同化,"华侨的自我认识"(华侨的族群性)在族群的界定区域内潜在地被维护下来。在此将对这种与主流社会的交往互动中所表现的日常与外在文化的所谓同化,称为"社会化"。

在上述情况下,日本华侨有意识地——作为 F. Barth 所说的"其行为者自身认为有意义的部分"——"为显示认同而探求、展示的与众不同的特征"正是祭祀和艺能所代表的文化符号,所谓华侨的"基本价值取向①(以此确定行为举动、道德和美德的标准)"也通过华侨的各种传统文化的创造过程无意识地得到孕育和发展。可见,华侨在日常生活文化侧面表现出社会化、同化倾向的同时,祭祀和艺能等作为非日常化的文化,对于族群性的维持和复兴、再造起到了重要的作用。

本书的目的不在于论述族群性概念本身,而是运用已由许多学者讨论过的族群性概念,通过分析日本华侨案例,整理和重新探讨华侨社会的文化移动和变迁。特别是处于多重而易变的文化边缘的华侨,如何在与主流社会的交往互动空间中,有意识地选择和利用差异性的文化符号的功能来突出、维持和传递历史记忆,创造新的族群边界的过程。

另外,本书还将通过对长崎、神户、横滨三地传统华侨社会的个案分析和考察,尝试阐明各地区不同的特征及华侨社会内部的变异。目前,日本华侨大多集中于东京和大阪等大都市,之所以特别选择以上三地,是因为长崎、神户、横滨是日本三大中华街的所在地。这三地不仅华侨历史悠久,而且在全球背景下三地华侨社会与主流社会的交流和互动中,在积极打造传统文化和建构"新族群性"的场域(有关"新族群性"参见第四章)。通过中华街不但可以窥见日本华侨社会的轨迹,而且可以了解华侨文化和族群性,以及其跨地域实践的动态特征。

四、华侨的社会空间——关系场域

华侨社会是多元化的,华侨社会空间亦非单一的。这种空间可视为一个由各种关系形成的关系场域。人类学家王铭铭在其著作《中间圈"藏彝走廊"与人类学的再构思》中,借助"关系主义民族学",对西方"主流"学理进行

---

① F. Barth 提出了"基本价值取向"——"外在的符号或标识——服装、语言、居住形态、一般生活方式等将成为人们为表示认同而探求、展示的与众不同的特征"并以此作为区分族群界限差异化的文化内容(Barth, 1994: 14-15)。

反思，强调通过动态地研究社会、人和物质等来探索非西方科学的可能性。他特别强调了在民族学和民族志中对各种关系，即内外关系、上下关系、左右关系和前后关系等研究的重要性。① 比如，按照各种关系，日本华侨社会可以分析为具有四极多元的在日中国人社会的结构②，即有前后历史关系的老华侨与新华侨，华侨内部的左右关系的大陆派和台湾派，内外关系形成的在日中国人社会，以及上下关系形成的主流与非主流、职业和在留资格等的多元化的性格等。作为关系场域的社会空间可以从以下三个角度来分析。

1. 共存的空间——接触区

接触区的概念出自玛丽·刘易斯·普拉特（Marry Louis Pratt）在其《帝国之眼：旅行书写与文化冲突》（*Imperial Eyes: Travel Writing and Transculturation*）一书，其主要观点可以概括为以下三点：①接触区是不同文化邂逅、冲突、交涉的社会空间；②其社会空间从来不是单纯的对立的，是非相称关系中的共存、相互作用、相互纠结的理解和实践的场域；③作为跨文化的空间接触区呈现的是文化的混淆化和多元化，其表现为对抗性的表象，是非主流的、处于边缘的群体有选择地运用主导性的或者说中心的文化创造出的一种新的形式。从上述的三个观点来看，可以将中华街作为一个接触区的模式进行思考。接触区中更多呈现的是处于中心与边缘的不同群体间的邂逅和互动、共同生存的关系文化。

2. 共生的空间——社会空间

有关社会空间理论在社会学领域内，法国社会理论家布迪厄（Pierre Boudieu）的文化资本与惯习（habitus）的理论占据着极为重要且独特的位置，他赋予文化以特殊意义，认为在现代社会中，个人和团体的身份与地位只有通过诸如生活方式、阶级品味及其消费模式等广义的文化资本方能得以体现。布迪厄的社会空间是由其关键概念的资本结构，如经济资本、文化资本、象征资本以及社会资本的分配构成。场域、资本和惯习是其理论的关键的概念。场域作为由各种关系相互作用而形成的关系网，是一个动态的变化过程，而其变化

---

① 王铭铭：《中间圈"藏彝走廊"与人类学的再构思》，社会科学文献出版社，2008年；《人类学讲义稿》，世界图书出版公司，2011年，第376~382页。

② 廖赤阳：《在日中国人の社会组织とそのネットワーク—地方化・地球化と国家》，《日本における華僑華人研究——游仲勲先生古希記念論文集》（《在日中国人的社会组织及其网络地方化・地球化与国家》，《在日本的华侨华人研究——游仲勋老师古稀纪念论文集》），風響社，2003年。

的动力在于形成场域的各种因素——主要指各种社会资本的相互作用或矛盾冲突。布迪厄一直强调场域的特殊性、差异性和关系性，场域是以各种特殊形式存在的，必须在特定的条件和特殊的矛盾关系中才能理解场域。资本在布迪厄看来分为经济资本、文化资本、社会资本和符号资本，每一种资本都有自身的运行规则，并且不同的资本会相互转化。而惯习是一种结构形塑机制，其运作来自行动者的全部决定因素。布迪厄认为惯习就是生成策略的原则、经验、知觉、评判方式等组成的性情系统。性情系统具有开放性，不断地随经验的变化而强化或调整。布迪厄特别强调的是场域的关系性（Bourdieu, 2007（邦，译）: 19 - 21）。

然而，现在社会空间在各种各样的场域中生成变化，现代人类学实践中的社会空间，往往表现为在人们的生活现场中的各种各样不同的人或群体共生的局面，其关心在于行动者各种不同的关系性、意向、行为的多重性和变化过程，以把握和理解其中各种各样关系性的差距、相互适应和相互对抗的形态为目的（西井、田边，2006: 2）。

综合以上论点，社会空间是由行动者资本的分配而构成，在此最为重要的是拥有不同惯习行动者的相互关系。社会空间亦是博弈之所，行动者们在其结构里根据不同的地位用差异化的手段和目标进行对抗和竞争，这种对抗同时有助于保持或改变这个场域的结构。社会空间是各种不同的个人和群体共生的场域，是人们在日常实践中，根据实际生活中的多层的关系和行为所形成的场域。相比接触区的理论，社会空间的理论更重视在既存的空间内，如何运用所拥有的惯习和资源（资本），在与"他者"（包括群体和个人）的相互关系和互动中求得共生，或为实现表征性和物质性资源的最大化竞争。中华街和华侨社区就具有社会空间的这种性质。比如在长崎中华街进行商业活动的华侨，在与主流社会的各种关系中，行为者选择了中国文化，作为有差异、格差和区别性的特征的一种有利于自己的文化资本，使其与地域文化相融合并扎根于地域从而形成独特的新地域文化。通过他们能动性的实践活动，将中华街的社会空间扩大到地域社会。运用空间的理论对中华街（唐人街）进行探讨，有利于解释唐人街所具备的空间性的社会功能、历史意义以及文化空间体现出来的社群文化形成、特征和共性。

3. 互惠共荣的空间——文化资源和旅游资源

资源分为潜在资源和显在资源，是人们提高社会生活水平的源泉，产生于人们的欲望和目的，人类的开发和使用是资源概念成立的前提。

资源中的文化资源被认为是显在的重要资源，与本书相关联的资源概念是文化资源和观光资源。文化资源或者说文化性资源是最近常常听到的用语，特别是在全球化发展的今天的社会中，文化可以"是资源"也可以"成为资源"。它不仅指那些具有"文化遗产"所代表的过去和现在的有形与无形的价值，以及作为文化教育活动的资源的价值，在某种情况下，也包括成为地域内的人们文化的活动基础设施和文化性活动，以及艺术作品等，而且有时也指经地域的观光开发和地域振兴活动创造的有价值的地域文化资源。

与文化资源相关的用语有文化资本。有关文化资本的定义，最传统和最权威的是皮埃尔·布迪厄的论点。布迪厄将文化资本分为三种形式，即惯习化形式、物化形式和制度形式。日本学者山下就有关资源和资本概念的区别，进行了以下的论述："文化资源（作为资源的文化）是作为人们生存的手段而开发和利用的，与此相对，文化资本（作为资本的文化）则是可以积累和再生产的。……将文化放入历史的再生产过程中审视时，就会发现文化资源（作为资源的文化）可以通过制度而转变为文化资本（作为资本的文化）。"（山下，2007a：55）。

与布迪厄的文化资本相对，在经济学领域中，思罗斯（Throsby）就观光与文化的持续性发展的问题，将文化资本与文化价值和经济的价值相关联进行了论述。他认为文化资本除了具有文化性价值外也具有一定的经济性价值。文化性价值高的往往经济的价值也很高。但是、文化资本的根源在于其文化性价值，最终文化资本的价值由文化性价值所决定（Throsby，2001：28-29）。与其相对，文化资本的经济性价值，根据该文化资本与市场原理相适应与否区分为使用价值和非使用价值。有使用价值的资本为市场所使用和享受，非使用价值的资本，无论其具有使用价值与否，该文化资本本身具有价值因而得到保存（Throsby，2001：31-79）。

有关文化资本与市场原理相适应的经济性价值，与山下所指出的文化的市场资源化的观点有相同之处。山下将文化的资源化区分为日常实践中的资源化、国家资源化、市场资源化等几种（山下，2007b：15-17）。那些具有文化价值的文化，会被赋予经济价值，在市场原理下成为商品。文化成为旅游资源正是基于这种原理。

各地的中华街之所以成为旅游资源，正是由于中华街以及中华街所表现的文化符号，具有一定的文化价值和带来互惠关系的经济价值，同时是在其成为资源的能动的实践中，华侨与地域社会等各种错综复杂的——前后、上下、内外、左右等关系互动的结果。作为旅游资源的中华街可以视为一个互惠共荣的空间。

五、文化与文化符号

文化在这里指的不完全是以中国为本位的文化，它包括历史上传播和接受中国文化的主流社会（日本社会）的文化要素，也包括在与日本邂逅、接触和交融过程中，由华侨重新建构的解释和象征传统的文化。全球化背景下，处于祖籍地和移居地双重边缘地位的海外华人文化常常被认为是片段化和均一化甚至是碎片化的。例如，海外唐人街（也是本书涉及的艺能之一）的狮子舞和龙舞等常常用来代表中华文化。但是，同样是狮子舞和龙舞，不同的华人社会在其传承以及用来进行重建和表现族群认同的过程中，显现了各自不同的历史和文化变迁的轨迹。如何通过将所谓片段化或破碎化的文化进行统合和分类，并从中捕捉被边缘化的华侨社会文化的动态是一个不可忽视的问题。人类学家陈志明曾经提出用"华人民族学文化圈"来解释海外华人文化的多样性。海外华人文化的多样性，固然有其籍贯不同的原因，同时也包含由地方化与文化变迁而导致的多样性。他强调华人民族学文化圈的研究既不取决于个别国家和地理的范畴，也不是以中国为中心。世界各地的华人虽受不同政治制度与地理因素的影响，但他们却具有某种源自中国的相似的文化现象。由于文化在变化，海外华人同样也发展出其独特的文化表征。尽管如此，他们共享着"华人"文化的一些相似特征。华人民族学文化圈易于比较不同国家的华人以及海内外华人的文化表述。相似性和多样性同时表现在华人文化的延续与转变以及文化认同的表述中。华人民族学文化圈适用于比较变迁中的文化延续与转型（陈，2012：12-29）。从变迁中的华人文化延续和转型的视点上看，陈的比较视点有重要的效用和意义。

与其他地区不同的是，日本主流社会在历史上大量地、系统地传播和接受了中国的传统文化，包括佛教、建筑、美术、音乐、文学和思想等，这些文化代表了不同时期中国传统文化的特征，大部分成为如今日本文化的基础，同时亦形成了日本对中国传统的认识。"二战"前后，在日本的中国文化出现断层，目前在中华街等场域中所展现的中国文化是1980年代以后，作为资源和文化战略，经过功利性的选择，重新打造出来的充满片段性和符号性的文化。从某种意义上来看，是受到国家（日中恢复邦交）、经济市场驱力（旅游观光）和地方政治政策（文化交流、旅游开发）等的影响而形成的文化转型。

本书的另一个关键词语是文化符号。被称为符号学元祖的是瑞士语言学家弗迪南·德·索绪尔。索绪尔通过对语言系统的阐释，提供了一个新的把握世界的方式，这就是包括符号学在内的结构主义的方法和原则。他认为，语言结构和礼仪等社会行为没有什么两样，都属于一种符号系统。包括语言在内的社会行为都是通过一个符号系统去生成意义的。索绪尔提出建立一个称为符号学（semiology）的新兴学科，研究在社会行为系统中人们是如何通过符号创造意义的。语言是最主要的符号系统，其他符号系统的研究都应该以语言研究作为模式，因为和语言符号一样，所有符号的意义都是任意的（arbitrary）、约定俗成的（conventional）和差异性的（differential）。索绪尔的观点后来发展为结构主义，成为涵盖许多学科领域的有力的原创性传统，在人类学等领域产生了极大的影响，并最终成为文化分析的主要取向。①

巴特则在其著名的《神话学》中精辟地诠释了许多文化现象，指出文化中的符号绝对不单纯，它处于意识形态再生产的复杂网络中，并认为必须结合抽象的符号学研究（也就是谈符号如何运作）以及探讨符号的具体形式和功能的社会学研究。《神话学》的意义在于它区分了外延的意义和内涵：外延的意义是指图像等符号乍看之下的本来意义；外延的内涵则指涉了额外的（神话的）意义，其位于外延的意义之上。②

文化符号学作为符号学的一个分支，专门研究文化边界的出现、定义、演变、解决和最终消失等问题，亦可说是人类学所涉及的文化界限问题。与本书有关的文化符号学的一些观点来自俄国的洛特-加龙省曼。洛特-加龙省曼试图建立符号学模型，这个模型不仅有能解释俄罗斯具体文化的功能，还有能对整个文化都做出说明的功能。"符号场"是洛特-加龙省曼文化符号学的核心概念，他将人类的全部基础文化领域统称为"符号场"。洛特-加龙省曼认为，符号场就是符号存在和运作的空间，符号场中所有的元素都是动态的，不停地改变着相互之间的关系，进而影响到文化空间的格局。同一民族的各种文化符号与文化文本所存在和活动的空间，构成了一个民族文化的符号场。

符号场的结构是非对称的。比如各种语言在多数情况下是非对称的，它们不具备同一的意义，这必然导致无限的文化信息。因此，文化就成了信息的"生成器"。非对称是在符号场的中心和边缘（即主导文化与非主导文化）的

---

① フェルディナン・ド・ソシュール著：《一般言語学講義》，小林英夫，訳，岩波書店，1972年。
② ロラン・バルト，Barthes, Roland, Mythologies：《神話作用》，篠沢秀夫，訳，現代思潮新社，1967年。

相互作用下产生的。界限性是洛特－加龙省曼符号场的另一个特征，而界限具有区分和连接不同符号域的双重功能。界限可以将某种文化的主要模式划分为内（自己的）外（他人的）两个空间，这种划分具有普遍性，具有国家、社会、民族、宗教等性质。文化以一定的时空形式进行自我创造，而这种创造所借助的就是符号场。

洛特－加龙省曼指出，"象征"一词是符号学中含义最多的文化体系之一。任何符号系统，在表现任何一种文化现象时，如果不赋予其特定的象征意义，该符号所阐释的意义都是不准确不全面的。一方面，象征与一般的符号相互作用，浓缩着各种不同的符号原则；另一方面，由于象征是一种假定性符号，同时具有可视的特征，所以，它与其他传统意义上的符号又有所不同，象征符号具备表象因素，洛特－加龙省曼把象征的这种可视的表象因素称作"圣像式的"符号。[1]

文化符号的任意性、差异性、象征性以及符号场等有关特征，是解释本书中华侨文化符号的要点和依据。中华街及其所表现的文化可以理解为具有象征中华文化意义的文化符号，这种文化符号和中心文化是有差异性的，是行为主体华侨在中心与边缘的相互关系和相互作用的非对称的符号场中，根据自己的目的进行战略性的任意选择并重新组合的。文化符号作为华侨的文化资本，在主观上表现了华侨的族群性和华侨性，在客观上成为一种文化信息，其象征意义借助文化符号的交际功能，即借助接受者（中华街的外来者）的幻觉而不断被想象，象征在这里起到了符号意义的凝聚作用。比如红黄颜色、中华街的牌楼、狮子舞和龙舞等，这些符号聚集在一起，成为象征中华文化的标识。

将华侨作为族群群体（主体）来考察，通过聚焦于文化（如祭祀艺能等）领域并对其进行诠释，可以从不同角度重新审视华侨与主流社会的互动关系和文化传播的历史轨迹，从而把握日本华侨社会空间和文化变迁的特征与动态性。

六、本书的意义和结构

从宏观上来看，目前可以看到国内外学术界运用各种理论，从不同的角度

---

[1] 乘松亨平：《ユーリー・ロトマンの文化記号論における"ロシア"の複数性と単数性》，《ロシア語ロシア文学研究43》，日本ロシア文学会，2011年，第35~42页；车琳：《文化符号学符号域思想解读》，《俄罗斯语言文学与文化研究》2014年第1期，第85~88页；康澄：《文化符号学的空间阐释——尤里·洛特曼符号圈理论研究》，《外国文学评论》2006年第2期，第100~108页。

对海外各地华侨华人进行研究。对于这些丰富的学术研究成果的轨迹和动态，海外华侨华人研究专家刘宏在近千篇英文研究文献中选择了近百篇论文编辑出版的《海外华人》四卷本、北京大学周南京主编的十二卷本《华侨华人百科全书》以及李安山的《中国华侨华人研究的历史与现状》等论著和系列丛书，进行了深入的、综合的和系列性的分析。但是，无论是英文文献还是中文文献，包括近几年出版和定期发行的王望波等编著的《海外华侨华人概述》（年鉴版）和张秀明主编的《华侨华人历史研究》（期刊）等，涉及日本华侨的研究都很少。其主要原因是日本华侨华人研究的论著大多是用日文著述的。日本华侨有400年以上的历史，特别是长崎曾经是东亚和东南亚的贸易中继地，华侨网络在经济和贸易上起到了极大的作用。不仅是经济和贸易，历史上华侨在文化方面对日本主流社会也产生了极大的影响。比如日本江户时代（明清时代）通过长崎由华侨传播到日本的中国文化，不但给主流社会文化的发展带来了很大的影响，而且其部分文化也被日本地域社会所接受成为富有特色的地域文化。这种传播的轨迹，形成了日本接受中国文化的地域土壤，促进了当今日本（特别是中华街）华侨文化的再造。这是日本独特的文化背景。因此，日本的华侨华人研究具有一定的历史意义和现实意义。

从微观上看，尽管华侨华人研究本身在日本学术界处于边缘，但是伴随中国政治经济上的崛起和在日华侨华人的增长，关心和研究华侨华人的学者（包括华侨华人本身）日益增多。以往日本的华侨华人研究以历史和经济领域为强，近些年来，在研究方法和研究视野及研究领域都有了一些新的突破，主题也逐渐转向社会学和人类学等领域。① 但总体来说，有关日本华侨文化的研究还是比较少。

以往与本书主题有关的研究可以分类为：①有关普度等传统祭祀和艺能的研究：越中（1975）、田仲（1983）、尾上（1983）、团（1991）、曾（1987，1995，2000）、吉原（1992）等；②有关日本中华街（唐人街）的研究：山下（1991，1993，2010）、横滨开埠资料馆（1994）、菅原（1996）、大桥（1996，1997）、Peach（1996）、Waller（1985）、Lai（1988）、Zhou（1992）、Ling（2004，2012）、Luk（2008）、Yeh（2008）等；③有关长崎华侨祭祀（历史）的研究：内田（1949）、三本（1983）、刘（1990）、黑木（1990）等；④关于长崎重九祭（长崎诹访神社秋季的重九祭）的研究：蒲原（1968）、越中

---

① 近期的主要研究参见本书的参考文献；Chiou-ling Yeh, *Making an American Festival*: *Chinese NewYear*, Berkeley: University of California Press, 2008: xiv+315pp。

(1978，1988，1991)、大田由纪（2013）、田中（1978）、森田（1980）等；⑤关于长崎"明清乐"的研究：中村（1940）、浜（1966）、小泉（1977）、广井（1981）、中西和冢原（1990）、山野（1991）等。

关于①方面，主要涵盖普度祭祀的程序及活动的变迁等，虽然详细，却很少述及其运作形态（尤其是长崎）①。关于②方面，其中有关日本的研究，主要论述了中华街的历史、中华街在城市中的意义、中华街的现状等，但是很少有对中华街的华侨与日本人的组织形态、各种祭祀文化及其变迁和艺能组织情况，特别是对中华街的文化变迁和文化创造过程的研究。有关海外唐人街的研究是一个很前卫的研究领域，既有的理论构架也有待实例验证。比如 Yeu 有关旧金山唐人街春节庆典活动的研究，通过对唐人街春节游行美国化的过程的描述，从历史的角度，探讨了"冷战"以来美国华人社群的大环境的变动（美国的对华政策、族裔政治、民权运动、大众媒体等）以及华人社群所面临的挑战，揭示了庆典下隐藏的正式角力、阶级冲突和认同焦虑是理解华人族群政治认同的重要因素。旧金山唐人街春节游行的"美国化"，与日本春节祭的"日本化"和"地域化"有着不同的背景，作为比较研究的对象有着重要的意义。全球化时代对唐人街的比较研究是一个值得关注的视点。关于③方面，内田的研究最为详细，对于理解和认识历史上华侨社会的祭祀文化有着极其重要的意义。但是有关战后特别是现代华侨社会的祭祀和艺能活动的研究很少。关于④方面，森田从城市人类学的视角出发，论述了长崎重九祭的程序、变迁和组织运作，是对长崎重九祭的比较完整的研究。但是长崎重九祭作为从华侨文化演变而来的祭祀，有必要从文化传播和文化变迁的视点来进行进一步的探讨。关于⑤方面，广井论述了日本社会广为流传的"九连环"与明清乐的关系，山野概述了"明清乐"及其现状，其他的文献则是以"明清乐"的由来和历史为中心展开论述的。

华侨文化及其演变过程是复杂多样的，既有的研究也并未对此进行综合性的整理。因此，本书将以祭祀和艺能为焦点，首先尝试对华侨祭祀和艺能进行整理和分析，在此基础上考察华侨文化的现状和演变及传统的重建过程。

另外，有关族群性的变迁，本书不仅要研究族群与主流社会之间的互动，而且要通过考察以往的研究中并未引起充分关注的存在于不同族群之间的关系互动（特别是华侨和日本人构成的中华街社区）、族群对主流社会（日本社会或是周边的日本人地域社会）造成的影响、族群与祖籍国社会（本国）的关

---

① 曾对京都福建华侨的盂兰盆会的运作情况作了若干分析（曾，1992）。

系、主流社会（日本）与祖籍社会（中国）的关系，基于此来拓展华侨族群性研究的视角，尝试挑战新的课题。

最后，为了进一步证实日本中华街的特征，将从比较的视点出发，基于笔者的实地调查，运用接触区、社会空间和旅游文化资源等理论，来深入探讨全球化背景下唐人街的共性和差异性。

本书的结构为：第一章是对长崎华侨社会的论述，第二章是对神户华侨社会的论述，第三章是对横滨华侨社会的论述，第四章是对上述三地域的比较研究，第五章是探讨全球化背景下华侨组织的变迁及新华侨与中国文化的传播，第六章是对海外唐人街和华人社会的比较，第七章是本书的结论。

在第一章，第一节首先论述华侨社会的历史空间，即追溯到江户时代初期的华侨历史概说、华侨来日的经过和家族亲戚关系的事例分析、华侨组织的变化等。华侨社会传统文化复兴的背景主要包括日中邦交恢复正常化后，日本与中国之间的民间交流活动的盛行和华侨与其祖籍地来往增多的一面，同时也不能忽略在中国"文化大革命"后重新认识传统文化的动向所带来的影响。在第二节中列举的是祖籍福建省、保存着重修再版族谱的陈氏家族的例子。从第三节到第六节，将沿时代背景，考察长崎华侨社会空间及祭祀、艺能文化。第三节论述了华侨社会的组织变迁及祭祀空间。在第四节，围绕被长崎的日本人社会接受的华侨祭祀与艺能——"明清乐"以及以长崎重九祭为中心进行论述。目前这些被接受的祭祀和艺能的主体不是华侨，但是从文化交流和互动的角度来看具有不可忽视的意义。第五节以普度（盂兰盆会）为主对华侨传统的祭祀和艺能进行论述。第六节则对重新打造的祭祀活动——中华街灯笼节及其扩大为长崎灯会的过程进行论述。

为了与长崎华侨社会进行比较，第二章和第三章对神户华侨和横滨华侨的祭祀和艺能进行论述。第二章是对神户华侨社会的论述：第一节、第二节对神户华侨社会的历史空间做一简述后，对祭祀和艺能等进行了归纳；第三节对神户南京町（中华街）的历史及南京町商店街振兴组合的成立与春节祭的创造过程及意义进行阐述。第三章是对横滨华侨社会的论述：第一节、第二节是对横滨华侨的概要和祭祀、艺能的归纳，第三节论述了横滨中华街的历史及中华街发展协同组合与春节祭的创造等。

第四章是对长崎、神户、横滨三地华侨社会空间、传统和族群性再造等进行比较和考察。第一节对华侨的祭祀与艺能的类型进行总结和归纳。第二节从比较的视点出发，对长崎、神户、横滨华侨历史社会文化空间、新传统的创造与族群性的重建进行考察。第三节则是通过对三地华侨社会的特征进行综合性分析来探讨日本华侨社会的动态性。

第五章对走向21世纪的日本华侨社会空间与文化符号进行探讨。第一节在与日本传统中华街对比的基础上，对日本新唐人街以及唐人街的主体性华侨特征进行探讨。第二节是以1990年代以后由新移民传播到日本的中国音乐文化等为焦点，来分析中国文化传播、传承的历史轨迹和现实空间。第三节是以日本福建同乡会的祭祀文化为主线，对全球化背景下日本传统华侨社团的功能和网络进行探讨。

第六章以旧金山和伦敦的唐人街与华人社会为主线，运用接触区、社会空间和旅游文化资源的理论，来比较、探讨和分析全球化背景下唐人街以及海外中国传统文化传承的共性和差异性。

第一章
长崎华侨的社会空间与祭祀文化

长崎是日本华侨的发源地。历史上长崎曾经是东亚、东南亚多边贸易的重要中继中心，400多年前即有来自葡萄牙，荷兰等国家的西方商人和来自中国的华商渡航到长崎与九州各地，并建立起居留点。被称为唐人的华侨所从事和开展的各项活动，对日本社会的经济贸易和文化领域都产生了极大的影响。而唐人在当时所带来的很多文化也逐渐为长崎地区的社会所接受，并成为特有的地域文化延续至今。正是长崎的这种特殊的历史背景和文化土壤，才能使代表华侨文化的中国文化符号，被创造并传承为地域的新传统，所以通过长崎可以观察到长崎及日本华侨社会空间的动态及族群性。目前长崎虽然不是日本华侨的聚居中心，作为文化主要载体的老华侨人数也不过只有400人①左右，而且祖籍地95%为福建省的福州和福清，但是，要研究日本的华侨史，长崎已经成为不能略过的重要支点。本章将通过对长崎华侨的历史和社会变迁的描述，对长崎的文化土壤所滋养的华侨文化的延续和转型以及华侨与地域的族群性进行探讨和分析。

---

① 这里只是老华侨大概的数字，是根据长崎华侨总会的大概统计。以往通过日本法务省的在日外国人的统计中，可以从拥有永久居住和定居资格的人数上，判断老华侨的数字。但是目前由于新华侨获得同样资格的人数的增加（如2013年前期的统计，拥有上述两种资格及其家属的人数大约在28万左右），很难断定老华侨的确实人数。可以参考的是各地华侨总会的华侨名单，但是由于部分老华侨没有在总会登录，或者脱离总会，以及部分新华侨的登录等，单从名单上也是很难断定的（http://www.e-stat.go.jp/SG1/estat/List.do? lid=000001116310）。

第一节
历史空间中的长崎华侨

与长崎华侨有关的早期中国人东渡日本的历史可以追溯到16世纪长崎开埠（1571年），也就是中国的明朝末年。当时的中国人本来应该称为明人，但是由于明代海禁，国人出国只能偷渡，所以他们都自称唐人，以致后来中国人在海外被统称为唐人，他们渡海所乘坐的船只也被称为唐船。1635年幕府颁布锁国令后，长崎被限定为唯一的贸易港，两国的贸易往来主要是从中国进口生丝、砂糖、药物等，同时向中国出口金、银、铜等（官，1982：204）。

当时来到日本的唐人主要是来自三江、福建、广东等省份的商人、船主和船员。他们上陆之后，卸下货物，为等待季风，往往会等待数周甚至半年左右才会回国。除了商人外，也有一些流亡者，当时多为文化人，多数都在日后归化日本。随着以长崎为据点的两国贸易的繁盛，居留该地的唐人逐渐增加，后来一度占到长崎6万人口的一成。当时，唐人可以在长崎市内自由居住。关于长崎华侨社会形成的开端，内田作过如下描述："庆长年间开始逐渐就有不少的商船和躲避战乱的人士来到长崎。庆长七年（1602）在漳州商人欧阳华宇和张吉泉二人提议下，取得了将位于长崎稻佐乡的净土宗的悟真寺作为唐人的菩提寺，邻近地方的百间四方土地作为唐人目的许可。接着，庆长八年，受到各方信赖的冯六从定居的唐人中被选拔出任大通事，成为此后250年间唐人翻译[①]的鼻祖。"而且，"庆长年间开始施行唐年行司制度，委以在长期居留唐人违反国法或发生争议时裁决是非之权责"。（内田，1949：52）悟真寺在当时开始成为唐人聚集的场所，不仅包括出生于福建的人，来自其他地区的唐人也聚集在此（福宿、刘，1985：25）。这是长崎华侨最早的集会场所，如前文所述，幕府希望可以让华侨自身来负责华侨社会的管理和交涉等事务，以及解决其内部的民事、商事纠纷。这一时期被认为是长崎华侨社会形成的初期。

1613年幕府颁布了禁教令后，长崎开始加紧宗派调查，以证明来到日本的华侨并非基督教徒和祭拜海神妈祖。为了保持贸易关系的稳定，后来逐渐为来自不同地方的唐人建立了相应的佛教寺院，较为出名的是唐四寺，也被称为

---

① 当时被称为唐通事。有关唐通事参见后注。

四福寺（后述）。在此基础上，长崎的中国商人被严格区分为三江、福州、泉漳、广东等四个帮（同乡互助组织），从而有效地增强了唐人的同乡团结意识。"帮"成为此后华侨组织团体的基础。另外，由四福寺邀请东渡而来的中国高僧，则孕育了日后江户时代兴旺一时的黄檗[①]文化。

唐四寺中，有两座是由来自福建的华侨建造。由此可以想象在当时来到日本的华商中福建人所占据的优势地位。但是，由于1715年幕府决定对铜贸易实行名为"信牌"[②]的许可证制度，围绕其分配，福建商人与江苏、浙江商人展开了争斗，与官方亲近的江苏、浙江商人最终取得了胜利。经此，福建商人的势力受到巨大的打击，逐渐萎缩，相应地江浙商人则取而代之，占据了贸易的优势（许，1983：123）。不过，当时商船的船员出生于福建的依然占据多数，他们凭借优秀的航海技术和丰富的贸易经验，被江浙商人雇佣，继续推动长崎贸易的发展（刘，1990：17）。而即使在当时的福建商人中，船主大多来自泉州、漳州，福州、福清出生的则多为下层船员（市川，1987：216-217）。

唐四寺主要祭祀保佑海上安全的妈祖（圣母娘娘），同时也拜祭财神关帝诸神。这些寺院作为以地缘、血缘、业缘来凝聚华侨的特别纽带，发挥了祭祀、亲善和互相扶助的功能。关于唐四寺，山本作了如下的论述：

> 唐四寺是江户时代渡海来到长崎的唐船、唐人民族、信仰和经济的中心，同时作为身在异乡的侨胞相互扶助的唯一心灵寄托，备受唐人们的尊崇。另外，这些寺院也成为唐人与当地归化唐人以及长崎市民乃至日本社会友好的纽带。特别是在以宗教仪式为主的建筑、雕刻、书法、绘画、篆刻、医学、音乐甚至生活方式和烹饪方法等各方面中国文化的引进及其造成的刺激和影响方面，隐元和尚等黄檗一派的明清高僧的到来是必须引起足够重视的。（山本，1983：180）

唐四寺自当时始就是长崎华侨的族群的象征，也是与日本人互动的场所。就当时长崎华侨和日本人的关系方面，山本认为："日本人，特别是长崎市民对中国人的感情比对荷兰人更为亲近。同为东方人的亲近感是自然的，应该说原因

---

① 所谓黄檗是指黄檗山、黄檗宗的简称。黄檗山位于中国福建省，在福清寺的西南，因禅宗道场万福寺而繁荣。黄檗宗是日本三大禅宗之一，也是临济派的一个分支。1654年，明朝黄檗山万福寺高僧隐元来到日本，成为崇福寺住持，后来在京都宇治建立黄檗山万福寺，开宗立派，1876年改称黄檗宗。

② 为了对贸易进行统一管理，发给船主们盖有骑缝印的信牌，没有信牌的船不得入港。

更在于无论在历史上或是地理上,日本人与唐人之间的亲密关系都是荷兰人无法比拟的。当然也不能忽视长崎开埠后众多的唐人长期以来与当地居民杂居而产生的深厚的亲近感。当然,唐人在当地居住也产生了各种弊病。但是无论如何,对中国贸易增长带来的巨额利润中,或作为佣金,或成为'遗拾银',使全体长崎市民享受到了好处。这种魅力是其他任何东西无法替代的连接双方的纽带。而且,中国自古以来的风俗习惯自然地融入长崎市民,产生了一年四季各种各样的习俗和活动,日本人和唐人一起乐在其中,构筑了一般市民的市井氛围,这与荷兰人是截然不同的。由此,从饮食、服装、各类器具等日常生活方面到绘画、书法、建筑、雕刻、歌舞、音乐等各种技能、艺术,可以说,唐人文化对日本人民产生的影响是十分巨大的。"(山本,1983:306)

当时,唐人贸易成为长崎整个贸易体制中起着决定性作用的重要支柱。但是,苦于金银不断流失海外,幕府不久就采取了以信牌制度为代表的贸易管制政策。信牌台账上的署名不是长崎奉行①,而是本应为民间人士的唐通事②。通过唐人贸易积累了财富的唐通事,架设桥梁、向寺院捐赠,为当地的发展贡献了力量,其中的许多人为长崎的文化发展带来了巨大的影响。流淌着唐人的血液的他们,有不少与日本人通婚,在长崎扎下根来。

从17世纪中叶到后半叶,唐人贸易达到了顶峰,但是由于幕府的管制更趋严厉,长崎港外的黑市贸易开始盛行。出于禁教和风纪等问题的考虑,幕府准备将唐人的活动范围限制在一定的场所之内,于是建设了唐馆。

唐馆可以说是德川幕府锁国政策的结果。地址在长崎市南部十善寺乡内,几乎是现在馆内町的整个区域。1688年9月29日开工,耗时7个月,于1689年4月15日完工。占地9373坪,共有中国式两层建筑20栋,除7间店铺以外,还建造了关帝庙、土神堂、天后堂、观音堂等建筑。正式的管理人为长崎奉行(相当于现在的长崎市役所)(长崎新闻社,1984:575)。

但是,随着明治维新后神户、横滨等地的开埠,长崎失去了特权,唐人在

---

① 类似现在的市役所,中文为市政府。
② 江户幕府任命的中国人翻译。与荷兰通事不同,唐通事不仅从事翻译的工作,包括有关文书的翻译和写作,还负责处理中国商人与日本商人的纠纷和交易上的问题等众多事务,以保证中国与长崎的贸易顺利进行。信牌也是由唐通事发行。当时,由于幕府与清朝之间没有邦交,唐通事起代表中国政府的作用,其责任的一部分,是担当监督在日中国人的角色。唐通事不仅掌握了与中国贸易的命脉,同时在贸易中积累了相当大的财力(长崎新闻社,1984:577)。幕府锁国令之前来长崎的唐人,大多是经长崎奉行许可在长崎有居住权的,因而被称为"在宅唐人"。而之后来长崎的唐人被称为"渡航唐人"。两者被严格区分,只有前者才有资格被任命为"唐通事"(林陆朗:《长崎唐通事》(增补版),长崎文献社,2010年)。

贸易中所保持的长期安定地位被打破，并导致境遇发生了重大变化。同时作为唐人贸易管理机构的唐馆失去了其必要性而被裁撤，其作用也很快消失。

华商在贸易中的主角地位被缔结了通商条约的英国和美国商人所取代。居住在长崎的泉州、漳州和广东商人，大多数移居关西等其他地区。从这一时期开始，华侨聚居的中心从长崎转往神户、横滨等地。特别是1871年《日清修好条约》缔结后，华侨更为积极地前往其他各开埠地区发展。

同时，祖籍为福州地区的华侨则留在了长崎，他们主要从事杂行、小商业，在"唐馆"消失之后，仍然借用欧美人的土地和名义继续从事买卖。此后，借助成功的亲戚或同乡的力量来到长崎的祖籍福州、福清的华侨逐渐增加。1898年，来自福州的华侨为维持商业活动和崇福寺的香火，组织了"三山（福州的别称）公帮"。这一凌驾于其他帮派之上的三山公帮（后述）历经日中战争的灾难，存在至今。

由于持续的外来侵略，清朝逐渐沦为半殖民地，国民生活陷于穷困。同时，在当时世界性的劳动力供不应求的情况下，大量的中国人远赴海外寻找生存与发展机会。

明治时代在日本的外国人中，中国人占半数以上。明治政府为防止中国人更大规模的流入，除商业活动外，将华侨可以从事的职业限定在贸易，裁缝、烹饪、理发等所谓"三刀业"和家务帮佣等杂行范围内。

此外，20世纪初，在西方民主主义影响下，中国发生了辛亥革命，建立民族主义国民国家的运动开始兴起。这一时期来到日本的民主主义者和留学生给华侨社会带来了变化。华侨学校基本上都成立于这一时期。对华侨的爱国主义教育开始进行。

日本的华侨人口增增减减（表1.1），清晰地反映了中国的形势和日中两国关系。明治以后，长崎华侨人口通常占据在日外国人的半数以上，1894年华侨人口减少到283人，减少了一半，这是由于许多华侨因甲午战争而愤然回国。甲午战争后在日的华侨人口数量迅速恢复，之后再保持稳定状态，直到抗日战争开始后，华侨人口再度大幅减少。战后，华侨人口基本没有增加。留在日本的华侨无法仰赖政府的力量，只好寻求强化自治组织，于是各类华侨团体应运而生。然而，与日本其他地方不同的是，在甲午战争爆发之时，长崎县知事发出布告，呼吁无论日清两国间关系如何，都应该对在留清人（华侨）给予应有的保护等[①]，对居住在长崎的华侨采取保护政策。可见，江户时代以来

---

① 松浦直治：《开港400年：长崎的历史》，长崎文献社，1970年，第393~395页。

华侨与长崎关系的纽带之强,甚至超越了两国在国家层面的双边关系。

表1.1 长崎华侨人口的推移　　　　　　　　　　单位:人、%

年次	外国人人口	华侨人口	华侨比例	年次	外国人人口	华侨人口	华侨比例
1862	207	116	56.0	1888	1005	699	69.5
1863	242	134	56.5	1889	1054	701	66.5
1864	256	111	43.3	1890	993	692	67.2
1865	358	216	60.3	1891	1003	674	63.3
1866	390	238	61.0	1892	917	620	67.6
1867	405	273	60.4	1893	960	610	63.5
1868	939	744	79.2	1894	663	283	42.6
1869	675	505	74.8	1895	1041	543	52.1
1870	639	4620	72.3	1896	1296	706	54.4
1871	578	447	77.3	1897	1314	711	54.1
1872	719	528	73.4	1898	1388	824	59.3
1873	869	674	77.5	1899	1695	1144	67.4
1874	932	671	66.2	1900	1852	1246	67.2
1875	952	701	73.6	1901	2037	1288	63.2
1876	839	607	72.3	1902	1617	1064	65.8
1877	810	579	71.4	1903	1757	1138	64.7
1878	714	483	67.6	1904	1574	1068	67.8
1879	779	568	72.9	1905	1534	1093	71.2
1880	771	550	71.3	1906	1553	983	63.3
1881	836	605	72.3	1907	1523	994	65.2
1882	829	601	72.5	1908	1280	852	66.5
1883	906	659	72.7	1909	1290	839	65.0
1884	864	647	74.8	1910	1186	821	69.2
1885	866	644	74.3	1911	1127	818	72.5
1886	952	692	71.0	1912	1103	816	73.9
1887	1005	722	71.8	1913	1190	882	74.1

续表1.1

年次	外国人人口	华侨人口	华侨比例	年次	外国人人口	华侨人口	华侨比例
1914	1245	944	75.8	1934	1192	1006	84.3
1915	1200	927	77.2	1936	1384	1175	84.8
1916	1189	911	76.1	1947	699	617	88.2
1917	1173	929	79.2	1948	911	733	80.4
1918	1261	948	75.1	1949	845	768	90.8
1919	1091	805	73.7	1950	867	783	90.3
1920	1122	841	74.9	1951	976	803	82.2
1921	1217	963	79.1	1952	820	739	90.1
1922	1134	891	81.0	1953	852	779	90.4
1924	1147	937	81.6	1954	818	739	90.3
1925	1492	1267	84.9	1959		996	
1926	1247	1047	83.9	1971		886	
1928	1195	1026	85.8	1974		800	
1930	1240	1070	86.2	1981		725	
1932	1000	839	83.9				

资料来源：田史郎亮，1988：14-21；旅日福建同乡恳亲会，1982：194。

第二节
长崎华侨的姻亲网络与社会空间

一、华侨来日简史：以四海楼为个案的分析

长崎中华料理名店四海楼，由来自福建省的陈平顺创立，现在由该家族第四代陈优继一家经营。四海楼存有陈氏一族的族谱，自陈平顺开始，陈家的经历都记录在《四海楼故事》里。在此基础上，加之从陈优继处听闻的资料，笔者得以把握四海楼及其家族的发展历史与现状（表1.2为陈氏家族年表）。

表1.2 陈氏家族年表

年份	事 项
1873	长崎陈氏家族始祖陈平顺在中国福建省福清县出生
1892	陈平顺通过渊源关系来到日本,并开始流动商贩的工作
1899	与朋友一起开设四海楼(后独立经营并扩大规模)
1902	与日本女子柴田光野成婚
1903	长女玉姬出生
1905	次女清姬出生
1909	长子扬俊出生
1912	正式结婚登记。次子扬春出生
1925	长女玉姬与日本人森田清成婚
不明	长子扬俊结婚(曾两度结婚,但未生育)
1935	次子扬春与新地锦昌号次女张玉宋成婚
1936	次子扬春的长女节美出生
1938	次子扬春的长子名治出生
1939	陈平顺逝世。次子扬春之子名治过继给长子扬俊,成为四海楼名义所有人
1945	扬春之妻张玉宋逝世
1947	因战事紧张,四海楼一度停业
1949	扬春与幼其10岁的梁美春再婚
1951	扬俊、扬春两兄弟于广马场町重建四海楼
1965	名治与叶祥英成婚
1966	扬俊死于心脏疾病。名治长子优继出生。创立株式会社唐人馆(孔子庙),扬春兼任社长
1973	四海楼迁往松枝町
1977	扬春死于癌症。四海楼的经营由长子名治继承,女婿王忠厘担任专务
1989	陈平顺逝世50周年法事在大浦教堂举行,宴席设于四海楼
1997	优继长子出生
1999	优继次子出生
2000	优继三子出生。四海楼改建开业

第一章 长崎华侨的社会空间与祭祀文化

陈平顺系陈国朋（诸腾）独子，1873年出生于福建省福清。当时与陈家有渊源关系的益隆号在长崎新地经营着大规模的砂糖贸易，1892年陈平顺借此关系从福建渡海来到长崎，之后从未回过福建。据说，当时的长崎虽然有一些大的贸易商，但多数华侨从事的还是"三刀业"等杂行。陈平顺最初在长崎从事流动商贩①的工作，从保证人处借钱，用两轮拖车装着货物四处行商。7年之后，陈平顺与三个朋友一起租借了广东会馆的房屋，开出了四海楼最早的店面。不久他便一人独力经营，时年29岁。族谱上记载着他在中国也曾结婚，并有两个孩子。在日本则是娶名为柴田光野的日本女子为妻。据说该女子是在帮佣的主人家与当时送外卖的陈平顺相识后结婚的。两人育有二男二女，长女玉姬生于1903年，次女清姬生于1905年。此后，长子扬俊、次子扬春先后于1909、1912年出生。两人在1912年8月，次子扬春出生前两个月正式登记结婚。由于配偶是华侨，从那时起，光野就丧失了日本国籍。

长女玉姬和次女清姬长大后出落得貌美如花，成为四海楼的"招牌"。当时，四海楼除餐馆外，也曾经营咖啡店和旅馆。②咖啡店里放置着钢琴，两个女儿在音乐的伴奏下，常常和店里的客人共舞。四海楼的咖啡店还有"上海俱乐部"的别名。美国的商船到港后，船员们经常光顾四海楼，学生和造船厂的技工也是这里的常客。

玉姬于1925年与日本人森田清成婚，育有二女。1932年与丈夫一道前往满洲。1942年，因公公去世，玉姬与丈夫返回长崎；一周后，其本人也去世。战后，森田清带着两个女儿从满洲回到长崎，并从1954年开始在云仙经营四海楼分号。

姐姐结婚后，清姬一直在店内从事会计工作。不知有否结婚，族谱上并没有记载其配偶姓名。

扬俊与扬春兄弟感情很好。扬俊曾娶郑梅宋为妻，早逝，后续弦日本人静子，但均未生育子女。不知为何，扬俊曾一度被陈平顺断绝父子关系，寄居于福江市的华侨处。也许正是因此，次子扬春被立为四海楼的嗣子。扬春成婚于

---

① 祖籍福建省北部的人来到日本一开始很多选择做流动商贩。这是至目前为止来自福建北部的华侨分散在日本全国各地的主要原因。

② 有名的长崎杂烩面诞生于四海楼，本来是陈平顺为来到长崎的留学生们想出来的料理。陈平顺经常为来到长崎的华侨和留学生作保证人，并提供照顾。当时长崎的一些华侨的生活并不宽裕，留学生的生活更加艰苦。懂得这种辛苦的陈平顺本着价廉物美的原则发明了长崎杂烩面，它是在福建的肉丝汤面基础上做成的，曾被称为"支那乌冬面"。因为没有肉丝汤面的材料，就用长崎近海出产的海产品，如各种鱼糕、乌贼、小蟹、小虾，加上豆芽、卷心菜等作材料。

1935年间，其妻为新地町砂糖贸易商锦昌号的次女张玉宋。两人婚礼时的盛况为长崎社会所瞩目，深泻久曾如此描述这场盛大的婚礼（深泻，1979：31）："乘坐敞篷汽车的新郎新娘从新地的锦昌号出发，从精洋亭（现在的ユニード）经电气馆（现在的ステラ），按照锻冶屋町—浜町本道—（拱顶商店街）—思案桥—石灰町—船大工町—本笼町的路线行进后到达广马场町的四海楼。穿着四海楼短褂的年轻人搬运着嫁妆簌拥在敞篷车前后。婚礼盛况让见多识广的长崎人都看得瞠目结舌。婚礼在广东会馆举行（现在的十善寺医院）。"大概是因为长子没有子嗣，于是陈平顺对次子寄予更大的期望。长孙名治出生时，四海楼也举行了盛大的庆祝仪式。

陈平顺曾将其兄弟的三个孩子都接到日本，给予照顾。不过抗日战争开始后，他们都回国了，他们的后代现在都住在福建。

1939年陈平顺去世时，次子扬春之子名治过继给长子扬俊，成为四海楼的名义所有人。但是，随着战争的激化，不得已之下，四海楼只好停业。1945年扬春之妻玉宋辞世，1946年，陈平顺之妻光野也去世。扬春再婚是在1949年，当时37岁，第二任妻子比他小10岁，名叫梁美春。战后的1951年，四海楼新店在广马场町开张。新店由扬俊、扬春兄弟二人共同经营。

除了经营四海楼，扬春还积极参与华侨事务。1951年在广马场町重建四海楼之后，曾先后担任华侨总会会长、中华料理组合会长、华侨纳税储蓄组合会长、福建会馆（唐人住宅）保存会会长。从1966年成立株式会社唐人馆时起，扬春既兼任社长，又进入观光业，向日本国内外大力宣传观光长崎。1973年，四海楼迁址松枝町重建，扬春作为长崎市观光协议会会长、长崎观光协会理事活跃在长崎观光业的第一线。

1977年，扬春去世，享年65岁。四海楼由长子名治继承经营，女婿（扬春之女节美之夫）王忠厘担任公司专务。两人都有着良好的教育背景，名治毕业于庆应义塾大学，王忠厘毕业于千叶工业大学。

名治育有三男一女，子女长大后皆就读于东京的大学。次子从庆应义塾大学毕业后，曾就职于大阪的一家建筑设计公司，并在大阪建立了家庭。1997年，其辞职返回长崎，成立了自己的设计公司。1999年四海楼改建时，次子承担了其中的设计工作。现在长子、次子及其家人住在长崎，三子住在东京。三人均已成婚，配偶都是日本人。

四海楼是家族经营企业，至2000年代中期为止一直由家长名治任社长。1999年四海楼改建时，妹婿王忠厘引退后，由长子优继任总务部长，名治和优继两人的妻子负责杂务。目前名治亦隐退，社长由长子优继担任。目前，四海楼包括临时工在内，共有近百名员工。

二、对陈氏宗族的探讨

四海楼陈家持有的族谱从陈有熊上溯到南阳公（泰公）。南阳公因从福清县南阳乡迁至长乐县江田而得此名。南阳公被认为是"南阳陈氏"的始祖。①

南阳陈氏在南阳公之后分为数房。从南阳公到第十五代，分阜房和周东房两支，四海楼陈氏属周东房。第十九代恭公因为朝廷立下功绩，故被赐予"南阳陈氏"的名号和40个辈字，从第二十代开始使用辈字取名。这40个字是："孟文即礼　用德克昌　朝廷有道　诸彦扬名　优学登仕　献可策时　奥中守正　翼赞钦承　致君尧舜　永世肃清"。从陈氏谱系来看，用40个辈字取名至今，陈氏一族已进入第十八代。优继的"优"字是第十七个，其子泰学、重学（和俊学）的"学"②字是第十八个。这份族谱被命名为《重修南阳陈氏族谱》（五册），系1997年陈优继从中国带到日本。族谱最后记载有"第四次修谱理事会执事"，1993年修订、印刷。大量的族谱在"文化大革命"中被破坏、烧毁，《重修南阳陈氏族谱》幸免于难，近年更是修订再版。

除上述的族谱外，还有《陈氏支谱》。此谱手书于民国二十二年（1933年），当年由陈平顺的兄弟从福建带到日本。据载，陈氏始祖曾受封江南道御史（长江以南地区，包括浙江、福建、广东在内的监察官），由于战乱，在乐邑江田避难，后迁居福建省福州府福清县平下里厚安乡，子孙隆盛。《陈氏支谱》始于第十五代的道伯，未记载始祖之名。据该支谱记载，第十五代的道伯移居玉瑶乡，繁衍子孙。并记述：从始祖开始到道伯为止的系图记载在厚安乡的族谱中。这恐怕是指上述的《重修南阳陈氏族谱》，道伯在其中位列第三十一代。系谱的封面记载着本系谱是由其第十八代子孙云峰纪录的，有关世代记入的差异是记入者的解释造成的。因为据陈氏南阳公第三十六代孙陈优继所言，族谱通常是由拥有社会影响的人士记载，所以一族往往会把有势力的时代的家长作为初代（图1.1）。

---

① 弗里德曼说过："中文的族，按人类学术语来讲，既是血统，又是氏族。另外，宗和宗族也是同样。"（弗里德曼（田村，等译），1987：33-34）所谓血统是单系（这里指的是父系）出身集团，集团的成员与始祖之间的系谱关系比较明确，所以"南阳陈氏"的宗族亦可称为血统。另外，以陈有熊为始祖的整个陈氏宗族，可能还是作为集团成员与始祖之间的系谱关系并不明确的氏族比较妥当。

② 这时的辈字不是通常的第一个字，而是被放到了最后。据说是根据阴阳五行的学说，考虑字划的相互关系而改的。（有说法说陈与学二字相连不好）。

华侨的社会空间与文化符号

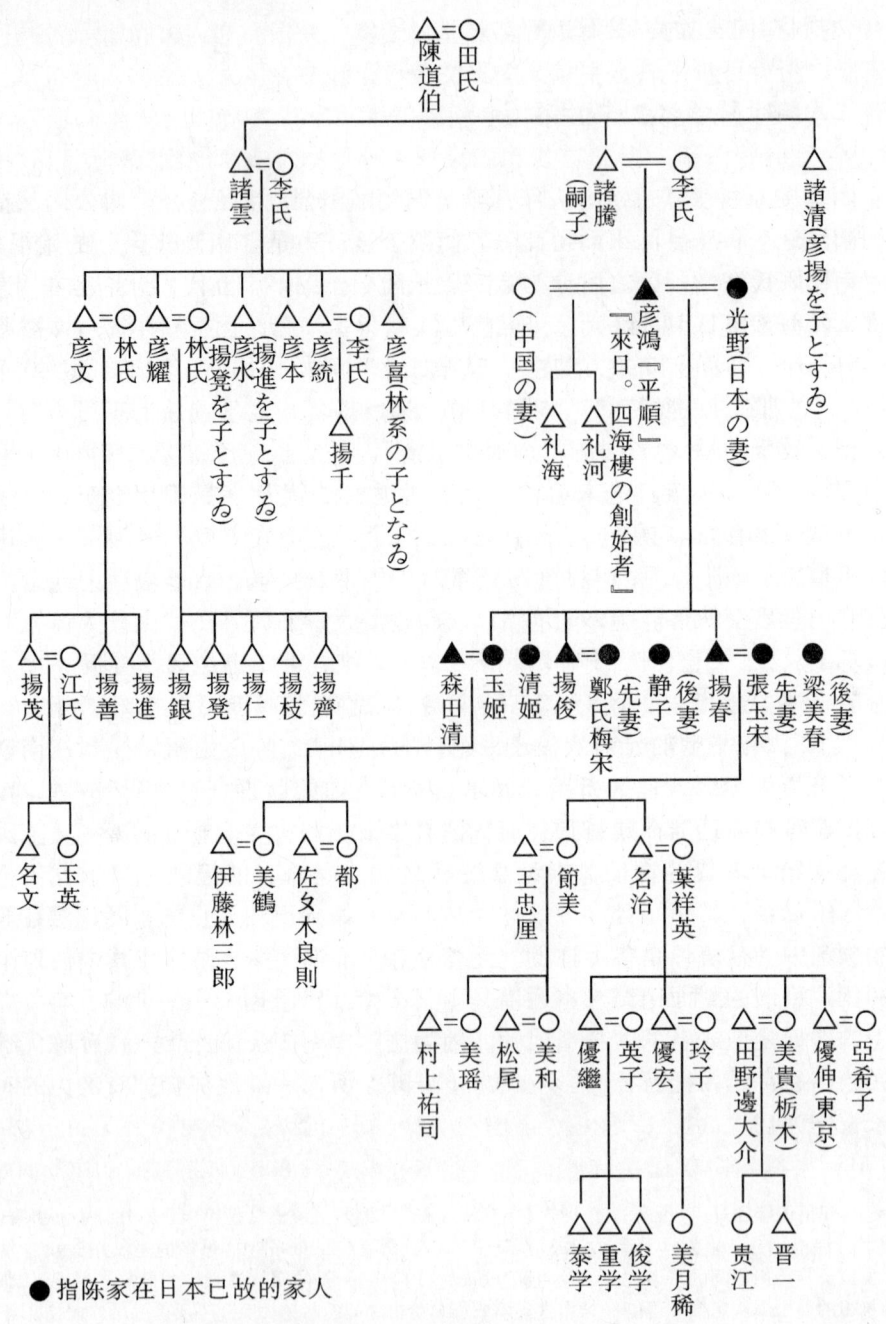

● 指陈家在日本已故的家人

图1.1 四海楼陈名治家族谱系（从第三十一代始）

第一章　长崎华侨的社会空间与祭祀文化

族谱隽刻着一个氏族的历史和名誉。陈氏一族的族谱正意味着弗里德曼所说的"对威信的渴望"。

> 族谱是回顾光荣的古代起源……族谱必然成为氏族成功的记载。即某人在某地、某时成为学者或是得到官职，抑或是通过其他方法为父系家族带来荣誉……。但是，族谱还欲以其成员数量获取威信。一支枝繁叶茂时，编撰族谱的学者们，在通过宣传作为氏族主干的始祖，恪尽义务的同时，也是要将子嗣众多的美德置于自身。对祖先的孝道、对威信的渴望、以及书写历史的学者欲望集于一体，产生了非常大的族谱。（弗里德曼（田村，等译），1987：36）

长崎华侨社会没有像台湾、香港那样宗族拥有公田（共有的田地）的情况。一个家族的规模很小，无法传承宗族拥有的各种实质性的功能。但是，四海楼陈氏的案例显示，宗族在认同或是对于门第出身的自豪等精神层面有重要意义，另外在家族共同经济活动或相互扶助方面也发挥了一定的作用。

曾经一度被视作"四旧"之一而成为破坏对象的族谱，在1970年代以后才重新恢复了生命力。中国传统习俗的恢复，通过华侨与祖籍地的相互交流，也影响了日本的华侨。现在，福建省福清市还有陈平顺兄弟的子孙，名治及其子女访问中国一事通过福建同乡会得以实现。他们见到了以陈平顺兄弟的子孙为首，几乎连名字都难以记住的许多亲戚，参观了陈氏一族的祠堂"南阳陈氏"旧址及家族的墓地。而为了推动祖籍地陈家村的建设，名治进行了慷慨的捐献。

诚如四海楼案例反映的那样，华侨恢复了与祖籍地的交流，这也对华侨社会传统的恢复、重建产生着影响。

到目前为止的实地调查中，在长崎除了四海楼陈氏家族以外，保留族谱的还有与陈氏有姻亲关系的张氏家族。而继续保持以辈字取名习惯的，除了陈氏、张氏以外，还有刘氏等家族。

三、长崎华侨的家族、亲戚及姻亲关系

表1.3是所属长崎新地中华街振兴组合的20个华侨家庭的家庭构成表。[①]

[①] 现在长崎新地中华街振兴组合大约有40家店铺加盟，日本人与华侨比例各半。

在这20个家庭中，没有传统的家长夫妇与几个儿子夫妇共同居住的大家庭。母亲与户主一家共同居住或是户主夫妇与长子夫妇共同居住的三代同堂各有1家，直系家族共2家。其他的18个家庭全部都是核心家庭。20个家庭共73人之中，华侨第一代1人，第二代14人，第三代30人，第四代11人，另有一人情况不明。拥有日本国籍者27人，其中归化华侨10人，因父亲归化而拥有日本国籍者11人。身为华侨（包括归化者）会讲中文者1人，稍会者14人，不会者47人。另外，在19对夫妇之中，华侨与日本女子结婚的有9对，华侨之间通婚的10对。其中，在与华侨结婚的日本女子中，有2人获得了中国国籍。

从表1.3看，家庭的形态与日本社会的状况基本相同。年轻一代，多数的学历都是日本的大学毕业，以公司职员为业的也在逐渐增多。

在四海楼，陈名治的次子（1997年返回长崎）和三子由于就读于东京的大学，后来分别在大阪和东京就业，即使是清明节和普度①，也很少回到长崎。一年中，能够全家团圆的也就是日本的新年（新历）而已。

陈名治同一辈中只有一个姐姐，全家都在长崎。此外，名治的妻子出身于熊本的华侨家庭，娘家在熊本经营很大的中国料理店。有兄弟姐妹七人，与这些亲戚也有走动。有红白喜事时，名治和他妻子的兄弟姐妹们都会聚在一起。另外，名治的母亲张玉宋的弟弟一家也住在长崎，家中有事也会把他们叫上。

比较具有华侨特征的，是清明节的风俗。陈家的墓地在稻佐悟真寺，埋葬着名治的祖父陈平顺、祖母光野及父亲陈扬春。每逢清明节，在长崎的陈家全体成员以及死者友人等都会去扫墓。除了鲜花以外，还要供奉独特的福建料理及死者生前的嗜物。扫墓结束以后，有时也会全家聚餐。

除了清明节，在死者忌日（周年忌之后被称为远忌，如3、7、13、17、25、33、50周年忌，可能的话甚至会进行100周年忌）和普度，也会全家去扫墓。由于陈平顺是基督徒，他的50周年忌是在长崎大浦教堂举行弥撒后，设宴四海楼，约有100名关系亲近的长崎华侨参加。

在墓地以外，家里的佛龛也放着陈平顺的照片。另外，名治的妻子基本上每个月的初五都去扫墓。由于长崎没有中国传统的家族祠堂，所以，除了墓地以外，家族聚会的场所就是名治的家。

---

① 普度是长崎华侨最大的祭祀活动。长崎华侨的普度与日本盂兰盆会不同之处，是在祭祀有缘佛（有主的灵魂）的同时也祭祀无缘佛（无主孤魂）。目前普度在崇福寺举行，每年旧历七月二十六日始的三天，散在日本各地的福州人为中心的福建华侨会前来参拜。

第一章　长崎华侨的社会空间与祭祀文化

表 1.3　长崎新地中华街华侨家庭构成

序号	与户主关系	姓	住所	中国祖籍地	年龄	学历	出生地	代数	来日时间	汉语程度	国籍	职业	婚否
1	户主	C1	西山台	福建闽侯县	53	高中	长崎	第二代		稍会	中国	中国料理	已
	妻子				47	高中	长崎	第三代		不会	中国(原日本)	家务	已
	长子				27	大学	长崎	第三代		稍会	中国	公司职员	未
	长女				26	大学	长崎	第三代		稍会	中国	公司职员	未
	次子				23	大学	长崎	第三代		不会	中国	银行职员	未
2	户主	Y	新地町	广东新会市	39		长崎	第三代	祖父1900年	稍会	中国		已
	妻子			福建南平市	35		福建	归侨子女	1977年	会	中国	制面	已
	长女				6		长崎	第四代		不会	中国		未
	长子				4		长崎	第四代		不会	中国	制面	未
	母亲				74		长崎	第二代		不会	中国	中国料理帮忙	已(故)
3	户主	L	新地町	福建闽侯县	73		上海	第一代	1945年	会	中国		已(故)
	次女				50		长崎	第二代		稍会	中国	家业帮忙	未
4	户主	ク	坡荣町	福建永春县	70		长崎	第二代		稍会	中国	中式面制造	已
	妻子				46		长崎	第三代		不会	中国	中式面制造	已
	长媳						长崎	第三代		不会	中国		已
	长孙女				15		长崎	第五代		不会	中国		未

续表1.3

序号	与户主关系	姓	住所	中国祖籍地	年龄	学历	出生地	代数	来日时间	汉语程度	国籍	职业	婚否
4	次孙女				11		长崎	第五代		不会	中国		未
	小孙女				4		长崎	第五代		不会	中国		未
5	户主	ノ	出岛町	福建高山市	44		长崎	第三代		不会	中国	糕点制造	已
	妻子			福建福清	31						中国	糕点制造	已
	长子				3		长崎	第四代			中国		未
	长女				1		长崎	第四代			中国		未
6	户主(女)	又1	新地町	福建福清	58	高中	长崎	第三代		不会	中国	中国料理	已(故)
	长子			福建长乐	35	大学	长崎	第三代		不会	中国	中国料理	未
	次子				34	初中	长崎	第三代		不会	中国	厨师	未
	三子				32	大专	长崎	第三代		不会	中国	针灸	未
7	户主	又	新地町	福建福清	75	大学预科	长崎	第二代		稍会	中国	公司职员(退休)	已
	妻子				69	高中	长崎	日本人		不会	日本	中国杂货	已
	户主	テ3			49	大学	长崎	第三代		稍会	中国	中国料理	已
	妻子				50	大学	长崎	日本人		不会	中国(原日本)		已
8	长子				24	大学	长崎	第四代		不会	中国	公司职员	未
	长子				22	大学在读	长崎	第四代		不会	中国	大学生	未
	次子				19	大学在读	长崎	第四代		不会	中国	大学生	未

第一章 长崎华侨的社会空间与祭祀文化

续表 1.3

序号	与户主关系	姓	住所	中国祖籍地	年龄	学历	出生地	代数	来日时间	汉语程度	国籍	职业	婚否
9	户主	N	新地町	福建闽侯县	52	大学	长崎	第二代		稍会	中国	中国料理	已
	妻子				53	高中	长崎	第?代		不会	中国		已
	长女				23	大学	长崎	第三代		不会	中国		未
	次女				20	大学	长崎	第三代		不会	中国		未
	三女				17	中专	长崎	第三代		不会	中国		未
10	户主	X1	新地町	福建福清	60		长崎	第二代	祖父1922年	稍会	中国	中国杂货	已
	妻子			福建福清	58		长崎	第三代		不会	中国		已
	户主	Y	新地町	福建福清	57	高中	长崎	第三代		稍会	日本(归化)	中国料理	已
	妻子				58	高中	长崎	日本人		不会	日本	中国料理	已
11	长女				27	大学	长崎	第三代（日本人）		不会	日本	公司职员	未
	长子				24	大学	长崎	第三代（日本人）		不会	日本	公司职员	未
	户主	X1	西彼杵郡	福建福清	49		佐贺	第二代		不会	日本(归化)	糕点制造	已
12	妻子				49	大学	大阪			不会	日本		已
	长子				23		大阪	第三代（日本人）		不会	日本		未

续表1.3

序号	与户主关系	姓	住所	中国祖籍地	年龄	学历	出生地	代数	来日时间	汉语程度	国籍	职业	婚否
12	长女				18		大阪	同上		不会	日本		未
	次女				15		大阪	同上		不会	日本		未
13	户主	キ	新地町	福建长乐	50		长崎	第三代	祖父1887年前后	不会	日本(归化)	中国料理	已
	妻子				50		长崎	日本人		不会	日本		已
	户主	リ	新地町	福建福清	40		长崎	第三代		不会	日本(归化)	眼科医院	已
	妻子			福建福清	38		长崎	第三代		不会	日本(归化)		已
14	长子				9		长崎	第四代(日本人)		不会	日本		未
	长女				4		长崎	第四代(日本人)		不会	日本		未
15	户主	モ1	新地町	福建福清	59		长崎	第二代		不会	日本(归化)	中国料理	已
	妻子				55		长崎	第三代		不会	日本(归化)		已
	户主	ル	新地町	福建福清	56		长崎	第四代		稍会	日本(归化)	土产茶室	已
	妻子				54		长崎	日本人		不会	日本		已
16	长女				27		长崎	日本人		不会	日本		未
	长子				24		长崎	日本人		不会	日本		未
	次子				21		长崎	日本人		不会	日本		未

续表1.3

序号	与户主关系	姓	住所	中国祖籍地	年龄	学历	出生地	代数	来日时间	汉语程度	国籍	职业	婚否
17	户主	廾1	新地町	福建福清	58		长崎	第二代		稍会	中国	中国杂货	已
	妻子				55		长崎	第二代		不会	中国		已
	长女				20		长崎	第三代		不会	中国		未
18	户主	Q	新地町		50		长崎	第三代		不会	日本	唐水制售	已
	妻子				48		长崎	日本人		不会	日本		已
	长女				19		长崎	第三代		不会	中国		未
19	户主	レ	新地町		72		长崎	第二代（归化）		不会	日本（归化）	中式制面	已
	妻子				69		长崎	日本人		不会	日本		已
20	户主	二	新地町	福建福清	55		长崎	第二代		不会	日本（归化）	中国料理	已
	妻子			福建福清	54		长崎	第三代		不会	中国		已

说明：本表"姓"栏标注与表1.4相对应。

如前所述，长崎华侨的家庭形态基本上和日本人没有差别。但是，如表1.4所示，华侨家庭之间所结成的错综复杂的姻亲关系则成为长崎华侨的一个重要特征。姻亲关系作为相互扶助的纽带，发挥了很大的作用。长崎华侨，特别是明治以后来自福建北部的那些华侨，其中很多都是与长崎的华侨有亲缘关系，并因此而东渡来日。

表1.4 长崎华侨主要家族名册

序号	姓	住所	亲戚关系	序号	姓	住所	亲戚关系
1	A	神之岛	与2为兄弟关系	18	M1	十人町	
2	B	福田本町		19	N	新地町	与20为兄弟
3	C	新地町	与4为兄弟关系	20	N1	新地町	
4	C1	西山台		21	O	金屋町	
5	D	新地町	妻子系39之姐	22	P	新地町	74之小叔
6	E	新地町	7之妻	23	Q	新地町	
7	E1	平野町		24	R	西彼杵郡长与町	
8	F	西山町		25	S	锻冶屋町	26之父
9	G	若叶町	与10为表兄弟，姐为12之妻	26	S1	锻冶屋町	
10	G1	上小岛		27	T	出岛町	
11	I	浜口町	与12为兄弟。妻子与31之妻的弟媳为亲戚	28	U	万屋町	
12	I1	本石灰町		29	V	新地町	30之父
13	J	古川町		30	V1		
14	K	平和町		31	W	万屋町	
15	L	新地町	16之母	32	X	新地町	33之父，39之舅
16	L1	稻田町		33	X1	新地町	
17	M	中小岛	18之母	34	Y	新地町	

续表1.4

序号	姓	住所	亲戚关系	序号	姓	住所	亲戚关系
35	ア	笼町		56	ス	上町	57之父
36	イ	中新町		57	ス1	上町	
37	イ1	樱马场町	与38为兄弟	58	セ	女之都	与59为兄弟
38	ウ	本石灰町		59	セ1	本石灰町	
39	ウ1	松枝町	妻子为鹿儿岛刘家的外甥女	60	ソ	本石灰町	59之子。妻子与1、2为兄妹
40	エ	松枝町	39之长子	61	ソ1	本石灰町	
41	オ	梅崎町		62	タ	广马场町	与31之妻的外婆同族
42	カ	新地町		63	チ	麹屋町	与64为兄弟
43	キ	铜座町	9之父家亲戚	64	チ1	麹屋町	
44	ク	新地町		65	ツ	本石灰町	
45	ク	新地町	46之父，与47为兄弟	66	テ	西小岛	与67为双胞胎兄弟，68之叔父
46	ク1	新地町	妻子为76林薰之姐	67	テ1	千岁町	
47	ケ2	新地町	48之父	68	テ2	笼町	
48	ク3	新地町		69	テ3	新地町	与66为亲戚
49	ケ	铜座町	与50为兄弟	70	テ4	新地町	与69为兄弟
50	ケ1	城荣町		71	ナ	鹤见台	与66同村
51	コ	古川町		72	ニ	新地町	与66同村
52	サ	新地町		73	ヌ	新地町	74之叔父
53	シ	船大工町	与54为兄弟	74	ヌ1	新地町	
54	シ1	目觉町		75	ヌ2	元船町	74之弟
55	シ2	桦岛町	与53同族	76	ノ	出岛町	妻子为66之女

续表1.4

序号	姓	住所	亲戚关系	序号	姓	住所	亲戚关系
77	ハ	若竹町	与78、79为兄弟	86	ム1	西彼杵郡长与町	85之子
78	ハ1	西彼杵郡		87	メ	元船町	妻子与74为姐妹，73的侄女，与88为兄弟
79	ヒ	富士见町		88	メ1	新地町	妻子为72之姐
80	フ	铜座町		89	モ	笼町	与90为兄弟
81	ヘ	西山台		90	モ1	新地町	妻子为7之妹
82	ホ	西彼杵郡长与町		91	ヤ	新地町	
83	マ	田上町	妻子为31妻子之姨母	92	ユ	长崎市	
84	ミ	八幡町	91的婶婶	93	ヨ	大村市本町	
85	ム	西彼杵郡长与町		94	ラ	笼町	

资料来源：长崎华侨总会数据及实地调查。在姓后以数字标注者系有亲戚关系。日语的片假名是姓名记号。

而且，即使没有亲戚关系，只要出身于同一地区，亦是相互扶助的对象。如四海楼陈平顺来日就是一个例子。陈平顺是通过亲朋关系来到日本的，之后，他也采取同样的方式帮助以后其他来日本的华侨同乡，做他们的担保人，并且给予照顾。

从华侨的亲戚关系来看，虽然直系亲属很少，但是经由通婚形成的姻亲关系作用很大。例如，四海楼第二代的陈扬春的妻子是长崎新地锦昌号的次女，其弟就是现在锦昌号的店主。四海楼第二代夫妻亡故以后，锦昌号和四海楼没有了直接关系，尽管如此，两家现在还是以亲戚关系在交往。再比如，四海楼名治的妻子是熊本叶家的女儿，其母娘家是刘家。这样，长崎的陈、刘、张、林、郑、叶等主要家族都通过婚姻缔结了一定的关系。从下面四海楼女主人的故事中可以看出，女性在姻亲网络中扮演了重要的角色。

第一章 长崎华侨的社会空间与祭祀文化

"四海楼"现在的女主人叶某60岁左右，是熊本最大的一家中餐馆老板的次女，兄弟姐妹有七人。她从小在重男轻女的环境下长大，按照母亲的教育方法来说，男孩子一定要送去上大学，女孩子早晚要嫁人，只要学好做家务就可以了。女孩子学多了就只会强词夺理。所以兄弟们都上了好的大学，而姐妹们只能是上到高中，最多容许读一年专门学校。叶某只在东京学了一年的裁剪，然后就嫁给了母亲指定的四海楼。四海楼和叶家有亲戚关系。长崎中华街有一家焰火店，叫锦昌号，以前也是著名的贸易商，店主姓张，近80岁。张的母亲是叶某的姑妈，张的姐姐是叶某丈夫的母亲。在长崎现有的老华侨中几乎都有这种亲戚联网的关系。当时的华侨社会里，受重男轻女观念影响很深。叶某第一次怀孕的时候，丈夫只考虑到男孩子的名字；临产的时候，正巧丈夫要出差，出差前丈夫把起好的男孩的名字写在黑板上。这件事听起来很蹊跷，叶某却习以为常，因为自己的母亲也曾经是这样。叶某很争气，连续生了三个儿子，最后一个是女儿。据说她在长崎华侨中也算是能挺直腰板的。叶某大概受母亲的影响，也不主张女人读太多的书和在外面工作。叶某嫁到陈家时，陈家有五位老人需要照顾：丈夫的父母、叔父叔母和没有出嫁的姑母。因为丈夫是家业继承人。男人们在外边工作，女人们在家里做家务。作为一家之媳妇，上有老下有小，每天有做不完的事，最难的要算是和长辈们沟通了。婆媳关系本来就是一件难事，更何况婆婆是几个人，又不是一样的文化背景。

在日本生活，既要懂得中国的传统习惯，又要学习日本式的生活方式。因为在一起同居的女人们，岳母是岳父在元配妻子去世后娶的日本人，叔母也是一样，只有姑母是中国人。大家都不会说中文，不懂中国的传统习惯。中国的传统习俗，叶某几乎都是从锦昌号的姑妈那里学来的。现在五位老人中只有叔母健在，但住在医院；其他人都是叶某亲手治办的丧事。陈家一年到头有许多法事要做，祭祀活动也一个不少。因为是大饭店的女主人，叶某遇到烦恼的时候，既不能借酒消愁，又无法和丈夫沟通，于是就带孩子上山去寺院。丈夫对此除了劝说不要成了宗教迷信以外，不做任何干涉。现在大儿子年近四十，也是餐馆的经营者之一，同时也参与很多社会活动。据他讲，小时说到玩儿，不过是和母亲一起去寺院或墓地。

叶某婚前也有过恋爱经历，但她对自己的婚姻很满意，现在是最幸福的，算是一个幸福的女人。她相信男女各尽其责，是上帝安排好了的。现在她的四个孩子都已经结婚，可以说是儿孙满堂。

从这个简单例子中可以看出福清华侨女性所担当的角色。她们受到很传统的教育，在日本和中国双重的文化压力下，任劳任怨。从吃苦耐劳的女性性格可以映射出中日两国共同的文化传统。四海楼生意发达，在长崎不管是在政界、经济界、文化界，都有她们的一席之地。在外面出头露面的是男人，但在后面默默支撑一家人的正是像叶某这样的女性。

日本华侨亲族网络中，尽管很少有直系的亲属关系，但由婚姻构成的姻族关系发挥着很强大的功能。姻族网络是构成华侨特别是目前在九州占多数的福建（福清）华侨凝聚力的重要因素。①

在海外华侨社会，特别是东南亚和北美等地，有宗亲会和会馆等同姓社团组织。这是在即使没有族谱，但是同姓的情况下，假想存在族谱上的关系，从而虚拟的与宗族相同的关系。

虽不同姓，出身同一地区的人结成的互助组织就是同乡会。明治以后的长崎华侨社会就是通过这种同乡组织的形式逐渐形成的。其原因是宗族特别是同姓集团没有大到可以组成宗亲会的规模。华侨们为争取在海外生活的基础，建立起作为同一认同的依据的亚宗亲会组织——同乡会。同乡组织也有各种地域层面的潜在的可能性，但长崎的同乡会主要是建立在省及其下属的地方层面上。同乡会在相互扶助这一点上，具有与弗里德曼所说的地方宗族②相同的功能。另外，同乡会虽然不像宗族那样祭祀共同的祖先，但是通过各同乡会自己的唐寺，也发挥着祭祀祖先的作用，寺院里的传统祭祀和艺能作为他们认同的精神支柱，传承至今。

长崎华侨同乡组织显然承担了宗教祭祀、互相扶助亲善的功能。然而，目前这些组织的结构发生了巨大变化。如表 1.3 所示，华侨的第二代、第三代很多都是在日本学校接受教育，与日本人结婚，华侨的家庭构成与以往相比发生了很大的变化，现在他们成为华侨社会的支柱，并为华侨的传统组织带来与日本社会相应的一部分；同时，也成立了新的组织。这不但给整个华侨社会带来了变化，也对传统的祭祀、艺能的继承和发展给予一定的影响。下一节，我们将分析考察华侨组织的变迁。

---

① 有关福清华侨的网络参见第五章第一节。
② 所谓地方宗族"是男性的（减去已婚的姐妹、加上他们的妻子）合作的族群，生活在一个或一群紧密联系的定居点上"。高级宗族"是若干个村落宗族组成，高级宗族建立在共同祖先基础之上，有祠堂或其他公产"。（弗里德曼（田村，等译），1987：28-29）。

第三节
华侨社会的组织变迁及祭祀空间

一、唐四寺的建立及其功能

长崎华侨社会由各种组织团体维系至今，同乡曾经是其最基本的基础，所有组织最初都是在异乡谋生的华侨出于相互扶助的主要目的而建立的。

17世纪，东渡而来的长崎华侨明确地区分为三江帮、福州帮、泉漳帮、广东帮（同乡集团），并进而诞生了以唐四寺为核心的同乡组织体系。

唐四寺中的兴福寺是1623年由南京一带的船主们建立的。以兴福寺为中心形成的三江帮是以来自三江的华侨为主，但其中也包括了华中（湖北、湖南）、华北（山东、河北、山西）的东来者。之后，1628年泉州一带的船主建立了福济寺，1629年福州一带的船主建立了崇福寺。福州帮中贸易商较少，多数是下层的船员。最后，祖籍广东者在1699年建立了圣福寺，不过与其他寺院不同，其历代的主持几乎都是日本人。江户时代来自广东的人数较少，所以在长崎的势力也比较弱。圣福寺内没有唐人墓地，广东人死后埋葬在稻佐悟真寺。因此，圣福寺的地位较其他的三座寺院为低，通常的说法是将圣福寺排除，称为"唐三寺"。

唐四寺的建立，使华侨按祖籍地大致区分为四大帮。寺院作为后来在神户、横滨等地设立的中华会馆和会所等的前身，是日本华侨自治团体的先驱。内田认为从唐寺的创立过程中，可以发现它与中国国内身处异乡的同乡人建立的会所、会馆具有相同的背景，并称之为一种带有宗教性质的行会，是日本华侨社会组织的嚆矢（内田，1949：67-69）。寺院从成立起就开始举行各种祭祀活动，发挥了凝聚散居在长崎市内的祖籍地各异的华侨的宗教、祭祀和相互扶助团体的功能。

随着唐馆的建立，贸易据点迁移至唐馆之内，祭祀活动也在其中由各帮共同举行。祭祀时由三帮轮流主持。而除祭祀功能以外，唐寺承担的亲善、相互扶助、社会公共事业等其他社会性的功能，后来由安政开埠以后成立的会馆、会所以及中华会馆所继承（内田，1949：73）。

经过明治维新,《日清修好条约》缔结以后,华侨人口逐渐增加,并分布到各开埠地。长崎的广东、泉漳出身的华侨很多都移居到关西等地,福州、福清出身的华侨比例增多。1899年,他们为促进商业,维持崇福寺的祭祀活动,成立了三山公帮①。现在每年在崇福寺举行的普度便是由三山公帮继承下来的。

广东帮1871年在广马场成立了"荣远堂岭南会所",并在1884年改称为"合福堂广东会所",制定了该帮有关权利义务的规约。会所于1894年毁于火灾,1915年募捐再建。但是,会所的土地及建筑在"二战"中卖给了日本人,现在建筑已经不复存在。来自广东的华侨从战前开始逐步减少,会所也停止了活动。

1868年,三江帮在兴福寺内建立了"三江祠堂"。由于三江出身的华侨增多,1878年又在寺内创建了"和哀堂三江会所"。次后,会所多次改建,其建筑保存至今。1887年成立了三江会,但其中的主力在开港不久就迁往大阪、神户、横滨、函馆等新开埠地。1929年成立了长崎三江华侨联合会,以理发业、裁缝业者为主,活动也主要是围绕扶贫等内容进行。但是,"二战"中来自三江的华侨大多回国,战后长崎不再有祖籍三江的华侨,其组织也不存在了。

二、会所与会馆的设立及其功能

随着安政(1858年)开港,以唐馆为据点的贸易体制瓦解,据点向新的各开埠地的居留点扩展,转向自由通商。从唐馆出来的华侨,有的返回本国,有的分散到各开埠地。另外,不断有新的华侨从中国本土通过各种关系来到长崎。其中很多是一到长崎马上就转移到神户、横滨等地。这是长崎华侨社会流动性最大的一个时期。将华侨社会组织化,引导其定居的是以帮为核心的会所和会馆。(市川,1987:218-221)。

八闽会馆②(以后的福建会馆)建于1868年,会员以来自泉漳的华侨为

---

① 三山公帮也叫三山公会、三山公所。海外的同乡以三山为福州的代名词。福州境内流传这样一句谚语:"三山藏(隐藏的三山),三山现(显现的三山),三山看不见(看不见的三山)。"其中,"三山藏"是指泉山、罗山和玉尺山,"三山现"是指屏山、于山和乌石山,"三山看不见"是指灵山、芝山和钟山。这里的三山指的是"三山现"的三山。

② 所谓八闽是泛指整个福建省的称谓,指的是福州、兴化、建宁、延平、汀州、邵武、泉州、漳州等八府。

主。成立之初，不仅福建人，祖籍三江者亦经常利用其会馆。1897 年，改称为福建会馆，成为整个祖籍福建省的华侨的组织。祭祀活动地点是福济寺。下属组织有泉漳帮（闽南帮）的泉漳永公所和福州帮的三山公所。

泉漳永公所成立年代不明，是以祖籍泉漳的商人为中心的组织。创立的主旨是亲善、慈善事业，因为拥有几间房屋，可以以租金来支持公所的运作。后来由于来自泉漳的华侨数量减少而合并到福建会馆。

三山公所（所谓"三山公帮"）1899 年成立于新地，以祖籍福州、福清者为主。如官方登记资料中所记载："三山公所（长崎市新地町 14 番地）是为维持位于长崎市今笼町的崇福寺，选出代表，从众信徒中募集维持费用，并致力盂兰盆等祭祀活动的团体"（内田，1949：155）。该公所具有崇福寺信徒组织的性质，主要活动是征收崇福寺的运营资金以及组织年中祭祀活动，规模最大的祭祀是普度。

福州、福清出身的华侨来到日本相对较晚，职业主要是行商贩和"三刀业"（理发、裁剪、厨师），财力不及其他帮派。1899 年外国人在日本内地杂居获得认可，但是对于新近来到日本的华侨设定了严格的职业限制，因此，福州一带新来的华侨基本上还是从事与以往相同的职业。战后，来自福州和福清的华侨占据了长崎华侨的大多数，但职业逐渐收缩到餐饮业。不过，起源于长崎的福州、福清华侨组织福建同乡会，目前依然是日本最大的同乡会组织，其网络遍及日本全国和海外，每年举行的普度和联谊会是其组织的最大活动（有关福建同乡会的网络和活动，参见第五章第一节）。

除了三山会所，福州帮的组织还有福州同乡会和福州青年会。前者包括了所有来自福州的华侨，成立于 1915 年，主要功能是亲善、慈善事业和会员相互交易方面的调解，特别是开展有关发展商业方面的活动。福州青年会 1924 年成立于福州同乡会内，其活动除了公益慈善以外，亦有青年们独立的活动。比如 1935 年参加了长崎港口节假面游行等活动，发挥了长崎华侨社会中坚的作用（市川，1987：226）。不过，二者现在已经停止了活动。战后，重新成立的组织是福建同乡会，其成员与三山公帮的成员是相同的。

会馆和会所的功能主要是祭祀、设宴、葬礼、社会公共事业、组织的担保、共同防卫、仲裁调停等。祭祀活动是和寺院紧密联系进行的，主要有包括祭祖先等守护神的祭祀以及镇抚带来灾害的幽鬼的镇魂祭祀。

唐四寺均为黄檗宗派的佛教寺院，以释迦牟尼为本尊，同时也祭祀中国习俗中的关帝、妈祖等，是佛道两教的混合宗教寺院。因此，年中祭祀活动中，除了佛教的祭观音、释迦牟尼降生法会、普度之外，也有祭关帝（关帝诞辰)、祭妈祖（天后圣母诞辰春、夏、秋各一次在三个寺轮流举行）、祭土地爷等活动。这些祭祀活动也在华侨会馆进行。其中最为盛大的是清明节（旧历三月）和普度（旧历七月）（内田，1949：76—77）。

在长崎故去的唐人最初是埋葬在稻佐悟真寺，后来主要埋葬在唐三寺。遗体或是埋葬在寺内，或是将其灵柩寄放在寺内等待去故乡的便船。因此，唐人的墓地有唐三寺和悟真寺等四处。

长崎泰益号①收藏的有关1847年（光绪元年）八闽会馆祭祀活动的记录中，列举了年中祭祀的日程（表1.5）（刘，1990：18-19）。

八闽会馆（福建会馆）应该是全福建省出身的华侨的同乡组织，但其代表者则由在经济上处于优越地位的泉漳帮商人担任，掌握了会馆的支配权。会馆的活动多数由福济寺举行，是整个福建帮的活动。除此之外亦有孔庙的春祭和秋祭，是各帮共同的祭祀活动。另外，福建省的泉漳帮和福州帮还分别在各自的菩提寺举行活动。1928年福济寺的年中活动如表1.6所示（刘，1990：18-19）。

表1.5　1874年会馆年中活动（旧历）

	时间	活动
正月	四日	接神
	十三至十五日	元宵节
三月	三日	西山春祭(清明节)
	十三日	天后圣母诞辰(祭妈祖)
七月	二十六至二十八日	普度(盂兰盆)
八月	十五日	中秋节
九月	九日	重阳节
十二月	二十四日	送神
	二十九日	谢神

表1.6　1928年福济寺年中活动（旧历）

	时间	活动
正月	四日	接神
	十三日	关圣帝君千秋
三月	三日	清明
	二十三日	天上圣母千秋
五月	十三日	关圣帝君千秋
六月	二十四日	关圣帝君千秋
七月	二十七至二十八日	普度
九月	九日	天上圣母千秋
十二月	二十三日	送神
	三十日	辞年

---

① 明治后期，来自福建省金门岛的华侨陈世望在长崎成立的贸易公司（1901—1940年），以东南亚等国际贸易为主，一直经营到1940年代。陈世望是华侨社会领导性的人物，保管了数量众多的商业文件。1983年，他的子孙将泰益号的有关资料捐赠给长崎市立博物馆。

三、华侨组织的历史变迁

诚如前文所述，明治维新以后，虽然华侨的人口增加了，但其中多数都从长崎迁往各新开埠地。从那时起，为解决商务问题、促进通关，华商们创立了"公所"，后来又分别更名为"会馆"。另外，在神户和横滨还成立了包括各祖籍地华侨在内的组织——中华会馆。中华会馆由各帮选出的代表共同管理，对外是领事的顾问，对内则扮演着仲裁华侨之间纠纷的角色。

长崎没有类似横滨、神户的中华会馆，但是 1907 年以发展商业为目的成立了长崎中华商务总会（1913 年改名为中华总商会），商会成员由贸易、杂行、餐饮业者组成。另外，还成立了一些同行业团体作为其下属组织。但是，由于日本战时实行"一地一组织"政策，许多组织不得不解散。

战后，以华侨总会为首，中华料理业组合、妇女会等组织相继成立。不仅是新地的料理店，中华料理业组合包括了整个长崎市内的中华料理店，每月举行例会。妇女会现有会员 20 多人，主要活动有三八国际妇女节的纪念会、参加中国领事馆主办的国庆酒会和年底的忘年会等，还有一年一度旅行，并积极参加福建同乡会的全国大会。

表 1.7 是长崎的华侨团体一览表。目前，在长崎祖籍福建省（主要是福州、福清地区）的华侨占大多数，社团活动以福建同乡会——三山公帮等祖籍福建者的团体为中心进行。如一览表所示，战后华侨的社团组织发生了很大的变化。其变化首先是以职业为分的同行业团体大幅度减少，其次是曾经以经济发展为目的的总会和公所（会馆）等的形骸化，最后是随着中华街的复兴新的组织——新地中华街商店街振兴组合的成立。近年来，长崎华侨成立了几个新的组织。首先是以长崎老华侨第三代、第四代为中心成立的亲睦组织，其活动的主要内容是积极参与父辈们打造的与华侨及长崎地域有关的各种活动，如长崎灯会、重阳祭、普度等。除此之外也组织一些定期的亲睦活动（如旅游和聚餐等）。其目的在于通过各种活动，建立新的华侨社会和文化网络，将在长崎的第三代、第四代年轻华侨重新凝聚在一起。其次是由新华侨成立的组织，其活动主要是组织日中交流活动和参加驻长崎中国领事馆组织的各种活动，通过活动建立了一定的关系网络。但是，长崎新老华侨的组织之间没有更多实际的相互联系。至于老华侨举办的各种活动，如长崎灯会等，除了与表演活动（音乐演奏者）和露天餐饮（有关的打工人员等）等个人参加的形式以外，没有新华侨有组织性地参与。

表1.7 长崎华侨的主要团体和组织

组织种类	名称	成立时间	目的等	备注
政治、公共机构	时中小学	1905		1988年闭校
	中国国民党长崎支部	1926		
	华侨总会*	1945	处理全体华侨外事、民事、各类事务的公共组织	
	华侨妇女会*	1972	华侨女性进行交流的组织	
同乡团体	三江会（三江帮）	1887(1620)	以兴福寺建立为契机，由浙江、江苏、江西出身的华侨组成	明治以后大部分迁往关西等地
	泉漳永公所（泉漳帮）	1868(1628)	以福济寺的建立为契机，由祖籍泉州、漳州的华侨组成	明治以后陆续迁往关西等地。留下的归属福建同乡会
	福建会（福州帮）	1850(1629)	以崇福寺的建立为契机，由祖籍福州的华侨组成	后并入三山公帮
	广东会（广东帮）	1818(1678)	以圣福寺的建立为契机，由祖籍广东的华侨组成	战后大部分移居关西
	三山公帮（三山公所）*	1899	祖籍福州、福清的华侨组成，开展外事、民事、商务活动，及以崇福寺为中心的祭祀和互助活动	现在占长崎华侨95%
	福州同乡会	1915	亲善、扶贫，贸易仲裁	
	福州青年会	1824	祖籍福清的青年组织、开展慈善事业	
	广东同乡会	1928	亲善、互助	
	三江华侨联合会	1929	祖籍三江者的裁缝和理发行业的组织	
	福建同乡会*	1960	以福州、福清人为主的祖籍福建者的互助组织	事实上与三山公帮几乎重复

续表 1.7

组织种类	名称	成立时间	目的等	备注
经济和同行业组织	三江会所	1878	祖籍三江者的商业会议所	在兴福寺进行祭祀活动
	中华总商会	1884	全体华侨的商业会议所	
	广东会所（荣远堂岭南会所）	1884（1871）	祖籍广东省者的商业会议所	在圣福寺进行祭祀活动
	福建会馆（八闽会馆）	1897（1868）	祖籍福建省者的商业会议所	在福济寺进行祭祀活动
	华商商会	1913	土海产贸易商、杂货商、餐饮业者组成的工商业发展互助组织	
	长生会	1919	长崎华人裁缝行业商人的组织	
	中华理发联合会	1926	理发业团体	
	长崎中日公会	1947	以重新开展日中贸易为目的	
	中华料理同业组合*	1947	中华料理行业互助组织	
其他团体	长崎孔庙中国历代博物馆*	1966	运营孔庙及时中小学	前身为株式会社唐人馆
	侨友会*	1981	舞狮活动	
新地中华街新兴组织（包括日本人）	新地中华街商店街振兴组合*	1984	以建设与振兴中华街为目的	成立时有33店主（现41家）。日本人约半数
	新地青年会*	1985	新地町自治会的青年组织	包含日本人

说明：*是现在仍在活动的组织，其他的是已经消亡或停止活动的组织。
资料来源：高桥强，1989；实地调查。

造成华侨社团组织变迁的原因来自历史、社会和文化等各个方面。随着世代交替，以往的以祖籍地为基础的地缘和血缘性组织的根基发生了动摇。华侨生活逐渐安定、日常生活不断被社会化，以及职业的观念和经济体系的重大变化等都是具体原因。也就是说，以往的"三刀业"中，除餐饮业外，理发业和裁缝业已经基本消失,华侨商业基础的确立和当代资本主义社会环境中互助的必要性减弱。另外,为顺应日本社会新的时代要求,寻求与日本社会的共存共荣,组织结构和形式变得更日本化等也都是重要原因。至于新老华侨之间的关系,很大程度上与日本出生的老华侨和大陆出身的新华侨两者的文化背景和价值观有关。① 在后文中将会阐述,通过祭祀和艺能来分析华侨社会,亦会清楚观察到华侨社团的演变过程。

四、语言多元性的消失与华侨学校的关闭

由于中国的语言因地域而不同,华侨社会的内部也依照祖籍地划分为广东人、三江人、福建人以及被称为新华侨的台湾人等语言集团,各自曾经非常具有凝聚力。但是目前日本华侨社会的各个同乡组织,方言作为其纽带的标志性的功能已经基本消失。

通过调查发现,在长崎,不会说中文,或是只会说只言片语的华侨很多,而且基本上都不会看中文文章。因此,以往华侨社会的特征——"语言的多样性"已不复存在。其理由有几点:首先,历史上并没有过大规模的集体性移民,很难构成方言长时间充分发挥作用的若干群体。其次,华侨整体在日本社会作为少数群体,为适应日本社会不得不首先学习掌握日语。而且,随着世代交替,在日本出生成长的第二代或第三代接受日本社会的影响无疑比祖籍地更多。最后,随着日本的现代化,其生活方式、行为模式、价值观等对年轻一代有着更大的影响力。

学校教育的影响也是一个重要的因素。原来在方言集团团结的基础上创立的华侨学校,逐渐不再教授方言,只教中国普通话(以北京话为标准)。而且有些学校由于日本教育的影响和华侨社会本身的变化,不得已走向合并或关闭。长崎的时中小学就是其中一例。

华侨学校主要是20世纪初由华侨自己创办的。成立至今,其教育和文化活动,对于促进华侨通过学习文化而走向昌盛,宣扬中国文化以及和不同文化之间的交流发挥了重要作用。但是,日本的华侨学校在以往的历史上,由于中国国内革命、战争、大陆与台湾意识形态的对立经历了不少曲折和沉浮。

战后日本曾有华侨学校11所,现在仅存东京、横滨(2所)、大阪、神户5所。长崎时中小学是1905年3月,经大清驻长崎领事提议,由长崎华侨提

---

① 有关新华侨的到来和社团组织的变化将在第五章详述。

供资金援助在长崎市大浦町的孔庙内创立的。时中小学在日本的华侨学校中最早获得清政府的承认,曾是九州唯一一所华侨学校。现在九州各地年长的华侨中会说汉语的基本都是该校的毕业生。1988 年,由于华侨人口减少、政治体制和意识形态之争、资金问题以及前文列举出的一些华侨社会的变化等,时中小学正式关闭,这所有着 83 年历史的华校就此终结了其历史使命。

从以上对长崎华侨组织和学校的论述中,可以观察到长崎华侨从亚族群的多元性转变为祖籍福建北部者为主的一元性的过程。目前长崎华侨的人数较其他地区为少,但是通过之后对各种祭祀活动,包括当今的新传统文化的创造、组织功能以及网络的分析,可以得知长崎华侨在历史和现实中的华侨社会及地域社会中所扮演的重要角色。

第四节
从民族文化符号到地域文化符号的华侨祭祀与艺能

一、"明清乐"的传承与变迁

(一)何谓"明清乐"

所谓的"明清乐",指的是在江户时代通过长崎传入日本的近代中国音乐的总称,其中也包括用日语和长崎方言演唱的歌谣。"明清乐"在长崎也称为"唐乐"。"唐乐"一词,在中国是"大唐雅乐"的同义词,是在古老的雅乐基础上发展起来的唐代雅乐。雅乐主要用于宫廷祭祀和朝会①,其起源可以追溯到中国的周朝。在唐代,雅乐也包括具有仪式性质的燕乐②在内。传入日本后,在日的隋、唐时期的燕乐被称为"大唐雅乐"、"唐乐",并作为日本的"雅乐"传承至今(中国艺术研究院音乐研究所,1985:444-447)。

在日本,"唐乐"除了有雅乐的意思外,也指江户时代传入日本的中国音

---

① 君主接见大臣等时的礼仪。
② 即为宴乐,在周朝时也被称为房中乐,是宫廷里民俗音乐的总称。

乐，包括后来华侨在寺院演出的传统音乐，同时也是"明清乐"的代名词。"明清乐"一词，是明治以后开始在关西使用的。有关这一点越中哲曾在"长崎的明清乐"中写道：

> "明清乐"一词先是在京都、大阪等地开始使用，明治十年（1877）大阪出版的书籍中有《明清乐教授本》、《明清乐歌谣集》，明治初期京舞井上流也出现过"明清乐合奏"。当时，在京都、大阪"明清乐"一词似乎很流行。明治十二年（1879）的《长崎新闻》中只写有"清乐"一词，"明清乐"的用语还没有出现。尽管在京都、大阪有被称作"明清乐"的演奏，但其实演奏的只是清乐而不是明乐①。（越中，1977：4 – 5）

明治以后，尽管"明乐"逐渐废除，只有"清乐"，但是"明清乐"一词已经成为日本民间社会约定俗成的名称，以及表示日本音乐种类之一的专业术语（广井，1981，357），亦被视为日本大众传统音乐之一（小泉，1977：242 – 250）。

实际上，中国并没有相当于日本"明清乐"这一专有名词的概念。在提到明代音乐和清代音乐的时候，往往指的是明清时代的各种音乐。至于"明乐"一词，则带有"明乐八调"②的意思，明乐八调则是流传到明代的南宋燕乐乐调的一部分③，其中部分乐谱保存在《魏氏乐谱》里。

在中国，虽然有清乐一词，但是它与日本所谓的"清乐"之概念是不同的。所谓清乐，全称为清商乐，是东晋到南北朝时代形成的中国宫廷俗乐的总称。唐代以后，清商乐成为唐代燕乐的一部分，并被称为清乐（中国艺术研究所音乐研究所，1985：272 – 316）。

中国传统音乐的种类大致可以分为以下几类：宫廷音乐（朝廷音乐)④、

---

① 另有一种说法：相传最初是在明治十年《明清乐谱摘要》（佐佐木千编）中使用的（广井，1981：35）。

② 调也被称为调式，是指音阶的形式。明乐八调就是越调、双角调、道宫调、双调、小石调、正平调、仙吕调、黄羽调八调。

③ 林谦三也指出，明乐八调和中国的南曲、北曲（南剧音乐和北剧音乐的一种）以及日本的雅乐所用的唐乐调有密切的关系，是南宋风格的乐调（林谦三，1943：578）。

④ 一般称作雅乐，也包括在宫廷中俗乐的一部分，是历代在朝廷仪式和宫廷内部使用的音乐。前者具有以"祭祀乐"、"朝会乐"为代表的仪式音乐性质，后者具有如"燕乐"（宴乐）和吹奏乐相似的娱乐性质。

文人音乐①、民间音乐②和宗教音乐③等四类。但四类音乐之间并不是完全独立的，彼此存在相互影响、兼容并存的关系。从音乐的分类来看，日本"明清乐"中的"明乐"，带有一定的宫廷音乐和文人音乐的性质。由魏双候传到日本的"明乐"乐谱中记载的"迎神"、"初献"、"亚献"、"终献"、"送神"等，应该属于宫廷的祭祀音乐，"关雎"、"清平调"等与诗经、唐诗、宋词有关，具有词调音乐的性质。《魏氏乐器图》中记载的"明乐"乐器——瑟，一般只是在宫廷音乐中使用。"明乐"的月琴也与"清乐"的月琴不同，一般被视为雅乐的中阮咸④的一种。

"明乐"部分带有宫廷俗乐的性质，并与地方戏曲音乐以及民间俗曲有关，具有民间音乐的特征。例如，"水仙子"、"江南曲"等即是如此，其中的一部分后来被吸收到"清乐"里。另外，"明乐"的"五供养"、"六供养"、"音乐咒"等很明显地具有佛教和道教等宗教音乐的特征。⑤由此可见，"明乐"其实是具有明代音乐各种特征的一种音乐形式。

此外，当时来日本的华侨（唐人），很多是很有教养的高僧、知识分子以及流亡者，由此可以推测他们带来的音乐是诸如文人音乐那样的雅乐。

与此相对，"清乐"的很多曲调与中国的民间俗曲很相似，因此被视为民间音乐。⑥ 中国传统音乐主要有中国音乐、欧洲音乐和波斯音乐三大体系，根据地域还可以进一步分为九个支脉（王耀华，1990：167－279）。"清乐"中的大部分属于以上海、江苏、浙江、安徽、江西、福建省的北部和东部等长江下游地区为中心的吴越支脉，少部分属于以福建省南部为中心的闽台支脉的民间音乐。例如，"九连环"、"茉莉花"、"凤阳花鼓"、"纱窗"等属于前者，"月儿高"、"漳州曲"等属于后者。另外，民间音乐之外的以"满江红"、"阳关曲"等琴曲为代表的文人音乐也包括在"清乐"里。

通过"清乐"使用的乐器也能看出其民间音乐的性质。"清乐"中的主要乐器——月琴在江苏、浙江以及安徽、福建等江南地区很流行，常用于歌舞伴

---

① 有时也被称为雅乐，主要有士大夫、文人创作的古琴（七弦琴）音乐和词调音乐。
② 民谣、歌舞、说唱音乐、戏曲音乐等都属于民间音乐，是最大众化的音乐。
③ 以佛教、道教为中心的音乐。
④ 林谦三在《东亚乐器考》中记载了其关于阮咸这种乐器所进行的考证。由此可以得出结论，月琴就是阮咸。换言之就是根据阮咸所制作出来的乐器。这种乐器在唐太宗的时代被用作雅乐的乐器之一（钱稻孙，译，1962：244－256）。
⑤ 关于这点越中也有指出（越中，1977：4）。
⑥ 杨桂香在《明清音乐——传入长崎的中国音乐》一书中用乐谱举例说明了清朝音乐和中国民俗音乐的关系（杨，1993：78）。

奏,特别是说唱音乐和戏曲音乐。另外,从江苏、浙江地区的弹词(月琴、琵琶、三弦、二胡)、福建的锦歌、南词(月琴、三弦、琵琶、二弦、洞箫以及部分打击乐器)等说唱音乐里使用的乐器及其演奏形式可以看出与"清乐"的共同性。

此外,"清乐"里还包含一部分的"明乐"。对此,越中哲也指出:"'狮子'等曲谱在'清乐'乐谱中并不存在,但是,目前在长崎市田中町的狮子舞中有与其相似的曲谱。这首'狮子'曲本来是用于长崎市西滨町在谘访神社重阳祭祀时的供奉舞,是明治初期田中町从西滨町学来的。这种狮子舞则是以前由安南、东京(越南)传入,可以看作魏氏传到日本的'明乐'的一部分。……神户市立南蛮美术馆馆藏的唐馆画卷中有1690年前后唐人馆的奏乐图,唐人手持的乐器是箫、拍板、蛇皮线等,按理说'清乐'里没有箫,'明乐'里没有蛇皮线,而在绘图上却表现了唐人馆同时使用'明乐'和'清乐'乐器的形式。"(越中,1977:5)

《月琴新谱》(中西、塚原,1990)所记载的"明清乐"乐曲"狮子"曲原本属于"明乐",在江户时代传入日本后,作为重阳祭祀的供奉舞的音乐相传下来,之后被视为"清乐"的曲目。从奏乐图(图1.2)中可以窥见,当时唐人在演奏时同时使用着"明乐"和"清乐"的乐器。

图1.2　唐馆内清人和艺伎演奏
资料来源:《月琴新谱》,1877年。

另外从"清乐"的传承者来看，当时来日的长崎华侨（唐人）中，除了有学识的文化人士外，还有很多商人和船员，他们大多出生在三江（江苏、浙江、江西）、福建等地，由他们传入的中国音乐很有可能是来自其家乡的民间音乐。

通过以上考察，可以看出"明清乐"中的"明乐"是以雅乐为主的明代各种音乐，"清乐"则是以吴越支脉为中心的清代社会的民间音乐。

（二）"明清乐"的系谱与传承

1. 以往的系谱和传承

与长崎华侨的历史一样，"明清乐"的传入可以追溯到唐人贸易时代。据说，"明乐"是在江户时代（1666年左右），由福建省福州府出生、后来成为东京（越南）船主的魏之琰（魏双候）传入长崎的。魏氏后入日本籍并任唐通事①，其后代亦历任华人社会的唐通事。魏家第四代魏君山自称钜鹿民部规矩，赴京都时曾在近卫相公、东本愿寺法主、冷泉为村卿等达官贵人面前演奏，促进了"明乐"在日本的流传。其弟子平信红古在1768年将魏氏演奏的50余首曲目编成《魏氏乐谱》。据说，民部生前"拥有百余名弟子"。（中村，1942：34）民部赴京都后不久去世，"明乐"此后便逐渐衰退，其中一部分被新传入的"清乐"所吸收。民部死后，他的弟子筒井郁景将魏之琰带来的乐器以《魏氏乐谱图》为名出版，其中的乐器有龙笛、笙箫、琵琶、月琴、云锣、檀板等。（宫田，1979：962-968）

"清乐"的传入有两个体系（图1.3、图1.4）：一是在江户时代后期文政年间（1818—1830）东渡来日的金琴江开创的一派，另一是天保年间（1830—1844）由东渡来日的林建德开创的一派（滨，1966：3）。中村重嘉曾对"清乐"的传入做了如下叙述："从文化末年开始，唐船的船主及其他船员中很多人会演奏'清乐'，诸如江云阁、沈萍香、李少白等人。他们不仅长于'清乐'，而且很会吟诗作画，并与知识界有交往，来长崎游览的日本文人等在学习吟诗作画的同时，亦学习月琴明笛等乐器。来长崎的清国（中国）人中，金琴江很有名，文政八、九、十年在长崎逗留之际，僧侣一圭远山荷塘和医师曾谷长春都曾求教于他。"（中村，1940）

林德建（号音奇，福建人）1830年从福建来到长崎，并一直居留至1844

---

① 唐人翻译并兼负责当时中日贸易间的商务、事务的管理。

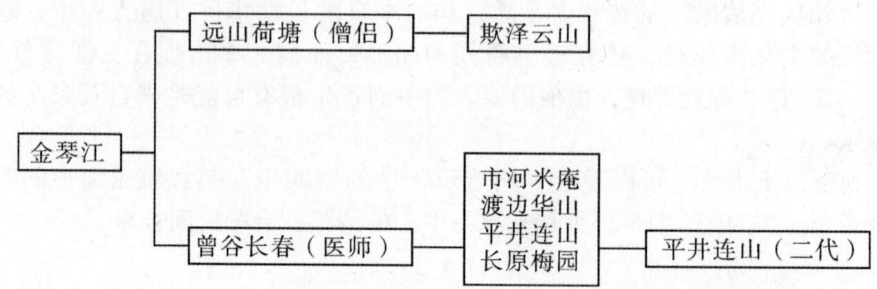

图1.3　金琴江传承的流派（中西、塚原，1990：82）

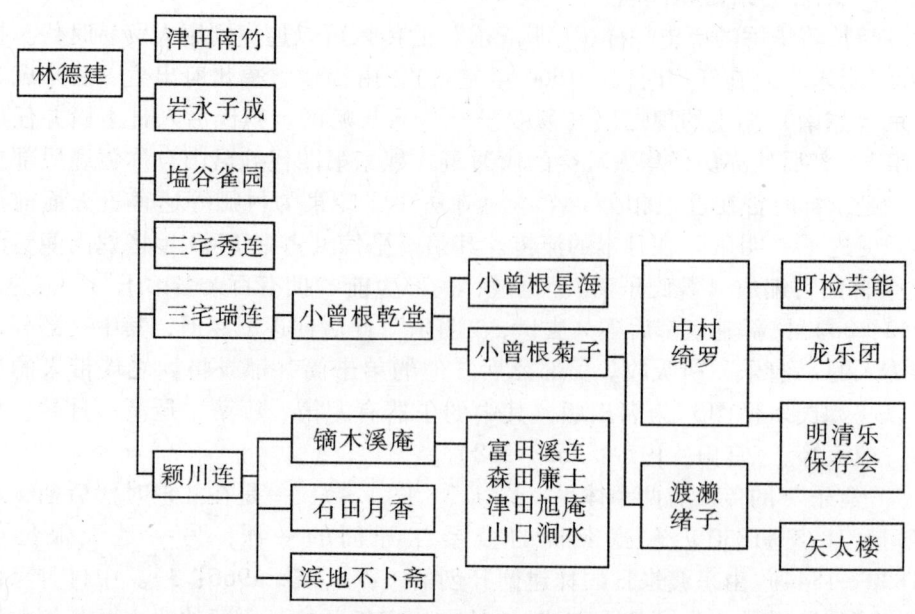

图1.4　林德建的系谱

年。在此期间，他曾教过颖川连和三宅瑞连。对此，《长崎市史》记载道："文政时期，颖川连拜唐人林建德为师，学习'清乐'的奥秘。三宅瑞连女亦向其学习曲调和唱谱，后来成为当时的月琴名人。大阪的龟龄轩斗亦慕名而来，在长崎向唐人学习月琴曲，后来又传给和歌诗人大隅言志。……津田南竹等人也擅长月琴。当时在长崎的商人中间月琴曾经很流行。"（长崎市政府，1938：325-326）

小曾根乾堂①是瑞连的弟子，"清乐"后来由他继承，形成小曾根流派。乾堂将"清乐"的技艺传授给自己的女儿星海、菊子，又由女儿菊子传授给中村绮罗和渡瀬绪子等人。1969年，两人的演奏技艺成为长崎市非物质文化遗产。现在的长崎明清乐保存会则属于林德建的系谱。另外，属于金琴江系谱的江户人平井连山去大阪开创了连山派，平井之妹在江户也曾经另立了一派，但是后来这一系谱不幸中断了。

"明乐"传入日本应该是在唐馆建成之前，在这个时期，唐人与日本人之间的交流比较自由。而"清乐"传入的时候，长崎唐馆已经建成，唐人与日本人之间的交流仅限于唐通事和艺伎。唐通事和艺伎作为这个时期音乐的传播者，将"清乐"逐步地传到了日本长崎的普通人家庭中。

《长崎名胜图绘》中记载："（他们）经常在馆内或是月夜楼上吹笛，其声清亮，寄托着思乡之情。昔人称其为华馆笛风，镇治十二景之一。"可以窥见往日在唐人间戏曲音乐等十分盛行（长崎史谈会，1931：205）。同时，该书中还记载了在宴会和各种活动中也演奏华丽音乐的史实（长崎史谈会，1931：220-234）。特别是艺伎常常光顾唐馆，并与唐人一起伴随着"九连环"的曲子跳起"看看踊"（唐人舞蹈），甚至有时连长崎奉行下属奉行所的官员们也会去观看唐人的音乐歌舞表演。②

"清乐"的代表乐器是月琴，除此以外，还有胡琴、三弦、琵琶、清笛、木琴、拍板、鼓（又称片鼓）等八种，有时亦伴随歌舞。"清乐"的乐谱有很多，《月琴新谱》中比较系统地记录了其目录和曲名，42册中收录了约240首曲子，但是后来的"明清乐"传承者能够演奏的只有"算命曲"、"九连环"、"茉莉花"、"纱窗"、"平板"、"狮子"、"法界节"、"金钱花"、"逍遥节"等

---

① 小曾根乾堂是长崎人，长于书画，尤其擅长隶书并精于篆刻。1878年创设小曾根小学，致力于教育普及。文久年间（1861—1863）小曾根乾堂居住的地区以其名字将城镇命名为小曾根町，后来这里成为外国人居留地。

② 《唐通事会所目录（八）》里宝永六年（1709）十月二日的条例中有如下记载："都合（唐人）拾八人、三拾六番（南京船）・五拾番・五拾四番（厦門船）、此三艘之唐人共ニ而候、兼而被抑付候唐人踊・楽など御覧被成候由ニ而、御広間之内ニ而唐楽ニ而南京歌をうたわせ御聞被成候、夫々漳州（福建省）をとり踊も御覧被遊候、仕廻に又々楽を御聞被成候、殊外御機嫌能御覧ニ入申候、唐人共江重くわし・酒など被仰付候、作右衛門（御用物役高木忠栄）・年寄衆中、其外御家中各御見物ニ而有之候、緩々と御覧被成候而構（唐人屋敷）江御帰し被成候、御所望なと御座候而唐人共悦申候、唐人共御屋敷江居申候間、仁兵衛（二木・大通事）・藤七・三十郎（官梅）・甚八（高尾・小通事）・官兵衛（穎川・稽古通事）・源助（東海・稽古通事）相詰申候。"（山本，1983：328-329）

少数曲目。

到了19世纪后半期,"清乐"的"九连环"等曲子在日本社会广为传唱,成为中上层家庭子女必学的音乐。长崎的商家中,很多男女都会演奏月琴。在长崎诹访神社的祭祀活动中,也有"清乐"伴奏祭祀舞蹈。特别是在1870年代后半期,在长崎丸山花柳巷中盛行"清乐"演奏(图1.5)。但是,在丸山火灾后,"清乐"的演奏逐渐衰落,进入昭和年代后则几乎中断,直到"二战"后才得以恢复,后来日本还成立了明清乐保存会。目前,日本演奏"明清乐"的团体有东京坂田古乐研究所、长崎市明清乐保存会、神奈川县横须贺市的横须贺龙马会的月琴部等,并保存着一些清乐演奏的录音。现在,"明清乐"主要由以中村绮罗等人为中心的长崎明清乐保存会和塚原广子为中心的龙乐团继承。

图1.5 在日本明治时期的"清乐"合奏
资料来源:《风俗画报》第100号,1895年。

"明清乐"作为近代的外来音乐对日本的音乐产生了很大的影响。因此,1969年"明清乐"被指定为长崎县无形文化财(即非物质文化遗产)。1971年中村绮罗等人成立了明清乐保存会,第一任会长是小曾根菊子的孙子小曾根均次郎。此后,日本音乐家曾在国立剧场、NHK(日本国际广播台)和国民体育大会等重要活动上演奏"明清乐"。明清乐保存会目前保存着大约19首清乐。明清乐保存会的会长是曾经进行过日本"明清乐"调查并师从于中村绮罗的原长崎大学教授山野城之。"明清乐"是长崎的乡土艺能,明清乐保存会大概每两三年为长崎市市民进行一次"明清乐"的公开演出。另外,他们也参加从小学到大学的音乐教学活动,以及社会上的其他文化活动。

坂田古典音乐研究所的活动包括对日本、中国及西方古典音乐的调查、演奏指导和各种演奏等。研究所内设有东京琴社丝竹班、汤岛圣堂古典音乐班、明清音乐研究班等,对"明清乐"进行复原演出和研究。横须贺龙马会的月琴部则是在接受长崎明清乐保存会成员塚原女士赠送的月琴后才开始"清乐"的演奏活动,其活动不定期。

2. 多元化传承的可能性

有关"明清乐"的传承,如前所述,"明乐"由魏氏传承,"清乐"由金氏、林氏传承,但实际上,各类华侨的作用不可小视,特别是唐寺院在"明清乐"的传承中起到了重要的作用。

如上所述,最初中国人来日的时间可以追溯到16世纪长崎开放港口(1571年),即庆长年间(1596—1611)来日华侨开始增加。据说平户(在开放港口时创建的港口城市之一)的英国商馆馆长查特·考克斯(音译)在其逗留期间曾观看唐人的狮子舞(渡边,1930年4月1日)。可见,唐船来日的同时,唐人的音乐和艺能也被传入日本。

长崎的唐四寺,除了广东系的圣福寺以外,其他三寺均为"明清乐"传入日本前建造,曾经是当时唐人们的精神寄托。"(唐人)不习惯既无云彩又无阴影,如同关帝闪烁的目光那样照射的长崎的阳光,难忍异乡酷暑的唐商们在清澈的明笛声中想起了故乡的绿荫。……这也许是当时他们唯一的乐趣吧。"(中村,1940年7月30日)可见,当时在唐寺院中已经有唐人用明笛等乐器进行演奏。明笛也叫唐笛,是"明乐"乐器的一种,对"明乐"的传承具有重要意义。就此,林谦三这样说道:"声乐在'明乐'中的地位和它在其他中国音乐中一样,是极其重要的,旋律乐器随歌齐奏,使歌声更动听,音色更富有变化。但是,歌者在歌唱中往往会跟着笛子的旋律,所以笛,特别是被称作明笛的龙笛、长箫在乐器中受到格外的重视,所谓的明笛工尺谱歌谱更具有笛谱的体裁性质。特别是对于我们国人,唐音不适合演唱,'明乐'自然由以声乐为中心转为以明笛为中心。"(林,1943:574-575)

在唐寺院,举行妈祖和普度等祭祀活动时,往往由唐人或者从本国邀请来的演员表演艺能和音乐。唐馆建成之前,华侨的祭祀仪式上还会表演蛇舞和马舞。

此外,据相关记载,以前妈祖祭日当天,"在集市中搭建临时的舞台,每年从唐国邀请两组表演队来表演各种歌舞"（朝仓，1983：118）。"上元（阴历正月十五日）的蛇舞、端午节的龙船舞被用来作为诹访神事（仪式）时的供奉舞"（长崎市政府，1938：25）。从明历元年（1655）开始，长崎举办诹访重九祭（后述），长崎奉行把长崎的63町（日本的行政单位，相当于街道）分为6组，作为舞町每隔6年出场一次（长崎市政府，1938：402）。当时各町都被动员起来参加供奉舞，唐人踊（被认为是唐人的一种舞蹈）等中国的舞蹈亦成为供奉舞的一部分。关于这一点，《长崎名胜图绘》中有如下记述："祭神舞蹈有……唐人踊（……）狮子舞（假扮狮子，夹有童舞，互相嬉戏……）。鞑靼舞蹈（是唐人舞蹈的一部分）……"（朝仓，1983：213）

上述的文献里并没有很清楚地记载年代，但是从这些文献可以推测伴随华侨祭祀的艺能在17世纪中期的时候已经传入了日本社会，并且也被用来作为诹访神社的祭祀表演。显然，在唐馆以前，在华侨的各种祭祀活动中有艺能表演。

唐馆建成以后，很多祭祀活动开始在唐馆内的庙宇举行。除了蛇舞外，也表演戏剧。蛇舞成为长崎诹访神社的供奉舞是稍后1790年左右的事情（越中，1978：22）。

另外，"明乐"中不可缺少的乐器七弦琴（即古琴），是1677年的唐僧心越东渡带到日本的。后来，心越访问唐寺院，不少日本的知识界人士跟随心越及其弟子学习七弦琴（渡边，1930年4月1日）。1780年左右的《长崎古今集览名胜图绘》里有弹唐琴（七弦琴）的唐人与手持三弦琴的艺伎的合奏图（越中，1977：5）。如此，在唐馆演奏七弦琴的情形可见一斑。

在唐馆及唐寺院的各种活动都有音乐和戏剧的演出。《东洋日出新闻》曾经连载了渡边库辅的《长崎风物记》，1930年4月1日的连载中报道了"唐人戏剧"，刊登的是有关当时艺伎演奏"清乐"时的情形。报道一开头写道，"4月1日熊本广播电台播放了常盘津喜三松、常盘津三代治的'白井权八小紫廊的仇梦'，第二天在同一地方上演町检艺伎的'清乐'合奏，因此起草左边文章"。这表明当时"明清乐"与唐人戏剧等华侨的艺能有很密

第一章 长崎华侨的社会空间与祭祀文化

切的关系。①

明治维新以后，唐馆的功能迅速减退。然而，下面的记载显示了在唐寺院的祭祀活动中，仍然可以看到唐人的艺能表演。"1885年10月6日，兴福寺修缮落成，举办诸佛开光祭祀十分热闹。当天，临济派的支那僧人演奏了月琴、胡琴、拍板、笛、鼓、铜锣、木鱼、尺八以及其他19种乐器"（渡边，1930年4月1日）。然而，其音乐是否就是1980年代末，华侨信徒在崇福寺用小铜锣、联叶钲、羯鼓等乐器演奏的"鼓板、"加冠"等"唐乐"的源头呢？

唐寺院传承的传统音乐、艺能很多已衰退并消失（如"唐乐"的演奏等），亦有一部分已演变为日本的音乐、艺能（如蛇舞、唢呐、唐子踊等）。尽管有些音乐艺能也许不属于"明清乐"的范畴，但无疑对"明清乐"有很大的影响，而且，唐寺院对"明清乐"的传承起到了一定的作用。

---

① 以下是报道的主要内容：
唐人戏剧是长崎年中节日活动的一部分，当时是在唐馆中举行的。《长崎名胜图绘》中有云："唐人踊在春天二月的初始举行，是土神堂的祭祀。"土神堂处于中门的正面，演出时会在这个土神祠庙前搭建戏台，屋舍中的一些精于演戏的唐人，化上各种各样的妆容，穿戴上琳琅满目的衣冠装束和锦绣装饰，上台表演歌舞戏曲。
唐馆建造之前（1689），每年会有两组艺人从唐国坐船来到此地。当时的唐人就在市里各町留宿，并悠闲地在市里信步闲逛。到了妈祖祭典的日子里，唐人艺人会在市街不起眼处搭建的舞台上起舞歌唱。……
宝永六年（1709）10月2日，表演漳州舞。（唐通事的记录）……。而且这天在立山御奉行所表演唐人戏剧时，是"唐乐伴奏的南京之歌"。1808年2月2日，在唐馆表演戏剧的是福州人……其后的2月3日演出了赐福、回朝、四秀旗、游街、闻铃、三侠剑、补缺、斩子、和番、卖拳、别妻、打店、走报、救星娘、愿二闻等折子。之后专门负责道具的人出来，从毛毯下拿出各种各样的物品供观众观赏……。唐人戏剧所用的衣饰器物都是收放在歌舞专用的仓库内。……（长崎史谈会，1931：206 - 207）
唐人戏剧并不是仅在土地神祭日上演，在正月十五的观音大士祭日，唐馆也有唐人戏剧和歌舞。蛇舞也就是现在所说的龙舞。这一习俗是随着唐人的灯笼节的习惯传入日本的，其实在唐馆设立之前就已出现在市井中。
唐人们在彩舟流（即南方常说的送亡灵时的"放水灯"的习惯，后来为长崎人所接受称其为精灵流。著者注）时也要舞蹈。彩舟流俗称流观清，据记载，1796年2月举办彩舟流的时候，6日和10日两日表演了一个相同的舞蹈，被称为太平舞，意思是仙人们与万民太平同乐。另外，在祭菩萨时也有舞蹈（在长崎曾经将妈祖视为菩萨）。妈祖的祭日也叫妈祖胜会、马祖会、妈祖诞生会，为众人所知。每年在三月二十三日、七月二十三日、九月二十三日要举行三次大祭。
在土地神的祭祀时，长崎奉行（相同于现在的市政府）的人亦曾观赏到唐人戏剧，比如，1814年正月八日长崎奉行的牧野等人便是在土地神祭日看了唐人戏剧。除此之外，唐人戏剧在上元、彩舟流、菩萨祭等祭日时也可以观赏到。

3. "明清乐"的变迁

（1）"明清乐"之词的变化。"明乐"或"清乐"，作为当时唯一的外来音乐传入日本的时候，民众是怎么称呼它的呢？迄今为止的研究几乎都没有涉及这一点。1764年（昭和九年）出版的蟠桃舍绿柳的《万艺间似合袋》里写道："明乐近来十分流行，也有很多人在私下摆弄"。这里所说的"明乐"即便不是明代音乐，但是从把支那人称为唐人的例子看，明末清初的笼统的支那音乐已相当流行……（中村，1942：134）。总之，很有可能是把"明乐"作为当时传入日本的中国音乐的总称。

另外，在保存下来的唐通事的会所录里，有如下记载（山野，1991：14）：

> 叫来近江守、藤五郎以及唐人，让他们演奏琵琶、三味弦、笛等乐器，还演唱了'唐歌'。在场的人都被这音乐所感染。（唐通事会所目录（五），1699年4月14日）
>
> 土井周防守……叫来船头三人，又叫了手持唐琵琶和吹笛子的唐人，一边听着唐乐一边游玩，乘兴而返。

上述资料中写到的"唐歌"、"唐乐"等，是否是指后来所说的"明乐"或者"清乐"，尚不能确定，但至少能肯定的是，当时还没有"明乐"或"清乐"这样的词汇。而且现在在长崎，唐乐之用语被理解为中国音乐，如长崎重九祭的供奉舞"唐子踊"，凡是中国传入的都被加上"唐"这个代名词。由此可以推测，当时的人们很有可能将"明清乐"称为"唐乐"、"唐歌"和"唐音"。关于"清乐"，正如下述记载的那样：宽政十二年（1800年），漂泊到远江神志之浦的唐人在漂泊异国的空闲时，歌舞九连环（中村，1940年7月31日）。"此九连环后演变为长崎人的看看舞，连同蛇舞在大阪阿弥陀院前的荒木座戏院、名古屋的大须观音庙、江户的回向院、深川八幡等地演出并且非常成功。"（中村，1940年8月20日），可想而知，"清乐"传入以前，清朝音乐已经传到日本，而且在各地演奏并流行，以至于文政五年（1822年）江户幕府下达禁止令。幕府的禁止使其衰退下来，直到后来"清乐"再次传到日本，其音乐才获得兴盛之机（中村，1940年8月2日）。总之，在当时，一部分清代音乐已为日本社会所接受，而且很可能被称为日本的音乐。

因此，"明乐"和"清乐"以及作为其总称的"明清乐"，也许如同当时一般对中国的事物的称呼一样,被称作为"唐乐"、"唐歌"、"唐音",甚至被起上日本式的名称。

(2)有关"明清乐"曲调的演变。如前所述,"明清乐"特别是"清乐",与吴越地方(江南、福建北部等)的民间俗曲有密切的关系,这些地方的俗曲中很多具有与"清乐"同样或相似的曲调,因此被认为是"清乐"的起源,其中有与中国的俗曲名称相同但曲调不同的,亦有名称不同而曲调相同的,以及名称和曲调都相同的。可以认为这些异同是在传承过程中的逐渐演变。其主要原因可以列举以下三点:

一是由于音乐本身的动态的因素。与社会和文化一样,音乐不是恒久不变的,而是经常发生变化。这是由于民族的社会和文化本身之内在变化,以及与不同文化和音乐等相交流和互动而产生的变化所造成的。"明清乐"也是如此,在中国原来的曲调等由于后来中国社会文化等的变动产生了一定的变化,而传到日本的曲调等为了适应日本社会状况也会发生变化,这些变化必然导致曲目和曲调的演变。

二是日本人的传承所带来的演变。与第一点相关,在以中国音乐为基础的"明清乐"的传承过程中,传承人多数为日本人。我们知道即使是同一民族的文化在传播过程中也很难保证原汁原味,更何况是不同民族,所以曲调和歌词等在传承过程中逐渐演变为日本式的也不难理解。

三是传承中断的因素。"明清乐"传入后的300年历史中,至少有两次中断。第一次,明治十八年(1885年)小曾根乾堂去世后,女儿星海创业,菊子移居横滨、东京,因此在长崎有几十年的时间无法听到"明清乐"。直到昭和前后,菊子76岁的时候,为了给父亲乾堂扫墓回到长崎后,才重新开始教授"明清乐"(小曾根,1980:63)。第二次,当时得到菊子传授的中村绮罗,于1940年27岁时就已经不再从艺,从此也没有人再演奏"明清乐",直到中村66岁时才再次接受弟子教月琴(花和,1981:158)。"明清乐"的传授法是口传身授,本来经过长年累月发生变化是不足为奇的。况且是数十年后重操旧业,难免发生淡忘。因此,尽管"明清乐"是断断续续地被传承下来,但是中断等因素造成的曲目减少以及曲调发生变化,是不难想象的。

(3)有关乐器的变化。《写真集明之大正昭和长崎》(国书刊行会编)里登有"明清乐"的演奏照片①。照片里小曾根菊子坐在前面,渡濑绪子拉二胡,中村绮罗打半鼓,总共有19名艺伎。根据照片的解说,"明清乐"在江

---

① 照片现存于长崎市立博物馆,由田中恒(已故)寄赠。

户时代传入日本，但是到了明治时代一度失传。大正末年，经过迎阳亭饭店的主人衫山吉太郎努力，如同照片上的编制一样，其音乐得到了一定的复兴。但是，现在（指"二战"后）"不可能再有这样的演奏了"。也许这些照片是在小曾根菊子到长崎为恢复"明清乐"向弟子传授时所拍摄的。照片上的琵琶，与中国现代的琵琶形制很近，在清代，琵琶已具当今琵琶的形状，因此可以推定这是清代的琵琶。

现在"明清乐"里使用的琵琶（称为唐琵琶）是原荷兰大使弗里克①（音译）赠送给中村绮罗的，照片上看其弹奏法似乎与月琴的弹奏法相同，这大概是中村绮罗自习而成的，使用的是日本琵琶弦。

"明清乐"的琵琶与现代的中国琵琶相同，其前身是四弦曲颈琵琶。曲颈琵琶大约在南北朝时代（420—589）从波斯经丝绸之路传到中国；在隋唐时期，其形状、称呼等已固定；在宋代和元代，其形状和演奏法等得到进一步发展；到了明清时代，目前所见的琵琶形状已经基本形成。明代和清代，与"明清乐"一起传到日本的琵琶，作为时代的产物，应该是与当时的演奏方式相同，不会是像中村绮罗那样用拨子弹奏，而是用手指弹的。

月琴有着像月亮一样的琴箱，四弦二音②，十三柱，琴杆短，虾尾稍微向后弯曲，用龟甲拨子弹奏。月琴是琵琶类乐器的一种，可以说是从正仓院保存下来的三种琵琶（阮咸、四弦曲颈琵琶、五弦直颈琵琶）演变而来的。秦代的弦鼓是一种对西域传入的四弦琵琶有很大影响的乐器，六朝称其为秦琵琶或秦汉子。魏晋"竹林七贤"之一的阮咸经常弹奏这种乐器的传说，使其在唐代得了阮咸之名称。据说阮咸是直颈、四弦、圆形，用手弹奏。可以认为"明乐"的月琴是属于杆部较长的阮咸或阮咸类乐器。明清时代，产生了以阮咸为基础，短杆、胴体大阮咸一圈的月琴。这就是在"明清乐"中使用的月琴。月琴作为用于戏剧和曲艺音乐的乐器，在中国，从1960年代开始，根据各种音乐的需要进行了改造。为此，现在除了少数民族的月琴，以前的月琴只能在日本的"明清乐"里看到。但是目前，长崎"明清乐"的演奏团——龙

---

① 对月琴抱有强烈兴趣的原荷兰大使，东洋学学者弗里克（已故）。1978年其周年忌时，中村绮罗在圣无动寺演奏了"明清乐"，之后将其活动称为月琴祭。后来为纪念已故的弗里克、林德建、三宅瑞连、小曾根乾堂、小曾根菊子、平井连山、中村重嘉、花月的原主人兼月琴保存运动的实干者本田寅之助，以及小曾根均次郎、永岛正一等人，月琴祭成为每年秋分时节的活动，做过法事之后，会有以中村绮罗为首的明清音乐保存会成员演奏（对中村绮罗（已故）、中西启（已故）、冢原博子等的访谈，1995年、1996年）。

② 指调弦法，即外二弦同音，内二弦也是同音。因此虽说有四根弦，但空弦只有两个音。

乐团一般都使用中国现代的月琴。

据塚原说,团员们现在使用的月琴全部是从上海购买来的。虽然同样是四弦月琴,与以前"明清乐"里使用的四弦二音不同,是中国使用的四弦四音的月琴。而且,使用的弦也从以前日本的三弦的琴弦变成与中国月琴一样的金属弦。出现此般变化的原因在于,日本不再有人制作"明清乐"的月琴,已很难找到这种月琴,现代月琴在中国则大量生产,这可以说是"明清乐"的一种新的演变。

"明清乐"源于中国,但并非中国的明清音乐,而是经过日本人加工再生产,并由日本人继承的,作为近代日本的外来音乐,已经过了数百年历史。"明清乐"与其用语一样,传承过程中受到日本文化的影响,演变至今,并成为长崎乡土艺能和旅游资源。

二、长崎诹访神社重九祭的诞生

在长崎历史上以唐人为媒介,从中国传入的风俗习惯,为长崎的民众所继承并融合到其文化生活中,成为长崎独特的地方文化。这不仅有日常的生活习惯和料理等,也包括年中祭祀活动,最重要的是诹访神社的重九祭,其他还有放精灵、龙舟①、放风筝②等。在简单介绍放精灵后,将对重九祭进行详细陈述。

(一) 放精灵

现在长崎的放精灵一般从8月15日的傍晚开始到半夜。放精灵起源于以前唐人的放彩船。放彩船一般又称为"请神",其规模有小有大。前者是祈祷航海安全,当时每年举行;与此相对,后者是祭奠客死于异国的唐人之灵的意

---

① 长崎夏天的活动。龙舟据说是由中国的南方人传到日本的。众所周知,赛龙舟在中国南部以至东南亚一带都十分盛行。龙舟传到长崎后,除了其本身的庆祝端午节的意义,又加上了夏天镇水神——龙神的含义。现在长崎的赛龙舟大会在每年7月23—26日于长崎港内举行,在中国打击乐器铜锣和鼓的伴奏下疾驰的龙舟赛,已经成为彩饰长崎夏日的精彩活动了。

② 是指4月到5月放风筝活动。风筝有十几种形态和170种式样,其中包括"蝶风筝"和"文字风筝"等几种中国式的风筝。"蝶风筝"是长崎唐人贸易的时期唐人制作的,经常在唐馆里放,后来流行到普通市民百姓之间。"文字风筝"是在上面画上梧桐凤凰、松枝仙鹤、天下太平等吉利的式样和文字,特别是画着蜈蚣的风筝,在今天的中国也很常见。

思，10年到20年举行一次。受其活动的影响，长崎也开始在盂兰盆节的晚上制作船只放流到海里，凭吊死者之灵。在死者死后第一次盂兰盆会的时候，各自在家里制作小型的船只。而在町内会（街道居民会），为了送町内的精灵制作大型船只。

江户时代的精灵船，根据《长崎名胜图绘》是用近于真的稻草和竹子的材料制作的，以往将它扛在肩上放流到海里，船上还挂有用白纸做的帆。明治以后，就变成了不再放流到海里，而只是在海边陆地形式上放流的精灵船，船体逐渐增大，材料也变成了衫木等木材。放流的时候不用扛，而是在船的下面装上轮子，拉着放流。船的最前头装有作为标志的灯笼（灯笼有各种各样的，中间点上蜡烛，走在最前头引导精灵船），后边按町内的主管（私人船只的话即为穿正规服装的丧主）以及钲①、船的顺序行走。精灵船有稻草船、大船和小船等。

稻草船现在在盂兰盆会之前经常有卖的，用竹子扎成船的形状，再用稻草编在上面。大小有从不足1米到1.5米左右。样式有各种各样，船体上面造有房子，中央立有桅杆。另外，顶端贴有红纸上用白色标上姓名、房号等标记、家庭的徽章以及其他与自己家庭有关的象征性标记。

大船主要使用衫木等木材，再装上青竹并用稻草包起来。船的两舷，倒垂着用稻草绳做的装饰，大小有10米到60米以上，桅杆高度有从4米到10米左右。用蒲包包住船头，船头正面称作"镜子"，形状是莲花瓣形状，镜子的高度从2米到4米左右。贴在镜子上的纸上面，如是个人，则写上房号、徽章、名字；如果是团体和町内的船，则分别写上团体和町内的象征性标记。透过船头内的蜡烛光，凭其外表的设计便知晓其船主是谁。町内等制作的连环船，以大船为多，形状不定，自由创作。中船的大小位于大船和小船之间，3米到6米左右，制作的方法也是大船和小船的折中。每年这种中船制作得最多。

在长崎，精灵船通过的路线和放流场是固定的。全长2米以上的船需要道路使用许可证（越中，1978：236-243；长崎事典编集委员会，1988：228-233）。

---

① 古代的一种乐器，用铜做的，形似钟而狭长，有长柄可执，口向上以物击之而鸣，在行军时敲打。长崎的钲本来称念佛钲，在町内地藏堂念佛讲经的时代曾经各个町都具备。以前，与钲一起演奏的还有铜锣、大鼓、三弦琴、胡琴、月琴、喇叭等。现在已经完全没有这些乐器的演奏了。

（二）诹访神社的重九祭和供奉舞

长崎的重九祭是指长崎的守护神——诹访神社的秋季大祭。

"重九祭"之名称源于中国九九重阳节的风俗。这种风俗首先出现在博多地区，后来传播到九州各地后，被称为"重九祭"，并用来表示九州地区秋季祭礼的日子。

在日本，重阳节的最初记录是在831年①，何时传到长崎尚不清楚。在《长崎市史·风俗编》中有如下的记载：唐人之间，诹访祭神被称为"九使庙祭"、"九使神会"等（长崎市政府所，1938：369）。

长崎重九祭是诹访神社②为迎神而举办的，将祭礼日定在九月九日效仿了博多地区习俗，并将重九祭作为诹访神社祭礼的代称（越中，1991：7）。

诹访神社初建于1625年。建立初期的祭礼十分简单，只是演奏汤立神乐，参加者都是神社的有关人员，而不是普通市民。17世纪初期，正是基督教在日本盛行之时。为了避免市民热衷于基督教，在1634年9月9日诹访神社重九祭之际，长崎奉行所开始动员市民参加。当时，长崎艺妓町③（也被称为倾城町）的艺妓高尾和音羽等表演了民谣歌舞（长崎市政府所，1938：398）。

当时的日本还处于锁国时期，由于对外进行贸易往来的只限于长崎一港，所以对外贸易成为长崎的主要财源。长崎奉行所最初曾把财源的一部分用来奖励参加重九祭的市民，可是这样一来，却造成了各町④对于供奉舞（酬神舞）的奢侈的竞争，尤其是到了江户时代的中叶，长崎奉行所不得不下俭约令来阻止其竞争（越中，1987：8）。明治八年（1875），随着日本新旧历法的改革，长崎诹访神社的重九祭正式由旧历的九月九日改为新历的10月7—9日。明治

---

① "首次出现在《日本书纪》中的有关685年的九月九日之项，但当时纪录的只是宴会而不是节日。《类聚国史》中嵯峨（佐贺）朝816年（弘仁七年）九月九日之项中才有九月节，随后从淳和朝的831年（天长八年）开始将其记为重阳节。"（日本风俗史学会，1994：418-419）。

② 有关诹访神社的建造，《长崎市史·风俗编》有如下的记述："据说，元和九年（1623）2月，佐贺的修行者青木贤清从长崎的公文九郎左卫门接受了进行诹访大明神、住吉大明神、森崎大权现三神的祭祀活动的请求，依靠长崎奉行长谷川权六、长崎代官末次平藏政直等人的保护援助，至永宽二年（1625），逐渐在长崎北面的圆山（现在的松森）建造小规模的神殿。由此，奠定了长崎神社兴盛的基础。"（长崎市政府所，1938：365）

③ 当时古町、桶屋町、今博多町、八幡町、纸屋町一带是艺伎街，宽永十九年（1642）移至丸山、寄会町。（永岛，1997：132）

④ 当时在长崎是以"町"为单位参加重九祭。

时代以来，尽管经过了多重的曲折，重九祭一直持续至今。①

1. 重九祭日程安排

长崎重九祭的活动，是从 6 月 1 日的"进小屋"开始，10 月 3 日进入祭礼的准备。祭礼从 7 日早晨的神前供奉舞开始。下午三体的神轿下坡，主办町的全体官员巡行到神轿暂停处。现在三体的神轿由相当于旧长崎村 12 乡的町内的人抬，还保存着一乡抬一体的风俗。

所谓"进小屋"的仪式，是指规定某一天开始进入练习（准备工作）的仪式。仪式当天，各个町会由年长者带头，全町的人都到谏访神社去进行参拜。在进行完吹笛打鼓的仪式之后，就回到町里开始自行庆祝，盛办宴会。目前，会由多个町一起举办"进小屋"这个仪式。时间定为 6 月 1 日，到时人们会去参拜谏访神社，带上横笛、太鼓等乐器②，聚在一起并在市内巡回演奏。

10 月 1 日，町里会举行"抬神舆"活动。早晨，人们会聚集在神殿，接受去除灾祸、洁净心灵的仪式。这时，按规定要用抽签来决定这三顶神舆分别由哪个町来抬。

10 月 3 日的各町的庭院展示，是指开始穿着重九祭的服装，一般在谏访神社的神前举行。当年轮到的町的孩子们会穿戴上特殊的衣装、束带、黑帽子和直衣，向神献上旗幡、弓箭和刀剑等物品，并环绕神社内走三圈。《长崎市史·风俗篇》中记载有"庭卸"。"庭卸"是舞蹈的练习结束，正式的舞蹈将开始的意思，表示当天在长崎奉行所已经进行过神前供奉舞的试演了。

10 月 4 日的集合人群，现在也称集合人头。各个舞町穿上和正式演出一样的服装，将练习的情况表演给本町内的人们，表示重九祭的准备工作已经完成了。

---

① "明治元年，被任命为长崎提督的泽主人正宣嘉，以长崎重九祭的供奉舞作为神社的祭礼太过奢侈为由进行禁止，只保留抬神舆队伍，以此为长崎重九祭的主要内容。明治八年县令宫川房之时期，长崎市民再次举行供奉舞和伞鉾。……进入大正时代后供奉舞完全成了歌舞伎，……长崎的民众再次为长崎重九祭而狂热。……由于昭和十二年（1937 年）中日战争开始，长崎重九祭的华丽程度开始减退。……昭和二十年长崎由于核爆失去了一切。在这第二年，在丸山花月社长本田寅之助的努力下举行了战后第一次供奉舞。……长崎的人们欢呼雀跃，不停地为朴素的供奉舞送去掌声。这件事也引促使了今日豪华的长崎重九祭的复兴。"（越中，1988：68）

② 这种吹笛击鼓的形式是从"シャギル"一词变迁过来的，原本指的是歌舞伎幕间演奏的音乐。长崎的是指演奏横笛和小鼓两种乐器，在长崎重九祭中，用来演奏各个节目的前奏曲。在谏访神社演奏的叫"入谏访"，在行宫演奏的叫"入行宫"，在队伍前行时演奏的叫"道中"。（据《长崎事典》第 252~253 页，越中 2000 年的指示）

10月7日被称为"前日",这天要在诹访神社殿前进行供奉舞的表演。江户时代,会应中国、朝鲜或荷兰来的外国人的要求,在神舆行宫的看台处表演,供他们观赏。战后,从1956年起作为观光项目向普通民众开放。供奉舞结束后,三台神舆向大波止的行宫移动。

10月8日和9日被称为中日和后日。以前的供奉舞和初日的供奉舞交替进行,现在的供奉舞的表演则和初日一样。

2. 供奉舞

最初进行供奉舞的只有艺伎町,后来参加供奉舞的逐渐扩大到各町。由于每年允许参加的町数有限,不得不采取抽签的形式来决定各町参加的顺序。参加供奉舞的町,作为区别他町的标志,登场时一定要在队伍的前头举有各町特有的大伞(伞鉾),这种伞原来是从博多(福冈)传入的祭礼用具,以前只是用来作标志,形状小而简单。可是到后来,由于它逐渐成为显示各町的实力的象征,伞越做越大,装饰也愈加豪华,时至今日就成了一种别具匠心的物品,最有价值的伞可以价值1000万～2000万日元(越中,1978b:264)。

供奉舞分为基本舞和特殊舞两种。基本舞一般为日本舞,特殊舞却因町而异。舞蹈的内容多和以前长崎的贸易对象中国、荷兰、葡萄牙等国的风俗有关。受中国风俗的影响,和中国艺能有关的舞蹈有以下几种。

(1) 龙舞。龙舞以前被称作蛇舞,是由于书写和读音上的问题。1965年长崎市观光科和乡土史学家商谈的结果,读音不变,字由蛇改为龙(永岛,1997:153)①。相传龙舞是从享保年间(1716—1735)开始的(山口,1972:

---

① 从"蛇舞"到"龙舞"(由于长崎的龙舞一直书写为蛇舞,长崎以外的人不知道其读音,经常误读为蛇舞)——在田中敏明《长崎新闻》(1978年)的连载《长崎重九祭,昭和重九祭考》21回中对此有如下记载:"最近广播中有播音员将长崎人习惯中的龙舞读成'蛇舞'。在1951年的诹访町的市川右太卫门因为演出旗本退屈男而逗留京都时,看见京都的报纸报道'长崎的蛇舞',十分不满。但是如果写作'龙舞'的话,又会出现与传统读法不同的误读现象,但是总比发音'蛇舞'更好,即便是诹访的神使是蛇。有关此事议论很久。在昭和三十七年的报纸中林源吉(地方历史学家)写道:'将舞蛇这个长期的误读更正为舞龙,是我的愿望。'其后过了5年仍然没有更改。不久前有人将'蛇舞'英译为'Dragon Dance',把它再译成日语则为'龙舞'。在随后的昭和三十九年(1964),'蛇舞'被长崎县认定为无形文化财时,汉字改为'龙舞',其假名发音则为'蛇舞'。从此,'龙舞'登场,'蛇舞'则退出历史舞台。当时,本笼町的马场次郎和诹访町的山下城亦被指定为该项非物质文化遗产的持有者。"

191)①。现在的龙舞的龙体长度为18米,由10个身着唐装的人舞动,追逐着由一个穿着唐装(中国清朝时代的服装)的"玉使"所舞动的珠玉,并根据由打击乐器所发出的乐调的缓急,逐步展开"绕行"、"戏珠"等一系列表演(图1.6)。尽管在日本其他的中华街也有龙舞,其称呼都是不同的。长崎现在供奉龙舞的有笼町、诹访町、筑后町、五岛町等四个町。笼町以前曾作为通往唐馆的必经之路,受唐人贸易之惠而繁荣,他们向唐人学龙舞,并通过唐馆从中国买来各种打击乐器和传统服装。后来龙舞便成为代表笼町的供奉舞。诹访町的龙舞是向笼町学来的,由于诹访町的名字来源和诹访神社有关,而且诹访神社的神使又是白蛇(白龙),所以诹访町的龙舞的龙与笼町不同,不是青龙(青蛇)而是白龙。但是到了后来,诹访町又加上青龙,这样就变成两条龙同时供奉了。据说筑后町是因为以前唐寺福济寺位于其町内,他们的龙舞也是向唐人学来的。至于五岛町的龙舞是1999年才开始起步,2000年第一次出场供奉。

图1.6 《龙舞图》(长崎历史文化博物馆藏)
资料来源:《长崎名胜图绘》。

龙舞(图1.7)现在已成为长崎的特色之一,四个町的龙舞不再是7年一次,每隔2~3年就要有一次特别演出,这样可以保证每年至少有一个町的龙

---

① 《长崎名胜图绘》云:"唐馆的舞蛇在正月上元(旧历一月十五日)举行,由直径1尺、长2尺左右的几个小龙连接一起,做成长3丈或5丈的龙型,上面贴有绢布,绘彩绘。"(长崎史谈会,1931:228)

舞在重九祭登场。而且不局限于诹访神社的供奉，其他的各种节庆活动也要被邀请参加。

图1.7　长崎重九祭的龙舞

（2）狮子舞和唐子舞。这是玉园町的供奉舞。玉园町的供奉在1935年时曾一度中断，62年后的1997年才再度出场。狮子舞和现在中华街的狮子舞以及中国传统的狮子舞不同，尽管伴奏也加有打击乐，但以横笛的伴奏为主。唐子舞一般是由十几名5～10岁的儿童组成。《长崎市史·风俗编》对唐子舞曾作如下记载："唐子舞顺应中国的风俗，是根据《水浒传》、《三国志》等改编而成。如'桃园结义'、'三岁让梨'或者是'三顾茅庐'、'姜太公钓鱼'等故事，其数不胜枚举，其舞主要是由四五岁的儿童们进行表演。喇叭、唢呐、吹打、三弦等伴奏音乐，以及掌声所形成的激荡人心的打拍声和着华音高歌的悲怆，使得来观赏的清国人难抑思乡之情……"（长崎市役所，1938：414 - 415）

1980年代，华侨的艺能组织侨友会（参见第三章）开始狮子舞时，新地町就提出希望能在长崎重九祭供奉其狮子舞，但因新地町从来不是舞町而被拒绝。然而，随着狮子舞技艺的发展和人气的上升，1999年反而由长崎民俗演艺保存会发出邀请希望新地町参加。新地町自治会和侨友会就此事进行了慎重的探讨，但由于狮子舞的后继人才及资金问题没有解决，不得不通过决议拒绝了这项邀请。

（3）唐船祭。唐船祭是根据妈祖祭而改编的。以前唐人上陆时，一定要把船上供奉的妈祖像送到唐寺去保管，并举行上下船仪式，被称为"妈祖扬祭"。这是元船町的供奉舞，以前称作"妈祖祭"，1955年改为"唐船祭"，和唐人舞一起供奉，并由"明清乐"伴奏。

（4）唐人船。这是大黑町的供奉舞。以前在大黑町附近的海岸设有很大的码头，唐人贸易非常兴盛，因此，大黑町以唐人船为供奉舞。船上载着身着唐人装的儿童和各种象征物品，儿童们手执打击乐器，随着打击乐的节拍，身着唐人装的青年们推船，使船身移动。唐人船转动的间隙，还有身着各种中国传统服装的青年们登场表演。

总的来看，与唐人贸易时代有关的这些供奉舞，除了龙舞以外，其他实际上是历史上与唐人有关的地域，为了竞争参加重九祭祀而创造的艺能。

3. 重九祭的"当番町"和组织运营形式

如前述，重九祭最初的供奉舞只有艺伎町，后来参加供奉舞的范围逐渐扩大，而每年参加的町数有限，不得不采取抽签的形式来决定各町参加的顺序。1655年，长崎的63町被分为6组，规定每年有10町或者11町出场，各町平均每6年进行一次供奉。到了1672年町的数字增加到81个，除了每年登场的两个艺伎町以外，其他的町又被重新划分，由6年一次改为7年一次。尽管明治维新以后，特别是在1960年代前后，长崎市政府对各町进行了多次合并、新设和改革等，这种7年一次的轮番制一直持续到今天。而且，在供奉时，基本上沿用旧的町名。

各町设有自己的自治会，会长往往是町内德高望重的人担任。参加供奉的人多为町内的人，由于近年町内的人口流动非常激烈，单是町内的人口往往不足以参加供奉，于是各町通常要去町外募集人手。供奉资金的大部分由町自治会来筹备，一小部分由市有关部门赞助。祭祀的管理由各町轮番担任，轮到班的町被称为"当番町"，一般在每7年一次的供奉结束后的第4年作当番町。当番町负责祭祀所涉及的各种工作。

下面以笼町为例，阐述一下供奉舞传承的实际状况及其运营方式，从而可以看出唐人的龙舞如何为地域所接受，进而成为有名的供奉舞的过程。

现在的笼町是在1966年由原本笼町、梅崎町、西小岛町、船大工町、广马场町的各一部分合并所组成的，因其原名叫本笼町，新的町就以笼町命名。本笼町是在延宝年间（1673—1680）于海岸线处填海开发建设的町，在町前面有唐人的货物仓库和唐船修理厂，其后方是唐馆，本笼町也仰仗其地理条件在唐人贸易中发展繁荣。笼町就是制作竹笼的町，而竹笼在当时是堆积货物时用来捆扎物品的必要工具。本笼町直到大正初期，是可以和现在繁华地区的浜町进行正面对抗的商业街，有很多金碧辉煌的面向外国人的商店店铺，不仅有长崎的特产，日本各地的特产也是应有尽有，在长崎的各町中成为一道有异国情调的风景线。但是,随着长崎贸易的逐渐式微及国外船只来航的逐渐减少,本笼町面向外国人的商店也越来越少。特别是战时政府下达疏散令,导致町内人口减少,失去了从前的繁荣景象,店铺也仅剩下几家。1966 年与其他町的合并成为新的笼町之后,虽然一时人口增加,但随着城市的"面包圈化",人口又不断减少。到了 1998 年,町内仅剩下 198 户居民。

以前由于距唐馆很近,笼町的人们与唐人的关系特别亲切友好。他们向唐人学习舞龙,并将其作为区别于其他地域的供奉舞,从 1716 年(享保元年)开始参加长崎重九祭。以龙舞为供奉舞使得笼町名声大振,之后的几百年间龙舞不仅是笼町的名牌,而且作为有特色的乡土艺能成为长崎的一大名牌。

町内有自治会,自治会里从战前开始就设有龙舞保存会。一年之中自治会和保存会最大的工作就是重九祭。在以前,活动资金主要是町内各家的募捐。而现在就不是町内的募捐资金所能负担的了。

筹办 7 年一次的重九祭供奉舞,至少需要花费 3000 万日元,除此之外还有每两年一次的特别参加活动,单靠町内的资金是无法负担的。因此,现在的一部分资金是从传统艺能振兴会①得到的经济援助,剩下的再靠自己的市内"采花"来筹备。"采花"即舞町在重九祭供奉舞结束后,在各町的企业和家庭进行巡回演出供奉舞,以收取资金的惯例。因为龙常被看作经济昌荣的象征而受到人们的尊敬,因此舞龙总是特别地受欢迎。

笼町"采花"的地方有 2100 户左右的商铺和人家,一天要走十二三公里。"采花"的范围有内町、外町之分。内町就是指供奉舞的各町,而抬担神舆的就叫外町。② 资金的用途主要是用来支付龙和伞鉾的制作和修理,以及伞鉾组合的会费③,其他还有支付帮工和午餐饭盒等费用。

表演龙舞的人总共有 46 人,伴奏有 45 人左右。在以前,全由町内的人担当。但从 1976 年前后开始,町内人手开始出现不足,现在町内能参加该项活动的只占到 10% 左右,剩下的只有在町外公开征集舞蹈表演人员。不足的人

---

① 传统演艺振兴会是在战后,为了维持重九祭等传统艺能活动,以商工会议所的成员为中心成立的。其组织的目的是进行资金援助,也是每年重九祭的主办一方,资金来自商工会议所的会员所属的各个企业的赞助资金。

② 对平山忠笃的访谈(1997 年、1998 年)。

③ 据平山所说,伞鉾不是由町内的人来抬,伞鉾亦有组合会,由组合会担当。同样,伴奏乐队也有组合。伴奏组合属于长崎周围的町,与重九祭供奉舞相应有 7 个队。如果当年的重九祭只有 5 个舞町出场时,伴奏队也相应地只出场 5 个队,其他两个队则休息。与伴奏组合签约一次大约是 100 万日元,费用的一部分是作为住宿费用。包括重九祭地的集中练习,一般是采取在町附近旅馆的合宿方式。至于伞鉾没有特别的契约,组合每年轮流到各个町活动。

数一般都由和町内有关系的人，如亲戚、朋友等来协助。其中也有父母长辈在笼町居住，而由其居住在其他町的小辈们参加的情况。

笼町的自治会会长平山忠笃（已故）常年参加重九祭。他在小时候就参加唐人小孩的演出队，中学时参加过唐乐（打击乐）的伴奏，之后长时间担任舞蹈表演，很受瞩目。至2000年代初平山一直为笼町供奉舞的总监。

现在的龙舞和以前相比变化不大。平山作为笼町第八代的总监，到现在为止已经参加了18次重九祭。现在居住在笼町的人都平均参加过六七次，龙舞的技术也是一代传一代。

战争时，重九祭曾一度被迫中止。战后首次举办是在1948年，至1998年正好50年。1998年笼町又是舞町，为了表达纪念，组织者特制了龙型的扇子。

奉纳舞蹈的队伍按照顺序前列有伞鉾，会长等负责人、町内的人们随后，再后是舞蹈的头队、伴奏和舞蹈表演人员等。参与供奉舞的一共有290多人。其中，负责伞鉾的是7人，町内的负责人27人，由学龄前儿童们组成的头队和他们的母亲们120人左右，伴奏乐队45人，舞者有46名。伴奏乐队是由中小学生组成，只有打鼓和铜锣是由乐队组合的专业人员担当。自治会会长平山氏担任总监，其下还设有总指挥、舞蹈部、伴奏部等各个部门，均由经验丰富的人进行管理。

舞蹈的职责分工在以前非常明确的。比如，由于"玉使"是舞龙节目中最显眼的角色，就会由町内有影响力的人来担当，并代代传承下去。如今虽是量才为用地分配角色，但"玉使"一般还是以体格或在町内的名望为基准选拔。女性的工作集中在重九祭的三天，主要是叠手巾、准备午餐等之类。舞者之外还要招募20名左右的打工人员，主要从事搬运大鼓和铜锣、举旗等工作。打工人员之中有时也会有中国留学生。

有关重九祭的工作从6月1日的"进小屋"仪式开始，到最后的收尾工作完成大概在10月31日。龙舞练习是从过了盂兰盆节后的8月18日开始到9月30日结束，除了星期日和雨天，每天在晚上7点20分到8点50分的时间段进行。以前从6月1日的"进小屋"仪式开始到重九祭的开始有一段合宿时间来进行练习，但现在因为没有合宿的小屋，住旅馆又需要很大的经费而被中止。因此现在6月1日"进小屋"只是形式上去一次神社，祈祷祭奠活动能够顺利举行而已。当天除了儿童以外，参加重九祭的全体人员都要集合。

今后笼町参加重九祭会面临的问题之一是人手问题。笼町位于长崎的中心，但很多居民都逐渐地离开这个地方，到町外居住。特别是町里如果开始一些规划（如建造超市或停车场之类）的话，房屋搬迁而有可能导致町内人口进一步减少。

重九祭面临的另一个问题是舞町的整编问题。以前舞町数量有 80 个，但现在实际出场的数量只有一半；剩下的基本已经和其他町合并了，却还残留着舞町的名字。如果能进行舞町的整编，也许人手和资金的问题等都能得到一定程度的缓解。现在各町重九祭的运营已经是捉襟见肘了。

如上所述，历史上从唐人文化中选择和接受祭祀和艺能，无论是"明清乐"还是重阳祭等，除了其名称和部分内容以外，已经完全日本化，并转型为具有长崎特色的乡土文化符号，延续至今。从其接受和变迁过程中，可以观察到长崎特殊的历史环境下地域社会与华侨文化交流的历史轨迹和文化土壤。而艺能中龙舞的活动并没有停留在重九祭这样特殊的场域中，在中华街和地域文化的再造活动中，被赋予"唐人文化"（历史上的中国文化）符号性意义，作为地域文化旅游资源重新开发和利用，并成为长崎灯会中兼具地方和中国两大特色的重要表演艺能。

第五节
传统文化符号的继承及其社会功能

根据文献资料记载，日本华侨社会的传统祭祀活动一直可以追溯到江户时代。1689 年，唐馆设立之后，华人的外出就受到了限制。而在唐馆内的生活中，能够聊以自慰的就是随着四季更迭举行的各种祭典活动了。各帮共同的祭礼活动主要在唐馆举行。现在长崎华侨的传统祭祀活动主要由三山公帮主持，在崇福寺中进行。

现在长崎华侨的祭祀活动（表 1.8）大部分是在崇福寺里进行。三山公帮运营的祭祀活动有元宵节、观音祭、清明节、妈祖祭、关帝祭以及普度，其中规模最大的是普度。

表 1.8　长崎华侨的祭祀活动

祭祀活动名称	主办场所	日期（旧历）
春节	新地中华街等	一月一日
关圣帝君圣诞（崇福寺关帝祭）	崇福寺	一月十三日

续表1.8

祭祀活动名称	主办场所	日期（旧历）
元宵节	崇福寺、新地中华街、唐馆旧址★	一月十五日
福德正神圣诞（唐馆土神祭）	唐馆旧址	二月二日
观音菩萨圣诞（唐馆观音祭）	唐馆旧址★	二月十九日
国际墓地清明祭	国际墓地	三月二日
崇福寺清明祭	崇福寺★	4月5日*
天上圣母圣诞（妈祖祭）	崇福寺★	三月二十三日
关圣帝君祭（崇福寺关帝祭）	崇福寺★	五月十三日
关圣帝君祭（唐馆关帝祭）	唐馆旧址	六月二十四日
普度（盂兰盆会）	崇福寺★	七月二十六至二十八日
中秋节	新地中华街	八月十五日
大成至圣孔子圣诞	孔子庙	9月30日*
国庆节（建国纪念日）**	华侨总会及其他	10月1日*

说明：★是由三山公帮组织；*是新历的日期；**指虽然不是传统祭祀，也是重要的节庆活动。

在本章中，我们将对在长崎举办至今的传统祭祀和艺能活动进行介绍。其中包括曾经一度式微但近年来重新复兴的祭祀——春节、元宵节、妈祖祭和祭孔活动。首先来看运作长崎华侨传统祭祀活动的相关组织机构。

一、负责祭祀的运作组织

在历史上，长崎华侨的祭祀活动是以唐三寺的轮班制形式进行的。所谓轮班制，就是指唐三寺每年轮流负责祭祀的运营，分为"本年番"（有在规定的日子里向其他两个寺发通知、在本寺内召开集会等义务）、"土神兼送昆布番"①

---

① 在由唐三寺联合举办、每年3月定例举行的中国船内的土神法事中，轮到土神祭祀班的寺院必须先要在唐馆召集人们进行土神堂内的临时祈祷，以及法事的执行，并且有对船主寺院的捐献表示感谢，在船只出帆之际赠与其昆布类物品的习惯。其习惯称为送昆布，由三寺中每年轮替到土神班的寺院担当（内田，1949：85）。

第一章 长崎华侨的社会空间与祭祀文化

和非番的制度。这是进行土神祭（唐馆内）、菩萨安置①、妈祖祭②（也称菩萨祭）以及普度的管理体系。有关菩萨安置的轮班制的由来，《长崎名胜图绘》记载道：

> 唐人来港后，进行菩萨上船的仪式。原本，在船上设有祭祀船之神灵之处，并放置天妃像。在出海航行时，每日早晚都要进行拜祭，以祈求船只出海平安无事。入港放锚之后，唐人会将妈祖神像移至寺庙。一般是轮流送到南京寺（兴福寺）、福州寺（崇福寺）、漳州寺（福济寺）三个寺庙之中（以前是根据各个船只的归属，南京船的只会送到兴福寺，福州船是崇福寺，漳州船是福济寺。但因为船只数量等各方面原因，最近轮流在三个寺庙中安置）。（长崎史谈会，1931：286）

举行普度的时间方面，江户时代各个唐寺是从旧历七月十三日到十五日（长崎市政府，1938：470-474），唐馆则是在旧历七月上旬由唐三寺轮流当班（刘，1990：19）。不过，随着唐馆的衰落和各公所会馆的设立，如祖籍福建者设立的八闽会馆也开始举行普度，其时间是从旧历七月二十六日至二十八日，再后来福建会馆主办的活动是在七月二十七日至二十八日③，而福济寺的普度至大正时期一直是在七月十三日到十五日举行。

现在由三山公帮主办的崇福寺普度，是从1899年三山会所的设立时开始的，继承了福建会馆的传统。不过，福建会馆的领袖曾经是泉州人和漳州人，因此普度也被视为泉州地区传统的延续。在留存下来的福建会馆账簿（1888—1910年）（1990：12-16）中，普度以外祭祀活动的经费出纳都有详细记录，关于普度的则没有记载。从这一点可以推测出当时的普度并非在福建会馆，而是在唐寺中举行的。

现在在长崎崇福寺，普度是由华侨轮班具体操作。这里所说的轮班制虽然

---

① 祭祀妈祖是建造唐寺的目的之一。船只入港时，各船的妈祖像经过寺院的僧侣的诵经后，安置在唐寺内的妈祖堂中保管，表示其为佛教徒，使得入港的唐人都能安全地从事贸易。这就是菩萨（妈祖）的安置和菩萨下船，或者称菩萨上船。

② 在旧历三月二十三日、七月二十三日、九月二十三日各举办一次。同一年的妈祖祭根据三寺的轮流情况来举行。比如三月的妈祖祭是在崇福寺，七月的就由福济寺举办。

③ 刘氏认为七月十三日到十五日可能是面向日本人的，而从二十六日开始的是福建会馆举办的普度（刘，1990：19）。笔者认为，普度是佛教和道教要素混合的产物，佛道两教的普度都应该是旧历七月十五日。本来唐寺和会馆举行普度也都应当在七月十五日前后，但是寺院的普度是各帮的普度，会馆的普度则是各帮共同举办的，有关时间上的差异是否应该在其前提下进行考虑。

和历史上唐三寺的轮班完全不同，但似乎可以看出轮班制的历史连续性。以下将会对现代的轮班制进行探讨。

长崎老华侨不到500人，其中信徒有50户，崇福寺的当班由50户轮番来做。当班主要负责当年在崇福寺举行的所有的祭祀活动的准备工作及杂务。在崇福寺举行的主要祭祀活动，以旧历正月的元宵节为始，7月的普度为终。其费用主要是会费及华侨的临时捐献。

现在崇福寺的轮班制一般认为是战后才形成的。[①] 也就是说，三山公帮（三山会所）于新地设立之后，开始进行崇福寺祭祀活动，但是具体上是由新地的各家店铺（万泰号、永泰号、明泰号、正泰号、瑞泰号、泰益号、锦昌号等10家左右）担当。活动的费用除了募捐的部分外，几乎都是由这些商号来筹备的。由于战争的关系，这些店铺的店主们或回国，或移居他地。战时，崇福寺的活动也被迫停止了。

战后，三山公帮为了振兴崇福寺的活动，决定每年由10户左右，六七年一次轮流负责崇福寺一年的祭祀活动，这就是现在的轮番制。轮番制亦要根据工作的内容决定当班者，因为祭祀活动最重要的是准备祭祀食物和料理等，所以轮到的10户之中一定要有两三户对料理是精通的。2000年前后，由于华侨的人数减少等原因，当班差不多6年轮到一次，每年有七八户（表1.9）。但是，目前老华侨的人数不断减少，轮班相隔的年数和每年担当的户数也随之减少。

表1.9 轮流的顺序（1999年）

编号	1	2	3	4	5	6
店名（人名）	锦昌号 共乐园 大华饭店 江山楼 三海楼 福建 喜乐园 天宝阁 郑文忠	新和楼 新民楼 龙亭 林胎溪 万园 潘从发 南风 林义磐	泰安洋行 瑞泰号 康乐 林春高 一品香 郭定仪 中国楼 郑月琴	桃花园 福州天天有 福寿 诹访公寓 永盛楼 黄香桂 光华园 有乐	中国贸易 林其彬 中国针灸 庆华园 天天有 （本店） 白桦 福寿园 中华门	美有天 苏州林 京华园 宝来轩 三成号 三角亭 四海楼 潘三津

---

① 根据林益盘（已故）的教示（1998年）。

因为华侨的人口和家庭人员组成经常发生变动,所以每隔几年就要对轮番制进行调整。当班的原则上是使用店铺的名称,没有店铺的就使用户主的名字。若店铺或户主发生改变,名称亦要随之变更:若户主逝世,就变更为其子嗣的名字;若没有男性的继承人,则由妻子、女儿担任。若没有人手,则要申请取消其做当班。

二、传统祭祀与艺能

(一) 春节和元宵节

过春节和元宵节的习俗在江户时代的唐馆中已存在。《唐馆》曾对春节有过如下的记载(山本,1983:280):

> 正月(初一)——在唐人自由居住于市内的时代,许多唐人会吹着唢呐,敲着锣,打着鼓,到家家户户贺年。唐馆设立之后,春节不再有这种热闹的场面,只是在馆内,可以见到房间里外贴着恭贺新年的对联,船长、财务、总管等各个船上的唐人干部们都拿着红封的名帖,到唐馆管理人员、通事官等的房间道新年贺词的情景。
> 初二——在唐馆举行"泼水"活动。各船的船员们从早晨开始就吹笛、敲锣、打鼓。在土神堂、关帝堂等处表演狮子舞等,舞蹈的式样年年会有更新。而此时船长、财务、总管等由艺伎陪同,在二楼阳台上铺上毛毯,坐在椅子上观看。

唐馆的"泼水"是祭财神的一种活动。在《燕京岁时记》中有记载:"初二日,至祭财神,鞭炮甚多,昼夜不休"(正月二日时,要举行祭财神的仪式,届时爆竹齐鸣,日夜不停)(富察敦崇,1961:44)。

以"二战"为界,华侨的祭祀活动发生了很大变化。战前,旧历正月的春节是华侨们的重要节日之一。每逢春节,所有的店铺都会休息三天,华侨们会去祭祖拜神,家庭聚餐,互相拜年,孩子们会高兴地拿到压岁钱,有些地方还能看到祭祀灶神。但是到了战后,春节的观念逐渐淡薄,和日本人一样,对于华侨来说,新历的正月也占有越来越重要的位置。传统中国建筑被破坏、华侨人口的减少、居住地的分散、职业的变迁以及世代交替而产生的与日本社会的同化,都是其主要原因。目前大多数华侨家庭已经不注重春节。

《长崎名胜图绘》中提到以前在唐馆也有贴春联的习惯（长崎史谈会，1931：208－209）。这种习惯被华侨所继承，战前十分常见。① 战后，这种习惯和春节的其他习惯一样基本不复存在了。如后详述，随着1980年代后期长崎春节灯会的重新打造，新地中华街振兴组合将春联和年画等发给各个店铺，从此每年以新地的店铺为首，长崎市内的中餐馆等中国式店铺开始每年张贴春联等。

至于元宵节，中国明代元宵节张灯结彩的习俗也传到了长崎的唐馆年代。从前在唐馆，过元宵时点着无数的灯笼，呈现出一派不夜城的景象。而在唐寺里，元宵节夜晚祭祀观音大士，会点上许多烛灯（山本，1983：282）。

唐馆衰落后，华侨的同乡组织继承了春节和元宵节的一些风俗习惯，有关这一点在长崎福建帮贸易商"泰益号"所保管的资料中可以看到。② 作为资料的一部分——福建会馆的账簿中记载着十二月的送神、谢神仪式和春节元宵祭祀中所使用的资金记录。账簿中虽然无法看到其是否有演剧、音乐、舞蹈等演艺活动，但可以推测出在春节和元宵时的祭祀活动是有组织地进行的。

目前，元宵节作为寺院祭祀之一，由三山公帮组织运营。元宵节时，当班的华侨会进行点灯仪式。崇福寺和馆内町（前唐馆的旧址）的观音堂、土神堂、天后堂里会点上线香，祭上供品，燃起蜡烛，挂起无数个灯笼。华侨信者几乎每户人家都会点上几支蜡烛，上面写着信者名字和对新年的祝愿；有的人亦会在寺院与祖先和诸神共度几个小时，直到自己点燃的蜡烛熄灭。

蜡烛一般是从下午4时点到次日早晨6时，崇福寺的蜡烛最多时会达到1000多支，夜晚当班的还会做一些姜汤和福建米粉以供来到寺院的人们食用。

如前所述，以前唐人贸易时代，春节期间曾有吹唢呐、敲锣打鼓和舞狮子等艺能表演，这些艺能虽然没有为华侨继承，但其中一部分却成为长崎的地方风俗。《长崎名胜图绘》记载道："长崎有种习俗叫吹唢呐（原词为チャルメラ），与中国贺年一样，大人们手执唢呐，小孩敲锣打鼓，去各家各户拜年，有孩童们的游戏，也有狮子舞的雀跃……"（长崎史谈会，1931：47）这些风俗，唐馆之后似乎不再存在，当时的舞狮也没有被后来的华侨所继承。但是，

---

① 据林益盘（以前开杂货店，已故）所说，当时的春节对华侨来说是最重要的节日，在春节之前通过上海丸（长崎和上海之间的轮船）运来包括春联在内的诸多春节用品。

② 账簿保存了1888—1910年，以及1922—1939年的部分，1910—1922年的部分残缺。会馆的运营费分为永久性经费和非永久性经费。祭祀的费用约占前者的三成。比如在正月的祭祀中，有初一和初四的接神和十五日的元宵节。1900年正月初一敬神费用2105元，而元宵节接财神的礼灯香烛茶碗等为5375元（黑木，1990：12－16）。

第一章 长崎华侨的社会空间与祭祀文化

这些艺能和风俗反而为长崎地域社会所吸收，成为日本的地方风俗，长崎重九祭中的狮子舞，可以说就是从当时在市井中唐人表演的狮子舞中演变过来的。当前，华侨的狮子舞则是后来为华侨组织侨友会所复兴起来的。

另外，唐馆时期的元宵节，除了灯笼之外，舞蛇（龙）和舞马也相当盛行。有关这一点，在《长崎名胜图绘》中有如下记载：

> 舞蛇是在正月上元（即正月十五。在中国这天晚上，家家户户的人都会有各种各样的花灯，男女们聚在一起观赏，称为灯节）的表演艺能。许多直径1尺多、长2尺左右的灯笼连接在一起，在上面贴上绢布，涂上颜色，做成长约3丈或5丈的龙蛇形状，在上面装饰宝珠并装上长柄。人们手持长柄，左右舞动，前后腾挪，如龙追逐着宝珠狂舞着……晚上就从头至尾在龙里点上灯，再舞动蛇身。此景可谓华丽……往年在长崎经常有这种龙灯舞。白天还有舞马，即用灯笼做成马的形状，穿过背部与腰部组成它的四足。上元的晚上，也有这样的舞马，驰骋奔走雀跃，使旁观的人们都为之兴奋愉快。（长崎史谈会，1931：228）

如前述，当时的蛇舞（龙舞）并没有被华侨继承，而是为日本人所继承，成为长崎重九祭和长崎灯会不可缺少的艺能表演之一。

除了舞蛇，在唐馆也演出戏剧。关于当时演剧的情景，《长崎名胜图绘》中有如下记载：

> 自江户时代中期开始，在唐馆区域内的土神堂前设置舞台，每年旧历二月二日前后的两三天，举行春祭活动，演出《三国志》、《水浒传》等剧目和以"目莲救母"为题材的"目莲舞"。乐器有笛、铜锣、拍板、喇叭（唢呐）、小锣、小鼓、胡琴、三弦等。（长崎史谈会，1931：222）

同书中尚记载了描述当时唐馆演剧的汉诗，足见其盛况。《唐馆观戏》诗云："酒气满堂春意深，一场演剧豁胸珍。同情异语难畅达，唯有笑容通欢心。"《元夕观剧》诗云："金银世界繁华地，锦绣乾坤富贵春。照夜星辰通月窟，消宵歌舞彻花晨。秦云路渺浮槎迥，郢曲情多举爵频。戏马台前蓬鬓在，风雨万种且娱人。"（长崎史谈会，1931：221）然而，随着唐馆的衰败，1860年前后，唐馆的演剧也中断了。

— 83 —

(二) 天上圣母祭（妈祖祭）

天上圣母又称天后，即妈祖。在以前，妈祖祭典每年有三次，由唐三寺（除圣福寺）轮流举办。①

以前来往长崎的唐船为保海上安全，在船上放置妈祖的像，航海中对其进行拜祭。船只入港后唐人都要入住唐馆，无法保护船上的妈祖像，因此在船舶入港期间，将妈祖像委托给唐三寺。最初，各船是将妈祖安放在祖籍相同的唐寺中，后来由于船只数量等关系，便开始轮流安置在唐三寺中。将妈祖像从船上搬下，寄放在唐寺里就叫做菩萨安置。而唐寺为了安置唐船的妈祖像，特别设置了妈祖堂（山本，1983：289-290）。

建立唐寺的本意是就是以祈求海上平安及供奉亡灵，因此妈祖祭是唐三寺的重要活动。各寺都分别设立了妈祖堂，每年在旧历三月、七月和九月的二十三日，举行三次盛大的妈祖祭。从前妈祖祭是按祖籍地在各自不同的寺院举办。但为表示公平，从1691年开始决定由唐三寺轮流举办。各寺会在祭典前一天在妈祖的坛前放置干菜、大胡麻饼、素面及其他供品并用花装饰，到了二十三日就会在妈祖坛前烧香、诵经、吹唢呐、敲击金钗，并备用卓袱料理②和酒招待客人。到了晚上就在佛堂前的长竿上及山门处点上灯笼。据说在唐馆建造前，妈祖祭的时候人们在市井中搭起临时舞台和观众席主办歌舞，为此每年都会有两组擅长歌舞的华人从中国来到长崎（山本，1983：291-292）。

关于妈祖安置仪式，在《长崎名胜图绘》（第三卷西边部）里也有如下记载：

> 唐人们左右排成两列，先是左右两个手提灯笼的人，之后是敲打铜锣的两个人，接下来是一个人手执直库（铁姑），再之后走在中间的是抬着妈祖像的几个人（妈祖多为木质像，并在其后插上团扇。左右各有一侍

---

① 在妈祖祭的唐寺轮班制，唐四寺中的广东寺（圣福寺）受到其他寺院的疏远。针对其原因内田指出："一、圣福寺本身在建立之时其实没有广东人的参与，与其他同乡组织功能较强的寺院不同，其住持是日本和尚，与布施的信者之间没有同乡的连带关系。二、其他各个地方帮对广东帮的对立情绪很强（保存下来的记录中有和其他帮的肢体冲突）。三、随着后来三江商人团体的成立，几乎再没有广东船入港。各帮div据有利地位的唐通事中也没有广东人。"可见当时广东寺受到其他唐寺的疏远，是圣福寺历史上远离妈祖祭和普度的主要原因。

② 在长崎日本化的中国料理，以鱼肉蔬菜为主要材料。

女像，有的会在前面放置千里眼和顺风耳的像，有的则是放置神虎。一说神虎是土神的使者，在馆内的土神庙中即有），在其左右手执旗帜，其后面人手举盖伞，几个守护的唐人跟随最后。途中每经过十字路口都要敲铜锣并挥动直库（拿着直库的人身穿长袖的黑衣，头戴黑帽，作僧人打扮）……摇动的时候，先将铁姑横放在袖上，以双足在地上划出心的文字。摇动后要向东走的话，则要把铁姑的头对着东方；要向西走的话，则要对着西方。向南向北也是如此。按照锣鼓节奏上下转动，左右摇摆，手足并用，前后进退。伴奏曲有板有眼，曲间敲铜锣助长其曲势。一行到达寺院后，要在山门中门或关帝堂前和妈祖门、妈祖堂中鸣响铜锣并频繁挥动铁姑。若有人有失误的话则要重新开始挥动。这是为人们清除魔障和污秽的一种仪式。仪式结束后妈祖像以及铁姑放置在妈祖堂。（长崎史谈会，1931：286）

这是当时菩萨安置的大概情况。待船出航时，再将寺中的妈祖像取回，放到船上，称为菩萨装载（菩萨上船）。这个仪式和菩萨安置是一样的。

到了幕末时期，中国船只减少，菩萨安置的仪式也随之消失了。而其仪式的一部分被吸收到诹访神社的重九祭之中。关于这点，在《长崎市史·风俗篇》中有如下记载。

　　进入幕末……中国船只逐渐减少，直至最后无船入港。与此同时菩萨安置的仪式也渐渐衰微，直至被人废除。但是，进入明治时代后，其仪式在诹访神社的重九祭中大放异彩。本笼町的舞蛇，大黑町的唐人船，东浜町的龙船里挥动的手棒，均有昔日菩萨安置摇直库的遗风。但近来（大正时期前后）却遭废弃。（长崎市政府，1938：463）

不过，妈祖祭失去了保佑航海安全的意义后，妈祖作为天后被赋予了保佑家内安全、生意兴旺、幸福健康等与其他诸神共同的意义。现在妈祖祭在天后诞辰日的旧历三月二十三日，在崇福寺由三山公帮举办，祭品有羊、猪各一头，再加鱼和果菜、面食等。

到了1990年代，长崎历史帆船协会（现已解散）在长崎灯笼节上又再现了菩萨安置这一传统。

（三）关帝祭

旧历五月十三日关帝祭，唐四寺设置祭坛，供奉上香烛等并诵读经文。其中圣福寺（广东帮）的关帝祭是最为盛大的。《长崎市史·风俗篇》中有如下记述：

> 原本圣福寺的情况与其他的唐寺不同，其中最重要的一点是它不能接收唐船的海上保护神妈祖像的寄存。唐船妈祖像的安置可以说是兴福寺、福济寺和崇福寺，即唐三寺的特权。宽永五年（戊子年，1628）三月十八日，十一号唐船得到长崎奉行所的许可将妈祖像寄放在圣福寺内。唐三寺的人以自古以来就没有妈祖像放置在唐三寺之外的寺院的先例为由，质问当事者为何允许在圣福寺内寄放唐船的妈祖像。对此，同月二十四日长崎奉行所以圣福寺能同三寺一样从唐人处接受禄银和捐献物品为由，向三寺告知以后圣福寺应该和其他三寺一样，有寄放妈祖像的权利。对此唐三寺极力进行了反对，最后八月十九日长崎奉行所不得不下达了取消圣福寺寄放唐船妈祖像权利的指令。正因如此，圣福寺的妈祖祭自然无法和其他三寺相比。然而至享保十九年（甲寅年，1734），唐船主提出为保唐船海上行驶安全欲在圣福寺进行祈愿，并终于得到五月十三日关帝祭时滞留长崎的唐人到圣福寺进行参拜和祭礼的许可。当时正好是由岳宗担任圣福寺的住持之职。于是圣福寺的关帝祭举办得十分盛大，以致成为圣福寺年中祭祀中最为重要的活动。（长崎市政府，1938：468-469）

圣福寺的关帝祭于1784年开始变更为正月十三日。从幕末直到明治之后一直是十分盛大的祭祀活动。后由于广东籍出身的人或移居他县，或回本国，导致圣福寺的关帝祭在长崎逐渐衰微。但关帝祭的传统后来为横滨华侨所继承，并发扬光大。

现在长崎崇福寺举行关帝祭时，由住持为护法堂的关帝君颂唱经文，当班的华侨祭上线香，呈上供品，烧祭元宝（模仿纸币）并进行祈祷感恩。祭拜后要投掷两片爪型木片，根据其表里的组合关系测算运势。这也是在中国南方的寺院中十分常见的。

（四）清明祭

清明节的风俗，曾经在归化日本的长崎唐通事之间可以看到。到了清明节，唐通事都会去祖先扫墓，届时会供上鱼肉和酒之类的供品。据记载，居留在唐馆的唐人一般在清明节前往悟真寺（国际墓地）或唐寺院，参拜那些客死在异乡的亲戚或朋友，祭上线香，供上花和酒，烧祭冥衣（纸做的衣服）或纸钱（长崎市政府，1938：459）。

国际墓地的清明祭以前也称西山春祭，以前是福建会馆的重要祭祀之一，一般用会馆的永久性经费运作。① 当时的活动内容主要有清扫墓地、请悟真寺的住持诵经，之后举办宴会。

现在长崎华侨的清明祭分别在国际墓地（旧历三月二日）和崇福寺墓地（新历4月5日）举行。在崇福寺举办清明祭时，当班的华侨会设立一个小祭坛，进行施饿鬼的供养仪式。扫墓时用诵经、点香、烧祭元宝来抚慰亡灵。扫墓之后，家属亲朋会聚集在一起分享奉祭的供物。

（五）普度（盂兰盆会）

普度的本来目的是祭祀那些无故死去的或断绝后嗣的幽魂和鬼怪。自古以来在中国特别是在南方都非常受重视。在中国，人们除了会设置祭坛、请法僧道士等诵经外，还会设置舞台表演酬神戏。

普度是长崎华侨最大的祭祀活动，每年旧历七月二十六日起，在崇福寺（图1.8）举行。长崎的普度已有380多年的历史。长崎华侨的普度，与日本盂兰盆会不同之处，是在祭祀有缘佛（有主的灵魂）的同时也祭祀无缘佛（无主孤魂），即祖先供养和所谓施饿鬼同时进行。目前普度在崇福寺举行，每年旧历七月二十六日始的三天，以散在日本各地的福州人为中心的福建华侨会前来参拜。

在普度的一个月以前，当班华侨要进入寺院开始准备，制作金山、银山。普度的一周前，于崇福寺第一峰门右侧墙壁上张贴普度的"榜示"，用红纸作的同一内容的"付以"（通知）同时也在新地中华街张贴。普度所需费用主要

---

① "西山清明祭65591日元（1899年），悟真寺祭坟7729日元（1899年），和尚念经17日元（1899年），西山清明祭7538日元（1900年）……"（黑木，1995：137）

华侨的社会空间与文化符号

图 1.8　长崎唐寺之一崇福寺

来源于信徒们捐赠的"缘金"。高额赠款者被誉为"缘首",普度期间胸前饰以红花。

金山银山是在用竹子做的骨架上贴上高 1 米左右的金银纸张,意味着供奉给死者的金银财宝。制作金山银山需要很多劳力和时间,近年来因为人手不足,只能雇用一些零工帮助制作。在普度的最后是烧祭金山银山。人们都希望金山银山能送到自己的祖先那里,因此在其上面插上写着自己名字的小旗。

普度时的崇福寺,在大雄宝殿、天后圣母堂、关帝堂、祠堂(纳骨堂)、七爷和八爷的像前等设有祭坛,以及为亡者临时设置普度棚和男室、女室、浴室、京剧台、俱乐部等五亭,并且供奉监妍使者、普门大士、三宝、观音、韦驮、土地神等。"普度棚"设置在大殿右边,与神座和供物祭坛相连结的长架子上,祭坛上挂着天后(妈祖)的画像和神宫的模型,神坛上安置着"面燃大士"的灵牌。牌上写着"法界六道十类孤魂,依草附木魑魅魍魉",表示面燃大士是孤魂野鬼的神。"七爷、八爷"相传是用来抓捕罪人的,供阎王差遣的执行官。崇福寺正堂左侧的中庭,设有由福州移入的代表天界三十六天的模拟商店三十六间堂,和五亭一样是鬼界对现实生活的模拟。本来这三十六间堂和五亭在每次祭祀完后都烧掉,送往冥界。但从 1931 年开始,不再烧毁而是每年使用,之后就不制作模型,而仅以图画来代替了。"文化大革命"期间,三十六间堂表现出新中国的绘图,后来又恢复原来的样子。传统的图绘也是再

第一章　长崎华侨的社会空间与祭祀文化

次直接从中国送到日本的。从普度仪式上，我们能看到日本的华侨社会与中国保持着的联系，以及中国现代史上的重大事件对华侨社会的影响。

普度的程序如表1.10所示。

表1.10　长崎普度的过程

祭祀种类	日期时间	祭祀项目	祭祀项目内容
水忏供养	初日	诵经礼拜	主持（黄檗宗）诵读经文（水忏经），祭祀释迦和诸佛尊。一日进行四次，从大堂开始巡回各个殿堂后回到大堂
	第二日	诵经礼拜	和初日相同，进行四次。仪式用于呼唤亡者和鬼魂
	第三日 到下午4点	诵经礼拜	事项与前一日相同，但这天只举行三次
施饿鬼	下午5点	素食解禁	供物变为白天准备好的荤食等，进入大施饿鬼活动的结尾阶段。更多的华侨来崇福寺祭拜，其中亦有身着中国服装的华侨姑娘和日本人的观光者，从而寺院变得十分热闹
	第三日 晚上8点	诵经礼拜	举行最后的诵经礼拜（满散施饿鬼—焰口经）。狮子舞表演
	晚上10点	满散施饿鬼	最后的诵经结束后，对全世界的鬼魂献上供物，烧祭金山银山，向天空投掷馒头送与鬼魂。金山银山是金子银子的意思，是给阴间鬼魂们一年的零钱
	第四日 午前11点	请客	将供品做成料理宴请信者们，过后送走远来的信者们
	第五日 午前11点	补施	补施是为了那些因为身有残障而没有赶到普度的迟到亡灵而举行的。祭坛设在护法堂和钟鼓楼之间，供奉着荤食。由住持诵经，当班的华侨和崇福寺的总代一起烧香，普渡落下帷幕

从普度的第一天下午开始，全国各地福建省籍（特别是祖籍福建北部者）

— 89 —

的华侨陆续来到崇福寺,并留宿在寺内的库房。到达后的华侨纷纷在各种祭坛之前祭上线香,进行参拜祈祷。

普度的第一天,崇福寺的住持(黄檗宗)会诵经祭祀释迦和其他诸佛尊。诵经礼拜一天要举行四次。之后从大堂开始,在各个殿堂巡回一圈,最后回到大殿。第二天的诵经是呼唤亡者和鬼魂,同样也要分四次举行。

普度从第二天到第三天下午的4点叫做"水忏供养",其供品是菜食。但是从第三天下午进入施饿鬼,并开始准备三牲、五牲,也有用鸡做成姜太公般的人形。

头两天的参拜者以中年以上的女性居多,给孙辈教授礼拜的方法也是常见的光景。据说1980年代前期,礼拜之间的闲暇里人们若感到无聊会一起玩牌九(麻将的原型)和花牌(中国纸牌),或是打打麻将之类。但现在很少有如此情景,常见的是大家聚在一起聊天。

第三天到下午5点,诵经和殿堂巡回结束后,施饿鬼亦进入尾声,各祭坛祭品都被换为荤食。更多的华侨,包括身着中国传统服装的华侨姑娘等陆续来到崇福寺祭拜,还有很多日本人的观光者,极为热闹。

晚上8点,进行最后的诵经礼拜。至1980年代末,年长的信者们会拿出小铜锣、钹和鼓等乐器,演奏被称为唐乐的"鼓板"、"加冠"等乐曲,也能看到跟着这段旋律起舞的年轻人。然而,"唐乐"因为后继无人而中断。1995年舞狮表演的登场,填补了"唐乐"的空白。这是普度艺能活动的一个变化。舞狮有成年组和儿童组。儿童组有两场,成年组从晚上9点半开始有一场表演。另外,以往华侨参加普度时,会特意带上儿女,普度曾经也是年轻人相亲的场所,九州华侨的姻亲关系一部分是以普度为媒介的。但是由于参加普度的年轻人不断减少,普度也不再具有这种相亲的功能。

晚上10点,最后的诵经结束后,为了避免全世界的鬼魂四处游荡戏弄世间的人们,会祭上供品,烧祭金山银山等,还会向天空投掷出送给鬼魂的馒头。金山银山就是金子银子的意思,是给鬼魂们一年的零钱。

第四天的午前11点,当班的华侨将供品做成各种料理,远道而来的华侨和其他客人们一起就餐。午餐过后,送大家出门,各回原地。但盂兰盆祭尚未结束。普度第五天举行补施。补施是为因残疾等迟到的亡灵举办的普度,祭坛设立在护法堂和钟鼓楼之间,供品有三牲、果菜和馒头等。从午前11点左右主持开始诵经,当班的华侨一起烧香,补施完成后,普度才算是落下帷幕。

(六) 大成至圣先师孔子诞辰祭祀

亦称孔子祭,是在长崎孔子庙举行的祭祀孔子的释尊典礼。18世纪曾经在中岛圣堂举行,奏雅乐,祭主以下衣冠束带、供奉三牲酒菜。① 1893年于大浦重建了孔子庙后,祭祀改在孔子庙举行,其运营和资金是由领事馆和三帮(福建、广东、三江)均等地负担(黑木,1995:138)。后来由于战争导致祭祀中断,孔子庙亦被原子弹破坏。1967年进行了大规模的整修,并于1986年重现了释尊典礼。(中西,1986:1-10)

出生在故国的老华侨们相继辞世后,华侨社会的思想观念也发生了变化,为了保留自己的祖籍认同,为出生之地长崎增添故国文化气氛,长崎青年一代华侨力图再现正规、传统的祭祀场面,曾专程访问山东曲阜的孔庙,认真学习仪礼,购进典礼服装、祭具。典礼是由承担孔子庙管理责任的唐人馆株式会社(孔子庙中国历代博物馆)主办的,参加者有华侨和日本人。祭祀时,将原祀于长崎圣堂的孔子像特别置放在孔子祭坛上,由孔子庙的代表和市民代表组成的正献官就位,庙前供奉羊羔、乳猪、小牛各一头。在大鼓声中,点上献香,献酒三回并进行礼拜。作为祭礼的余兴节目,有侨友会的狮子舞表演和十善寺舞龙会的舞龙表演。②

---

① 长崎的孔子庙建于1647年,1711年被移至长崎村旧铸钱所(现在的伊势町),成为中岛圣堂(长崎圣堂),现在长崎的华侨也会到中岛圣堂参拜。明治维新后制度改革的影响下,中岛圣堂因没有受到保护而衰败。其后,1893年通过留在长崎的华侨的募捐以及清政府的援助在大浦建造孔子庙,曾因原子弹爆炸而一度损毁,1967年进行了大整修,使其焕然一新。1982年,从中国购入材料和石像等改建重修,1983年设立了中国历代博物馆。

② 仪式的程式有初鼓严、鼓再严、鼓三严、正献官就位、启扉、供奉三牲、迎神、鞠躬、上供器、上香、行初献礼、恭读祝文、鞠躬、行亚献礼、行终献礼、福宴开始、撤供器、送神、鞠躬、送供品、瞭望、复位、闭扉、礼成。

华侨的社会空间与文化符号

第六节
中华街与新传统文化符号的创造

一、新地中华街的再造空间

（一）新地中华街形成的历史

长崎新地的前身为"新地荷物藏"（新地货物仓库），作为唐馆的附属仓库，是1702年填海而造的。之后，至日本开国为止，新地在贸易等方面都起到了很大的作用。在开国的同时，由于欧美诸国的进入，贸易不再是华人独占的特权，日趋衰落如同废屋一般的唐馆也于1871年被烧毁。随后，新地仓库被改造成店铺和住宅等，与广马场①同样，一直是当时华人聚集的特殊地域，直至1899年外国人市内混居的许可公布为止。

新地作为近代长崎华侨经济的母体，尽管开国后表面上比锁国时期的独占贸易情形有所消减，但华商在商业交易上仍然是胜过欧美人一筹。特别是1871年《日清修好条约》签订后，华商更是堂堂正正地进入新地，之后一些新的华商从福建省南部、广东和三江等地相继而来，在新地经营贸易。

但是，由于甲午战争以及其后在新地和广马场相继发生的火灾，使得华侨人口骤减。1899年外国人市内混居许可的公布，除贸易商以外的人也被允许进出内地，来自福建省南部以及广东省的商人瞄准了这一新的贸易时机，转向横滨、神户等新的开港地。与此同时，一向与贸易无缘的祖籍福建省福州和福清等地的移民数量的增多也推动着新地的料理店、裁缝店、理发店之类的店铺数量随之多了起来。

抗日战争的爆发，使华侨的生活发生了变化。特别是在经济方面受到沉重

---

① 新地邻接的町，是1860年填海所造的外国人居住地，1863年正月取名为广马场。广马场的背后是唐馆，因此很多中国人居住在此地（歌川，1952：162）。广马场町附属于原长崎村十善寺乡，曾经是唐馆前的广场，因而得名广马场。

第一章　长崎华侨的社会空间与祭祀文化

打击的贸易商,大多不得不回国。而在中国没有经济基础,以从事餐饮、行商业为主的来自福建省北部的商人,只能留在了新地。由此,贸易商的退出改变了新地的样貌,中国料理店和杂货店成为新地的主要店铺。从那时起,即使是中华街,也很难看到身着中国式服装的华侨,华侨的住宅也和日本的没什么两样。特别是战后不久,1947年的大火使中国式建筑尽遭破坏。战时的日本政策造成了混合型的社会,新地的日本人数超过了华侨。战后不久,在新地居住的有180户人家,约1000人,其中中国人只有70户,约200人,可见华侨的比率已经相当低。1951年的春天,新地的华侨和日本人一起组织了一个叫新地亲友会[①]的亲善团体,同一时期,为了地方经济的发展,这一带形成了新地商业街。至1960年代,居住在新地的华侨减少至50户[②],目前更是减少到了25户以下[③]。新地已几乎丧失了中国人居住区的特点,其原因是长崎华侨总人口的减少、职业变化和事业扩展,以及华侨向其他地区扩散等。

由此,从以往有关长崎华侨的历史文献中,可以窥见新地是居留地之一的说法,但是几乎没有使用"新地中华街"这一词汇。新地正式被称为"中华街"是在1984年新地中华街商店街振兴组合的设立,并在该街区十字路的东西南北建立起四座中华街牌楼之后。[④]

目前,中华街有40多家店铺。其中,华侨和日本人各占一半,经营店铺,同时居住在中华街内的华侨数量不超过10户。

(二) 新地中华街商店街振兴组合的成立历程

如前所述,自战后起至1980年代初期,在新地除了面对中心区域的十字路的几家中华料理店、杂货店和贸易公司以外,几乎看不出与其他地区不同的地方。所以,新地欲成为名副其实的中华街,成为华侨的活动中心,首先必须在此地建立一个商业性组织,这是新地中华街商店街振兴组合成立的内在

---

① 亲友会与其他町内的团体不同,与谏访神社及其他神社毫无关系,以促进町民的亲善和睦为目的团体,主要活动有开新年宴会、晚会,进行海水浴和精灵流(参考第一章)等(歌川,1952:141)。
② 按照《旅日福建同乡名册》的统计为47户,但是新地亦有福建省以外出身的家庭。
③ 是根据华侨总会名册和实地调查所得出的数字,由于归化等亦有未被记录在内的家庭。
④ 横滨中华街的名称亦有同样的来历。据横滨中华街发展会协同组合理事长林兼正讲,横滨中华街的名字是在同地区的楼牌建造完工之后所取的,之前,外人称这里为"南京街"或"支那街",内部则称其为"唐人街"。

原因。

而外在原因就是，1970年代的日中邦交恢复和此后的国际化潮流，促进了长崎日中友好活动的发展，长崎出现了各种各样的日中文化交流活动和中国文化复兴的动态。① 在这种形势下，作为与中国有着较长交流历史的观光都市长崎，新地中华街的建设愈加必不可少。

新地中华街商店街振兴组合的成立经过了如下历程：

> 当时的新地中华街与横滨和神户中华街不同，既没有分界线，又没有明显标志，1983年曾经出现有客人在中华街的中心地段打听中华街在哪里的情况，这种情况让新中华街的经营者受到了非常大的打击。于是，新地中华街的第二代经营者们聚集一起，商量如何改变其状况，把中华街建设得更具有中华街的特色。当时我们想到首先要做的是需要在新地成立一个商业性的组织。因为虽然长崎有华侨总会、福建同乡会、中华料理同业组合等团体组织，但是没有新地中华街的组织。经过与长崎县、市及商工会议所等主要部门协商，决定与长崎其他地区的商业街一样，成立市的法人组合，并在各方协同之下成立了法人组合新地中华街商店街振兴组合。当时中华街有33店铺参加了该组织，其中半数是日本人。②

中华街商店街振兴组合，正如"与长崎县、市及商工会议所等主要部门协商"结果一般，是以与日本普通的商店街组合基本相同的形式成立的。其目的是以开展各种共同事业，同时谋求社区内环境整治改善和组合成员的事业发展，增进公共福利。组合里，设理事长和副理事长各1人，会计等各职务担当理事5人，合计7人。理事改选是每两年一次，但是没有特殊情况基本都是留任。振

---

① 日中邦交恢复以后，长崎的有关活动有：1972年10月长崎县派遣友好访中使节团，请求设立总领事馆。1973年中日友好协会访日代表团来县，成立长崎县日中亲善会协议会。1974年长崎市教委指定原唐馆内的土神堂、观音堂、天后堂为历史史迹。1977年在孔子庙开设中国现代美术馆。1978年《日中和平友好条约》在北京签署。长崎市旧唐馆的土神堂（旧唐馆内的庙宇之一，战时捐给长崎市，后遭到原子弹的破坏，加之本身的老朽化无法保存。1950年，以再建为前提条件，得到了华侨的同意而拆除。1974年为了响应华侨们的复兴要求，与观音堂、天后堂一起被列入市级遗迹，并在1975年的3年计划中，实施了包括观音堂和天后堂的修复在内的重建工程）重建复原。1979年日中友好之船"明华号"在长崎入港，开设了长崎—上海的定期航线。1982年长崎县和福建省签订友好条约。1983年福建省代表团、歌舞团来县。此后每年都进行各种各样的交流。在孔子庙开设中国历代博物馆。1985年开设中国驻长崎领事馆。1986年福建省杂技团来县和完成新地中华门的建设。

② 对前任长崎新地中华街商店街振兴组合理事长林照雄的访谈。

兴组合的人员都是店铺的经营者，由于工作很忙，组合规模又小，因此不设事务人员，一般的事务性工作都是由理事长承担。

1998年振兴组合有41家店铺加盟，华侨和日本人的比例各半。组合的会员们大多是在同一地区出生成长，彼此间相互了解，几乎没有华侨和日本人之分的意识。41家店铺中，中华料理店有13家，中华杂货、中华点心销售、中华面制造销售之类的店铺有10家，其经营者大多为华侨。剩下的店铺为旅馆、茶馆、保险公司、民间艺术品店和土特产销售店等，这类店的经营者大部分是日本人。另外也有几家店铺没有加入振兴组合。目前，由于一些店铺出现后继无人的情况，所以不得不将店铺租卖给新华侨。长崎新地中华街变化虽然不及神户特别是横滨大，但也在不断变化中。

（三）新地中华街商店街振兴组合成立初期的活动

1984年，新地中华街商店街振兴组合成立后不久便在福建省福州市有关人员的协助下，修建了中华牌楼（中华门），并修整了店铺和路面。随着长崎的华侨社会在日常生活等方面与日本社会不断同化，中华街已经成为了华侨民族认同的空间象征，同时，为之后"新传统祭祀"灯笼节的创建奠定了基础。

最初的活动就是新地中华街象征——牌楼的建造。为建设更具有中国特色的牌楼，振兴组合的代表们曾去横滨和神户进行实地考察，还将长崎市的一些建筑人员带往福州参观。牌楼于1985年开始建造，为了节省资金，从福州邀请了五名工匠，并且几乎所有的材料都是从福建运来的，只有门楼的骨架由日本建筑公司担当，其他的工作都交给了中国的工匠。所以，最后只用了一般所需的三分之一的资金就完成了中华门的建造。

与此同时，在长崎市的协助下，对中华街街道的铺地石也进行了重新修整。1986年春，中华街的东西南北四个牌楼竣工，4月1日举行了落成典礼。典礼上，华侨青年组织侨友会（后述）表演了狮子舞，新地町临近的笼町也表演了长崎有名的龙舞。①

中华门建成之后，中华街的店铺等都开始进行了中国式的改造和增设。现在的新地中华街无论是牌楼还是建筑物都有着典型的中华街特色，成为长崎不可缺少的旅游资源，加上媒体的宣传影响，中华街的游客已经增加到了刚成立

---

① 据新地中华街商店街振兴组合成员的回忆，当时还有杂技表演。因为恰逢1986年春天中国福建省杂技团访问长崎，所以典礼上还表演了几个杂技节目。

时的五六倍。

二、传统艺能——狮子舞的再生

(一) 狮子舞与侨友会

侨友会是于1981年成立的组织。1981年夏，九州一带20～30岁的青年为了加深彼此的友好亲善，聚集在长崎召开了九州华侨青年会①例会。青年会的活动是以轮流当班的形式在九州各地举行的，1981年正好由长崎主办。为了准备青年会的活动，长崎的华侨青年们聚集到了一起。大家虽然居住在同一城市同一地区，平时却没有任何交往，很多人是初次见面。青年会的活动结束以后，长崎的华侨青年认为，既然大家住在同一地区，父母也都互相相识，不妨以某种形式来开展一些社交活动，于是每两个月左右大家相聚在一起进行交流。一段时间后，有人提议"为了今后活动方便，不如组织一个团体"。大家经过商量后，于1981年秋天成立了长崎华侨青年组织侨友会。侨友会最初的成员是8人，年龄在22岁到29岁之间，平均年龄为二十六七岁。

侨友会成立后，为了使组织更有生机并能长久地持续下去，恰好侨友会中有人曾经在横滨学过狮子舞，大家便商量决定学跳狮子舞。狮子舞从1982年开始，除了和有经验的会友学习以外，还从横滨、台湾等地购买狮子舞的录像带用来进行学习。经过大家的努力，侨友会完成了具有自己风格的狮子舞。

侨友会自成立以来，除领头的一人以外，其余人选比如会长和副会长是轮流当班，即从当年的国庆节开始到下一个国庆节之间的一年为任期。领头的主要是做整体的工作，会长的工作类似于联络员，副会长则是做会计和会长的辅佐。侨友会会员每月要交付500～1000日元会费，此外也会有一点狮子舞演出费的收入，会费和收入一般用于购买狮子舞的设备及举办年中年末的忘年会、新年会等侨友会的交流活动。每年规模最大的活动是长崎灯会、普度和孔子祭。其他还有一些店铺开张、婚庆典礼和学校的文化节等活动。

1995年，横滨中华街新楼牌落成时，神户和长崎的狮子舞队被请来参加当时举行的纪念活动。之后，为了培养华侨的下一代，侨友会组建了儿童狮子

---

① 是1975年以华侨青年的团结友好为目的而成立的组织。在九州熊本成立以后，主要在福冈、鹿儿岛、长崎等地轮流开展活动，活动由当班地区的华侨青年组织进行。活动每一年举办一次。1981年长崎当班举办之时约有20名出席者。

舞队。狮子舞队是由小学一、二年级到中学的华侨子弟组成，当时约20人，由侨友会负责指导，日常的活动也和侨友会差不多，大约每个月进行两次练习。逢长崎灯会之类的大型活动，就提前两个月，每周进行两次练习。练习场所在中华街的华侨会馆或孔子庙。侨友会和狮子舞队的成员一般局限于华侨与其子女，但是后来由于华侨子女的减少，侨友会狮子舞队改名为吼狮队，吸收日本人参加。目前日本人已经占有一定的数量。

侨友会的成员里虽然有人是时中小学的毕业生，但是大部分人已经不会说汉语。特别是1980年代以后出生的年轻一代，既没有说过汉语，与中国文化直接接触的机会也比他们的父辈们要少许多。侨友会和狮子舞队的成立，使华侨青年通过狮子舞来接触中国传统艺能，也能够重新确认自己的认同。特别是在日常生活方面，与日本人没什么两样的华侨子弟来说，狮子舞在民族性的养成方面扮演着重要的角色。

（二）"舞町"以外的龙舞传统

1. 孔子庙的龙舞

孔子庙于1966年改建。当时，正值观光事业开展的初期，8名在商店工作的女性曾经为在孔子庙食堂里等待吃饭的客人表演龙舞。

日中邦交恢复之前，孔子庙一直都起着与中国交流的桥梁作用。作为长崎重九祭"舞町"的诹访町，所用的乐器等与舞龙相关的道具，几乎都是通过孔子庙从香港购买的。因此，孔子庙的龙舞也得到诹访町的指导。当时舞龙并不难，孔子庙的龙是连女人也可以拿得动的6米左右长的龙。舞龙一直持续到长崎开办"旅之博览会"之前的1989年12月，但是为了全力以赴地准备1990年的博览会，孔子庙的食堂和舞龙不得不中止，直到现在。尽管孔子庙的舞龙中断了，但其舞龙却为之后十善寺唐人舞龙会的成立做出了贡献。

十善寺区域内的旧唐馆管理经费是由华侨总会提供的，但实际上，旧唐馆的清扫等工作都是由居住在十善寺内的妇女们进行的。因此，在十善寺开始舞龙活动的同时，与华侨总会关系密切的孔子庙将龙和一整套乐器借给了十善寺。不仅如此，在十善寺唐人舞龙会正式成立的时候，孔子庙还将整套乐器仅以10万日元的低价卖给了十善寺。此事成为建立孔子庙与十善寺之间友好关系的契机。十善寺唐人舞龙会自成立以来，每年都会在9月的孔子祭上表演舞龙。

2. 长崎观光协会舞龙会

舞龙是长崎有名的民俗艺能之一，但是除了重九祭以外，平时很难看到。1970 年代起，长崎旅游业日趋繁荣，很多游客希望能在重九祭以外的时间能欣赏到舞龙表演。为了满足游客的这一需要，以旅游业界的人士为中心成立了舞龙协会，这便是长崎观光协会舞龙会的前身。其龙舞表演是向长崎重九祭的"舞町"学的。当时舞龙协会的演出形式主要是和旅行社合作，在有游客需要时旅行社便委托舞龙协会为游客表演。

但是，在当时日常能看到舞龙的，仍然仅限于旅行社所组织的旅游团，普通游客仍然不能如愿看到舞龙表演。为了满足更多游客的愿望，观光协会于 1979 年，以原来的舞龙协会为基础，成立了长崎光观协会舞龙会。舞龙会的会员均为旅游业界的人士，其中有自愿参加的，也有同行业企业派的人。现在的成员一共有 70 人左右，其中有女性 20 人。女性不舞龙，主要担当打击乐演奏。70 名成员中，能够定期参加活动的人有四五十人。平时一般都是每个月进行两次练习。逢长崎灯会等大型节日时，都会提前两三个月进行练习，演出主要是直接从市政府观光部接受委托。道具都是舞龙会在演出的时候向市政府借来的。

与观光协会相关联的企业有四五十家左右，每年的会费近 3000 万日元。舞龙会的运营主要是依靠演出费，会费则主要用于参加者的交通、道具的搬运费和支付给参加者的少许谢礼。成立当初，一年间的演出次数仅有两三次，自 1990 年代起，其次数则有了明显增加。现在，一年的演出次数至少有 20 次。

3. 十善寺唐人舞龙会

十善寺唐人舞龙开始于 1989 年，但舞龙会的正式成立是在 1993 年 11 月。1989 年长崎举办"旅之博览会"时，作为其活动之一，在新地中华街举行大型婚礼活动，组织此次活动的是新地中华街青年会的成员。中华街附近的十善寺地区自治会的青年会提议在婚礼上表演舞龙，并从长崎孔子庙借来了展览用的龙，聚集了 20 多人，通过看录像等形式学习舞龙，并在博览会上进行了演出。然而，当时十善寺地区经济的不断衰退与人口的外流，使得舞龙会的成员一时间也减少到十四五名，练习基本呈现停滞不前的状态。但是舞龙会对舞龙仍抱有热情的部分年轻人并不气馁，他们认真学习十善寺、唐馆和舞龙等历史，由此得知，十善寺就是原唐馆旧址，也就是舞龙的发祥地，并由此意识到应该由他们来传承舞龙的传统。

1993年长崎市决定在十善寺地区设立情报中心之际,十善寺町向市政府借来了龙和乐器,重新向长崎重九祭的"舞町"筑后街学习舞龙,并在同年5月情报中心的落成仪式上表演了舞龙。同年11月,十善寺唐人舞龙会正式成立,成员有24人。舞龙会成立以后,有几位志愿者出资,通过孔子庙购买了乐器。第二年6月,把乐器交给了更年轻的孩子们演奏,目的是为了让下一代继承十善寺舞龙。1995年,利用至今为止所积累下来的演出费,制作了十善寺自己的龙,并在兴福寺举行了入魂仪式。现在的成员,连儿童在内共有约50人,每星期都会进行练习。每年的演出次数约有50次,除了为游客和企业演出外,也为一些福利机构提供志愿演出活动。

4. 长崎第一高中女子舞龙队

作为学校文化俱乐部活动的一环,长崎第一高中于2000年前后成立了女子舞龙队,技术指导为十善寺唐人舞龙会,成员共有20多人。女子舞龙队的龙是以红色为基调,在长崎是独一无二的。除了在长崎灯会期间进行表演以外,还经常在市里的各个文化活动中登场。2014年的长崎灯会上,女子舞龙队表演的两条红龙就受到在场观众和游客的极大好评。

(三)历史帆船协会和妈祖祭的复兴

历史帆船协会创建于1983年,成立的初衷是将曾经来往于长崎旧港口的外国船只复原,并重新在长崎港活动。最初着手的是《长崎名胜图绘》里记载的,曾在16世纪初期访问长崎的中国船只。尽管在资金等方面,造船计划面临着很大的困难,协会还是说服了当地的银行,得到了4000万日元的贷款。为了造出更真实的船,他们在中国寻找造船厂,最后决定委托给位于福建省福州市的一家造船厂。船于1989年完工,起名为"飞帆"。为迎接"飞帆"进入长崎港,帆船协会立志复原历史上的传统——妈祖祭和妈祖行列传统。于是他们查看了各种有关的历史资料,并造访了福建省蒲田的妈祖庙,还从中国买回了妈祖像和服装等,目的是为了更接近传统仪式。经过一系列的努力,帆船协会复原了妈祖祭,特别是仪式中的"挥铁姑"的表演(参考前述妈祖祭的"铁姑")。妈祖行列中的打乐器的演奏和节奏,则是事务局长根据1980年代后期在崇福寺华侨们打击乐器的演奏和仪式的拍子所创作出来的。"飞帆"驶进长崎港时,伴随着五颜六色的焰火和齐鸣的礼炮,举行了由60人组成的妈祖行列,这是长崎港百年多未遇的盛事。

自那以后,"飞帆"参加了诸如长崎"旅之博览会"等在各地举行的各种活动。妈祖行列不仅参加了1989年的港祭①和1990年的博览会,同时也是1994年开始的长崎灯会的不可或缺的艺能之一。

1999年,由于资金的问题,历史帆船协会不得已而解散。妈祖游行仪式则由原会员们来接管。现在,每年都有大约130人来参加妈祖仪式。其中除了原成员以外,还有通过网络召集来的志愿者。妈祖仪式本来是不允许女性参加的②,但是后来由于男女平等呼声的高涨以及游行队伍对华丽色彩的要求,女性开始在妈祖行列中出现。

三、跨越地域空间的新传统:长崎灯会

(一)新地中华街灯笼节

1986年成为中华街象征的牌楼建成之后,第二年中华街商店街振兴组合开始计划举行能够吸引游客的活动。现在在中华街开店做买卖的,大多都是第三代,从他们父母一代开始就都是在日本出生并长大的。所以,即使是经营着中国料理店和杂货店,但实际上在日常生活中,他们并没有保留一点中国的传统文化。就在这样的情况下,振兴组合的成员们认为"既然新地中华街也建成了,今后应该多举行一些与中国节日相关的活动"。另外,"其活动必须考虑到长崎的现状"等。在长崎,除春天为各企业机关等人事调动的时期外,夏天有普度,秋天有重九祭,唯独冬天没有任何节日。而这段时间在中国正好有春节和元宵节。如此一来,春节便自然而然地成了主题。

自战后以来,在长崎居住的华侨基本都和日本人一样,过新历元旦的节日,很少有人过旧历春节并召集家人聚在一起吃顿团圆饭。后来,经振兴组合的组员们商量以后,决定恢复已经在长崎消失了的春节和元宵节,并以此为主

---

① 港祭(港口节)的历史可以追溯到几百年前唐馆的时代,听说与妈祖祭奠有关。当时的新地(现中华街地区)有港口,为祈求航海安全,来长崎的唐船将寄放在唐馆的妈祖像安置上船后,船只在港口附近周游几圈,这便是港祭的开始。后来由于新地周围要填海造地,港祭的地点也与港口一起被移走。甲午战争时终止了港祭的活动,港祭的再次复兴是"二战"后的事。复兴后的港祭是由市政府主办的以观海为主的活动,随着时间的变迁,港祭的形式也随之变化。现在的港祭以化装游行、歌舞表演以及烟花为主。本来港祭是在每年的4月30日举行的,1991年据青年会议所提议,港祭与7月下旬举行的长崎特有的赛龙舟合并进行,从而成为全新的港祭活动。

② 这条不成文的规定出自原本船员就没有女性的习惯。

题来举行一个节日庆典活动。在节日的主题决定以后，大家就其形式又展开了讨论，并决定首先去香港和台湾参观当地的春节，到处的张灯结彩引起了组合成员的注意，于是便决定举办新地中华街的灯笼节。

1987年春节，在香港和福建订购的400多个灯笼首次在中华街十字路亮相，提供中华街样式的电话卡，具有长崎特色的杂烩面（中国式汤面）以100日元出售，免费提供中国的甜粥①等。此外，还举行了儿童的灯笼游行②。作为唯一的艺能，侨友会在中华街的中心地表演了狮子舞。侨友会的狮子舞是在新地中华街商店街振兴组合正式成立之前的1982年开始的，效仿重九祭的"采花"，春节期间在华侨的店铺前一家一家地进行"采青"③活动。

可见，打造灯笼节有两个主要原因：第一，冬节是长崎旅游的淡季，来长崎旅游的客人较其他季节为少；第二，华侨的第二代和第三代对于中国的风俗习惯和传统文化全然不知，希望灯笼节能够带给他们一种中国传统的概念并予以继承。④

以1990年的"旅之博览会"为契机，中华街附近的凑公园作为灯笼节活动的会场使用，灯笼节的规模也得以扩大。节日期间在凑公园设置了祭坛⑤，除侨友会的狮子舞表演外，还有幼儿园孩子们的舞龙和舞蹈，另外还有本地各种乐队的演出。这些活动都成为现在长崎灯会的基础。

---

① 这一活动来自听说在福建有在春节喝甜粥的习惯（对原中华街商店街振兴组合理事长林照雄的访谈）。

② 新地及其周边地区居住的，40~50个从幼儿园到小学五、六年级的儿童们，穿着中国的民族服饰，提着灯笼，敲着鼓和铜锣等，绕着滨街地区的繁华街道和新地周边游行。新地的儿童灯笼游行之后发展成了皇帝游行。
1990年夏天在长崎举办"旅之博览会"的时候，长崎县以及市商业会议所也邀请了中华街参加。中华街商店街振兴组合从儿童的游行中得到启发，商讨决定举行一个中华大婚礼。当时招募了三对有结婚意向的日本人情侣，请中国领事馆的领事做媒人，从"旅之博览会"的会场松山出发，坐着轿子在繁华街道结队游行，最后到达新地凑公园举行婚礼。中华街的所有人都参加了这次活动。
至今为止，儿童游行队伍一直没有扩大的原因是预算问题，游行所用的几乎所有的道具都是自己制作而成的。而中华大婚礼是由市里出资举办的，服装和道具等也全部置备齐全，这为后来的皇帝游行的实现带来了物质上的可能性。

③ "采青"习俗来源于民间传说，据说狮子对商人来说是很吉祥，"青"指的是"生菜"，狮子来摘的是"生菜"，"生菜"又与"生财"同音，所以"采青"被认为有"生财"的意思。狮子舞的采青是中国广东省以前就有的习惯。在广东有在各家门前添置"青"以祝愿给自己带来"吉祥"和"幸福"的习俗。

④ 对长崎新地中华街商店街振兴组合前任理事长林照雄的访谈。

⑤ 基于中国春节时候祭财神的习惯，在凑公园设置了祭拜财神关公的祭坛，祭坛上摆上关公像，像前供奉三牲、蔬菜、水果和点心等，并点燃许多蜡烛。

灯笼节由中华街商店街振兴组合担任其主办方并负责活动的实施工作。长崎灯会的准备工作每年从12月开始，灯笼节的日期则选在旧历正月的头三天，彩灯原本是在元宵节的装饰物，但是比起元宵节，日本人对旧历春节比较熟悉，所以便将灯笼节定在旧历正月初一到初三举行，当中的一天举行儿童游行等各种活动。

在灯笼节活动中，新地中华街的人们集思广益，众志成城，目的就是将作为他们自己的节日的灯笼节办得更好。对于从很早起就居住和工作在同一地区、互相相识了解的他们来说，没有中国人和日本人之分，只有一起同甘共苦的同一地域人的意识。通过灯笼节，华侨们得以重新复兴祖先的文化，当地的日本人则成为其地域文化的共有者，双方合作在力图发展地域社会同时，各自亦能得到经济上的利益。

如前所述，灯笼节是在象征中华街的中华门落成的第二年，为了吸引更多的游客由中华街商店街振兴组合计划举办的。其意图首先在于进行中国的传统文化教育，因此举办中华街的活动一定是与中国的传统节日相关。其次是考虑到长崎市冬季处于旅游淡季的现状，而这一时期正好是中国的春节和元宵节。这些要素促使已丧失春节传统的华侨按照想象的中国春节文化符号创造了自己独特的"传统节日"。

春节的节日活动得到了游客的好评，除了昭和天皇逝世的1989年以外，一直到1993年每年都例行举办。

（二）从灯笼节到长崎灯会

至1993年为止中华街举办了7届灯笼节，收到了良好的经济和文化效果。由此引起了地方政府的重视，并正式将春节作为以观光产业为经济基础之一的长崎市城市发展的战略性一环，由政府投资并直接参与计划和执行。由此，中华街小小的春节庆祝活动被扩大成为全市的节日——长崎灯会。[①]

长崎市是自1571年开港以来，在与外国的经贸与文化交流中发展起来的都市，市内保留着很多古迹和观光胜地。特别是令人回想起昔日与中国之间交流的唐馆遗迹、眼镜桥、崇福寺、新地中华街等，每年吸引着众多的游客。但是1990年后长崎的旅游业一直处于低迷状态。特别是冬季，游客数量只占到作为旅游旺季的春季和秋季的一半左右。冬季如何吸引更多的游客，成为振兴

[①] 长崎灯笼节实行委员会：《长崎灯笼节（1992—2000）》。

长崎市观光业的一个重要课题。于是新地中华街的灯笼节被提到日程上来，加之灯笼节与长崎市至今一直在推动的"夜光城"计划以及长崎商工会议所提倡的"光之街——长崎"这一主题相符，因此灯笼节便成了振兴长崎冬季旅游观光业的重要旅游资源。长崎市决定将灯笼节正式纳入以观光产业作为经济基础之一的长崎市城市发展战略之中。

为了实施此项计划，1993年，市观光科和商工会议所派出了三名代表，拜访了新地中华街商店街振兴组合理事长，并向其提出了由市政府协同，一起举办长崎灯会的提议。当时，振兴组合并没有立即给予答复。犹豫的原因在于，一部分会员担心他们至今花费了7年的心血而创办出来的节日，就这样被市里给抢走。但是，振兴组合经过多次讨论研究得出结论："如果从多方面来考虑这个问题的话，为了吸引更多的游客，灯笼节需要扩大，但是由此而来的资金问题是首要问题，单靠新地的力量是实现不了的。如果依靠长崎市的力量将节日扩大以后，不仅有利于长崎市的旅游业发展，也有利于自己的利益。"随后，振兴组合在新地青年会①召开会议的时候，请来了市里的相关人员，就共同举办灯笼节这一问题进行了商议。协议结果由市政府投资直接参与规划与实施。由此，中华街小规模的民族节日灯笼节被扩大发展为全市性的一大庆典——长崎灯会。

（三）长崎灯会及其组织形式

1. 灯会的组织机构

灯笼节的扩大，需要有与其相对应的组织机构。1994年起，灯笼节正式改名为长崎灯会，市方提供人员和资金帮助节日的运营。组织形式有所变更，但实际操作仍以新地中华街商店街振兴组合为中心。

长崎市举办灯会的组织结构中设有计划干事会、实行委员会、促进委员会等三个组织。计划干事会是作用最大的"实行部队"，由中华街商店街振兴组合与商工会议所各自担任干事长、副干事长，市有关部门（主要为文化观光

---

① 与新地地区自治会一样，新地青年会是居住在新地地区的青年人的组织，至于成立年月不明。现在其会员有40多名，年龄层差距很大。其活动内容有每年都会有的保龄球大赛和12月份的夜警巡逻，以及活动之后的联欢会。其组织是整个新地地区的组织，所以新地中华街商店街振兴组合的成员全部都参与在其中。同属新地青年会，但住在新地中华街以外的人并不属于振兴组合。灯笼节是以振兴组合的成员为中心开展的，由于很多人都同时身兼两个组织的职务，因此在节日时，也会得到青年会其他成员的帮助。

部）担任事务局长，其他有国际旅游协会、各主要商店街的组合、长崎青年会议所、市民网络会等，负责与灯会有关的一切具体工作。实行委员会是决定节日活动规划和整体方向的最高组织机关，由商工会议所的会长和副市长担任正、副会长，由各主要商店街理事长、当地银行、航空公司、铁路、商船、大旅行社、宾馆协会、观光旅馆联盟、电信、电力等公司或组织的社长、支店长、会长等担任委员。促进委员会是提供经济后援的组织，以商工会议所为中心，由国际旅游协会、市政府与银行、主要商店街振兴组合等组成。

整个运营组织机构基本上每年都是一样的，干事会和成员的变动不大。但是，当灯笼的装饰范围扩大的时候，装饰范围内商店街的会长就会以委员的身份加入。另外，委员工作发生变动的时候，便由同一企业负责派人来填补这一空缺。

在其组织机构中，新地中华街商店街振兴组合在长崎灯会的实行中一直担当着很重要的角色。比如，"实行部队"的关键人物干事长是振兴组合的成员林敏幸，从1994年开始一直担任干事长，对灯会的具体实施起着极其重要的作用，2012年被誉为长崎旅游界的"超级英雄"。

除此之外，新地另有由振兴组合成员构成的新地中华街春节新地实行委员会。之所以会出现市和新地中华街两组织并存的现象，理由之一是与宗教有关。春节活动时，新地中华街附近的公园内要设关帝祭坛，考虑到日本政教分离的制度，如果由市政府出面会引起争议。新地组合自己来办的话，设置祭坛，请和尚做祭，可以正常由中华街来支付礼金。另外，分开两个组织，便于新地有关的活动的具体实施。

长崎市的观光科（现为经济局文化观光部）作为实行委员会的窗口，主要担当一些事务性的工作，如资金的计算、会议的准备和发放通知、联系邀请各活动团体、媒体的接待与联络以及游行成员的招募工作等。此外，当发生纠纷等情况时，还要负责与当事人进行交涉。

长崎灯会所需资金以市的拨款占主要部分，其他是各个企业和有关商店街的赞助金。长崎市为灯会拨款，由1994年的1000万日元增长到2013年的1亿日元；灯会所波及的经济效果也从2000年的28亿日元发展到2013年的95亿日元左右；灯会期间来访者也从1994年的15万人达到2013年的100万人左右。① 可见长崎灯会已经成为长崎地域经济发展的重要一环（长崎灯会的形态与转变如表1.11所示）。尽管如此，仅市政府的拨款也不能涵盖灯会的全部

---

① 资料来自长崎市经济局文化观光部和对观光部部长池田直己的访谈（2014年）。

费用，募集各种赞助资金曾经是十分艰难之事。据当时的负责人回忆，长崎灯会开始最初的 1994 年和 1995 年，赞助资金的募集工作十分辛苦，到处都有"为什么一定要为新地做事"，"为什么一定要为一个中国的节日出资"之类的反对声音，要让市民们都理解节日的宗旨并非一件容易之事。然而，1996 年以后，随着节日的不断扩大，所带来的经济利润也不断提升，愈来愈多的企业与商店街开始给予鼎立支持。长崎灯会的准备工作是从前一年的 4 月开始，也就是说，每次长崎灯会结束以后，马上就会进行下一年灯会的准备工作。

表 1.11　长崎灯会的形态与转变

日期	1992 年 2 月 4 日（星期二）至 6 日（星期四）	1994 年 2 月 1 日（星期二）至 14 日（星期一）	2013 年 2 月 9 日（星期六）至 24 日（星期日）
主办方	新地中华街商店街振兴组合	新地中华街商店街振兴组合（长崎市观光科协同主办）	长崎灯会实行委员会（长崎市、长崎商工会议所、长崎国际观光协会、新地中华街商店街振兴组合等有关机构的联合组织）
活动内容	狮子舞、孩子们舞龙表演、姑娘舞、冲绳太鼓表演、音乐剧	狮子舞、孩子们舞龙表演、姑娘舞、龙舞、杂技	狮子舞、孩子们舞龙表演、姑娘舞、舞龙、杂技、京剧、鼓空太鼓、管弦乐演奏、魔术、太极拳、龙舞、卓袱舞、中国舞、冲绳太鼓舞、中国民族音乐演奏、中国歌曲演唱
游行（通过地点）	灯笼游行（凑公园、新地中华街一带）	灯笼游行（崇福寺、滨街、凑公园、新地中华街）、妈祖仪式（唐馆旧址、思案桥、崇福寺）	皇帝游行（崇福寺、锻治市、滨市观光拱廊、新地中华街、凑公园、中央公园等）、妈祖仪式（福建会馆、凑公园、新地中华街、滨市观光街、崇福寺、兴福寺、孔子庙）
其他活动	中国花灯展、灯笼装饰、100 日圆汤面、售货车、市集、烟花、爆竹、小游戏		花灯展、灯笼装饰、售货车、市集、烟花、爆竹、灯笼竞赛、灯笼商品、龙舞比赛、选美、龙舞体验

续表 1.11

日期	1992年2月4日（星期二）至6日（星期四）	1994年2月1日（星期二）至14日（星期一）	2013年2月9日（星期六）至24日（星期日）
装饰地点	凑公园、新地中华街一带	新地中华街、滨市观光街、铜座商店街	凑公园、新地中华街、新地桥、滨市观光街、滨市电车路、铜座观光路、西滨路、春雨路、铁桥、筑路、锻冶市路、广场商店街、天后堂广场、长崎地铁站、大波止机场指挥塔、长崎市民政办公室、博多地铁站、长崎空中缆车站驿、唐馆旧址馆内四堂）、崇福寺街道（锻冶街）
揭幕式和表演地点	凑公园	凑公园	凑公园特设舞台、观光拱廊、唐馆旧址、中央公园、中岛川公园、孔子庙等
资金	800万日元左右（新地中华街）	1000万日元（长崎市）	1亿日元（长崎市）
游客数	—	15万人	100万人

资料来源：由长崎新地中华街商店街振兴组合以及长崎市观光科提供资料所制。

长崎灯会的宣传工作主要也是由市的观光部门担任，工作的主要内容有广告制作和与媒体的交涉等。随着长崎灯会规模的不断扩大，宣传的范围也由最初的长崎县内，扩大到了九州地区以至日本各地。通过宣传，从全国各地来访长崎的游客数量有了显著的增加，2013年的春节期间长崎的游客达到100多万，创造了长崎灯会举办以来的历史纪录。目前长崎灯会不仅成为装饰长崎冬天的一道风景线，而且被列为日本全国有名的民俗节日之一。

2. 长崎灯会的活动与其变迁

长崎灯会的主要色彩是在"长崎中异国CHINA重新发现"这一概念下，整个城市的灯笼以红、黄、粉为基调来渲染异国风景。装饰用的灯笼由当初中华街的几百个，增加到1998年的12000个，2013年其数量超过了15000个，

第一章　长崎华侨的社会空间与祭祀文化

同时，装饰的范围每年都在不断扩大。这些灯笼以前是通过华侨的关系从华侨的家乡福州购买，购买灯笼的行为帮助华侨与家乡建立了网络关系。但是由于福州的灯笼不经久耐用，不得不改为从台湾和香港、新加坡等地购买。后来通过中国大使馆的介绍，又从四川自贡市购买了大量雕刻的陶瓷灯笼。人物灯等新型灯笼则是委托台湾灯笼协会会长林先生订制的。目前，长崎的灯笼购买基本固定在林先生处。为了满足不断增加的灯笼需求，林先生在珠海投资建立了拥有50名员工和300坪用地的工厂。可见，围绕灯笼采购，长崎的市场网络以华侨祖籍地福州为起点，很快便扩大到在长崎历史贸易网络中的福建、台湾、香港、新加坡等地，并通过半政府间的关系，跨越历史网络深入到四川盆地，通过这种贸易关系动员了以华侨为中心，包括各界人士的人际和社会关系。

随着1994年长崎灯会规模的扩大，其活动内容也随之不断增加。长崎灯会的主要活动内容有市内主要街道和商店街灯笼的装饰、庆典演出活动、小吃摊位，另外还有市民们参加妈祖行列、皇帝巡游、手工龙灯展览等。2013年为纪念长崎灯会20周年（1994年开始），举行了中华大婚礼巡游。

长崎灯会的第一天，举行点灯仪式。出席仪式的有长崎市市长、中国驻长崎领事馆领事、商工会议所会长等政府和企业的各界人士，仪式也有祈求平安的意思。在祈求平安的仪式结束以后，市长、领事、长崎灯会实行委员会委员长等登台致辞，进行倒计时后，烟花和爆竹齐鸣，之后是吼狮队的狮子舞表演。

庆典活动是随着长崎灯会实行委员会的成立，在1995年正式得以扩大的。与前一年相比，不只是扩大了装饰范围，至1994年为止以儿童为主的灯笼游行队伍，变成了由130人参加的大型皇帝巡游，其成员也是第一次从长崎市民里招募来的。舞台演出活动更是丰富多彩，除了舞龙舞狮以外，还请来了东京的在日艺术团，表演中国杂技和京剧，还增加了当地的太鼓表演等。1995年，为了提高长崎市民的兴趣，增加了市民手工制作的灯笼的比赛和展览。

到了1996年，又加入了吹奏乐队以及太极拳表演。1997年的皇帝游行，从市民中公开招募了150人前来参加；妈祖行列也有150人参加，其中130多人是通过公开招募前来参加的。另外，从1997年开始，还加入了以长崎传统舞龙转变而来的龙舞比赛。作为新的庆典项目，还加入了龙的舞蹈、中国舞蹈、卓袱舞和冲绳的太鼓舞。在1998年，这些项目被正式固定下来。进入2000年代后，在原唐馆的福建会馆①中增设中国民族音乐会会场，每年除了有

---

① 旧唐馆区域内四所庙宇（福建会馆、观音堂、土神堂、天后堂）之一。

专业音乐家的古筝、琵琶、二胡等中国音乐演奏外，亦有来自中国音乐教室的业余爱好者的演出。2014年，有17个业余二胡演奏团体的200多人参加了长崎灯会的活动。其中，长崎市役所的二胡爱好会是主要代表队，负责安排其他各团队的演出场地和日程。灯会期间，除了在福建会馆以外，二胡业余演奏团体也在孔子庙和商店街等会场表演。孔子庙的会场是在2009年前后设立的。

长崎灯会自1994年被扩大以后，灯笼装饰期间为10～15天，出于对游客数量的考虑，节日的开始和结束，以及活动的日程主要都被安排在春节前后的星期五、六、日等。这本来是很符合日本习惯的一种观光商品，有利于在节假日期间做旅游计划。但是长崎市为了追求文化的正宗性，忠实于中国春节原本的传统意识，从1998年开始，长崎灯会的时间按照中国的春节和元宵节习俗，固定在旧历正月初一到十五元宵节的15天，并延续至今。

3. 长崎灯会的扩大和唐馆复兴计划

长崎灯会的规模每年都在不断扩大。进入2000年代后，长崎市提供的辅助金已经超过了5000万日元，可以与长崎最大的节日重九祭相匹敌。但随其活动的扩大必然也会带来一些问题。其中作为主会场的新地中华街凑公园的客容量问题是最大的一个问题，另外与其有关的中华街周围道路的交通堵塞等也是困扰活动的重要问题。围绕这些问题，经过多方讨论，目前长崎灯会的表演会场已经从中华街凑公园的一处逐渐增加为包括中央公园、孔子庙及主要商店街滨市观光街等多处，特别是在唐馆遗址和被称为唐四寺的崇福寺、兴福寺、福济寺、圣福寺及其周边地区也设置相应的舞台和适当的装饰等。

旧唐馆区域内的福建会馆的会场是2000年设置的。唐馆复兴计划是在1998年2月长崎市相关机构和华侨志愿者①组成的唐馆复兴促进会成立后正式开展的。最初的活动是计划实施了唐馆成立310周年的纪念活动，其内容有学术研讨会和演讲、市博物馆举办的唐馆"特别展"，以及寺庙的祭奠活动等。另外，具体事业促进委员会（长崎市市长也参与）还于1999年的妈祖祭之际在福建会馆策划并举办了中国音乐欣赏会等活动。为了收集和介绍相关的历史资料并使之成为旅游文化资源，又组建了在成员构成方面几乎与唐馆复兴促进会相同的长崎中国交流史协会。

唐馆复兴计划的目的是保存唐馆的遗迹，并进行一些与遗迹相对应的街道

---

① 文化财振兴事业部门、长崎孔子庙中国历史博物馆、长崎文献社的代表以及中西启氏（已故）陈东华氏等。

建设和再开发，将其历史性价值传承给后人，同时推动地域振兴和观光业的发展。具体计划主要分为两个阶段进行：第一个阶段是以充实在旧唐馆地区的庙宇的祭奠活动，设立临时资料馆，推动计划的进行，建造小型"唐馆·新地唐人仓库"为中心。第二阶段则主要是资料馆的建设、唐馆大门和代表性建筑的复原，将唐馆内门恢复到原来的位置，修复保存四个庙宇和其他遗迹以及其周边范围，加快活动广场和活动室以及"龙的传说馆"的建设，以及唐人街计划的充实与扩大等。有关唐人街建设，主要的参与者之一陈东华提出了下列的看法：

> 我们想要依靠民间的力量创建一个与当前的中华街所不同的唐人街。民间的力量指的并不是什么行政部门的力量，而是要充分发挥民间的财力。不局限于日本，还要呼吁中国各地，特别是福建省的企业前来投资以推动新唐人街的创建。店铺将以专卖店（古董店、书画店、茶室、中药房、乐器店、饮食店和食品店之类）的形式来展开。另外，在唐人街设置一个活动场所，用来举办一些与庙宇的祭奠相应的活动和其他定期的活动，如杂技、舞龙和狮子舞表演等。
>
> 作为唐馆复兴事业的一个环节，从2000年开始在福建会馆举行的中国音乐欣赏会，也计划依照惯例继续举办。

以唐馆复兴为开端，亦计划相继在崇福寺和兴福寺等唐四寺开展各项活动。2001年起，长崎灯会期间，在兴福寺举办的妈祖祭便是其中的活动之一。同时，如果会场能进一步扩大的话，将来可以实现在长崎灯会上举办一些世界级的舞龙大会、狮子舞大会等国际性交流活动。可见，由新地中华街首办灯笼节，作为长崎市的节日而拓展壮大的长崎灯会，其目的不仅仅只是吸引游客，而是将其活动的范围扩大到唐馆与寺院，用中国的文化展现长崎的地域特色，增进国际间的交流。

然而，唐馆复兴计划特别是新唐人街的构想至今尚未实现。不过，长崎灯会中在福建会馆的中国音乐观赏会已经被固定化，目前每年都有专业的演奏家和业余爱好者在此地演出，吸引了很多游客。并且，为了使游客能够了解唐馆的历史，还特别设立了四所庙宇（福建会馆、观音堂、土神堂、天后堂）巡回参拜项目。作为唐馆复兴计划的重要组成部分，2013年又建设了一座大理石的牌楼。

第七节
小　结

　　长崎的华侨社会空间和祭祀文化、族群性的变迁可以分为三个时期。第一时期是在幕府贸易体制下，是华侨（唐人）在与日本社会的邂逅、交往和互动关系中，逐渐形成以华商为主的早期华侨社会。这是与主流社会互动的结果，在幕府对基督教的禁教令下，为证明自己是非基督教徒和祭拜海神妈祖的信仰，以保持贸易关系的稳定，华侨们建立起分别代表各祖籍地的佛教寺院——唐四寺，由此华侨形成了以唐四寺为核心的四个地缘组织社会。各组织的祭祀分别在各寺院举行，唐寺成为长崎华侨社会亚族群的象征，充分发挥了其作为宗教、祭祀和相互扶助团体的功能，以凝聚散居在长崎市内来自不同祖籍地的华侨，同时也成为华侨社会与长崎地域社会交往互动的空间。不仅如此，唐寺为日后宗教仪式、建筑、雕刻、绘画、篆刻、音乐等文化在日本的引进和接受，起到了媒介的作用。可见，唐寺作为华侨的文化空间没有局限于地域层面，也扩大到日本社会。另外，散居的华侨以及与长崎地域社会不断交流的华侨（唐人），特别是归化的唐通事，对中国文化的传播也起到了很大的作用，"明清乐"便是一例。由唐人传播的"明清乐"不仅在长崎，而且直到19世纪后期已经在日本各地广为传唱，曾经作为中上层家庭子女的必学之音乐存在。尽管"明清乐"在传承过程中也发生了很大的变化，甚至曾由于战争而中断过，但却一直被保存至今。"明清乐"逐渐成为江户时代通过长崎华侨的文化空间传到日本的中国音乐的代名词和文化符号，当然其内容与原始的"明清乐"已经大相径庭。而作为长崎地域传统习俗重要形式的重九祭的形成和扩大，与唐人贸易有直接关系。长崎是当时日本唯一能够通过对外贸易而获得财源的，为了使市民们不关注基督教，长崎奉行所花费大量资金鼓励和奖励市民们参加重九祭，使得重九祭得以扩大并延续至今。除了蛇舞以外，狮子舞和唐子舞、唐船等都是地域社会为了参加重九祭并显示与其他地域有差别的地域特征，重新创造的表现唐人贸易时代并象征地域的认同的文化符号。

　　第一时期的第二阶段是华侨集中居住的唐馆时代。唐馆是17世纪后期德川幕府锁国政策的结果，是近代中华街的雏形。尽管是从主流社会隔离出来的空间，但同时又是一个与地域社会交流的场域。随着唐馆的建立，贸易据点也

第一章　长崎华侨的社会空间与祭祀文化

迁移至唐馆之内，祭祀活动也在其中由各帮共同举行，祭祀由三帮轮流主持。华侨社会空间虽然被限定在唐馆，但是逢年过节，唐馆是向市民开放的。华侨的非日常性祭祀活动，也在与地域社会的互动中，传播到长崎的日本人社会。总之，第一时期华侨社会空间是在与主流社会和地域社会的互动关系中形成和展开的。在历史上就形成了一个一方面通过唐寺而建立的传统的、与主流社会有客观辨别性差异的族群性，而另一方面又与地域社会相融合的关系场域，华侨通过这种关系场域在地域层面与长崎人建立了"亲戚关系"，华侨文化也转型为代表地域特征的文化符号。

　　第二时期是开港以后华侨由多元亚族群转向地域族群的过程，华侨社会空间转向新地（中华街地域）。随着安政（1858）开港，以唐馆为据点的贸易体制瓦解，据点向新的各开埠地的居留点扩展，转向自由通商。以不同出生地的商人为主体的会馆会所先后在新地成立，并继承了唐寺的各种功能。但是，随着更多的华侨向新的开港口岸的迁移，以及与长崎的华侨有亲缘关系的福建北部华侨的增多，长崎华侨社会逐渐成为以福建北部华侨为主体的福清帮的社会。不过此时日本政府对外国人限制的政策，限制了华侨社会内部宗亲组织规模的发展。在这种情况下，以同乡和姻亲的横向关系结成的网络，成为整合华侨特别是目前在九州占多数的福建（福清）华侨凝聚力的重要因素。三山公帮（福建同乡会）作为福清帮的地缘组织，其主要功能在于继承崇福寺普度为中心的各种传统祭祀活动。传统祭祀，特别是普度作为华侨社会族群性认同的主要象征，借助拜祖寻根的象征性宗教礼仪符号充分发挥了同乡会相互扶助、交流亲睦的网络功能。可以说，长崎华侨的社会空间是通过崇福寺和普度的横向关系形成的。而伴随传统祭祀的传统艺能已经消失，由华侨一代重建的狮子舞已经日渐成为新的传统艺能文化符号在祭祀中登场。此外，作为地域的文化资源之一，普度已经成为长崎夏天一道跨越族群的界限的异文化风景线。

　　第三时期是在全球化背景下，长崎华侨通过打造跨越地域的新传统来重新确认自己的认同和建构地域性的族群性的过程。1947年的大火让长崎新地中华街的中国式建造尽遭回禄。战时的日本政策造成了混合型的社会，新地的日本人数超过了华侨，在1960年代几乎丧失了中国人居住区的特点。但以日中邦交正常化和此后的国际化潮流为契机，新地成立了以开展各种共同事业，同时谋求社区内环境整治改善和组合成员的事业发展并增进公共福利的跨族群的社区组织，在各组织的倡议下，华侨和新地的日本人一起重新修建了中华街。1987年从福州等地购买了灯笼，打造了新地中华街灯笼节，并收到了良好的经济效益和文化效果。由此引起了地方政府的重视，并将灯笼节正式纳入以观

— 111 —

光产业作为经济基础之一的长崎市城市发展战略之中,由市政府投资直接参与规划与实施。由此,中华街小规模的民族节日灯笼节被扩大发展为全市性的一大庆典——长崎灯会。灯会的各种灯笼根据不同的年代和目的,分别采购自福州、台湾、香港和新加坡等地。而在灯会前后成立的各种艺能组织,为长崎灯会提供了丰富的表演内容。目前,长崎灯会成为装饰长崎冬天的一道风景线。2013年节日期间,两星期内聚集的观光客就达到100多万,创造了长崎灯会以来的最高纪录。无论是红、黄、粉为基调的装饰灯笼,还是节日登场的龙舞、妈祖行列和皇帝游行以及其他狮子舞、中国音乐等,其实都是象征性的文化符号,是用于表现长崎灯会渗透的"长崎中异国CHINA重新发现"这一概念,以及用灯笼所渲染的带有异国情调的、长崎华侨和长崎地域社会想象的春节传统的创造。通过对这一传统的创造,华侨社会空间不仅是跨越族群和地域,而且围绕采购灯笼的活动,这种关系场域已经扩大到了中国和东南亚等地。

长崎的华侨社会空间从历史上至今都是在与地域日本人社会的关系中形成的,华侨和中华街的历史充分反映了地域社会历史的轨迹。在历史空间中,长崎之所以成为华侨的发源地,是因为长崎本身作为日本唯一对外贸易开放的窗口,曾经是日本经济贸易和市场的中心,奠定了其在东北亚和东南亚的贸易圈中所占有的重要地位。而之后华侨社会在日本的边缘化也与明治维新以后,日本以东京为中心的政治经济政策下长崎被边缘化有直接的关系。同时历史上华侨与地域社会的友好关系,也与明治维新以前日本人崇尚中华文化和儒家思想的文化价值观点有关。这也是为什么唐寺的文化能孕育和发展后来在日本兴盛的黄檗宗文化,唐人的祭祀艺能可以被长崎地域社会接受的原因和背景之一。无论是从"明清乐"、重九祭还是长崎灯会,都可以看到华侨与地域社会同命运共兴衰的历史轨迹。历史上形成的长崎日本人与华侨之间的血浓于水的"亲戚关系",在长崎被边缘化后成为清一色福建华侨的姻亲网络,是重九祭和长崎灯会能够地域化、普度传统化和象征符号化的重要的凝聚力量。在长崎历史的轨道上建构的这些祭祀和艺能,作为象征地域认同和新族群性的文化符号,成为地域社会发展的文化资源。

第二章
神户华侨的社会空间与祭祀文化

　　神户是日本开港以后,以对外贸易为中心发展起来的港口城市。神户开港的同时,即开辟了专供外国人居住的外国人居留地。神户居留地是日本最早实施近代城市计划的地区之一,其城市的经营方式对日本其他城市的发展也产生了巨大的影响。众多的外国教堂、银行和领事馆集中于此,神户居留地成为当时日本最国际化的地区之一。作为西洋文明在日本的窗口,神户在东西文化交流中发挥了重要的作用。神户华侨的历史与神户开港和欧美人来日密切相关,神户的中华街——神户南京町亦是形成于外国人居留地的一个角落。尽管神户华侨的历史没有长崎悠久,但在近代日本与欧美、东南亚的贸易等各种商业活动中,华侨特别是华侨的跨国商业网络起到了极为重要的作用。在华侨网络中承担重要功能的是以华侨的地缘社团为代表的组织体系。与长崎和横滨不同,神户华侨在历史上既不是像横滨华侨社会那样以广东人为主体,亦不似当今长崎华侨社会是以福建人为主体,从开港之时来到神户的华商祖籍地来看,主要有广东、三江(浙江、江苏、江西)和福建等地,比其他地区要分散和多样。如今更是如此。因此,神户华侨社会较其他地区更富有商业性格和多元化,比横滨更富有开放性,但却不如长崎有凝聚力。神户南京町的文化创造活动,即很好地体现了这一特征。本章将通过对神户华侨的历史和社会变迁以及中华街的传统创造活动的描述和分析,从与长崎华侨社会比较的视角来深入探讨神户华侨社会的特征。

第一节
历史场域中的神户华侨

一、文明开港与神户华侨

神户是横滨之外华侨人口较多的城市。神户港口自明治维新时期开港以来,至今已有140余年的历史。1859年安政开国时期,有十几个福建、广东、浙江和江苏的中国商人从较早开设港口的长崎和横滨来到神户,成为神户的第一批华侨。从开港到1871年签订《日清修好条约》之前,作为无条约国的国民,神户的华侨在外国人居留地外西面(现元町和荣町)与日本人混居在一起。现在的南京町即位于这一带。开港之后,外国商社异常活跃,外国人的居留地也变得非常繁荣。华侨则在欧美人和日本人间起到了重要的中介作用。早期神户华侨的经济活动,除了在欧美人商行做买办以外,还涵盖洋装业、理发业、印刷业、制鞋业、红茶加工业、饮食业、屠宰业等领域,港口搬运工、造船厂工人、欧美人的佣工、船员等也是华侨较多从事的职业。综合来看,神户华侨的这些从业领域大多与欧美人和外国商社有关(中华会馆,2000:56-66)。

1871年日本与清朝签订条约以后,越来越多的华商来到神户,神户的商业也日趋兴旺。广东、福建、三江一带的华商,除了与中国本土有着贸易往来之外,还与东南亚地区那些存有血缘关系或地缘关系的华侨社会保持贸易接触。这些贸易活动首先是在日本各城市之间的贸易往来中进行,所以在日华侨依托各自有着同一祖籍的东南亚各帮派势力形成了相应的商业圈。

在神户港的贸易方面神户华侨起到了极大的作用,火柴、琼脂、硫磺等向中国和东南亚出口,而进口的是棉花和大米等。日俄战争前后,神户出现了如浙江宁波商人怡生号的吴锦堂、福建泉州商人复兴号的王敬祥、广东梅县怡和号的麦少彭等很多有经济实力的贸易商。吴锦堂是在神户华侨史上有重要地位的人物之一。1885年他在友人的资助下来到日本长崎。经过市场调查和周密思考,吴锦堂结合自己的实际情况,选择了在长崎、大阪、神户之间从事投入少、资金周转快和利润可观的物资营销等作为主要业务。一年后,吴锦堂的资

第二章 神户华侨的社会空间与祭祀文化

本发展到原来的 5 倍;1887 年,与人合伙在大阪开设了自己的第一家商行"义生荣";1889 年,在日本神户设立了"怡生号"商行,并定居神户。经过十多年的奋力开拓,吴锦堂由一个小商人逐渐发展成为日本阪神地区赫赫有名的大富豪,涉足的领域有贸易、航运、实业、投资业等。这一阶段,他财富的积累主要来自贸易和实业投资。他把日本生产的火柴、阳伞、水泥出口到中国及东南亚,又从中国进口棉花、大米等供应日本市场,他还投资火柴厂、水泥厂、针织厂等实业。吴锦堂创造了"一夜暴富"的经济神话,成了阪神地区著名的产业资本家,同时也成为神户华侨的领军人物。[①] 20 世纪初期在神户有经济实力的华商,大多都有着与吴锦堂相近的背景。

甲午战争以后,随着日本海运事业的发展,日本人从事直接海外贸易的越来越多,曾经辉煌一时的华侨贸易虽有所衰退,但也一直持续到战时。

20 世纪初期,与衰退的华侨贸易相反,理发业、料理业、裁缝业(即"三刀业")、涂料业和印刷业等杂行业者开始进入日本,华侨人口也随之增加。但是,九一八事变的爆发迫使半数以上的华侨不得不离开日本返回中国。[②]

"二战"一结束,神户的华侨们便与居住在东南亚地区的华人系商社之间来往密切,进行贸易活动,交易额也随之增大。特别是伴随日中邦交的恢复,自 1970 年代起,与中国的直接贸易得以重新开始,使得华侨贸易活动再次步入正轨。之后,华侨们也摆脱了传统的"三刀业",开始拓展房产业和投资业,并向商业、贸易、金融、服务等多领域发展,也有不少华侨子弟大学毕业后进入医学等专业领域。一些年轻人施展在神户华侨同文学校学到的中文语言本领,进入日本的大型企业工作。尽管华侨在日常生活上已经逐渐日本化,但在工作等方面,他们依然利用着作为华侨的这一有利的经济和文化资本。

历史上神户华侨在各个方面与中国有密切关系,除了多种贸易为主的商业活动以外,也包括在政治方面的活动。神户华侨不仅与 1898 年戊戌变法以来以梁启超等为代表的变法派和立宪派有关系,同时还在 1911 年辛亥革命爆发后,结成民国侨商统一联合会,为革命捐钱、派义勇兵等。之后中国国内的一系列革命运动,特别是孙中山的 11 次神户之行及其革命思想,都给神户华侨

---

① 神户华侨华人研究会:《神户と華僑 この150年の步み》,神户新聞総合出版センター,2004 年,第 10～35 页。

② 神户地区华侨的人数,从开国时期的十几人,很快地增至到明治时期的 200 人左右;到大正年间达到了 1000 人以上;九一八事变以前,最多增加到 6243 人。

带来了极大的影响。他们响应国民政府的号召并出资支援孙中山的革命活动。当时在孙中山领导下的广州元帅府内政部所制定的《侨务局章程》，成为日后有关华侨保护、华侨教育以及华侨选举等国民政府的侨务政策的基础。国民政府在神户设立直属支部，国民政府的侨务政策通过当时的中华会馆等机构在华侨中得以贯彻落实（中华会馆，2000：133-139）。神户华侨则通过领事馆和国民党神户支部两个系统以及神阪中华会馆、神户总商会等民间组织与中国建立了很强的关系。神户华侨与中国在各个方面的密切联系，通过前面提到的吴锦堂的履历也可以看到。他不但是有经济实力的华商，而且时刻关注国内的时局，关心故乡的建设。他出资为宁波家乡修水利、办学校，支持孙中山领导的革命活动，担任过同盟会神户支部长，并让出私邸供同盟会办公。同盟会改组为中国国民党后，他又担任国民党神户支部长。辛亥革命后，中华民国南京临时政府成立，孙中山就任临时大总统，吴锦堂以实际行动予以支持。他分别向上海军政府和宁波军政府捐资，并出任浙江省军政府财政水利顾问。1913年，孙中山来到神户，神户华侨组织了盛大的欢迎集会，吴锦堂主持了欢迎活动，并全程陪同。当时孙中山以全国铁路督办的身份来日本，吴锦堂又慨然出任中国国民党交通部长等。

中国国内各个时期的动态在神户华侨社会均有反映。新中国成立后，很多华侨回国支援国内建设。1950年代初，尽管神户华侨社会也出现一些意识形态上的分歧和对立，但华侨学校等组织采取灵活的策略，避免了像横滨华侨社会那样陷入分裂状态。日中邦交恢复以后，华侨社会不仅在经济领域更加活跃，而且在文化交流事业等方面也积极发挥了桥梁性的作用。与中国的各种密切联系，是神户华侨社会内部的华人文化活动较为活跃的历史背景之一。

根据2012年的统计，在兵库县内居住的华侨有11000人左右[①]，其出生地主要为广东、福建、江苏、台湾、山东和浙江等。目前老华侨的人口在总体上并没有大的变化，祖籍台湾的人口有所减少，相反来自福建者有所增加。

从居住地来看，居住在中央区的人口最多，占了华侨总人口的60%以上。这是因为南京町（中华街）就位于中央区，对于华侨来说是经济上最大的利点。其余的依次为兵库区、东滩区、滩区、垂水区、西区、长田区、须磨区、

---

① 据2012年日本外务省"在日外国人统计"结果显示，居住在兵库县的中国人口有25180人左右（包括台湾748人）。其中，有永住、特别永住和定居资格的人（华侨）为10841人左右（永住9213人，特别永住861人，定居767人）　（http：//www.e-stat.go.jp/SG1/estat/List.do？lid=000001111233，2013年9月阅览）。但是，统计中包括已有近年来取得永久居住资格的新华侨，因此老华侨的数字不是完全准确。

北区等。①

二、华侨的社会移动和组织变迁

根据《日清友好条约》，从长崎开始，日本对包括神户在内的 8 个开港港口进行了扩建，华侨人口在日数量也随之增加。随着华侨人口的增加，在日本各地都成立有福建会（闽南为主）、广东会、三江会等一些同乡会。其目的一方面是为了互相沟通与扶持，另一方面也是为了巩固华侨在日的地位。

进入 1870 年，为了实现在经济方面的诸多目标，也为了解决商务问题和促进海关往来，神户的华商们仿效长崎华侨，分别创立了几个作为贸易团体的公所。其中主要的有以广东人为主的广东公所，以厦门、泉州、漳州等福建南部商人为主的福建公所，还有浙江、江苏、江西三地的商人创立的三江公所。这些公所之后改称会馆。1940 年前后在日本"一地一组织"的政策下，神户地区的会馆进行合并，组建了中华总商会。

甲午战争之后，台湾归属日本管辖，被认作日本人的台湾人，当时并没有创立公所。直到"二战"以后，才有了台湾同乡会。

与各公所和同乡会平行，1891 年在神户成立了一个华侨的总团体——中华会馆。中华会馆是由各帮派（同乡会）里选出的代表共同管理的。中华会馆作为神户华侨的中央机构，对外担当着领事顾问的角色，对内则作为调停华侨间纠纷的机构。此外，中华会馆还承担着处理墓地管理等一些宗教上的问题和杂居地居民的行政自治问题的职能，更起着为日中两国政府牵线搭桥的作用。

除了上述团体以外，随着各行业界人士的增加，同行业者为了紧密协作、互相扶持，还在各地创办了以行业区分的团体。其团体与中华会馆有着密切的联系，对于实现华侨的自治、团结、友爱和互相扶持的目标起着重要的作用。现在，在华侨的行政方面，进行对外交涉和联络工作的主要是华侨总会。中华会馆则主要担当华侨的墓地和寺院等的资产管理和运营工作，其中所得利润则悉数捐赠给华侨的中华同文学校和华侨总会等。

华侨总会是在战后不久于 1945 年 9 月成立的。对战后台湾人恢复中国国籍和恢复战后处于混乱状态的华侨的利益，都起了很大的作用。但是，1949

---

① 日本兵库县内外国人登录者的统计数字（http://web.pref.hyogo.lg.jp/ie12/documents/2011gaikokujintoroku.pdf）。

年中华人民共和国成立以后,华侨总会内部分为两派,一派支持大陆,一派支持台湾。① 1957年以大陆派为中心,成立了神户华侨联谊会,由此华侨总会正式分裂成了两个组织。日中两国邦交恢复以后,联谊会和总会试图再次合并,但一直未能实现。1976年华侨联谊会在修改了会规之后,改名为"神户华侨总会"。而对此持否认态度的台湾派,至今仍留用着"留日神户总会"的名称。其实,大部分华侨都保持着不参与政治问题的立场,在日常生活和文化活动上一般也没有大陆和台湾之分。

1939年9月华侨同文学校②与神阪中华公学③合并,起名为中华同文学校。现在设立有小学部和中学部。依照规定,一、二年级的学生在上课时一半时间用中文,一半时间用日语。全校拥有中小学9个年级18个班级。从三年级起,全部用中文上课。在校生人数有686人(2012年),以华侨的子嗣为主。同文学校作为大陆派,学校教育多以爱国教育为主,与大陆的交流也十分密切。④ 在招生方面,同样也招收来自台湾的学生。但是,1990年代以后,随着华侨子弟的减少和大陆新华侨的增加,同文学校的学生中也有一部分是新华侨的子弟。

音乐课多以中国歌曲的教学为主。1980年代中期始,从天津聘请了中国

---

① 在日的大陆派和台湾派,并不是以来自大陆还是来自台湾为界限,而主要是意识形态上的分歧。神户两派间的对立即使在最紧张的1950年代,也没有横滨华侨社会尖锐。有关横滨华侨社会的情况参见第三章。

② 同文学校是1899年由当时组建保国会的康有为、梁启超一派所支援创办的学校。当时有学生121人,上课用的是广东话。设立时有初级中学、小学和幼儿园三个部门。

③ 华强学校(1914年)和中华学校(1919年)合并后所创办的学校,用北京话上课。

④ 同文学校学生的祖籍地最初都以大陆为主。其中以来自广东省的人最多,战前用广东话上课。1941年的统计结果显示,当时有学生653人,其中411人是广东人,其次是江苏人81人,浙江人66人,福建人60人,安徽人11人,山东人11人,还有包括台湾在内的其他地区的11人。现在,大陆和台湾的学生都被一视同仁,大家也一起参加文化活动。

当然,这并不表示台湾和大陆从来没有对立过。比如,1959年,同文学校建新教学楼的时候,台湾当局欲提供3000万日元的辅助金,被华侨拒绝了。但是,1950年代起,一直到1960年代,尽管大陆和台湾都竭力进行各自的政治和文化等宣传,而华侨间的对立并没有十分尖锐化,反而影响到了华侨对中国传统文化的重新评价。同文学校一直保持中立的立场。1949年以后,特别是华侨总会分裂成两个组织以后,在横滨的华侨学校也分为两个。为了防止出现像横滨这样的情况,同文学校便收起了国旗,只升校旗。当时的教科书,一部分是从中国大陆来的,写有"中华人民共和国"的字样。为了避免不必要的麻烦,学校的老师们便设法去掉了其他的字,只留下了"中国"两字。当时中国政府尚未和日本政府建立邦交关系,设立在日本的只有台湾"领事馆",因此同文学校的态度招致了台湾当局的不满。台湾"领事馆"曾多次对同文学校进行过劝告,但同文学校依然保持中立。但是,因响应台湾当局号召,一部分台湾学生转校去了其他日本学校。另外,"文化大革命"的动荡也没有给同文学校带来很大的影响(对原同文学校校长蓝僕的访谈)。

民族乐器的老师，开始在学校教授中国民族乐器，并成立了民族乐器乐队。聘任的音乐老师为轮班制，任期为两年左右。同文学校学过民族乐器的毕业生，后来在神户华侨总会的协助下组织了乐队，其活动一直持续至今。

上课以外，在学校也有中国戏剧、中国舞蹈、中国民族乐器等各种各样的活动小组。现华侨总会中国舞蹈队的成员，基本都是从中华同文学校毕业的学生。并且，同文学校妈妈合唱团的成员，不仅是学生们的母亲，也是该学校的毕业生。

现在住在神户的老华侨及其后代，大多都是中华同文学校的毕业生，因此会说中文的人占大多数。随着日本近代化的发展，华侨在日本的生活也发生了很大的变化，职业逐渐向多领域扩展。神户的华侨利用在学校学到的中文，在国际贸易、商业、金融等领域大显身手。在这一点上，与华侨学校关闭，会说中文的华侨数量日趋减少的长崎不同。

如表2.1所示，自战后开始，神户华侨的组织团体变化很大。一直以来支撑着华侨社会的华侨组织团体与其功能，不得不顺应潮流的变化。随着华侨世代交替和语言的标准化，以方言为基础的同乡会组织的凝聚力逐渐减退。与此相对，如长崎一般，与日本人一起组织的南京町商店街振兴组合以及重新组织的以文化活动为宗旨的友好团体等的活动日益兴盛。

表2.1 神户华侨的主要组织团体

组织类别	名　称	创立日期	目　　的	备注
政治、教育共同团体	神阪中华会馆	1891	婚礼、葬礼、集会、墓地管理机关	○
	神户中华同文学校	1899	华侨的学校	○
	中华民国驻神户总领事馆	1905		※ ×
	神户华侨总会	1945	华侨整体的管理机关	○
	神户中华青年会	1945	附属华侨总会	△
	神户华侨幼儿园	1952		○
	神户华侨妇女协会	1955	华侨的妇女团体（现仍有合唱活动）	○
	神户华侨历史博物馆	1979	保存华侨历史资料的机关	○
	中华同文学校家长会		同文学校的父母会	○

续表2.1

组织类别	名　称	创立日期	目　　的	备注
	中华同文学校校友会		同文学校毕业生会	○
	中华同文学校家长会合唱团	1979	同文学校妈妈合唱团	○
	神户华侨幼儿园家长会		幼儿园的父母会	○
	神户华侨幼儿园后援会			○
同乡会	福建公所	1871	现在的福建会馆	○
	广东公所	1877	广东人的商业会议所	×
	三江公所	1878	三江地区出身的商人的会议所	×
	福建同乡会	1971	福建福清人的亲睦团体（以下同）	○
	兵库县广东同乡会	1972	广东人的亲睦团体	○
	神户江苏同乡会	1972	江苏人的亲睦团体	○
	兵库县台湾同乡会	1973	台湾人的亲睦团体	○
	兵库县山东同乡会	1983	山东人的亲睦团体	○
	浙江同乡会		浙江人的亲睦团体	○
经济组织同业会	神户中华总商会	1892	贸易发展、增加福利	○
	神户商话别所	1899	有实力的广东贸易商的社交机关	×战后
	神户华联义会	1920	广东料理业人士的亲睦团体	△战后
	神阪华侨洋服业组合	1925	上海宁波洋服业人士亲睦团体	△
	神户华侨理发业组合	1925	江苏理发业人士亲睦团体	△
	华侨海务俱乐部	1925	广东籍海员亲睦团体	×战后
	神户华侨涂装业同业公会	1925		△
	旅日鹤同乡会	1925	广东省鹤山县人的亲睦团体	×
	华侨印刷组合	1925	广东省鹤山县出身的印刷业及其从业人员	×
	洋务同志会	1928	三江出身的外国人厨师亲睦团体	×
	兵库县华商网业公会	1935	福建福州的吴服业团体	×
	神户中华俱乐部	1939	广东的友好社交机关	○

续表2.1

组织类别	名称	创立日期	目的	备注
经济组织同业会	兵库县中华料理业组合	1941		△
	神户中华料理加工组合			△
	神户华侨理容组合			○
	神户华侨三师会		神户华侨医生会	×
	神户华侨贸易振兴会	1958		△
	神户华侨贸易商社会	1965	以发展贸易为目的的团体	△
南京町的发展组织	南京町商店街振兴组合	1977	以发展南京町（中华街）为目的，中华街的店主们所组成的团体	○

说明：○表示仍留有的组织，×表示已不存在的组织，△表示只有名称仍保留着或者已更改名称，没有标记的表示不明。

资料来源：鸿山，1954，1979；对原神户历史博物馆陈德仁馆长（已故）和神户华侨总会的访谈。

第二节
传统文化符号的继承及其社会功能

一、主要祭祀及其演变

在1870年代神户华侨就已经开始举办传统祭祀活动。据说神户华侨宁波总管胡小平1873年向兵库县外务长官征求盂兰盆会（普度）的执行许可，兵库县应允许可。于是华侨们请福昌寺的柏严隆重主持了盂兰盆会的仪式（洲胁，2000：70）。虽然这之后的情况找不到相关的文献记载，但当时在神户举行盂兰盆会确有其事。

神户的中国寺院关帝庙（图2.1）也被称作"南京寺"，是蓝桌峰、麦少彭等有经济实力的华商与神户海关关长颖川君平（家系为唐通事）协商后，

1888年将原本位于河内国布施村(现在的东大阪市)的黄檗宗的分寺院——当时已成废寺的长乐寺迁往神户建立的。与长崎的唐人寺院一样,庙内供奉着关圣帝君、天后圣母(妈祖)、观音大士等佛教和道教的神佛(鸿山,1979:117-118)。后来关帝庙因战争等变故而曾遭到三次破坏,尽管如此,其作为华侨的祭祀场所一直沿用至今。

图2.1 神户关帝庙

1893年落成的阪神中华会馆中也放置了关帝像和天后圣母像等,各同乡组织联合在此举行祭祀活动。中华会馆中设有戏台,可以推测祭祀的时候也曾演出过戏曲等。对此,内田记载如下:"会馆是具有典型庙宇风格的建筑,朝南。……西面是'天后宫',供奉着天后圣母像,并摆放着由八闽(福建省)众商、油漆行、直隶三东众商敬赠的铜掌扇、锡八宝、龙棍、金瓜、印箱、堂匾等。紧接着隔着义路有供奉关帝的'协天宫',摆放着由三江帮众商捐赠的锡八仙二座,福建帮众商捐赠的一幅红缎金字横彩和喜椅以及广帮九家捐赠的堂匾。此外隔着礼门的是'李中堂'。有时众商们在此相聚、喝酒、听戏、商谈及思念家乡。在其中央的空地上有可能设置了戏台……"(内田,1949:225)

现在神户华侨社会的传统祭祀活动主要在关帝庙举行[1],由福建同乡会继

---

[1] 华侨信仰的场所不只有关帝庙。其他诸如1100多年前创建并且为了中国式的礼拜而在正殿前设置了"叩头台"的诹访神社,以及因为名字与中国的"妈祖"神相似而受到华侨一致信仰的松尾稻荷神社。现在华侨为商业繁荣或求姻缘也盛行去这两个神社参拜。前者的参拜者有一半是华侨,后者也有一成的参拜者是华侨(曾,1995:338)。但是这两个神社皆没有华侨集体性的祭祀活动。

承并维持。

　　神户华侨主要的年中活动如表2.2所示。在神户的关帝庙举行的祭祀活动中，由福建同乡会运营的有妈祖祭和关帝祭、普度（孟兰盆会）。其他的活动已成为寺庙的日常活动，没有特别组织进行，祭祀日时想祭拜的人，去寺院祭拜即可。

表2.2　神户华侨的年中活动

活动名称	举办场所	旧历日期
春节	南京町	一月一日
关帝成佛日	关帝庙	一月十三日
福德正神诞辰	关帝庙	二月二日
观音菩萨诞辰	关帝庙	二月十九日
清明节	中华墓地	4月5日（新历）
妈祖诞辰	关帝庙	五月五日
关帝祭	关帝庙	五月十三日
观音祭	关帝庙	六月十九日
普度	关帝庙	七月十四日至十六日
中秋节	南京町	八月十五日
观音祭	关帝庙	九月十九日
国庆节（建国纪念日）	华侨总会	10月1日（新历）

说明：这里不仅显示了在寺院举行的活动，也包括现在华侨举行的一些主要活动。

　　神户的祭祀活动在组织运营上没有长崎华侨似的轮班制，与同乡会的其他活动一样，是由福建同乡会统一规划管理并具体实施的，每年最初的理事会将制定和讨论包括祭祀活动在内的一年的活动计划和预算。普度是一年中规模最大的活动，每年4月份就开始准备。福建同乡会的运营基金主要是福建会馆的收益金和捐款以及会费等，最大的支出是普度的费用。[①]

　　普度从每年旧历七月十四日开始共举行三天，期间以关西的华侨为主，日本全国各地的华侨也来参拜。参拜者中不仅有祖籍福建者，也有祖籍其他地区的华侨。普度期间，在寺庙的中庭等摆放着豪华的冥宅、地狱极乐实相图，诸

---

① 曾经担任福建同乡会理事长、华侨领袖林同春（已故）的教示（1995年）。

神位、灵位前供奉着堆积如山的供品和一捆捆灵界使用的金纸钱、银纸钱。黄檗宗的僧侣在普度期间反复诵经做法事，白天是拜忏，夜晚是施饿鬼。

据神户福建同乡会名誉理事长魏振昌所说，神户的普度始于1934年，第一次是在神户的华侨墓地中华义庄举行的。当时聚集了日本各地的同乡会成员，还搭建了跳盂兰盆会舞的舞台，普度时伴着道士的念经声在挂着灯笼的台上跳舞。第二次普度是在发生神户大水灾的1938年，不过只在关帝庙举行了简单的法事。之后，普度因战争中止了一段时间，重新复兴是在战争结束后的1947年。从那年开始制作冥宅和"三十六家店"（如长崎的三十六轩堂，被当作另一世界的商店街）。本来这些是由住在熊本的糊纸师（来自福建福清的华侨）制作的，但自1985年起，福建同乡会从福建福清市请来糊纸师，根据信徒的要求制作冥宅。冥宅有起居室、卧室、厨房、浴室等，豪华的庭院中还附有车库和汽车。制作一所冥宅大约需花费20万日元。每年大约制作40个。普度第三天的晚上12点会将冥宅全部焚烧掉。1947年恢复普度时，魏振昌的父亲是第一代福建同乡会的会长，同时也担任关帝庙的总管。当时普度舞台上表演的艺能，有盂兰盆会舞和唱歌比赛，还有打击乐器的演奏。1972年开始上映电影。但是1980年代后半期开始不再有打击乐器的演奏，也不再上映电影，而登场的是华侨总会的狮子舞。进入2000年代以后，也会有民族音乐演奏。另外和长崎一样，以前普度亦曾是相亲的场所，但是进入1990年代后这样的光景已不复见。

1995年阪神—淡路大地震，普度的活动只有旧历七月十五日一天，冥宅也只制作了三个，并特意为因大地震而去世的人准备了冥宅。

神户的关帝庙将观音菩萨作为主佛，同时也供奉着关帝像。关帝庙的关帝祭每年两次，分别在旧历一月十三日和五月十四日举行，有说法认为其是关帝成佛和升天之日。关帝祭供奉同乡会准备的供品，没有艺能表演。另外，在关帝庙举行的妈祖祭和观音祭亦如此，一般不举办特别的活动。

清明节祭拜祖先的祭祀很受重视，几乎所有的华侨都会去扫墓。神户的清明节是在华侨的墓地中华义庄举行。清明节当天，福建同乡会的理事长等设置小小的祭坛做施饿鬼法事，届时有僧侣念经，用烧香、烧纸钱以慰藉亡灵。理事长等先在自家历代的墓地烧完香，再到其他祖籍福建者的墓地巡视一圈，之后与家属亲戚们聚在一起将带来的供品吃掉。扫墓就意味着和祖先一起度过一天，以表达对现世的繁荣和幸福的感谢之情。

祭祀活动的作用并不只是祭拜神灵和祖先，也是亲戚朋友和同乡会成员间的相聚。神户的普度与长崎一样，一方面将分散在全国各地的华侨聚集起来，加深了同胞间的交流；另一方面增强其作为信息交换的场所的重要作用。

二、艺能的空间及其传承

（一）艺能的空间以及符号——文化活动及其背景

华侨的文化活动主要由华侨总会和华侨学校来组织进行。其文化活动大多是在日中两国恢复邦交以后开始的，以进行华侨的爱国教育和促进中国传统文化以及与中国的文化交流为主要目的。华侨总会作为华侨唯一的具有官方性质的行政管理机构，是联系华侨和中国的重要桥梁。整个活动领域不仅涉及政治和经济等方面，包括音乐及艺能等各种各样中国文化的动向也常由华侨总会传达给华侨们。

华侨社会的动向往往会受到中国国内政治形势发展和日中关系变迁的影响。在日中两国恢复邦交以前，华侨与中国之间的交流并不活跃，只是偶尔一些文化交流会给华侨社会带来一定的影响。1955年2月，获得第八届国际电影节音乐电影奖的电影《梁山伯与祝英台》在日本公映。这部电影让华侨们对祖国有了新的认识。此后，中国大陆和台湾对在日华侨积极地开展各种文化宣传工作，大陆和台湾的电影、戏剧、民间艺术也开始频繁地在日本公演。1956年以京剧名伶梅兰芳为中心的中国京剧代表团访问日本，在东京、九州、大阪和神户等地进行公演，给华侨们带来了很大的震动。紧接着1957年，以演出民间艺术歌舞为主的中国歌舞团也来到日本，华侨们观赏了以往从未见过的古琴等乐器的演奏，感到很新奇。特别是用巧妙的技能表现出狮子威风凛凛姿态的狮子舞，引起了很大的反响。通过这些，华侨们对祖国的传统文化重新树立起自豪感，从而对祖国的音乐艺能有了新的认识。同年10月10日的"双十节"纪念活动中，当时的国民党驻神户直属支部在神户市为神户的华侨举办了电影观赏会，上映了台湾的电影《山地姑娘》（鸿山，1979：90-92）。海峡两岸类似这样的文化宣传竞争即使是在"文化大革命"时代也没有间断，当时来日的中国歌舞团表演的歌舞及乐器等，形式上没有太大变化，但内容却是反映了当时的时代面貌。

日中恢复邦交后，文化交流更加活跃了。华侨们将作为中国文化象征和符号的传统艺能和音乐纳入学校教育和经济活动中，以此来增强对子女的爱国教育和文化教育。随着自身的融入进程，华侨也已经从单方面地接受艺能文化的立场，逐渐转变为积极地拓展各方面交流的主人公姿态。

随着日中两国的邦交正常化以及中国大陆和台湾之间紧张关系的缓和，华侨特别是生长在日本的第二代和第三代华侨对出生地的观念日益淡薄，逐渐形成了一种跨越同乡的新的华侨意识。现在的华侨社会所举办的文化活动或是音乐活动，已经超越了以往传统祭祀活动中同乡会的地域范畴，呈现出以年轻人为主体的新形态。这些活动虽然是以大陆派的华侨总会和华侨学校为中心举行的，但参与者并不拘泥于出生地，如本人提出申请，只要是华侨谁都可以参加。

（二）中华青年会和狮子舞

神户的中华青年会是战后的1945年在日本率先成立的新的华侨组织。其成立的经过如下[①]：

1945年春天，神铁电铁（现在的神户电铁）为防备空袭，强调要确保将住在日本的华侨青年作为铁路作业员的征募对象。条件是华侨青年可以迁入电铁公司在铃兰台（现在神户市北区）准备的800坪土地，在那里生活并从事养路作业。8月15日，当由46名华侨青年组成的"神户华侨开垦队"到达铃兰台车站时，天皇却宣布了日本无条件投降。尽管战争结束了，但是几天后开垦队还是集结了数百人。大家不知今后如何是好，如果就这样将开垦队解散又有些可惜，于是华侨们抱着生死与共的心情成立了神户中华青年会。

在战后初期的混乱时期，中华青年会对华侨社会的安定、青年的教育和对外调停等涵盖政治、经济、文化等各方面的事务均起到了重要的作用，并逐渐取得了在华侨社会的领导地位。自成立之时起，青年会即以成为民族的骄傲为口号，团结一心，积极地举办学习会，推动日中友好的发展，这些不懈的努力让青年会成为之后成立的神户华侨总会的母体。当时的青年会，出于开展文化活动的考虑，设置了戏剧部和包括狮子舞、民族舞的舞蹈部。

戏剧部成立于1955年，曾经演出过中国、日本以及西方的知名戏剧作品[②]，1956年还参加了在东京举办的华侨同学会成立10周年纪念活动的演出活动。

舞蹈部是1958年中国歌舞团第一次访日以后成立的，当时跳的舞蹈主要

[①] 原神户华侨历史博物馆馆长陈德仁先生（已故）的教示（1998年）。
[②] 原神户华侨历史博物馆副馆长蔡笃钦先生的教示（2000年）。

有从歌舞团习得的红绸舞和腰鼓,成立的第二年曾在大阪召开的第五次原水禁大会上演出过,之后活动了 5 年左右便中止了活动。1963 年借中国歌舞团第二次访日的机会重新开始活动(神户中华青年会,1965:15 - 33)。但是舞蹈部的活动在 1970 年前后由于青年会活动的沉滞而再度中止。

狮子舞最初是战后不久由祖籍广东者组织的中华俱乐部开始表演的,主要是从神户港入港的香港船员们那里学来的,所以有时也和船员们一起跳。几乎同一时期,来自台湾的青年们也组成了舞狮队,并曾与中华俱乐部的队伍一起参加过港祭。两队的活动持续了七八年,后来因后继无人而势头减弱。

1965 年中华青年会成立 20 周年之际,舞蹈部重新排练了狮子舞。在当年富士本栖湖举行的第七次"华侨青年联欢节"上表演了狮子舞。但是之后随着舞蹈部活动的沉滞而再次中止。

中华人民共和国成立之后,为建设新的社会主义国家,很多华侨青年都回到了祖国。由于受到"文化大革命"的影响,日本各地发生学生运动的同时,也出现了模仿红卫兵唱革命歌曲的活动。但是这些活动与中国大陆一样在进入 1970 年代后逐渐平静下来。与此同时,青年会的活动也减少,进入了沉滞期。

随着日中两国恢复邦交,1970 年后半期,中华青年会的活动出现了新的动向。1976 年以参加"神户五月祭"为契机复兴了中国民族舞蹈作为其表演项目,参加舞蹈表演的成员主要是同文学校舞蹈部的学生以及毕业生,他们成为日后成立的华侨总会舞蹈部的成员。当时,中华青年会、福建省青年会以及来自台湾的青年临时组成了舞龙队和舞狮队,参加了"神户五月祭"。这些队员也成为日后成立的华侨总会舞狮队的主要成员。

1990 年代末青年会有会员 50 人左右,但实际参加活动的人却很少。其原因是华侨青年总人数的减少,还有除了青年会以外华侨青年还有其他的活动场所(如之后成立的华侨总会的舞狮队、舞蹈部等),加之青年会所承担的事务领域也越来越小。现在青年会的活动除了逢年过节偶尔的联欢活动以外,基本趋于形式化。

(三) 文化活动和组织

现在神户华侨社会关于中国音乐、艺能的文化活动及其组织主要有如下几项:

(1) 华侨总会舞狮队。日中恢复邦交后的 1979 年 9 月,华侨总会在理事会上提出了成立舞狮队的倡议,并于 1980 年 5 月以后正式开始活动,当时以来自广东省的李家让担任指导。成立当年的12月24日，舞狮队在接受了电视节目的采访后，于次日凌晨4点在关帝庙表演了狮子舞。当时所用的狮子还是中华俱乐部留下来的，舞狮队也因此为人所知。1981年3月在神户举办的港口博览会国际日上，由于中国本国没有派出舞狮队，于是华侨便应邀由舞狮队表演了狮子舞。

神户华侨总会的舞狮队是仅次于横滨的规模较大的舞狮队，有成人部和儿童部。成员原则上是以华侨为主，但由于华侨青年有减少的趋势，对有参加愿望的日本人和韩国人也敞开了大门。狮子舞的舞蹈主要是以中国南方的狮子舞为中心，也掺杂着部分北方狮子舞的元素，形成自己的独特风格。舞狮队主要在中华街和本地区的各种活动中演出。另外，如婚庆典礼和华侨间的狮子舞交流等场合也可以看到他们的演出。

（2）华侨总会的中国舞蹈队。该舞蹈队主要是由神户同文学校的毕业生组成，成员有十几人。神户同文学校的中国舞蹈以中国的民族舞蹈为中心，并从中国聘请专家作为艺术指导。华侨总会设有中国舞蹈教室，去教室的大部分人是同文学校的毕业生，其中心成员即组成了舞蹈队。舞蹈队除了定期的发表会外，还在南京町的春节等各种活动和节庆时出场演出，博得了好评。

（3）神户中华同文学校家长会合唱团。这是以日中邦交正常化为契机于1972年成立的团体，主要以演唱中国歌作为活动内容。合唱团由同文学校学生的母亲们组成，平均年龄在45岁左右。合唱团组成后，除演唱活动外，还频繁地与中国进行文化交流。演唱曲目主要来自中国，包括了中国民谣和中国现代的歌曲等，全部都用中文演唱。合唱团成立后一直由华侨音乐家张文乃女士担当指挥，2003年起指挥由张智仁继任。2005年参加了神户和天津缔结友好姊妹城市30周年纪念艺术节演出，同年起至2010年四次参加神户市举办的日本全国老年合唱比赛，三次荣获努力奖。2010年该团更名为"中华同文女声合唱团"，同年起至2013年先后参加"中秋明月节"、"广东同乡会音乐会"、"苏州国际观光节"等演出。目前，该合唱团作为关西地区唯一的华侨合唱团而备受瞩目，并在各种文化交流活动中表现活跃。

（4）神户市华侨儿童合唱团。该合唱团于1985年以神户的华侨子女为中心组成，成员大约有70人，不仅包括华侨的子女，也有日本人的子女参加合唱团。目的是通过中国的童谣来加深各地孩子们之间的交流。成立后，曾经在神户的国际大学生体育运动会上用歌声欢迎中国的运动员，并以此为开端举行了丰富多彩的活动。合唱团每周都会排练，练习曲目除中国歌曲外，也挑战演唱其他各种合唱曲目。

（5）中国民族乐器演奏队。1993 年组成，1994 年国庆节首次演出。演奏队的成员是中华同文学校中国民族乐器班的成员。

（6）铃之会音乐教室。这是 1972 年开设的由张文乃担任教师的教室。学生有华侨的子女和日本儿童，也包括孩子的父母亲。该音乐教室的活动内容主要是钢琴练习，同时会在每年以各种各样的形式举办演奏会，并会在中国音乐代表团访日之时进行交流演奏。1997 年，音乐教室成立 25 周年时举办了周年纪念活动，并组织了中国音乐研修旅行，推动了日中音乐交流。

（7）太极拳、少林拳的教室。这是一家以华侨总会为中心的会员制教室，活跃在每年的春节和其他各种活动中。

除以上各类团体外，其他还有南京町的舞龙队和吼狮堂等（后述）。另外，中华同文学校在音乐课上教唱中国的歌曲、神户华侨幼儿园教孩子们狮子舞等，也都是神户华侨社会对华人文化与传统的传播与继承。

以上这些文化团体的参加者以华侨和华侨子弟为主，但也有少数日本人参与。这些团体活动涉及的范围极广，涵盖了诸如中华街的年中节庆活动、地域的各种文化活动、华侨的新年会和国庆节的庆祝会等，还有与中国来日的音乐艺术文化团体的交流以及参加或主持当地的一些婚庆典礼，等等。这些文化团体所从事的活动内容大多是 1970 年代中叶日中邦交正常化时代开始以后复兴和拓展的"新传统艺能"，其性质和目的不仅具有文化交流和促进地区发展的特征，而且与中国的半公式化的活动相关。其实，反观这些"新传统艺能"，实际上并非地道的中国传统文化，而是经过华侨们有意识地选择的带有符号和象征性质的中国文化，其中一部分是在与日本社会的节庆祭日和音乐等文化的相互交流与融合过程中形成和发展的，即使在形式内容等方面看似与中国的传统艺能（舞蹈、歌曲、狮子舞、龙舞等）相同，但实质上与其却多少存在一些差异，体现了神户华侨（主要指居留于神户，祖籍为大陆和台湾的华人）特有的特色。

第三节
中华街与新传统文化符号的创造

一、神户南京町空间的再造

（一）南京町（中华街）的形成和历史

神户的南京町诞生于1868年，距今已经有140多年的历史。当时，外国人的居留地被限定在旧生田区的海岸地带，但是政府以非条约国为由将华人排斥在居留地外，于是华人不得不在居留地西邻的元町以南落脚，这里便是南京町的起源地。

当时来日本的华人中，除了贸易商以外，大多是住在居留地的外国人的雇工，或是当时日本还没有的一些做西服、印刷、涂饰的手艺人。来日华侨以职业来划分不同的地域居住，贸易商住海岸街，除此之外的人则住在其他外国人和日本人居住地之间的杂居地。这些杂居的华侨杂居在狭小的一块空地，并鳞次栉比地开设了杂货店、猪肉铺、饮食店、中药铺等各种店铺，形成了类似于中国人街的街道，因此被叫作南京町（街），也称为唐人街。当时是东西约160米、南北约80米的街道。①

由于1895年甲午战争的爆发，许多华侨返国，南京町出现了很多无人居住的空屋。战后，来日的华侨再次增加。随着1899年外国人居留地的废除，外国人的内地杂居被允许，华侨开始进一步地往内地发展。另外，从这时起很多日本人也开始在南京町开设店铺。

据说当时的情况是：华商会在店铺前用砖头砌一个供奉土地神的小祠堂，然后把店头借给摆摊的日本人商贩，这样日本商贩就有了固定的摊位，每天早上会卖一些从郊外摘来的蔬菜和捕来的鱼等（鸿山，1979：170）。

---

① 根据《南京町变迁》（南京町商店街振兴组合）以及实地调查。

第二章　神户华侨的社会空间与祭祀文化

1900 年左右，住在南京町的华侨和日本人之间为了南京町的发展开始有了相互提携、合作共进的新动向。关于这点，鸿山这样描述道："明治三十二年左右，居住在南京町的两国商人一方面为了谋求南京町的发展，另一方面因为受到了政府在卫生方面的警告，所以筹集了 600 余日元将安置在店头的土神堂拆除，扩展了道路宽度的同时将道路改造成了石板路。迄今为止，店铺的半数以上，甚至七八成是华商，两国的这些商人以进一步发展商业和互相扶助为目的，组成了合作的组合。"与此同时，经营摊贩的日本人们也"组织了摊贩组合，亦即露天商贩组合"，并于大正十五年（1926），"正遇南京町举办 50 周年纪念的时候，在辖区三宫警署的劝说下，两个组合合并，从而组成了南京町市场组合"。（鸿山，1979：170）

就这样，到 1935 年前后，南京町变得十分繁荣，聚集了世界各国的珍品，全国各地慕名而来的顾客蜂拥而至，使之成为神户唯一富有国际色彩的市场。这时的南京町有 70 多家店铺。当时的华侨，除去祖籍台湾（当时为殖民地）的华侨，广东的华侨最多，占三分之一，其次就是福建和三江的华侨。祖籍广东的华侨主要从事贸易和饮食业，祖籍福建的华侨则多数从事饮食业、中药业、西式制衣业和理发业。

出于生意发展的需要，与港口和华侨有关系的日本人逐渐在南京町开店铺，特别是在甲午战争和"二战"的前后，南京町日本人的比率大大增加。

"二战"的时候，华侨纷纷回国，战后返日的华侨也多数迁移到了南京町以外的其他地方。特别是 1945 年 6 月 5 日神户遭到空袭，南京町被烧毁，民众死伤惨重。战后复兴后，虽然一改往日的中国式景象，但南京町并没能恢复到战前的繁荣。事实上战后不久这里就变为了黑市，以外国船员为营业对象的酒吧也骤然增加。越南战争开战后，从越南回来的休假士兵骚乱不断，以致一般的客人无法光顾，种种这些乱象使得街道杂乱无章，长时间落后于时代的发展。

到 1965 年左右，"市场组合"有 65 间店铺加盟，这些店铺的业种为料理店 8 间，包括海产在内的食品店 12 家，肉店 6 家，剩下的都是些鱼店、蔬菜水果店。其中华侨店主只有 23 名，余下的全是日本人[①]，而日本人经营的店铺几乎和中国物产无关。

进入 1970 年代后，随着日本高度经济成长，南京町多少恢复了些许往日的生气，但是真正的恢复却是 1977 年以后的事了。图 2.2 是 1996 年南京町商

---

① 根据南京町商店街振兴组合的名簿。

店街振兴组合的情况。

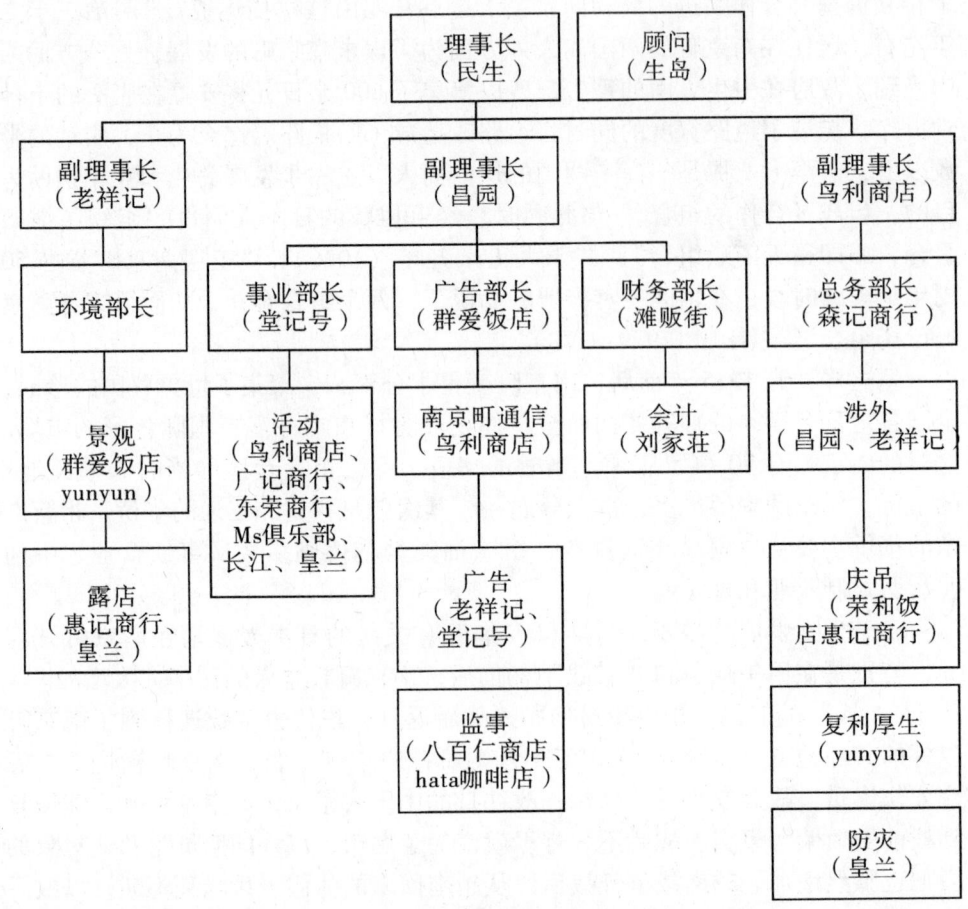

图 2.2　南京町商店街振兴组合（1996 年）

现在，南京町商业街振兴组合（后述）加盟店铺有 95 家左右（2013 年）①，其中华侨占了半数左右。以前在南京町经商的人基本上都住在南京町或其附近，但 1980 年代后期南京町的居住人数变为原来的三分之一，现在更是减少到了四分之一以下。②

---

① 这个数字不包括没有加入南京町商店街振兴组合的部分日本人和新华侨的店铺。
② 根据南京町商店街振兴组合的资料以及实地调查。

（二）南京町商店街振兴组合成立的经过

南京町的有关人员从以前开始就一直抱着要振兴区域的愿望。当时，在元町地区，元町商店街已经呈现出繁荣的景象；同样属于元町地区的南京町长久以来却给人一种可怕的印象，甚至连神户本地人都不问津。

1970年左右开始，当地的有志者多次向市政府要求复兴南京町区域，但是没有得到当地相关部门的充分支持，因此此事只有不了了之。1972年日中邦交恢复，作为国际都市的神户便开始如火如荼地推进包括南京町在内的城市景观建设。在新的区划调整中，确立了以从战灾中复兴为目的的城市规划，南京町被定位为神户中央区里的最后阶段。作为景观建设事业的一个环节，为了顺应日中邦交恢复的潮流，市政府提出了在这个十分适合作为"国际港口城市神户"新名胜的地区建造富有中国式景观和意境的街道的方针。

就这样，1970年代后期，南京町周边一带的区划调整正式开始，当地的相关人员和神户市都积极地支持和参与。首先，1977年2月，由当地相关人员组成了南京町会。神户市提出当地可以提交给予区划调整（征收居民土地）补偿的申请时，南京町会向神户市提出了筹划建造南京町中华门之事。欲接受神户市的补偿援助，需要南京町本身有一个正式的法人组织。虽然南京町曾经有一个名为市场组合的自发性组织，但是已经停止了活动。为此，1977年7月，南京町店主约60人合作组成了南京町商店街振兴组合。

在成立振兴组合的时候，当时华侨总会会长（陈德仁）以及与南京町相关的日本人辻川正宏、生岛严彦等人起到了中心作用。振兴组合和普通的法人组织一样，理事是通过选举选出的，在具体的操作中是以自荐和他荐的形式来完成选举的。第一代和第二代被选出的理事长分别是辻川和生岛。

现在的组合中除了理事长（华侨）以外，有副理事长三人，属下设四个部门，共有约20名理事。在组合成员中，华侨和日本人几乎各占一半，其中华侨的组合成员中包含来自大陆和台湾的华人。从现在组合的加盟店铺来看，日本人的比例稍稍高于华侨。其中的业种涵盖中式料理店39家、中式食材以及中式杂货店17家，其余的为非中式的食品和百货店、西餐店、饮茶店等。振兴组合的活动主要是策划和实行南京町的景观建设事业以及举办相关的活动和节日庆典。

振兴组合下有一个前身为中华料理协会的南京町中华料理组合，会员现在有39家店。中华料理组合干事的重要工作之一就是制定每年的美食活动计划。

在1990年开始由振兴组合主办的秋季美食家"好吃广场"的活动中，中华料理组合曾是活动的主要策划者，活动的主要内容是各店铺在南京町开露天摊位，让来访者能轻松地尝到各种好吃的料理。但是，后来由于这种形式被认为过于单一，不符合时代的要求，最后在1997年被终止。另外，在阪神—淡路大地震后，中华料理组合以独自策划者的身份提出了《南京町复兴宣言》，并于1995年3月12日举办了相关活动。作为震后举办的第一个活动，在当时成为大众传媒普遍关注的话题。之后，中华料理组合在南京町的各种活动，特别是中秋节等节庆的活动中发挥了很大的作用。

（三）南京町商店街振兴组合的发展历程

南京町商店街振兴组合在1977年成立后马上制定了复兴修建计划，并在1978年神户市订立城市景观条约的大好时机，向市政府提出了援助建造中国式南京町外观所需的技术、资金的要求。相应地在当地组织了以组合成员、市职员、咨询专家为中心的南京町建设协商会，实质性地进行事业发展和实施规划的讨论和协商。但是，由于存在资金和土地的问题，修建事业实施计划在4年后的1981年才商定。

复兴事业首先从道路开始，力主将主要道路改为步行街。在具体的实施中，一方面需要当地人提供土地来拓展道路，另一方面则有效地利用战前石板路的一部分进行道路铺修工作，目的是保留南京町的传统风味。道路拓展后便进行了中华门的建设，设置了南门和东门两个门。此外，还计划建造一个面积约307平方米的中国广场，广场上的中式亭子可以给购物的客人提供休息场所，商店街也可以在此举办各式活动。为了增加中式感觉，新建筑物的设计中特别融入了中国风元素，对原有建筑物进行中国风的改修。就这样，作为中国文化象征的南京町的建设于1985年总算基本完成了。建设资金由神户市的资金和补助金以及南京町当地的负担金组成，其中当地的负担金约5000万日元，这笔资金直到多年以后才还清。

1993年，南京町商店街振兴组合建设的中式建筑物"卧龙殿"竣工。该建筑的一楼是豪华的公共厕所，二楼为开设各种文化教室的大厅，三楼为振兴组合的事务所。

以前，南京町被划分为东区和西区，其中东区被南京町商店街振兴组合确定为建设重点。因为南京町最初整修的时候，城市规划的区划调整只将南京町的东区确定为调整对象。但是，1990年9月景观形成地区的范围却已经扩大到包括东西区在内的区域,从而取消了之前的区域划分。由于西区原本已经有了西街商店街组合,这样一来两个组合的分立就没有存在的必要了,所以1991年开始有关各方就一直在讨论要将两个组合合并,但是至今也没有落实。

南京町商店街振兴组合认为"对外部人来说,作为中华街的南京町理应是一个整体,内部有两个组织是非常不自然的事,而且应该认识到中华街规模的扩大和充实才是吸引顾客的最大武器",因此他们极力地想促成东西区组合合并,并邀请西街商店街的众人加入。对此,西街商店街组合成员的反应却大相径庭,既有消极的认为"没什么好处"而反对的人,也有赞成的人。现在,西街商店街的一部分店铺已经加入了南京町商店街振兴组合,这些店铺主要是些中式料理和杂货店;未加入的店铺大多是和中华街没有关联的业种,经营者大部分是日本人。综合来看,东西区域的现状以及南京町存在的其他问题,是造成尽管现在南京町有近150家店铺,但南京町商业街振兴组合的加盟店只有95家的原因。[①]

二、再生的民族文化符号:春节祭

(一)春节祭的再生和发展过程

神户市作为观光城市,每年都会迎接很多的观光客。但是,1980年代观光点都集中在北野异人馆。1985年到三宫的地铁开通后,人们又流向三宫,元町地区则呈现出活力不济的发展趋势。面对这种情况,如何宣传1983年春开幕的沿海美利坚公园、北野町、托儿路和元町这些地带的魅力,并将其作为观光线路,来吸引市内外的来访者和观光客,成为神户市观光政策需要面对的一个重要环节和课题。

南京町作为关西地区唯一的中华街,在1985年中华门和环形十字路口竣工后,硬件方面已经改造得更像中华街了。但是,尽管南京町位于观光线路上的元町,由于其知名度很低,来访游客依然很少。

当时在南京町经营法国料理的五熊健二认为,增加南京町的活力不仅要关注硬件方面,软件方面也必须充实。为此他从1985年秋开始一家一家地走访南京町的店铺,建议组织振兴组合的青年部来开展活动。1986年4月,在南

---

① 根据南京町商店街振兴组合的资料以及实地调查。

京町的华侨和日本人的第二代、第三代店主以及刚开始在南京町做生意的人等约有 40 人组成了青年部。青年部认为"为了使南京町充满活力，必须举行些活动"，为此定期召开例会，讨论和商量相关活动事宜。讨论认为活动的条件是必须符合南京町发展要求，并且能在有关团体和商店街便于参加的淡季举办，讨论的结果是举办中国春节活动。在中国，旧历正月就叫作春节，为了让日本人更容易接受，活动取名为"春节祭"。南京町的日本人也认为如果将春节祭看作南京町的节庆活动可以完全接受，对于这个企划几乎没有反对意见。也就是说，所谓春节祭不是中国或是日本的新年，而是"南京町的新年"。

如前述，南京町商店街振兴组合的成员包含祖籍中国大陆和台湾的华人，春节祭作为南京町独自的活动，强调的是和宗教、政治没有关系，任何人都可以参加。1987 年的第一次春节祭以"南京町春节祭——非常新年·神户南京町"这样别开生面的名字，从 1 月 29 日开始历经 4 天，在南京町及其周边区域展开。根据企划，春节祭期间南京町变为"独立国家"，国名是"中华美食共和国"，并扬起"国旗"。为了使独特的中国风气氛高涨，除了在南京町挂满灯笼外，还装饰了中国特色的小旗子和彩牌坊。街道上摆满了中国食材和中国物产，并播放着热闹的中国民族音乐。特别是为了春节祭，南京町商店街振兴组合的青年部策划组织了南京町的舞龙队（后述），并从香港购买了长达 40 米的龙。① 另外，作为春节祭的活动，还有南京町的西游记游行、华侨总会的中国舞蹈、太极拳等带有中国文化符号性的表演。

春节祭企划的目的是：①推进南京町、元町地区的发展；②让更多的人知道作为中华街的南京町；③进行观光点的广告宣传和美利坚公园的路线制作；④除了举行让来客乐在其中的活动外，还要让更多的人了解南京町及其周边地区的特点。

第一次春节祭获得了巨大的成功，1988 年第二次春节祭时又从香港购买了一条龙，同第一次的龙一起组成夫妻龙（起名为龙龙和美龙）登场，并举行了龙的结婚仪式活动。

1989 年的春节祭由于昭和天皇的逝世，不得不中止。但是，作为春节祭的替代，青年部计划了舞龙队队员的龙舞庆婚活动。分别在 3 月 8 日和 3 月 19 日结婚的两队舞龙队队员在 3 月 26 日举行了共同的结婚仪式，作为对结婚仪

---

① 龙舞在长崎记录为龙踊，读作"じゃおどり"。横滨和神户市立兵库商业高等学校称之为龙舞（和中国一样）。神户南京町的龙舞的书写与长崎相同，即龙踊，但读音是"りゅうおどり"（详细内容参见王，2000：89 - 102）。

式的祝福，成立于1989年的吼狮堂首次表演了狮子舞。两对夫妻都是舞龙队的活跃分子，平日里都是扛着龙大汗淋漓，只有那天是和龙一起漫步游行在南京町，穿着中国的结婚礼服，在大家面前进行了中国式的爱情宣言。除了龙舞和狮子舞外，还有放鞭炮等活动，在增添了节日气氛的同时，也博得了在场来访者的喝彩。

第一次和第二次的春节祭表演活动内容几乎都来自当地。1990年第三次春节祭的时候，为了吸引更多的人参与，提高活动气氛，组织部门通过广东同乡会，请来了中国广东杂技团。直到1995年发生地震为止，每年都会轮流邀请中国大陆和台湾的杂技团前来。从1994年开始，春节祭的活动内容大致上已经固定（表2.3）。

表2.3 神户南京町春节祭的形态和变迁

	第1次（1987年1月29日—2月1日）	第2次（1988年2月18—21日）	第6次（1993年1月22—24日）	第8次（1996年2月23—25日）	第10次（1998年1月30日—2月1日）
日期					
主办	南京町商店街振兴组合				
公同主办				[观光标语]复兴活动推进协商会	神户集客、观光推进协商会，[观光标语]复兴活动推进协商会
后援	神户市、神户商工会议所、（财）神户国际观光协会、神户华侨总会、元町PR委员会	神户市、神户商工会议所、（财）神户国际观光协会、神户华侨总会、元町PR委员会、JR西日本	神户市、神户商工会议所、（财）神户国际观光协会、神户港振兴协会、神户华侨总会、JR西日本、元町一番街、元町商店街联合会、元町东地域协商会	神户市、神户商工会议所、（财）神户国际观光协会、神户港振兴协会、神户华侨总会、JR西日本、元町一番街、元町商店街联合会、元町东地域协商会、神户南京町景观形成协商会	特别赞助：WE LOVE KOBE元气恢复委员会；赞助：上海、长江—神户、阪神交易促进日本委员会

续表2.3

日期	第1次（1987年1月29日—2月1日）	第2次（1988年2月18—21日）	第6次（1993年1月22—24日）	第8次（1996年2月23—25日）	第10次（1998年1月30日—2月1日）
仪式、文娱	狮子舞（华侨总会）、龙舞（南京町舞龙队）、中国舞蹈（同文学校、华侨会）、太极拳（神户太极拳爱好会）	狮子舞（华侨总会）、龙舞（南京町舞龙队）、中国舞蹈（同文学校、华侨会）、太极拳（神户太极拳爱好会、兵库太极拳元气会）、ジャンポ连环画剧·魔术（四纪会剧团）、中国琴	狮子舞（华侨总会）、龙舞（南京町舞龙队）、中国舞蹈（同文学校、华侨会）、太极拳（华侨总会、神户太极拳协会、兵库太极拳同好会）、杂技（台湾复兴杂技学校）、中国音乐演奏（在日组合紫阳花、台湾歌手）	狮子舞（华侨总会、吼狮堂、神户市立兵库商业高等学校）、龙舞（南京町舞龙队）、中国舞蹈（同文学校、华侨会）、太极拳（华侨总会、神户太极拳协会、兵库太极拳同好会）、中国音乐演奏（华侨总会、王秀华）、中国歌（范丹阳）	狮子舞（华侨总会、吼狮堂、神户市立兵库商业高等学校、华侨幼稚园）、龙舞（南京町舞龙队）、中国舞蹈（同文学校、华侨会）、太极拳（华侨总会、神户太极拳协会、兵库太极拳同好会）、杂技（武汉杂技团）、中国音乐演奏（华侨总会）、中国歌（范丹阳）、黏着的演技（渡边弘幸）
其他	西游记游行（宝酒造）、摊床（南京町）	摊床、中国刺绣、南京町写生会作品展示（神陵台小学）	摊床、售卖"ぽちくじ"	摊床、售卖"ぽちくじ"、国际电话的"给家乡打3分钟电话"、格斯拉 show、加油神户大抽选会、亚洲时尚和拍卖	摊床、售卖"ぽちくじ"、国际电话的"给家乡打3分钟电话"、中国皇帝船航海
活动场所	南京町广场				
经费	约1500万日元	约1500万日元	约2300万日元	约2300万日元	约2300万日元

地震后的1996年春节祭，为了自慎和节约经费，取消了杂技团和皇帝船表演，并决定回到第一次春节祭的基本形式，只选择有南京町特色的中国式表演、龙舞、狮子舞和开露天小吃店。1997年春节祭恢复了中国杂技团和港口的皇帝船表演，1998年开始增加了中国民族服饰的化妆游行，并举行了由当地的三个狮子舞团体带来的狮子舞竞赛表演。南京町的春节祭除了因为1988年天皇逝世和1995年的阪神—淡路大地震而中止过两次外，到2014年为止已经举办了26次。现在，每年有30万～50万市民和观光客前来参与，活动气氛热闹非凡，已经成为带动神户商店街活力的起爆剂。

春节祭彰显的是南京町特有的中国特色。南京町的特色被解释为以下几点：①以中国风情为中心的异国情调；②油光光、洋里洋气的嘈杂氛围；③有露天小吃，充满明快、安心的百姓生活感；④夹杂着扎眼鲜艳的颜色和喧嚣爆竹声音的热闹气氛；⑤充满中国风情的料理和食材的味觉。① 活动的内容从在南京町广场宴请中的绍兴酒、饺子和中国皇帝船的巡回，到在南京町举行的各式各样的活动，无不在制造中国风情的氛围上下足功夫。显然这些都是南京町想象和制造出来的中国情调，而制造这种情调的各种素材不过是被选择出来用以象征和表现南京町蕴涵的中国特色的文化符号。有关这一点从春节祭的艺能表演中也可以看到。

（二）春节祭活动和艺能表演

神户南京町的春节活动和组织如表2.4所示。

表2.4 神户南京町的春节活动和组织

活动	表演者	说　　明
龙舞	南京町舞龙队	为1987年第一次春节祭演出而组成
狮子舞	华侨总会的舞狮队	1979年日中恢复邦交时组成，主要是以华侨为中心的25人组成，也有部分日本人参加
	南京町龙狮团（元吼狮堂）	是舞龙队派生的组织，成立于1990年，后改名为龙狮团，目前是南京町不可缺少的艺能组织

---

① 根据《南京町商店街振兴组合1987年春节祭企划书》。

续表2.4

活动	表演者	说　明
狮子舞	神户中华同文学校舞狮队	1998年同文学校建校100周年之际以同好会的形式成立,成员以小学四年级到中学二年级的学生为主,积极参加春节祭等南京町所举办的活动。目前狮子舞已经成为华侨子女们重要的民族教育和实践活动
	神户市立兵库商业高中	模仿华侨排练的狮子舞,以日本女子学生为中心进行活动。会参加春节祭等南京町的活动
中国舞蹈	神户华侨总会中国舞蹈队、神户中华同文学校	华侨总会内有中国舞蹈教室,同文学校方面则接受从中国招聘来的专家的指导。中国舞蹈自从在第一次春节祭上表演之后,还积极参加其他各种活动
太极拳	神户华侨总会、兵库太极拳同好会等	华侨以及日本人的日常文化活动组织,成为春节祭等活动中不可缺少的一个团体
中国民族乐器	胡蝶会、中华同文学校民乐演奏队	前者为日本在住新华侨音乐家团体,曾经以留学等形式来日,目前在神户进行各种演奏活动;后者为中华同文学校在校学生的演出团体,经常参加地域举办的各种活动
杂技和京剧	杂技团等	从中国大陆和台湾邀请的专业团体

1. 龙舞

以南京町的青年为中心复兴的最重要的传统艺能要属龙舞和狮子舞了。龙舞是南京町为了春节祭而重新打造的最大规模的表演节目,由于南京町的商店主约半数是日本人,所以舞龙队的成员中日本人也占到了多数。龙舞已经成为神户的重要活动之一,除了要在春节祭等南京町的活动中登场以外,神户地区的其他一些活动中也会看到他们的精彩表演。

舞龙队是为了搞好1987年的春节祭而组成的艺能团体。换言之,舞龙队成立的重要契机是为了增加神户南京町的活力而打造的春节祭。舞龙队成立之时有队员20多名,几乎都是南京町的志愿者。由于成员们都是生手,因此在编排龙舞时,曾经就具体的文化与技能问题向中国大陆和香港的有关方面进行咨询。当时正赶上NHK电视台在播放专题节目《大黄河》,节目中介绍了黄

第二章 神户华侨的社会空间与祭祀文化

土高原的春节,以及春节期间表演的一些节目,其中就包括龙舞。于是南京町的有关人员便拜访了 NHK 电视台,并得到了龙舞的录像。另外,还通过神户商工会议所,拿到了长崎的龙舞录像。队员们参考了这些珍贵的资料和录像,进而创造出富有南京町特色的龙舞。不仅如此,舞龙队为了让神户舞龙成为当之无愧的"日本第一龙",还从香港特别定制了长达 40 米的巨龙。1987 年 1 月 9 日,巨龙从香港运抵日本后,当天下午即在神户关帝庙举行了龙的开眼仪式。当日,关帝庙聚集了众多的电视台和报社的记者,向各地报道了这一盛况。

这条定购自香港的龙长达 40 米,直径为 1.2 米,重 150 公斤,骨架是用竹签编制,龙身为布制,以极其鲜艳的红色和绿色为底色,上面还点缀着金色的鳞片,可谓威风凛凛,栩栩如生。开眼后,青年部成员利用下班时间,在香港来的组装指导员的指导下花费 10 天才完成了龙的组装。龙的组装过程是纯手工作业,其间既要将一根一根的绳子系起来,还要用铁丝拧紧,确保绳索的一体性。在组装过程中,随着龙渐渐成型,青年部的成员们也通过这种前期的劳动互动增强了彼此之间的协作与团队意识。[1]

在 1 月 14 日"早上好朝阳"的电视节目中,首次播放了南京町排练龙舞的情景。队员不仅动作略显笨拙,而且还时常跟不上音乐的节奏,这使得舞龙队第一次体会到舞龙的难度。

当时舞动的这条龙被称作"雄龙",舞龙者为 20 人,加上 15～20 人的替换者以及伴奏人员,总共需要 50 名以上的人手。1988 年第二次春节祭时从香港购买了另外一条龙,于是将这条新龙作为"雌龙"嫁给了"雄龙",并举行了龙的结婚仪式。2001 年又从新加坡引进了夜光龙。在春节和中秋等的节日之夜,夜光龙的表演已经成为南京町夜晚的一大新景观。

舞龙队最初是以振兴组合青年部为中心发展起来的,但是由于南京町人数不够,不得不从一般市民中招募成员。招募的标准不局限于定居在神户市的人,只要是在神户市内工作、上学的人都可以入队,招募形式是日常性的。舞龙队定期进行排练,如若适逢有活动演出,则会在演出之前进行临时练习。现在于春节祭期间登场的"南龙"大约长 47 米,是目前日本最长的龙。

1988 年时舞龙队有 74 名成员,其中华侨 16 名,其他都是日本人,南京町的成员是 29 名。但是到 1995 年时成员已减少到 62 名,华侨只有 7 名,南京町的成员也减少到了 15 名左右。代际交替是华侨成员减少的原因,从另一

---

[1] 根据原青年部部长黄栋和的教示。

个侧面则反映了日本人在其中所占的比例在增加,主要是因为日本年轻人逐渐对中国文化产生了兴趣,而通过龙舞这一形式不仅可以接触到不同的文化,还可以为自己找到一个活动的场所。

舞龙队自成立以来,以南京町春节祭为中心,积极地参加地区振兴事业和国际交流事业等事务,成为当地活动中不可缺少的艺能团体。不仅如此,舞龙队的成员还为神户中华同文学校、当地的保健学校、高中的孩子们教授龙舞艺能,对文化祭和体育祭等学校文化活动的发展做出了重要贡献。2008年舞龙队与狮子舞队合并,称为南京町龙狮团,但人数较其成立之初已经减少很多,并且大多数成员都是南京町之外的志愿者。

2. 狮子舞

狮子舞同样是春节祭不可缺少的招牌艺能。有华侨总会舞狮队、南京町龙狮团(元吼狮堂)和神户市立兵库商业高等学校龙狮团。

南京町龙狮团成立于1990年,是1987年为春节祭而成立的舞龙队派生出来的组织,最初称作吼狮堂,2001年解散,2002年重新成立狮诚馆,2008年与舞龙队合并改名为龙狮团。目前队员以日本人为主,人数不多,包括学生和成人;除了与南京町有关的人员以外,也有来自大阪等其他地方的人。现在龙狮团通过网络常年招募成员。狮子舞不止活跃于南京町社区,也会在神户地区的诸如节日庆典等其他文化活动中表演。吼狮堂刚成立时曾经接受过神户华侨总会舞狮队的指导,1995年参观了横滨中华街的活动后,又请来横滨中华学院校友会的成员作指导,逐渐提高了狮子舞的技艺,并通过春节祭和中秋节表演狮子的"采青"传统,使得年轻一代加深了对传统文化知识的了解。1999年参加了在澳门举办的世界狮子舞大会,进一步拓展了影响力,从而实现了长年的梦想。然而,据南京町的有关人员透露,由于近年来成员不断减少,龙狮团的活动日趋衰退,以致有时连春节祭都无法登场表演,所以前景不容乐观,很难确定今后的活动是否能够持续下去。①

神户市立兵库商业高等学校的龙狮团成立于1988年,队员以女学生为主,在约20名队员中只有两名男生。在中国,女性舞狮本来是很忌讳的,即便是华侨也保留着这一传统,除了小孩之外,并没有女性舞狮的先例。但是,神户市立兵库商业高等学校为了增强对异文化的理解和促进地区的相互合作,将中国艺能文化纳入学校日程后,要求每个人都要学会在狮子舞中扮演各种角色,

---

① 对南京町商店街振兴组合理事长曹英生的访谈(2014年1月)。

包括舞狮和乐器的伴奏,这样女生便参与到这项活动之中了。所有队员从一年级开始不仅要练习舞狮,还要掌握乐器演奏的基础知识。排练活动在每天放学后由学生自主进行。该团刚成立时接受神户华侨总会舞狮队的指导,后来则是在南京町吼狮堂的指导下进行训练。在成立至今的20多年时间中,该团经常参加当地各种文化活动的演出,同时也活跃于社会福利活动中。

另外,龙狮团从1998年开始表演舞龙,表演舞龙的想法源自1996年南京町舞龙队赠送的一条龙。虽然当时这条龙只用于展示,并未实际使用,但是却因此成为龙狮团开始舞龙的一个契机。1997年该校从新加坡低价购入了一条龙,并且为了能在1998年南京町的春节祭上表演舞龙,学生们远道赴新加坡学习舞龙艺能。龙狮团目前的代表项目有夜光龙和南狮等,已经成为该团独特的固定节目,并赢得了神户地区社会的普遍好评和关注。

神户市兵库商业高等学校开始舞龙和横滨的华侨亦有密切关系,因为向新加坡介绍神户市立兵库商业高等学校龙狮团的是曾经任横滨中华学院校友会会长的谢贤荣。当时商业高等学校向南京町求助,通过南京町吼狮堂的张氏认识了其亲属谢氏,所以该校舞龙艺能的诞生实际上与横滨华侨是有缘的。

除了上述龙狮团体之外,神户中华同文学校和华侨幼儿园的狮子舞也颇具代表性,有着一定的影响力。作为由地域文化创造的资源,狮子舞和龙舞也已经成为华侨和日本人文化交流的重要媒介。目前,狮子舞和龙舞的网络经由华侨建立后,已经不再仅仅局限于日本国内,而是逐渐扩大到了东南亚等广大的海外地区。同时,还积极推动与海外艺能团体的互动交流,2013年春节,就邀请了新加坡惹蘭勿刹民众俱乐部龙狮团(JBCC)来日本表演了狮子舞和龙舞。

3. 其他艺能表演

(1) 中国舞蹈。代表团体是华侨总会的舞蹈队,成员大多是神户中华同文学校的毕业生。中国舞蹈从第一次春节祭时出现在舞台上一直持续至今,其舞蹈并不是中国各个地区的一般民族舞蹈,而是中国歌舞团等专业艺术团体经常表演的舞蹈。

(2) 中国民族乐器演奏。主要由居住在日本的中国音乐家组成的团体来演奏。此外,同文学校毕业生组织的团体从1996年开始也参与了这项演出活动。

(3) 京剧与杂技。主要是从中国大陆或者台湾邀请来的杂技团、京剧团的演出。除此之外,1995年大地震后,在南京町主办的神户五月祭上首次演出了由日本人表演的中国京剧。他们是在中国留学期间热爱上京剧,学会了京剧表演并将其带回了日本。

(4)太极拳。这是由华侨总会太极拳团体和兵库县太极拳同好会以及神户太极拳协会所表演的节目。

(5)中国皇帝船之神户港航海。这艘为了参加春节祭而驶进神户港的"郑和"宝船(290吨)是在福建的造船厂复原的中国明代(1368—1643年)的皇帝船,是世界最大的木质结构船。船首放置了只有皇帝才能使用的五指龙雕像。自1991年第四次春节祭登场以来,该皇帝船还参加了第五次、第七次、第九次和第十次的春节祭,虽然不是每年都出场,但是每隔两三年参加一次的频率也是很高的。

(三)春节祭的运营和组织

1. 运营和组织

春节祭的主办方是南京町商店街振兴组合①,但其执行组织是春节祭期间临时组织的执行委员会企划部。春节祭创立初期企划部的主要成员是振兴组合青年部的成员,市、区的相关部局和各行业者也有参加。春节祭执行委员会企划部是在每年9月末左右设立的,主要负责活动日程制定和募集资金以及与节日有关的各种表演活动的筹备工作。

振兴组合青年部是1986年由南京町40名青年人组成的。当时振兴组合的16名理事中有12名是青年部的,青年部商定的事项基本上在振兴组合理事会上也会以多数赞成而通过。所以,振兴组合的活动几乎全部由青年部来企划和执行。换句话说,青年部可以说是振兴组合的实际运作组织。1995年经历了阪神地震的复兴活动后,为了使职务分担更明确,振兴组合对以往的组织(图2.3)进行了大改革,现在分为活动企划部、街道建设部、设施管理部。这些部门在春节祭等活动期间均成立临时执行委员会,分工担当春节祭的运营(图2.4、表2.4)。

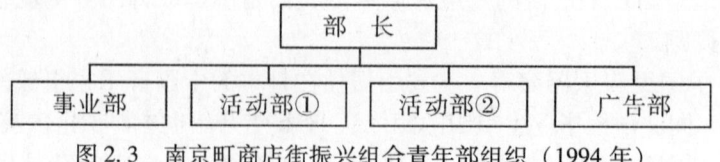

图2.3 南京町商店街振兴组合青年部组织(1994年)

---

① 与长崎新地灯笼节的运营组织不同。在长崎,除了新地中华街振兴组合,地区的商工会议所和长崎市作为共同组织者也实质性地参与了节日活动的运营。

第二章 神户华侨的社会空间与祭祀文化

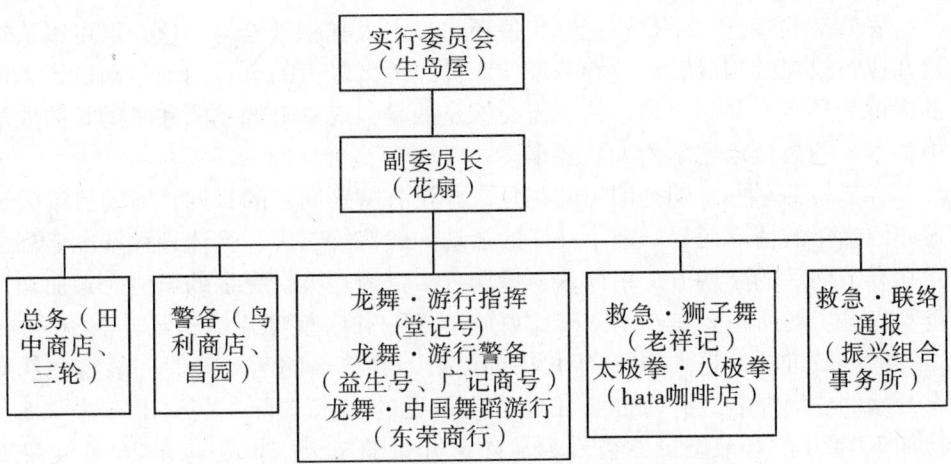

图 2.4 第一次春节祭执行委员会组织（1987 年）

表 2.4 1998 年神户南京町春节祭执行委员会

职务	现 职
委员长	Ucc 上岛咖啡（株）代表总经理
委员	神户市产业振兴局长
	神户商工会议所理事、事务局长
	神户市中央区长
	（财）神户国际观光协会专务理事
	（社）神户港振兴协会常务理事、事务局长
	元町东地区协商会会长
	元町商店街联合会会长
	港元町小镇协商会会长
	神户华侨总会会长
	元町 1 番街商店街振兴组合理事长
	元町 3 号街商店街振兴组合理事长
	西日本旅客铁道（株）神户支社业务次长
	（株）大丸常务董事神户店长
	（株）rockfilled 代表总经理
	（有）月刊神户人总编
	南京町商店街振兴组合理事长

— 145 —

春节祭的特征之一是不论是华侨还是日本人都积极参与，这一点可以从运营和执行组织的构成看出。春节祭作为神户地区最大的节日活动，动员了当地的华侨和日本人共同参加。特别需要提及的是，南京町舞龙队和吼狮堂的成员中日本人的数量远比华侨人数要多。

春节祭的举办日期是旧历的正月，并没有特别固定的日期，活动持续的长短亦因当年的情况而异。前十几届的活动一般持续三天，具体日程基本上都是定在春节前后的星期五、星期六、星期日，目的是吸引更多的当地人参加和招揽观光客。场所主要是在南京町"好吃广场"和南京町开始到元町1～6号街之间的区域进行。进入2000年代中期以后，春节祭的活动区间一般定在从除夕开始的一周左右，有时也会在春节前最近的周末举行一些演出（表2.5）。比如2014年的春节祭虽然被定为从除夕开始的三天，但之前在26日（星期日）即进行了春节游行和龙舞、狮子舞等表演，以此作为春节祭的预备活动。

在运营资金方面，春节祭每年需要2000万～3000万日元的经费。这些费用中，南京町商店街振兴组合负担约1000万日元，剩下的除了来自当地企业、服务业的一部分赞助金以外，基本是市观光协会等行政机关和商工会议所、东会馆协商会以及其他团体的援助金。

虽然以春节祭为代表的节日活动并非日常性的活动，但是平日也要有各种日常活动做好铺垫，主要包括以下几种形式：①同当地社会的日常性往来。要确保南京町的区域建设，保持同社会各方面的良好关系是必要前提，运作好与当地市、区行政机关及各行各业的日常性往来，有助于在举办节日活动时得到援助。在南京町，主要由振兴组合的涉外部门来担当同地域社会的交际活动。而从节日活动的准备阶段开始，其与市、区行政机关及各行业界的接触会更加频繁。②活动演出准备。对于华侨总会和南京町的狮子舞、龙舞等各种艺能和音乐表演团体来说，日常性的练习等准备活动是不可或缺的。③区域景观建设。举行春节祭的南京町作为神户市的观光地，做好日常性的街道建设以及基础设施建设是重要的前提。这些建设都是都市规划的重要组成部分，是在神户市景观形成协商会的规划框架中展开的。

2. 春节祭的课题和对策

南京町春节祭曾经一度面临的最大问题是资金问题。就此，振兴组合的有关人员提出了以下的意见：

表 2.5 2013年神户南京町春节祭活动日程

时间	2月9日(星期六)	2月10日(星期日,初一)	2月11日(星期一·连休日)	2月12日(星期二)	2月13日(星期三)	2月14日(星期四)	2月15日(星期五)	2月16日(星期六)	2月17日(星期日)
10:30		祭神仪式狮子开眼仪式(南京町)							
11:00		开幕式	龙舞/狮子舞(神户市立兵库商业高等学校龙狮团)						狮子舞(神户华侨总会舞狮队幼狮班)
11:30		音乐(神户华侨总会民族器乐团萃菁)	龙舞/狮子舞(新加坡JB-CC)			龙舞/狮子舞(新加坡JB-CC)		狮子舞(南京町龙狮团)	
12:00	南龙游行三宫方面	中国史人物介绍			龙舞/狮子舞(新加坡JB-CC)	神户华侨幼儿园的表演		太极拳(神户华侨总会太极拳协会)	
12:30				歌唱(范丹阳)					音乐(神户华侨总会民族器乐团萃菁)
13:00		舞蹈(神户中华同文学校民族舞蹈部)	狮子舞(神户中华同文学校民族舞蹈队)				龙舞/狮子舞(新加坡JB-CC)	狮子舞(南京町龙狮团)	舞蹈(神户华侨总会萃菁民族舞蹈队)

续表 2.5

时间	2月9日(星期六)	2月10日(星期日,初一)	2月11日(星期一,连休日)	2月12日(星期二)	2月13日(星期三)	2月14日(星期四)	2月15日(星期五)	2月16日(星期六)	2月17日(星期日)
13:30		狮子舞(神户华侨总会舞狮队幼狮班)	音乐(神户华侨总会民族器乐团苯蕾)						狮子舞(神户华侨总会舞狮队)
14:00	狮子舞/龙舞 大丸百货北侧	音乐(神户华侨总会民族器乐团苯蕾)	龙舞/狮子舞(新加坡JB-CC)	狮子舞(神户市立兵库商业高等学校龙狮团)	龙舞/狮子舞(新加坡JB-CC)	龙舞/狮子舞(新加坡JB-CC)	龙舞/狮子舞(新加坡JB-CC)	歌唱(范丹阳)	音乐(神户华侨总会民族器乐团苯蕾)
14:30	南龙町游行 元町方面	狮子舞(神户华侨总会舞狮队)	狮子舞(神户市立兵库商业高等学校龙狮团)						舞蹈(神户华侨总会民族舞蹈队)
15:00		舞蹈(神户华侨总会民族舞蹈队)	歌唱(范丹阳)	太极拳(神户华侨总会太极拳协会)	太极拳(神户华侨总会太极拳协会)	太极拳(神户华侨总会太极拳协会)	太极拳(神户华侨总会太极拳协会)	太极拳(神户华侨总会太极拳协会)	太极拳(神户华侨总会太极拳协会)
15:30		狮子舞(南京町龙狮团)	狮子舞(南京町龙狮团)					狮子舞(神户华侨总会舞狮队)	
16:00		龙舞/狮子舞(新加坡JB-CC)	龙舞/狮子舞(新加坡JB-CC)	龙舞/狮子舞(新加坡JB-CC)				狮子舞(南京町龙狮团)	花絮萃(日本花絮萃协会)

续表 2.5

时间	2月9日(星期六)	2月10日(星期日,初一)	2月11日(星期一,连休日)	2月12日(星期二)	2月13日(星期三)	2月14日(星期四)	2月15日(星期五)	2月16日(星期六)	2月17日(星期日)
16:30		舞蹈(神户华侨总会荟萃民族舞蹈队)	歌唱(范丹阳)					舞蹈(神户华侨总会荟萃民族舞蹈队)	舞蹈(神户华侨总会荟萃民族舞蹈队)
17:00		中国史人游行队伍回到南京町/纪念摄影	狮子舞(南京町龙狮团)				龙舞/狮子舞(新加坡 JB-CC)	歌唱(范丹阳)	歌唱(陈意)
17:30		狮子舞(神户华侨总会舞狮队)	龙舞/狮子舞(新加坡 JB-CC)						花絮荟萃(日本花絮荟萃协会)
18:00	龙舞/狮子舞(神户市立兵库商业高等学校龙狮团)	狮子舞(南京町龙狮团)	狮子舞(神户华侨总会舞狮队)	龙舞/狮子舞(新加坡 JB-CC)	龙舞/狮子舞(新加坡 JB-CC)	龙舞/狮子舞(新加坡 JB-CC)	狮子舞(南京町龙狮团)	狮子舞(南京町龙狮团)	狮子舞(神户华侨总会舞狮队)
19:00	狮子舞(神户华侨总会舞狮队)	龙舞/狮子舞(新加坡 JB-CC)	狮子舞(南京町龙狮团)					歌唱(范丹阳)	歌唱(陈意)
20:00								狮子舞(神户华侨总会舞狮队)	狮子舞(南京町龙狮团)

资料来源:神户南京町商店街振兴组合资料。

华侨的社会空间与文化符号

1997年南京町春节祭被指定为神户市非物质文化遗产，春节祭要一直持续下去的话，最大的问题是资金问题。现在日本经济整体都不景气，特别是1995年的地震，给各企事业单位都带来了负面影响。即使已经过去几年了，由复兴和重建引发的借款等问题依然使得向企业的集资存在较多困难。当然我们也希望有市和县的援助。尽管如此，春节祭也不能因为资金问题而停止。要想推动地域的振兴发展，重要的是积极向前看。我觉得积极乐观的思考方式正是南京町的精神，资金少，就按少的条件做出相应的计划便是了。（黄栋和，1998）

为了解决这个问题需要更多的努力。有人提议，解决方案之一是如长崎那样与市政府联合举办春节活动。然而，南京町的大部分人提出反对意见，认为尽管遇到难题确实需要得到市政府帮助，可是春节活动是由南京町发起、组织并发展起来的，归根到底应该由南京町的人们自己来解决问题并使其继续发展；一旦变成了神户市的活动，就不再是属于南京町的春节祭了，南京町也会随之被淡忘而逐渐衰退。南京町的人们在资金困难面前并没有退缩，有多少资金就按照资金的多少来企划春节祭的规模。为了节省开支，他们自己动手制作广告、道具等活动用品和宣传工具等。除了春节期间的活动，南京町一年中也有其他活动，大部分活动都是由南京町商店街振兴组合主办，靠加盟的所有成员来实际操作，而不是花钱委托某个专门运作活动的公司，这样便可以节约一大笔开支。南京町人提倡做的"不是流行的生意，而是文化的生意"[①]。无论是春节活动还是中秋节活动，都体现了南京町的这一朴素理念。目前，南京町不仅成为不断走向国际化的神户市中心的观光景点，春节祭也发展成了神户市非物质文化遗产。所以在每年春节祭时，市政府在资金等方面也会给予一定的援助，使得春节祭得以保持一定的规模持续至今。

其次是如何防止祭典活动的陈规旧套。1998年春节祭首次以中国民族服装化妆游行的创新形式赢得了非常好的反响。但是除了这个节目外的其他活动演出却都存在走老套路的倾向，游客人数也已达到了饱和状态。为了解决这个问题，有关部门开始呼吁当地人特别是女性要积极参加活动。据相关人员说，目前为止南京町当地的女性参加人数很少，南京町没有妇女组织，参加企划的人中也几乎没有女性。1998年中秋节之前，南京町成立了妇女组织杨贵妃会。当时的成员有40人左右，都是一直在背后支持男性的女性们。该会的主要活

---

① 对南京町商店街振兴组合理事长曹英生的访谈（2014年1月）。

动就是清扫南京町和参与南京町的各项活动。2010年春节祭时，杨贵妃会提议并组织实施了"中国历史人物游行"，参加者分别扮作项羽、虞姬、西太后以及《三国志》中的人物等历史名人，在南京町和神户三宫车站周围游行。尽管历史人物游行的人数不多，但沿途也会与围观者合影等，受到了一定的好评。

另外，随着网络的发展，1997年南京町也建立了自己的网站，介绍南京町的历史、春节、中秋等各种活动。从此，南京町开始通过网络发布和收集信息情报，春节祭同样也是通过网络发布信息，招募龙舞的成员，网站起到了向外界传达信息和进一步宣传南京町的作用。同时也加强了与横滨、长崎等日本其他中华街的相互联系，通过春节活动进一步增加了与中国大陆、香港和马来西亚、新加坡的文化交流活动。

目前困扰南京町的另一个棘手问题是后继无人。南京町和春节祭的运营者现在为止大致是开创春节祭的人，龙狮团大多数也是南京町以外的人。为了使春节祭继续下去，吸收年轻人的参与，确保有年轻人传承是非常重要的。对此，南京町商店街振兴组合副理事长、原青年部部长黄栋和表达了以下的看法：

> 曾经做船员的父亲是明治末期从中国的广东省来日的。不做船员后开始开烤肉店、做贸易商，吃了很多苦。我觉得正是因为我们的上一辈努力奋斗才会有我们和南京町的现在。青年部的伙伴们为了将我们的父辈所创建的南京町建设得更好而积极地努力着，通过打造龙舞、龙的婚礼、邀请中国大陆和台湾的杂技团与艺术团以及新加坡和马来西亚的狮子舞与龙舞团体等，为了丰富春节祭的活动内容而一直奔波辛劳。因为成员们自信地认为，"越是辛苦，南京町才会越来越有活力"。如果哪天认为南京町的建设到此为止的时候，不正是衰退的开始吗？"要更加、更加地下功夫"才会正好。如果能想出好主意的话就能聚集更多人参与，进行得顺利的话就会更有干劲。我觉得只有聚集了大家的力量，南京町才会繁华。

与长崎和横滨中华街不同的是，神户南京町有很多露天饮食摊点。露天饮食摊点的形式开始于阪神地震之际。当时南京町虽然也受到灾害，有些店铺不能马上开张，但是如前所述，为了尽快地为受灾的神户市民提供快捷的餐饮，很多店铺开设了露天饮食摊点。这种形式延续至今，以已经成为神户南京町的一大特色景观。露天饮食摊点对打造南京町的繁荣气象起到了一定的作用，但是破坏了南京町以往整齐洁净的传统景致，也带来了很多新的问题。目前南京町的露天饮食摊点有50个左右，经营者大部分是1990年代以后来日的南京町外的新移民和日本人，有一定的流动性。除了少数的露天饮食摊点是店铺直接经营的以外，一般是与店铺毫无关系的外来人租用店铺前的空地开摊床，尤其是在杂货店和非餐饮店前开摊床的较多。各摊床提供的食品大同小异，除了店铺直接经营的以外，大多是以小笼包、肉包、粽子、芝麻球、拉面和饺子等点心类和果汁等为主。近年来，由于南京町的老华侨店铺后继无人，一些店铺已经租卖给新移民。目前南京町虽然不及横滨中华街繁华，但随着新移民的进入发生了很大的变化。新移民的进入固然给南京町带来了新鲜血液，然而问题在于露天饮食摊点的经营者（特别是新移民）没有加入南京町商店街振兴组合，所以对地区的建设活动毫无兴趣，加之存在乱扔垃圾和不遵守南京町的规则等不良行为，已经引起了振兴组合和周围店主的不满，却苦于没有解决的良策。

目前，对于露天饮食摊点的利弊，游客、南京町商业组织、店铺以及临近的商店街分别持有不同的态度。2014年春节期间的调查[1]表明，游客对露天饮食摊点持有肯定态度，认为摊床既具有节日气氛，又可以很随便任意地尝到道地的中华小吃。访问南京町的游客会根据自己的需要选择在店铺还是在摊床用餐，在某种意义上说摊床为游客也提供了一定的选择性。当然，南京町的露天饮食摊点虽然在很大程度上增添了春节热闹的气氛，但南京町店铺的店主中除了一部分杂货店等非餐饮店以外，大部分对此持否定态度。他们认为露天饮食摊点影响了南京町整洁的街容，而且又是店铺的直接竞争对手，因为游客更多会选择在摊床上用餐；一些摊床的经营者不遵守南京町的规则，不参加振兴组合的活动，只是坐享其成。振兴组合的有关人员也持有相似的意见，但他们并不否定摊床给南京町带来的一定的繁荣。所以，他们对持有不同价值观的经营者特别是新移民感到无可奈何，甚至把希望寄托在今后将在日本长大的新移民的下一代。南京町周边对摊床的态度比较折中，既不否定也不肯定，因为如果露天饮食摊点给南京町带来一定的繁荣的话，其经济效果也会波及周围；同时，他们也希望摊床的经营者们能够遵守南京町的规则，保持南京町的整洁等。南京町的露天饮食摊点从阪神地震以来，已走过差不多20年的历程，今后将如何与南京町地域社会共存共荣，依然是一个很大的课题。

---

[1] 2014年1月31日—2月1日在南京町的调查。

（四）南京町的其他活动

随着中华街基础建设的逐渐完善，除了春节祭以外，南京町商店街振兴组合还组织了其他各式各样的活动。

1988年8月在神户美利坚公园烟火大会举行的同时，南京町广场也举办了纳凉啤酒会。啤酒会的企划目的是让参加烟火大会的人知道南京町。另外与神户市主办的神户新加坡摊床会相关联，1988年秋召开了"牛顿杂技"（小型摊床会）。到1989年为止举办了两届后，1990年开始南京町商店街振兴组合将"牛顿杂技"改名为有南京町特色的"好吃广场"（美味广场），并举办了秋之美食节活动。

这个活动是响应神户市内举办的"美食的KOBE '90"（神户美食展销会执行委员会主办）的企划之一，借此希望市民们更喜欢南京町。这个活动中有14家店摆了摊位，都是町内有名的中华料理、西式料理和西式点心店，摆满了尽显手艺的佳肴，而且价格比平时便宜，从上午到傍晚因观光客爆满而热闹非凡。几乎于此同时，吼狮堂的狮子舞也在这一年开始登场表演。

1994年11月6日（星期日）在南京町举办的"狮子舞节"上，南京町吼狮堂、神户华侨总会狮子队和神户市立兵库商业高等学校龙狮团三个团体共同出演。南京町曾打算以此为开端每年由南京町作主导，将狮子舞节持续下去。然而由于次年的阪神大地震，其计划只好作罢。

1996年秋，被地震半毁的南京町长安门历时8个月重建后竣工。作为长安门复兴活动的一个环节，由南京町商店街振兴组合主办，聚集了神户、长崎、横滨三都市的中华街代表，于9月30日在神户海洋博物馆召开了探索魅力之町"神户·长崎·横滨中华街公开讨论会"。这次会议的宗旨是总结之前的复兴之路，同时探索今后的发展方向。神户、长崎、横滨三大中华街的代表和神户当地的人们一起为打造新的地域社会出谋划策，试图从硬件设施和软件两方面寻找突破口。10月1日举办了"南京町长安门复兴祭"，神户的三个团体进行了狮子舞的竞演。重建的长安门采用的是中国明朝永乐五年建造北京故宫时所使用的中国稀有的优质汉白玉，由河北省的传统石雕名匠负责建造。

前面提过的"好吃广场"活动一直持续到1997年，从1998年开始计划实施中秋祭来作为秋季活动。这是又一个以中国传统节日为基础的活动，与春节祭祭拜天地相反，中秋祭祭拜的是地神（土地神），南京町各店门前都设置了祭坛，插上蜡烛并供上月饼。同时还在广场设了一个很大的祭坛，摆了各式中秋料理供客人享用。中秋前夜的前夜节上，由神户华侨总会舞狮队、神户市立兵库商业高校龙狮团、南京町吼狮堂三个团体在南京町广场进行了狮子舞的竞演。节日活动持续了三天，最后一天还表演了狮子舞采青。振兴组合的主旨是学习中国传统文化，同时对外宣传南京町，将中秋祭办做成有南京町特色的节日活动。中秋祭的活动一直延续至今，至2013年共举办了16届。

从上述各种活动来看，南京町的节日活动本身是华侨带来的文化，与中国的传统和神户的开港史有关。春节祭和中秋祭之所以能够保持持久，特别是春节祭能够成为神户地域的非物质文化遗产，并成为神户的旅游文化资源，正是因为其源自中国传统习惯以及具有南京町所特有的与其他地域不同的异国情调的文化信息和文化符号，而所有这一切又都是与南京町的历史、社会、文化空间以及地域认同相吻合的。

三、有关阪神—淡路大震灾和南京町的记录

1995年1月17日，发生了阪神—淡路大震灾（以下简称为震灾），南京町受到了严重的破坏。1月14日、15日、16日正好是连休，南京町各店正是忙碌的时候，和往常一样迎来了寻常的早晨。可是一瞬间，神户化为了废墟，众人花了长时间准备的春节祭也在一瞬间毁于一旦。这对于南京町的人们来说是相当痛苦的一段经历。为了复兴，南京町商店街振兴组合十分积极努力地开展了一系列活动。以下通过振兴组合成员的体验和口述，可以窥视到地震前后南京町的实际活动状况和特点。

震灾后南京町很快进行了各种复兴活动。1月25日，南京町商店街振兴组合召开了紧急会议。就此会的经过，南京町商店街振兴组合理事长吴信就①这样说道：

> 震灾当天，我等天一亮就出门去亲眼确认南京町现在是什么状况、自己的店怎么样了。那时街道里充满了浓烈的煤气味。一同前去的南京町的三四个人和我都呆呆地站在广场附近，不知该怎么办。17号晚上在避难所和南京町的多人商量了一下震后振兴组合的事，但是当时很多组合成员还没有消息，什么都还无法推测。到20号，终于陆续有了联络。总之大

---

① 吴信就在1994年8月任理事长，上任的次年1月就直接面临震灾。他曾说过，"只要南京町齐心合力，相信一定能战胜困难时期，并建造一个比震前更繁华的街市"。

第二章　神户华侨的社会空间与祭祀文化

家应该先聚在一起商量一下，于是决定 25 日召开紧急会议。（1996 年访谈）

这个会议是南京町复兴的开端。南京町作为神户的景观之一逐步地整建至今，特别是自从举办了春节祭等各式活动后，逐渐成为了神户的名胜之一，变得十分繁华。但是，地震完全改变了其繁荣的面貌。为了早日实现南京町复兴，南京町的人们无论是华侨还是日本人都团结一心，作为神户南京町地区的一员而拼命努力，其中显得特别活跃的是青年部的成员。

振兴组合的其他董事和组合成员们对于震灾和之后的活动做了如下的描述：

震灾后，1月25日召集了南京町的组合成员先确认各自的平安，并从当时的情况判断，在当月举办春节祭已不可能，但至少要举行正月的祭神仪式。我们决定春节时（1月31日）可以给来访者提供水饺和绍兴酒等。因为当时大阪中国领事馆赠送给南京町约1万只饺子，加上前一天动员南京町的店铺用收集来的材料制作的饺子，总共向市民们提供了约2万只饺子。为了便利市民，春节第二天，各店都以摊床的形式开始营业。各大传媒蜂拥而至，电视和广播几乎每天都有播送"南京町生气勃勃"的信息，各方人士也都来到南京町，此时提供的热气腾腾的食物大受欢迎。

为了进一步宣传南京町，让神户市内和近畿整个地区进一步了解震灾前普通美食街的模样，我们在报纸中夹入特别制作的传单和海报，并且及时把情报传送给大众传媒，将3月12日定为"复兴之日"。当天由于大雨延误了时间，但是《南京町恢复宣言》总算是顺利完成，还表演了原定的狮子舞和炮竹。下午5点著名的新闻播报员筑紫哲也也来到南京町。当天还演奏了中国音乐，是充满希望的一天。希望今后可以和组合成员一起打造出更出色的南京町。（振兴组合副理事长、前青年部部长黄栋和，1995年）

1月25日没有什么比看到大家平安无事而安心的事了，能和大家一起向前看，商量今后该怎么做，感到心里十分有底。唯一感到寂寞的是春节祭不得不中止，但为了祈福牺牲者，我们最终做出了在春节进行祭神仪式的决定。可是由于出席会议的某位记者误报"春节祭照常进行"的消息，各方人士都致电事务所来询问，抗议的电话也蜂拥而至，导致职员和理事为了解释此事而忙得不可开交。通过这次的经验，我为能和乐观积极

的大家一起努力而感到高兴。（振兴组合干部王秀雄，1995年）

1月25日开了紧急会议。因为当时的救援物资都是些冰冻的食品，受灾者很渴望有热腾腾的食物，再加上春节祭的中止，于是商定31号春节时招待来访者用饺子和绍兴酒。2月1日开始，条件允许的人可以在自己的店门前摆摊床，不行的就在公园摆摊做生意，目的是让南京町为神户的复兴助一把力。我的店也是承蒙大家的帮助，从2月1日开始正常营业的，还用饺子招待了来光顾的客人。来的人既是神户人，也是受灾者。到了这时已经不再考虑钱的问题，放手去做才好。南京町人是有同情心和行动力的。乐观向前是南京町的精神。（振兴组合成员刘家龙，1995年）

因为1月17日的地震，社会蔓延着自我约束的风气，惯例的"神户祭"也中止了。这种自我约束的风气强烈蔓延到3月下旬，组合事务所收到了一张"在南京町举办被中止的神户祭吧"的传真。发送人是加藤公司的加藤。青年部马上召开了会议，决定和元町一起举办"小型神户祭"。但是准备期很短，中间还有5月的黄金周，大家都做好了要苦战一场的心理准备。就这样，在大家无私的协助下，"神户五月祭"顺利完成。通过这次的活动，我感觉举办活动对复兴是十分重要的，但神户真正的复兴只靠一方之力的话是很难办到的。（振兴组合干部曹英生，1996年）

以前听过战争的体验，但这次的地震对我来说犹如一刹那不知该怎么办才好的灾难。当我在想"对生意人来说首先是生意和想工作"的时候，1月25日就召开了南京町紧急会议。经过大家的一番努力，终于开始有所成效，我似乎第一次觉得集体力量的伟大。现在"复活"一词已经在南京町实现了，今后南京町和元町还应该一起努力。正因为是幸存下来的街市，才应该起到带头作用，成为有"神户人"特色的中华街。（振兴组合成员松田拓司，1996年）

从以上有关阪神—淡路大震灾和南京町的口述中，可以得出以下几点认识：

首先，南京町虽是中华街，却具有与日本其他地域社会相同的特点，作为地域社区的功能要强于华侨社区的作用，南京町的成员亦多表现出与地域社会息息相关的认同意识。这一点特别体现在南京町商店街振兴组合的组织功能以及南京町内外关系的互动上。地震发生后，振兴组合立即召开紧急会议，商谈如何振兴南京町,并充分发挥南京町在神户地区的作用,之后所采取的措施以及举办的一系列活动都是围绕这一个主题来进行的。从振兴组合成员的自白中可以看到,南京町没有华侨和日本人之分,而是表现了作为地域组织的成员为地域献身的精神和力量。正因如此,振兴组合显示了很强的凝聚力和行动能力,南京町在神户的地域空间中成为南京町的人们赖以生存和活动的重要场所,地域社会的发展与南京町的生存息息相关。人们首先认同自己是神户人和地域社会中的南京町人,然后才是华侨和日本人。

其次,南京町的地域社区功能还体现在与外界的互动关系上。从震灾后南京町一年的活动,无不围绕着南京町所处的外在的神户地域社会进行,从春节的"南京町有生机,我们爱神户"活动到"小型神户祭"、"南京町召开庆祝会,庆祝 oryx 获太平洋联盟优胜"、"神户港夏之节"、"好吃广场"以及南京町复兴和街道建设的活动等,都体现了与地域社会密切的互动关系。内外的互动关系也体现在与其他含有中华街地域社会的城市的关系中。震灾后,来自横滨中华街以及长崎地域社会的援助等项目就有力地证实了日常活动中南京町已经建立了与其他地域社会的各种联系。另外,大阪中国领事馆的支援,宏观上体现了日中之间的内外友好关系,同时也体现了处于海外的中国与日本国内华侨之间的上下的互动关系,在微观上也显示了位于大阪的中国领事馆与神户以及与神户的南京町之间的密切往来。

总之,神户南京町虽然不大,人员不多,但在神户地域中却有着其他社区无法取代的政治、经济、社会和文化地位。

第四节
小　结

神户华侨的社会空间和祭祀文化,以及族群性的变迁,可以从华侨的历史、祭祀文化和南京町的传统文化创造等三个方面来看。

首先,从历史方面来看,神户早期的华侨一般是从日本其他先于神户开港的口岸来神户的。根据其职业不同,来神户的途径也不同。从长崎或经长崎来神户的主要是商人,他们利用早期在长崎打下的经济基础和在中国及东南亚的关系来到新兴港口,开始新的商业活动。与此相对,从横滨来神户的华侨大多是伴随欧美人一起的,其中有欧美人商社雇用的欧美人和日本人之间的中介者

"买办"、佣人、厨师、理发师、船员等。前者之后在神户通过与日本和中国以及东南亚的贸易活动，建立了雄厚的经济势力和广泛的商业网络。与日本其他地方一样，神户地区也形成了福建（闽南为主）、三江（浙江、江苏、江西）和广东这三大势力，华侨的社团也主要是建立在三大势力的基础上。他们在神户华侨中占据主导地位，为之后中华义庄（华侨墓地）、中华会馆和关帝庙等华侨祭祀场所的建立，起到了重要的作用。而后者逐渐集聚的结果是形成了华侨的传统社区南京町。由于南京町带有与其他外国人和日本人杂居的特点，从一开始就不是完全的华人社区。可见，神户华侨社会空间在历史上由于职业的不同，所形成和展开的形式和范围也是不同的。甲午战争特别是"二战"后，华商活动的衰退及华侨职业的变迁等华侨社会结构发生了很大的改变。

其次，华侨传统祭祀文化的空间主要是以中华会馆、中华义庄和华侨的寺院关帝庙为中心展开的。尽管神户华侨历史上也建立了福建闽南、三江、广东等各自不同的公所，并在公所内举行一定的祭祀活动，但是在关帝庙建成之前，华侨社会的主要祭祀活动更多是在华侨全体的组织中华会馆、华侨的墓地中华义庄内举行。现在的关帝庙是随着神户华侨的增加，1888年由经济实力强大的华商们提议建成的。之后华侨祭祀活动大多是共同在关帝庙举行。可见，关帝庙从其建立起就很少带有以祖籍地划分的亚族群色彩，作为象征神户华侨传统祭祀文化的符号，为族群认同的建构发挥了重要的作用。现在关帝庙的祭祀活动，由来自福州福清者为主的福建同乡会来组织，其中普度是一年中最大的祭祀活动。普度在神户，也是以福建华侨为中心进行的。但是，近年来前来参加普度参拜的不仅是祖籍福建者，也包括来自神户大阪的祖籍为其他地方的华侨。普度在一定程度上，开始带有跨越祖籍地（亚族群）的意义。举行普度时华侨总会的狮子舞会登场表演，有时也会有民族音乐的登场。

神户华侨的艺能活动（包括文化活动）大多始于战后，神户华侨的民族文化活动是在与中国的关系场域中展开的。神户华侨除了在以贸易为主的商业活动中与中国有密切联系以外，在政治和文化活动中也与中国保持了紧密的联系。国内各个历史时期的发展动态在神户华侨社会均有反映。新中国成立时，大陆和台湾在华侨中的各种宣传直接影响了华侨社会对民族文化的认识。日中邦交恢复以后，华侨社会不仅在经济领域更加活跃，而且在文化交流事业等领域都积极地发挥了桥梁性的作用。与中国的各种密切联系，是神户华侨的中国文化活动较为活跃的历史背景之一。神户的"新传统艺能"——狮子舞和龙舞的传承者是华侨和日本人，文化活动的主体是华侨，华侨学校和华侨总会为培养和继承"传统艺能"发挥了很大作用。各种文化活动成为代表现代中国的文化符号，这些文化符号对华侨子弟认识和保持民族认同有着重要的意义。

最后，神户的中华街——南京町是华侨进行传统文化活动的社会空间，同时是与地域和主流社会互动的场域。战争结束前期神户遭到空袭，南京町被烧毁。复兴后，一改往日的中国式景象，南京町并没有恢复到战前的繁荣，战后不久就变成了以外国人为对象的酒吧街。这种让一般客人望而生畏、无法光顾的杂乱无章的街道，长时间落后于时代的发展。伴随日中邦交的恢复和神户市城市规划的发展，逐渐促成了南京町商店街振兴组合的成立和南京町的重建。神户中华街的重建带有半官方的性质，而初期对重建中华街和打造春节祭活动起到领军作用的，是在中华街经营店铺的日本人；华侨则是积极参与，通过一系列的活动一跃成为南京町的主人公。在南京町的创造活动中表现了民族和地域不同的新族群性。

春节祭的活动振兴了南京町。震灾之后，南京町之所以能够很快重建家园，并得以成功企划和实施《南京町恢复宣言》和"神户五月祭"等活动，正是因为有了春节祭的经验和成效。换言之，春节祭是南京町进行街区建设和振兴地域活动的基础。南京町也是华侨进行艺能文化活动的空间，通过春节祭等南京町的各种活动，神户华侨建立了与地域和跨地域（横滨、长崎等城市）以及跨国（中国、马来西亚等东南亚等国家）交流的网络，从而扩大了其活动的空间。

第三章
横滨华侨的社会空间与祭祀文化

第一节
历史空间中的横滨华侨

一、与欧美商人为伍的华侨

根据1858年7月缔结的《日美友好通商条约》，1859年日本正式开放了函馆、长崎、横滨等口岸。随着横滨港口的开放，欧美各国的贸易公司纷纷进驻横滨，外国人也越来越多。

华侨的出现与横滨开港几乎同时开始。根据《横滨市史稿·产业编》记载，1859年英国人在横滨从日本商人那里购买生丝，而为这宗买卖作中介的是一个名为阿忠的中国人（横滨市政府，1932：96-97）。当时日本和中国（清朝）没有签订条约，在条约缔结国的外国人居住地，华侨的居住和经济活动是不被认可的，所以早期横滨的华侨一般是与欧美商人一起来到横滨的。他们是由欧美商社根据在中国的经验，从设在广州和香港等地的机构抽调或雇用，主要是担任买卖的中介者或翻译、司账和买办（经纪人）等职，也有一些广东人以欧美商社的名义前来开设店铺。所以在横滨，随着欧美商社的设立，以广东人为主的华侨便开始出现，并迅速增加，在最初的几年有40～50人。

根据1867年颁布的《横滨外国人居住地管理规则》(籍牌规则)①，凡无条约国的侨民必须进行登记。1871年缔结了《日清修好条约》，华侨才可以正式入境，条约上虽然规定中国人与欧美人同样享有治外法权，但是在住登记的义务却一直持续着②。1867年在山下居住地（现中华会馆所在地），6个中国人代表设置了清国人集会所，后改名为中华会议所，1871年又改名为中华会馆（内田，1949：219-222）。与长崎、神户不同，作为华侨社会的上层组织，中华会馆的成立是先于其他同乡和同行组织。当时在住华人数有660人左右，而其中大部分是广东省出生。可见中华会馆本身就明显带有同乡组织的性质（横滨开港资料馆，1994：42）。中华会馆主要的职责是华侨的登记、墓地的管理和祭祀的运营等，同时具有作为公共行政机构的功能。

随着《日清修好条约》的缔结，来日华侨开始急速增加。1872年横滨居住地的华侨人口是963人③，到了1880年，已经达到2505人。1890年，横滨的华侨人口超过3000人。初期华侨所从事的职业大多是以欧美人为服务对象，如作为欧美人的翻译、出纳、兑换商、厨师、杂务人员，还有油漆工、印刷工、家具工匠、钢琴调律师、西服裁缝等。随着华侨人口的增加和经济活动的活跃，逐渐形成了华侨社区。1873年建立了象征横滨华侨信仰的关帝庙，作为华侨的祭祀场所起着重要的作用。之后，在1890年重修了中华会馆，1892年也修复了华侨的墓地中华义庄，并在那里修建了地藏王庙。1898年，以由祖籍广东的商人们组织的亲仁会为首，从20世纪初期开始，华侨的同乡、同行组织纷纷成立。

辛亥革命之前，华侨的人口一直在增加，最高峰时达到6280人。辛亥革命发生后很多华侨回国，人口也随之减少。而且，后来的关东大地震及"二战"也让华侨遭遇了破坏性的灾害，人口减半至2000人以下（王，1995：8）。

---

① 基于1867年11月制定的《横滨外国人居住地管理规则》第4条所定的规则。根据这条规则，居住地的奉行（管理人员）得到外国董事和外国领事的援助，负责管理未缔结条约国民（实际上是中国人）。要求住在横滨的中国人有义务向神奈川奉行所登记姓名、职业、住址等，支付手续费并接受籍牌（住民登记）。（横滨开港资料馆，1994：11）

② 《日本的华侨》刊登了横滨华侨鲍棠的登记证："清国臣民登记证：横滨市居住地175号 Mayer雇者鲍棠（40）原籍　广东省广州府香山县　明治27年8月17日　神奈川县厅"（菅原，1991：16）。

③ 关于1872—1925年横滨华侨的人口变迁，参见横滨开港资料馆（1994：14）。

二、华侨社会的变迁和组织机构调整

横滨华侨中,祖籍广东省者占大多数。横滨开港之初来日的华侨大多是在广东或者香港的欧美人商行中工作的人,他们是与欧美人一起来到横滨的。之后,因中国的内乱以及贸易中心开始转移到上海,原本就因耕地不足而贫困的广东人处于更加艰苦的生活状态,于是便开始寻求在海外的谋生之路。作为劳动力,他们离散海外,遍及东南亚、北美等世界各地,其中一部分便来到了日本。对他们来说,在没有本国保护而且艰苦的海外生活中,以相互扶持为目的的同乡与同行(地缘与业缘)组织是谋生和护身的重要存在。

横滨华侨主要的组织团体如表3.1所示,以下对主要的,特别是与华侨祭祀相关的组织进行了归纳整理。

表3.1 横滨华侨主要的组织团体

团体	名称	成立年	目的	备注
战 前				
政治、教育、公共团体	横滨中华会馆	1867	墓地管理、祭祀的运营以及华侨全体的总合	○
	清国领事馆	1878	管辖在日华侨	×
	横滨大同学校	1898	华侨子弟的教育机构	
	中华民国驻横滨总领事馆	1911	○现在的中华学院,山手中华校的前身	×1972年日中恢复邦交后撤去
同乡团体	三江公所	1887	浙江、江苏以及少数祖籍福建者的相互亲睦、救济	○现在的京滨三江公所
	亲仁会	1898	广东帮有势力的商人团体	×
	和亲会	1910	华侨的慈善团体	×
	要明同乡会	1917	祖籍广州府高要、高明两县的料理业人员的行会	×
	新兴福建联合会	1918	祖籍福建省者的相互亲睦、救济	○后来的福建同乡会

续表3.1

团体	名称	成立年	目的	备注
同乡团体	四邑公所	1919	祖籍广东广州府新会、新宁两县以及肇庆府恩平、开平两县者的相互亲睦、救济	×
	要明公所	1920	祖籍广州府高要、高明两县的商人的相互亲睦、救济	×
	三邑公所	1921	祖籍广州府南海、番禺、顺德三县者的相互亲睦、救济	×
	中华总商会	1899	华侨的商工会议所	○1899年成立的"横滨华商会议所",1913年改名为"中华商务总会"。1915年改名为"中华总商会"
商业、职业团体	日中协会	1919	日中友好	×
	京滨华厨会所	1925	祖籍广东三邑、四邑的厨师交流、亲睦	○
	中华杂货商行会	1933	相互亲睦、救济	×
	山下町中华料理行会	1935	相互亲睦、救济	×
	京滨华侨洋服商行会	1936	洋服商同行的亲睦、救济	×
	华侨理发业同业公会	1937	理发业同行的亲睦、救济	×
战　　后				
政治、教育、公共团体	华侨总会	1945	管理全体华侨	1953年分裂成两个,直到现在
	横滨中华学校	1898	华侨的学校	1953年分裂后属台湾派
	山手华侨中华学校	1898	华侨的学校	1953年分裂后属大陆派
	小红托儿园	1968	华侨的托儿所	

续表 3.1

团体	名称	成立年	目的	备注
妇女、青年联欢团体	中华青年会	1945	华侨青年的亲睦	
	横滨妇女会	1953	华侨妇女的亲睦	大陆派
	横滨自由华侨妇女协会	1954	华侨妇女的亲睦	台湾派
	横滨华侨青年会	1970	华侨青年的亲睦	
同乡团体	广东要明鹤同乡会	1952	四邑公所、三邑公所、要明高所合并后的同乡组织	
	广东同乡会	1952	祖籍广东者的亲睦	
	台湾同乡会	1953	祖籍台湾者的亲睦	
	福建同乡会	1964	祖籍福建者的亲睦	
	东北同乡会	1967	祖籍东北者的亲睦	
	山东同乡会	1975	祖籍山东者的亲睦	
商业、职业团体	信用组合横滨华银	1952	华侨的金融机构	
	中华料理同业公会	1961	相互亲睦	
	中华街发展会协同组合	1970	振兴中华街	

说明：○表示所留有的组织，×表示已不存在的组织。

资料来源：高桥强，1989：88－90；横滨开港资料馆，1994：41－44；王良，1995：585－670；实地调查。

关于中华会馆举办的祭祀，内田指出，三月二十三日（旧历，以下同）的天后诞辰日、春节（正月初一）、清明节、端午节、中元节、中秋节、冬至等是主要祭日，用香烛、元宝（纸钱）、三牲、酒和糕点等供奉诸神。正月初一供奉年糕，端午节供奉檀香粽子，中元节供奉纸帛银锭，中秋节供奉檀香月饼等。在清明节和中元节要去义庄举行祭祀。在两节（两祭日）的时候，仿照故乡的返乡上冢的习俗，从各个地方而来的亲人、知己朋友等携带猪肉、鸡肉、豆羹、礼酒、香烛等聚集到中华义庄，焚烧纸钱扫墓。之后再开设宴席一同缅怀先人。从民国初年（1911）开始，除了上述的祭日活动外，在孔子诞辰日和国庆节也举办茶会。在举行这些祭祀活动的时候，人们整装齐聚在会馆的神殿客厅，准备好俎豆（祭祀用的器具），鼓乐喧天，欢声四起，各抒乡情。特别在五月十三日关帝祭时，经常彻夜演戏。除这些祭日活动以外，本国的官员来访时也经常举办迎送会。此外，每次有活动就会在会馆的客厅设置酒席，在会堂中央设立舞台演唱东西方的戏剧，杯来盏去地聊着故乡的事，不错过任何联系故乡情感的机会。另外，会堂也可借出用以举办个人的喜事或其他集会等（内田，1949：237-238）。

如上所述，中华会馆是负责华侨祭祀活动的重要机构。然而，中华会馆组织的这种集体形式的祭祀活动在战时和战后的一段时间曾一度中断，1990年代才逐渐恢复举行关帝诞辰（后述）、清明节以及国庆节的活动。

促成中华会馆成立的原因之一是为了建造公墓。中华会馆在成立当初，就选任有"慈务理事"，负责义庄（墓地）的整顿、地藏王庙的修缮、地藏王诞辰和清明节的祭祀以及归葬等的管理。目前，中华会馆的主要职责是对中华义庄等华侨财产的管理和主办清明节的祭祀，但是管理大都是委托给华侨总会（台湾派）。

（二）同乡组织

1. 战前的同乡诸团体

1898年由广东系商人组织的亲仁会是相当于长崎和神户广东会所的组织。不过，从1939年度36名会员的职业来看，其成员的构成除贸易商外还有公司职员、料理业者、杂货商、兑换商等，是一个纯商人团体（内田，1949：166）。

亲仁会的下属组织，有1919年由祖籍旧广州府的新会县、新宁县和肇庆府的恩平县、开平县的人成立的四邑公所，1920年由祖籍广州府的高要县、高明县者组织的要明公所，1921年由祖籍广州府的南海县、番禺县、顺德县者成立的三邑公所等。1939年前后，四邑公所有85名会员，职业主要有杂货商、兑换商、饮食和印刷行业的人员等；要明公所有95名会员，大部分会员从事饮食行业，有着同行业组织的性质；三邑公所有115名会员，是由杂货商、料理业、印刷业、油漆业人员和公司职员组成（内田，1949：166）。

横滨华侨大多来自广东，至战前学校教育也一直以广东话来进行。祖籍广东者的组织如表3.1所示，除以上所述外还有一些其他的团体。

战前，在横滨中华街除祖籍广东者的组织外，还有来自其他地区的人组成的团体组织。1887年由三江帮①创立了三江公所，1939年有14名会员，除两名贸易商以外，多是高级西服制造商，其他还有西洋料理、理发、钢琴制造业者等。在关东大地震之前，祖籍三江者们也创办了学校。而且，战后不久，三江公所组织了舞龙俱乐部，每年"双十节"、横滨国际化妆游行等都会进行演出。舞龙俱乐部后来由华侨学校的校友会继承。当时唯一的福建帮组织，是1918年成立的新兴福建联合会，是以料理业、制面业、杂货业、布匹商等行业人员为中心的同乡团体。

2. 现在的同乡组织

现在的横滨主要有祖籍三江者组建的京滨三江公所，祖籍广东省高明、高要、鹤山者组建的广东要明鹤同乡会，广东省的广东同乡会（广东会馆），祖籍台湾者组建的台湾同乡会，祖籍福建者组建的福建同乡会，祖籍东北者组建的东北同乡会以及祖籍山东者组建的山东同乡会。

京滨三江公所因不是只由祖籍一个省的人创立的，所以相比其他的同乡组织更开放，是个包含了多样文化的组织。1997年前后有会员70人左右②，世代比率是一代25%，二代50%，三代以下25%。主要是以亲睦为目的举办一些活动，主要的活动有新年的新春联欢会、春节拜年、清明节与中元节的扫墓、冬至的料理会以及年终联欢会。另外，在公所的公馆内平时也举行麻将和录像欣赏等活动。但是现在会馆的年轻人越来越少，如何与作为继承者的年轻人进行交流也是个大问题。公所的运营主要是靠出租会馆的一部分所得的收入与会员一年6000日元的会费来维持。不过最近一些新华侨亦开始出入三江会所。

广东要明鹤同乡会的前身是1917年成立的要明同乡会。九一八事变后不久，由于遭到警察取缔，同乡会被迫解散。1952年以亲睦为目的重新设立，当时会员有130人左右。1963年建造了同乡会的会馆，作为同乡会的活动场所起着重要的作用。会馆作为交流场所和娱乐设施，平时也对会员以外的人开放。一年中的活动有新年前后的新春联欢会、清明节扫墓、9月1日震灾纪念日的扫墓等。其他还有每月一次的例会、一年一度的敬老会、回中国的归乡旅

---

① 原指祖籍江苏、浙江、江西者。也有说法认为不是江西而是闽江（王，1995：613）。虽然很难划定范围，但一般认为是指中国的江苏、浙江、安徽、江西、湖北等地区。

② 这是缴纳了会费的会员人数，也有新华侨的加入（萧英会长1997年的教示）。目前的人数有一些变化。

行、对中华学校的捐赠、对故乡的学校以及桥梁建设的捐赠,同时也为中华街的建设事业提供资金及人才。同乡会的运营资金主要是所有大厦的收入和会员的会费。2000年前后从横滨到东京、名古屋,有会员350名左右,董事、理事等20名左右,华侨第二代和第三代是其核心。

在横滨,祖籍广东者占多数,因为需要有一个能代表所有广东人的组织,1952年设立了广东同乡会。1954年由各同乡会捐赠建造了广东会馆,此后这便成为了同乡会的代名词。1999年前后有会员135名,理事13名。会员大多是中华街的经营者,也是中华街发展会协同组合的主要成员。而且与其他同乡会相比更频繁地召开例会,不仅讨论会馆的事务,也经常会讨论中华街全体、华侨全体的事务。因为成员的一部分是明鹤同乡会成员,所以年中活动几乎与要明鹤同乡会差不多。现在的会馆是1994年重新改建的。一楼是可以办红白事的大厅,二楼是休息室,三楼是会议室,四楼是租赁办公室,五楼则是中华街发展会协同组合的办公室。除了五楼,会馆的设施随时都可出租。会馆主要是以这些事业以及会员的会费来运营。

横滨福建同乡会的前身是1918年设立的新兴福建联合会。1940年初期活动中断。1961年日本全国福建同乡会的第一次大会在京都召开,但横滨福建联合会的正式复兴是在1964年,并于1965年改名为福建同乡会。1968年建造了福建会馆。1998年时有会员200名人,理事16名,但日常参加活动的人很少,不征收会费,经营主要是靠拥有的会馆的收入。同乡会中还有青年会和妇女会,以亲睦为目的定期召开例会,有时也组织旅游,并参加福建同乡会一年一度在各地轮流举办的全国大会。横滨福建同乡会独自举办的年中活动有旧历新年的新春联欢会。长崎和神户的普度也会有个人参加。因为一起协助中华街的建设和关帝庙的建造等,所以通过春节和关帝诞辰,也和其他同乡会进行交流活动。但是,横滨福建同乡会没有像神户和长崎的福建同乡会那样,在寺院举办独自的活动。[1]

虽然同乡会的活动都是各自举办,但也齐心协力于中华街的建设。然而,同乡会组织的成员趋于高龄化,继承者的问题成了共同面临的课题。因为对于生长在日本的年轻一代来说,比起同乡会,学校的校友会、同学会和地区的经济组织更有吸引力。

---

[1] 根据福建同乡会魏伦庆的教示(1997年)。

（三）华侨总会

1945年10月组成了横滨临时华侨总会。1946年3月，成立了横滨华侨联合会，正式开始进行有关华侨的事务性活动。不久，一直以来由中华会馆管理的土地、财产、运营业务以及关帝庙和中华义庄的管理等工作全部由华侨联合会接管。1951年在东京召开"日本全国华侨联合总会大会"，之后横滨华侨联合会改名为横滨华侨总会。

随着中华人民共和国的成立，华侨也分成大陆派和台湾派。在1953年横滨华侨总会的理事会上，理事间产生分歧，大陆派的三名理事脱离总会，成立了新的横滨华侨联谊会。之后，横滨华侨社会因意识形态的分歧而一直处于分裂状态。随着1972年日中两国恢复邦交，华侨联谊会正式改名为华侨总会，但是实际上存在着两个华侨总会。

华侨总会本来是以维护华侨的权利、寻求华侨福利和文化教育水平的提高、促进日中友好为宗旨的（而且，横滨的华侨总会也管理着中华义庄等资产），但是因为华侨总会分裂成两个派别，所以围绕华侨的财产和土地的诉讼持续了30多年。另外，意识形态的对立对维持华侨的传统文化也产生了很大的障碍，曾经举行过的祭祀也几乎是无法继承或中断。

日中两国恢复邦交以来，特别是进入1980年代后，随着政治局面的逐渐缓和，终于在1986年，双方首次合作创办了中华街春节活动。后来，在关帝庙及妈祖庙的建设，以及随之重新举办祭祀、中华街的各种活动和集会中，双方开始共同合作，但却没有正式使用"华侨总会"的名义。

华侨总会主要以其会员的会费和捐款以及管理委托费等来维持。华侨总会由会长、副会长、常务理事、理事、常务监事、监事以及事务局长等40名左右的人员构成，但日常的工作是由事务局长及几位事务员来负责。

第二节
传统文化符号的继承及其社会功能

一、祭祀及其演变

横滨的传统祭祀如表 3.2 所示。近年来随着中华街春节祭的举行，一些传统祭祀亦相继复兴。这是华侨们超越意识形态分歧谋求合作的结果，同样的现象也可以在新的国家性节日活动如国庆节时看到。本章将依次介绍关帝祭、清明节、"双十节"和国庆节的变迁过程。

表 3.2　横滨华侨每年按惯例举行的活动

活动名称	举办场所	日期（旧历）
元旦新年会	华侨总会、各同乡会	1月1日（新历）
春节	中华街	一月一日
福德正神诞辰	关帝庙	二月二日
观音菩萨诞辰	关帝庙	二月十九日
清明节	中华墓地	4月5日（新历）
关帝祭（关帝诞辰）	关帝庙	五月十三日
观音祭	关帝庙	六月十九日
关帝诞	关帝庙	六月二十四日
观音祭	关帝庙	九月十九日
国庆节	中华街	10月1日（新历）
"双十节"	中华街	10月10日（新历）
新年倒计时	关帝庙	12月31日（新历）

（一）关帝庙的重建和关帝祭的复兴

1. 横滨关帝庙

关于横滨关帝庙的起源有多种说法，《横滨华侨志》中有其创建于1873年的记录（王，1995：184-185）。中华会馆恰好也在这一年创建，在它的牌记开头写着"会馆之所设，所以联众志商众事也。此馆创建于同治癸酉年中，奉武帝仰赖庇荫，祀事弗懈。以故客是地者，咸庆无恙，偏间一厅，集众恒于斯焉云云"（中华会馆创建于同治十二年，即1873年，各帮之人聚集在此商议众事，同时祭祀关帝以求其庇护）（内田，1949：230-221），可见创馆的目的之一就是祭祀关帝。《横滨市史稿》中记载着关帝庙的建造时间在1874年或者1875年左右（横滨市政府，1932：577）。另外，一份1876年的报纸上有报道描述了在关帝庙举行关帝祭时的情形①，因此至少可以肯定在这之前关帝庙已经建成了。

关帝庙在1886年进行了扩建和整修，1891年又有一次大的改建。对于当时关帝庙的外观，《横滨市史稿》中有如下记载："（关帝庙）四周是砖墙，门楼大殿宏伟壮丽有如城郭"（横滨市政府，1932：577）。关帝庙在1923年的关东大地震中倒塌，1925年祖籍广东的陈洞庭和温炳臣组织对其进行了重建。然而重建后的关帝庙在1945年的横滨大空袭中再次被烧毁，1946年在台湾人吴长榜和广东人梁次如等的倡议下再次重建（王，1995：185）。

1986年元旦，来庙中参拜的人络绎不绝，一阵大风引起的火灾烧毁了关帝庙的一部分。由于关帝作为财神是在横滨华侨的精神支柱，关帝庙的重建工作牵动着全体华侨的心。火灾后不久以吴笑安（原台湾派华侨总会会长）为首成立了关帝庙重建委员会，计划向华侨筹款重建关帝庙。但是因为华侨总会在不动产的暂行处理等问题上意见不统一而使计划搁浅。如前所述，1952年以后，横滨华侨由于政见不同而分裂，围绕着共有资产如学校、中华会馆、关帝庙的管理等问题一直存在纷争，这些问题一天不解决，关帝庙的重建就一天不能落实。就这样过了一年，在讨论重建关帝庙时不牵涉政治观点的"政教分离"呼声越来越高，越来越多的人希望华侨能团结一致重建关帝庙。

1987年1月17日的神奈川报纸上有一条马伟初（原大陆派华侨总会会

---

① 据1876年6月5日的《横滨每日新闻》记载，旧历五月十三日在关帝庙举行的关帝祭，聚集了很多留辫子的华人。供品有猪肉、羊肉、鸡肉、点心等，还有鼓、喇叭、三味弦等乐器伴奏。

长)用中文、日文登的广告:"集结华侨总愿,遵循传统,重建宏伟庙堂!"正文的大意如下:关帝庙供奉着我华胞历来敬仰的英雄,是值得世代相传的文化遗产。关帝庙长期以来保佑着华侨的商贸活动,重建一所无愧于后人的关帝庙是众望所归,无关乎性别、年龄和政见。我们应该尊重这种愿望,在重建时把对关帝的信仰放在首位。为了重建关帝庙,华胞应该团结一致。

在这样的情势下,"中立派"华侨中有实力的人再次组成关帝庙建设委员会,着手重建工作。第三代华侨、横滨PR建筑设计事务所的中山严所长负责设计工作,他的设计融合了台湾和北京古代建筑的优点;北京古代建筑公司负责外部装修,晖华石材有限公司负责其正殿的内部装修。

与此同时,资金的募集也进行得很顺利。1990年春,花费总额约5.8亿日元的关帝庙竣工。这是华侨们超越意识形态分歧,齐心协力共同合作完成的事业,是继春节祭之后中华街又一件具有划时代意义的事,给横滨的华侨史增添了崭新的一页。

2. 关帝祭的变迁

历史上关帝庙自建成起,每年都举行关帝祭(五月十三日)和关帝诞辰(六月二十四日)庆祝活动。对此《横滨市史稿》中有如下记载:"关羽庙建成以来,每年旧历五月十三日举行祭典。""一整天全街上下进行祭祀活动,大家饮酒欢娱。"(横滨市政府,1932:597)在它的卷首插图中还描绘了1910年关帝庙重建25周年在六月二十四日这一天举行关帝诞辰庆典的盛大场面(图3.1)。

图3.1 横滨关帝庙重建25周年关帝诞辰庆典(横滨开港资料馆收藏)

第三章　横滨华侨的社会空间与祭祀文化

　　关帝祭的那一天，人们放爆竹、烧纸钱，还要摆上鸡鸭鱼肉等供品（横滨每日新闻，1877年6月5日），"举行大型戏剧表演的时候，就会在关帝庙前的空地上搭建临时的剧场"（横滨市政府，1932：247）。"明治三十年，华侨花费巨资做了龙狮和道具，龙狮镶满金线银玉，十分华丽。祭祀当天的舞狮和金龙戏珠最为壮观……先是一阵铜锣声，只见大小旗帜翻舞，（演员）扛着降妖伏魔的法器在震耳欲聋的爆竹声中慢慢前进"（横滨市政府，1932：579），"华侨们在清乐声中焚香拜祭"（内田，1949：221）。在关帝祭时，有许多戏剧、奏乐、舞狮和舞龙的表演。

　　关于这些艺能的由来没有详细的记载，但1887年7月10日这天的《绘入朝野新闻》上有一篇题为《中国戏剧》的文章记录了日本门户开放后清朝戏剧第一次在日本上演时的情形："横滨真砂町2丁目的冈本某花钱请中国的戏剧演员源昌隆、新纪仔等11人，在住吉町的港座表演清国戏剧，演员的酬金是两天160日元。前天是表演的第1天，由于这是日本开放门户后中国戏剧第一次公开表演，所以场面极为热烈。"（粟仓，1996：178）另外，同一天的《大和报》上也以《清国戏剧》为标题记载了这件事。① 从这些报道中可以看出：①1887年，中国（清朝）的演员第一次在日本表演戏剧；②7月正好是旧历五月或六月，可能和关帝祭有关；③如果是这样的话，在关帝祭表演戏剧应该是1887年以后的事。

　　进入20世纪，广东人的戏剧团体和亲会仍在表演上述的一部分节目。这个团体创立于1910年，1939年时它的会员就超过了120名，到战前一直传承着传统戏剧艺能。②

　　战后不久，1946年华侨重建了在空袭中倒塌的关帝庙，并从第二年开始由横滨中华青年会恢复关帝祭时的戏剧、奏乐、舞狮等表演。另外，因1923年关东大地震而中断的舞龙表演也由三江公所复兴。然而到了1960年代中期，这些组织由于缺乏后继者而被迫解散，表演活动也就中断了。从1970年代开始华侨校友会在关帝诞辰时会不定期组织表演舞狮。除此之外，在1990年新的关帝庙建成以前，关帝祭和关帝诞辰时几乎没有艺能表演。

　　现在的关帝诞辰庆祝活动是在1990年关帝庙重建后的1991年开始有组织地举行的。其运营组织由组织委员会和执行委员会组成，组织委员会就是关帝

---

　　①　"在横滨住吉町的港座，有人花钱请近期从中国坐船过来的演员源昌隆等11人，从8日开始表演清国的戏剧。入场费从30钱到50钱不等。"

　　②　如前所述，横滨的早期华侨以广东人为主，这里所谈及的戏剧，很有可能是广东粤剧。

庙管理委员会，而执行委员会的成员大部分是中华街各组织的代表，他们接受管理委员会的委托组成关帝诞辰庆祝活动执行委员会。关帝诞辰庆祝活动主要依靠关帝庙管理委员会的资金运转。

关帝诞辰庆祝活动在六月二十四日举行，主要有两项大的活动。上午进行庆祝关帝诞辰的拜神仪式，同时，也举行庆祝本年新生儿诞生的活动，通常只有相关人员才能参加这个仪式。傍晚开始在中华学院（在关帝庙旁边）的操场上举行文艺晚会。晚会上有当地团体表演的舞狮、舞龙、中国舞蹈、中国民乐、中国民谣等节目，有时还会邀请在东京的中国艺术团表演杂技和京剧。关帝诞辰这一天，主要道路两边会摆出各种各样的货摊，关帝庙廊檐下有中国传统工艺品展、美食展，还有儿童广场以及两所华侨学校、三所日本小学的孩子们的绘画展。

由于华侨们的信仰而复兴的关帝诞辰庆祝活动是基于春节祭的经验举行的，所以不管是管理方式还是活动都有一部分沿袭了春节祭的形式。关帝诞辰庆祝活动已经被惯例化，成为中华街建设中重要的一环——"夏祭"。

（二）墓地的修整和清明祭的复兴

横滨的清明祭在华侨的墓地中华义庄举行。中华义庄建成之前，在横滨客死的华侨和其他外国人一起葬在山手的墓地。但是，随着下葬人数的增加和风俗习惯的差异，1866年神奈川政府将外国人墓地东面一角500坪的土地（山手町117号）租给中国人作为墓地。后来随着死者增加，这块土地也不够用了，于是在1871年，中华会馆的理事又向神奈川政府提出了租借土地的申请。1893年神奈川政府将久良岐郡根岸村大尻的1000坪土地（现中区大芝台7号地）租给了华侨，这里成为中华义庄的起点，第二年又租借了毗邻的255坪，合计1255坪（王，1995：225-227）。1892年，在中华义庄的一角建造了地藏王庙。这是因为当时横滨的墓地中没有祠堂，这对扫墓的人来说极为不便，而且墓地也有逐渐荒废的趋向，因此清国领事和中华会馆的理事们商量后决定建造地藏王庙。120个横滨华侨捐出3742日元（当时的价钱）作为建设费用（横滨开港资料馆，1995：45）。

从前在华侨社会中有"归葬"这一风俗，就是客死他乡者的遗体要运回本国。这是因为中国人敬仰鬼神，历来有"重死不重生"的传统。举行这样

第三章　横滨华侨的社会空间与祭祀文化

的葬礼是横滨华侨同乡团体的重要职能①，因为中华会馆仅负责墓地和棺柩的管理，如果有人没有能力归葬的话就需要各公所为其安排。死者的棺柩先由中华会馆暂时保管，在清明前一起送回本国；对于资金困难者，有时会馆也会提供一些帮助代送回故里。在长崎和神户每10年、横滨每3年有一次棺船，就是用船把棺柩送回本国。后来神户和横滨都是每隔10年一次（内田，1949：196、240）。横滨的棺船在1923年停止（王，1995：230），神户最后一次归葬是在1936年（鸿由，1979：107）。停止归葬的主要原因可能是关东大地震和后来的"二战"。

归葬这一风俗废止后，随着死者的增加，墓地又不够了，于是开始实行火葬。为了安置火化后的遗骨，1942年广东同乡会三邑公所副会长个人出资建造了安骨堂，华侨西服行会出资建造了一对石龙。1971年，在横滨自由妇女协会的提倡下各同乡会协力重建了安骨堂，次年华侨总会建造了安置棺柩的安灵堂。1988年，中华会馆对墓地进行了整理，同时为无名死者建造了中华公墓。1990年，在地震和战争中免遭破坏的地藏王庙被选为横滨市的有形文化遗产，于1993年重新整修。

从前华侨的葬礼非常隆重，清明节时中华会馆会举行集体的祭祀。② 了解情况的华侨这样描述当时的情形："送葬队伍浩浩荡荡，从山下町一直排到元町，一路上有打击乐和吹奏乐伴奏，布制、绸制、纸制的丧旗林立。送葬的人披麻戴孝，死者家属乘坐人力车，后面跟着号啕大哭的妇女。队伍中有人拿着花圈和很高的纸人，还有四人一组挑着盛有鸡鸭鱼肉、蔬菜、水果等食物的容器。死者身着崭新的中式服装，棺柩很气派，四周有漂亮的刺绣，由八到十二个年轻人抬着。在告别仪式上，大家向遗体行礼，三跪九拜，焚香烧纸钱。"③ 这样的葬礼在战后还持续了一段时间。

清明节的时候，一家人一起去扫墓，除了香、花、纸钱外还要在墓前摆放鸡鸭鱼肉、水果、点心等供品。拜祭按地藏王庙、山神、亲戚朋友的墓、下神

---

① 对此，内田叙述道："他们觉得把客死他乡的人的遗体留在外地，不运回故乡葬在同族人的墓地或公墓，会遭到死者魂魄的报复，而且他们坚信做这种恶事的话家里人也会遭殃。另外，在社会上那些对同乡不尽情谊的人会受到别人的轻视。各公所的贸易商人们都有很高的经济地位，加上以上种种原因，他们都会竭尽全力帮助那些有困难的同乡人将灵柩送回故里。"（内田，1949：195）

② 从内田（1949：241）来看，当时中华义庄的经费由会馆承担，清明节、中元节的祭祀费用也是从会费中拨出的，可以推测清明节时进行了由中华会馆组织的集体祭拜。

③ 对明治中期开始父子两代都是中华义庄管理员的竹内一男（1997年）以及山手中华学校的符顺和（1997年）的访谈。

这样的顺序进行。① 之后还要在自己家里设祭坛拜神。1988年，中华会馆对墓地进行整理后，为了保持墓地的清洁，规定必须把供品中的食物带回去，这样一来供品就慢慢地简化了。越来越多的年轻人和日本人一样只供奉花和香。从战前开始，中元节和清明节的时候各公所、同乡会在集体拜祭完后，还要举办宴席；现在仍有这样的习惯，但没有艺能表演。

1988年中华会馆对中华义庄进行的整理也是横滨华侨意识形态对立逐渐和缓的结果。在清理过程中挖掘出很多无名死者的遗骨，有必要把它们集中起来供奉。于是中华会馆出资600万日元建造了中华公墓，收纳了约200具无名死者的遗骨。同年的重阳节，由中华会馆首次举行纳骨仪式。之后中华会馆每年清明节都举行中华公墓的佛事兼纳骨仪式。

仪式一般在地藏王庙前举行，参加者有会馆的职员和各同乡会代表约40人，其间还要燃放爆竹。现在的佛事在清明节和中元节②（中元普度供养会）举行，中华会馆拿出约5万日元购买香、纸钱、点心、水果等供品。

（三）横滨妈祖庙的建设

横滨中华街以前曾有过妈祖祭祀，是在横滨开港后不久建立的第一代关帝庙里和清国领事馆内进行。之后的第二代关帝庙（1925—1945年）和第三代关帝庙（1946—1986年）里，据说也有过妈祖像。1986年关帝庙失火时，据推测说是有信者将其转移到箱根的观音福寿院安置。而在福寿院每年都会举行妈祖祭祀活动。有关横滨妈祖祭祀，在《日本华侨社会》一书中，内田在论述中华会馆的功能中提到阪神、函馆和横滨的三家中华会馆的祭拜活动有三月二十三日祭拜天后、正月初一、清明节、端午节、中元节、中秋节、冬至等。祭日之时，进行烧香、祭神、摆酒宴等仪式（内田，1949：236-237）。这里的祭拜天后，即祭拜妈祖，关帝庙的妈祖祭祀曾经由中华会馆组织进行。但是"二战"后，除了关帝祭以外，在横滨几乎没有涉及妈祖祭祀和中元节的记录。在2000年的调查中，也没有人提到过有妈祖祭祀。由此可以判断，在横滨几乎没有妈祖的信仰者。然而，横滨中华街于2006年建立了很壮观的妈祖庙。由其建设过程可以观察到中华街打造街区文化的背景。早在1990年代，关帝庙建成后，曾经有人提到过在中华街山下公园附近建立妈祖庙之事，因为

---

① 山神是墓地深处像塔一样的石刻物，下神是指年幼的无名死者（符顺和提供）。
② 中元节就是日本的盂兰盆节，在横滨称为旧盆，但知道的华侨很少，不如长崎、神户普及。

这里曾经是清国领事馆旧地，但是直到2003年都没有实现。当时大京株式会社将山下公园附近、中华街南门丝绸之路一角的土地买下，准备在此地建立住宅公寓，并在2003年召集横滨中华街发展会协同组合成员和一部分居民对此进行说明和解释，遭到了以组合成员为中心的中华街居民的反对。在中华街内建设公寓，将破坏中华街的景观，也会给中华街的人流和各种活动带来不便。于是，以中华街发展会协同组合为首掀起了抗议运动，最后是中华街从银行借款买回了这块土地，并计划在此地建设妈祖庙。① 中华街发展会协同组合的计划中，曾经有在中华街建立华侨博物馆的设想，买回这块土地后，也试想过在此地建立华侨博物馆，但是由于土地的面积不够，只好放弃。土地的问题解决后，中华街发展会协同组合迅速成立了妈祖庙理事会，并启动了重建妈祖庙的规划项目。并于2004年访问台湾和福建等地的妈祖庙，在建设庙宇等方面则得到了中国来的工匠以及台湾台南天后宫的大力支持。通过妈祖庙的建设，横滨中华街还与台南天后宫建立了友好协作关系。2006年妈祖庙正式竣工，在请妈祖像进庙和妈祖祭祀等一系列的仪式和运作过程中，台南天后宫传授了具体的礼仪程式，并在横滨中华街妈祖庙开庙迎神舆之际提供了人力支援。如前所述，历史上横滨华侨以祖籍广东者为多，在信仰上主要以关帝为主，在建立妈祖庙之前的几十年，横滨几乎见不到妈祖信仰和信者。以文化为基础的横滨中华街的建设信条，使得妈祖庙能够在横滨中华街上出现，这在世界各地的中华街里也算是一件罕见的事例。从横滨中华街妈祖庙建设轨迹的介绍中可以观察到其建设的背景和宗旨。横滨开港后不久，"居住在横滨的中国人日益增多，他们建立了关帝庙，传说在庙中亦祭拜妈祖，亦有记载说明治时代的清国领事馆内（现在山下小公园所在地）曾经也祭拜过妈祖。祭祀15世纪传到日本冲绳，目前日本全国各地安置妈祖像的庙宇等有20多处。横滨妈祖庙是与港都横滨相符的祭拜保护航海安全的妈祖神的文化设施，建立妈祖庙的目的不仅是为了中华文化的继承和发展，通过妈祖庙也会增添和创造横滨中华街的新的魅力，从而为横滨地域社会的发展做贡献。以此目的推动的妈祖庙建设，得到了诸多方面的赞同和支持，使得妈祖庙的建设规划顺利进行，于2006年3月17日妈祖庙正式竣工开庙"②。可见，妈祖庙的建设并不完全出于对妈祖的信仰传统，而是以妈祖信仰作为媒介，使其为中华街的建设和发展服务。此举与华侨历史和日本的现实有关，并作为在横滨继承和发展中国传统文化以及对

---

① 小田丰二：《横滨中华街物语》，集英社，2009年，第210~213页。
② http://www.yokohama-masobyo.jp/jp/tracks.html.

横滨地域社会做贡献的历史和现实依据，成为横滨中华街建设街区的重要组成部分。通过妈祖庙的建设，中华街与台南天后宫建立了新的宗教文化网络。妈祖庙管理委员会由理事 6 名、评议员 18 名、具体有关事务执行人员 12 名等组成，理事长是前中华街发展会协同组合的理事长林兼正。

横滨妈祖庙每年三月二十日举行妈祖祭，妈祖祭的形式和内容一部分是台南天后宫传授的，另一部分则是关帝祭的沿袭。祭日当天上午 11 点起在庙内举行拜神仪式，烧香、念经、供祭品、烧纸钱。同时还举办当年新生婴儿的祈愿仪式，参加者仅限于有关人员，但是从庙外可以看到仪式的情景。之后从下午 2 点到 4 点在中华街举行妈祖巡游，巡游模仿了台南天后宫的形式：首先登场的是高达 3 米左右的"千里眼"和"顺风耳"将军，之后是台湾赠与的"四海龙王"、"月下老人"、"招财童子"、"进宝童郎"等，随后是狮子舞和龙舞，最后登场的是由八人抬的妈祖神舆，抬者走独特的"北斗七星步"。游行途中还举行钻神舆的活动，信者跪蹲一排，神舆从头上抬过，传说是可以去厄得福。愿意者交上用红纸包好的布施即可参加。2012 年，为了突出在夜晚的神采，神舆装了彩灯饰品，巡游较往年向后推迟了两个小时，而且台南天后宫将军会也出动了一部分人来参加巡游。①

（三）"双十节"和国庆节

"双十节"是每年 10 月 10 日庆祝中华民国成立的节日，中国在 1949 年之前都把"双十节"作为建国纪念日。中华人民共和国成立后，"双十节"在台湾，这一天会有队列游行、舞龙、舞蹈等盛大的活动；在大陆则是纪念孙中山的节日，有时会举办一些介绍他生平的展览和座谈会等纪念活动。

极易受国内形势影响的横滨中华街在 1913 年首次庆祝"双十节"。对此，1913 年（大正二年）10 月 11 日的《横滨贸易新报》作了如下报道："中华街的店铺都挂上了民国国旗，关帝庙也装饰一新。华侨们举行了各种庆祝活动。""南京街非常热闹，晚上 8 点开始有彩灯游行队伍，领事馆那里还有舞龙表演。"另外，还有民国后中华会馆在国庆日举行茶话会的记录（内田，1949：238），可见"双十节"的庆祝会是由中华会馆举办的。

战后，横滨中华街仍庆祝"双十节"，由中华青年会（1946 年成立）表

---

① http://www.chinatown.or.jp/agenda/event/2013masosai.

演话剧、舞狮等。① 不过战后的这些庆祝活动改为由华侨总会负责。横滨的华侨分裂后,带有政治色彩的"双十节"活动就由亲台湾的华侨总会举办。特别是在1972年日中邦交正常化以后,为了动员更多的人参加,他们特意把中华学院的运动会改到10月10日,让学生们能直接去参加"双十节"的队列游行。从1976年的"双十节"开始,为了吸引更多中华街以外的人,如留学生、日本人来参加,主办方增加了活动的内容,除了原有的舞狮、舞龙、中国舞蹈、太极拳外,还加入了韩国民族舞蹈、日本舞蹈、乐队演奏等项目。2013年的"双十节"活动,有舞狮、舞龙和游行,在横滨中华学院还设有舞台,表演民族舞蹈和音乐等。

"双十节"的庆祝活动吸引了不少观光客,再加上这一天正好与日本体育日相近,所以现在的"双十节"除了带有政治色彩外,逐渐固定下来,成为中华街建设中重要的的节日。

中华人民共和国成立以后,把1949年10月1日定为建国纪念日,即国庆节。横滨中华街的国庆节是在华侨总会和华侨学院分裂后,由亲大陆的华侨总会举办。活动的内容有游行、放爆竹、舞龙、放映电影和舞会等。活动经费主要来自捐款。

1972年,日中邦交恢复正常以后,参加国庆节的人数超过1000人,是往年的两倍。游行中有舞狮、舞龙、中华学院舞蹈班的民族舞等表演,在广场上有中国特产展销和中国美食展。华侨总会在这一天举办宴会庆祝国庆节和《中日和平友好条约》的缔结。出席宴会的除了华侨外,还有横滨市内各界的日本人,以及驻日中国大使馆的代表。另外,华侨总会还专门派代表回国参加国内的纪念活动。

1994年,为了庆祝建国45周年,横滨华侨总会根据理事会的决议,成立了国庆节执行委员会。委员会召开13次会议后做出了一份全新的国庆节企划。对于这一年国庆节的情形,1994年11月1日的《横滨华侨通讯》有如下记载:"10月1日这一天举行了丰富多彩的活动。总会前的广场上搭建了舞台,从下午1点开始有5场表演,分别是舞蹈、民族乐器、乐队演奏、黄河合唱团合唱以及舞狮表演。周围是集市,旁边可以打免费的国际电话。另外,在妇女会馆内还布置了国内和横滨华侨的照片展,让数千名华侨和市民喜出望外。横滨华侨的拿手好戏舞龙和舞狮将节日的气氛推向高潮。下午4点开始的则是这

---

① 对中华青年会负责人之一的容振权的访谈。1948年10月11日的《神奈川新闻》亦记载,大概有1500个学生和青年参加了游行活动,还有舞龙、舞狮表演。

次国庆节的一个新项目,由130人身着少数民族华丽服装组成队列参加游行,从而成为庆祝活动的压轴好戏。"

国庆节的规模逐渐扩大,正像"让数千名华侨和市民喜出望外"这句话说的,国庆节和"双十节"一样,除却其政治性外,已经成为中华街文化建设的重要一环,成为中华街秋季的节日。

二、华侨的传统艺能及其传承

(一) 会芳楼

会芳楼建于1870年左右,是兼作饭店和剧院的综合娱乐场所。它的主人叫韦香圃,是清国人集会所成立时的董事和中华会馆的董事,在华侨中很有地位。会芳楼作为横滨居留地的重要场所,不仅是中国人,连欧美人和日本人也经常光顾。除了中国的名角演出戏剧外,欧美人和日本人也在里面表演(横滨开港资料馆,1995:53-54)。这个剧场对华侨的祭祀节日活动有着特殊的意义,对此,《横滨市史稿》有如下记载:"明治十三四年左右,侨居地中国街135号建造了一座规模很小的剧场,异国的艺人不定期地在那里举行各种表演。这个剧场对于华侨来说是一个寄托乡情的地方,横滨人称其为南京剧场。"(横滨市政府,1932:247)会芳楼在1918年改名为同志剧场,后来在关东大地震时倒塌。会芳楼的存在曾经让横滨华侨充满了精神寄托,而在其中所举行的各种表演也在一定程度上对华侨的传统艺能起到了传承作用,是早期华人艺能传播的重要场所。

(二) 继承传统艺能的华侨组织

1887年,一些江苏、浙江、江西人成立了三江公所,他们的成员首先组成了舞龙队,并在关帝祭上表演。如前所述,目前还有他们当时挥舞巨龙的照片(横滨开港资料馆,1994)。① 另外,在《横滨市史稿》中也记录了关帝祭的祭典上表演金龙戏珠时的情形。但后来因为1923年的关东大地震,舞龙就中断了。

---

① 有关三江公所舞龙记录参照前一节关帝祭事项。

第三章　横滨华侨的社会空间与祭祀文化

　　1910 年，广东人成立了戏剧团体和亲会，1939 年时会员达到 120 人。和亲会是一个联谊性质的组织，同时也由一些厨师和公司职员表演戏剧（内田，1949：334）。这个团体对祭祀和艺能的传承起了很大的作用。不过其活动到战后就停止了。

　　中华青年会是华侨中的青年们在战后混乱时期为了增加彼此间的联系，以联谊为目的在 1946 年 4 月 11 日成立的组织。当时青年会的会员超过 200 人，职员 26 人。青年会中设有文化部、体育部、音乐部、总务部、外联部、观察部（检查部）。在学校还没有恢复的时候，青年会买来的桌椅都放在初任会长容振权家里，并召集华侨子女辅导他们学习。另外青年会还负责注射传染病疫苗等工作。①

　　中华青年会的主要艺能机构有文化部的话剧组、粤剧组，体育部的棒球队、篮球队、桌球队以及音乐部的国乐研究班。体育部有日常性的活动，棒球队和桌球队还经常参加和日本人的比赛。青年会有时去神户参加和神户中华青年会的联谊活动，还参加全国华侨团体的友谊比赛。

　　文化部组织话剧、粤剧的表演，音乐部有国乐（主要是广东音乐）表演。话剧的剧目有《雷雨》等中国名作和日本、西洋的名剧，每年一次在"双十节"时演出。粤剧有《难兄难弟》、《母贤子孝》、《金璧辉煌》等中国传统剧目，道具及服装都是从香港购买的，每年在关帝诞辰时表演。

　　中华青年会在成立初期，作为宴席的余兴节目，曾经用纸板箱和打包裹的布作狮子舞的即兴表演。后来他们请船员从香港购买了正式的舞狮道具和一套乐器，让曾在大陆和香港待过的会员作指导，成立了舞狮部。此后，舞狮部每年的关帝诞辰和"双十节"在中华街进行采青和游行活动，同时也在结婚庆典和港口节等节庆时登场表演。

　　中华青年会的活动到 1960 年代中期已逐渐走向形式化，其中重要的原因是没有后继者。华侨分裂成两派后，中华青年会宣布中立，会员的招募工作也停止了，因此一直没有新的成员加入。可见，华侨社会的分裂使得中华青年会的活动大大减少，从而对艺能的传承也造成很大的影响。随着青年会会员的老龄化，1966 年舞狮部被迫解散，它的技艺传给了中华学院和山手中华学校的校友会，一直延续至今。

　　中华青年会并不是每个人都可以参加，它采用的是"直系继承"的方式，即只有父亲是会员，其子女才可以入会。但是如上所述，会员的减少已经关系

---

① 对容振权的访谈（1997 年）。

到青年会的存亡，所以后来采用会员推荐的形式，每年吸收两名左右的会员。2000年前后青年会有90余名会员。会费是每年1000日元，主要用于联络和联谊会。除了旧历正月举办新年会、每两年组织旅游外，没有其他的单独活动。① 而许多会员同时也是同乡会、校友会、华侨总会、中华街发展合作会等组织的会员或职员，他们更多的是参加这些组织的活动，如指导舞狮表演和策划举行活动等。

（三）华侨学校和艺能的传承

1897年孙中山来到日本。为了华侨子女的教育问题，他创办了中西学校，这是横滨最早的华侨学校的前身。1898年，中西学校更名为大同学校，学生有400余人，校舍设在山下町，用广东话上课，以教授儒学为主。1905年，孙中山提议创办了横滨第二所华侨学校，取名就叫华侨学校。当时有学生200余人，也是用广东话上课，传授三民主义和中华革命思想。其后，祖籍三江者在1908年创办了中华学校，学生约100人，用上海话授课。1921年建校的志成中学用中、日、英三种语言上课，主要教授这三门语言和数学。后来，这些学校都在1923年的关东大地震中倒塌了。

1924年，原有的华侨学校合并为广东小学，校址位于离中华街不远的新山手町。同年9月学校迁到关帝庙附近，改名为中华公立学校，约有400名学生，用广东话授课。这所学校在1945年的横滨大空袭中倒塌，1946年9月重建，还增设了幼儿园。在新的学校中，由来自中国的教师和东京的留学生用普通话授课，当时约有800名学生。②

但是，因为1952年发生的"学校事件"③，华侨分裂为两派，学校也分为支持台湾的横滨中华学院和支持大陆的横滨山手中华学校。

---

① 中华青年会和中华街发展会理事谢成发提供（1997年）。
② 《横滨山手中华学校和中华学院的变革》（菅原，1991：246－247），山手中华学校符顺和提供（1997年）。
③ 中华人民共和国成立后，学校的年轻教师希望把这些信息传达给学生，但当时台湾当局和日本仍有"外交"关系，他们担心学校的赤化（受共产党影响变质），所以从台湾派了老师，把原来的老师都赶走了。但是派来的老师没有得到校董事会的认可。有一次学校举办展示会时，学生的作文中出现"解放"这样的字眼，正好被来学校视察的代表团看到，就怀疑学校的教育有问题。1952年"领事馆"任命了新的校长，暑假时派了警察，9月1日封锁了学校。被排斥的亲大陆华侨召开临时会议商讨对策，暂时在25户华侨家里分散授课。当时学校850名学生中，有650人接受了分散授课。剩下的学生中有一部分转到日本或美国的学校。（原校长鸟勒吉、山手中华学校符顺和提供，1997年）

第三章　横滨华侨的社会空间与祭祀文化

1. 横滨中华学院及其校友会（龙狮部）

中华学院1997年共有约160名学生（包括幼儿园40人），男女各占一半。学生的原籍主要在台湾、广东和日本。但目前学生的原籍发生了很大的变化，因为老华侨子女的减少，以及新华侨子女的增加，学生的大半来自1980年代以后来日的新华侨。不仅如此，由于中国国际影响力和汉语实用地位的提高，为了使子女从小掌握汉语，很多日本人和其他在日的外国人亦将子女送到中华学院学习，学校的性质有逐渐从中华学校转变为国际学校的趋向。学校设有幼儿园、小学部、中学部、高中部四个部。教材大多是从台湾订购的，所以和台湾的学校采用同样的教育方针。学校的校训有仁爱、信义、诚实、日中友好等，体现了儒家的教育思想。学校的经费来源主要有学费、华侨的土地资产收入和神奈川县的补助金。

学校的活动集中在10—12月，主要有10月10日的运动会和"双十节"。另外，还参加5月横滨开港纪念日的假面游行队列和春节祭、关帝诞辰等中华街的活动。学校很重视中国传统文化的教育，每个班级都有传统民族文艺的节目，由前一级学生传给下一级学生。[1] 从中华青年会继承的舞狮和舞龙，以及中国民族舞蹈是重点节目。8月是集中训练，一般都在放学后，同时还有传统文艺的集中讲座。

临近中国节日时学校会进行相关的教育。除了日本的节假日外，旧历新年、清明节、"双十节"和9月28日教师节学校也都放假。每年教师节，老师们要在孔子像前供奉点心、饮料、酒等供品，举行简单的祭典。小学部和中学部每周有两节音乐课，高中部一节，以教授中文歌曲为主。[2]

校友会是由中华学院的毕业生成立的组织。校友会在1961年成立了舞龙队，继承了三江公所的舞龙技艺。成立当初，他们从香港购买了手工制作的舞龙道具。1970年大阪万国博览会时，台湾的舞龙代表团将他们演出用的道具赠送给学校，两年后学校把这套东西送给了校友会。现在舞龙队主要在横滨的国际游行队列、"双十节"以及有特别演出邀请时作表演。

1966年，中华青年会的舞狮部由于人员的老龄化被迫解散，他们把舞狮的道具和乐器都送给了中华学校和山手中华学院。同年4月，中华学院校友会

---

[1] 例如，一年级的女生把自己学会的舞蹈教给新入学的学生。到了二年级，又从前辈那里学到由二年级学生表演的节目。这样到高中毕业时学生可以学到很多东西。

[2] 中华学院原校长杜国辉提供。

醒狮部正式成立。之后，舞狮这项活动就一直代代相传。

由于校友会学的是南方的舞狮技艺，为了形成自己的风格，掌握真正的技巧，他们特地派队员到香港等地学习，致力于发展将传统和现代相融合的舞狮表演。从1970年代中期到后半期，作为关帝诞辰的庆祝活动，举行了很多次舞狮大会。

1972年左右，醒狮队和舞龙队合并成立了龙狮部。龙狮部的成员排练了许多新的节目，还参加世界舞狮大会。他们将从中华青年会继承来的带有乡村风味的南方狮子舞，创作出具有现代特点的精湛的狮子舞，1979年又融入了北方狮子舞的特点。此外还曾专程去新加坡和马来西亚研修学习。

现在全国校友会的会员已经超过1000人，经常参加活动的有200人左右，定期参加舞狮和舞龙训练的有20多人，他们大多住在中华街及其周边地区。校友会除了龙狮队的活动外，还定期举行联谊活动。其资金主要来源于演出酬金，用于演员的伙食费、狮子的改修、服装和道具的更新等。

校友会十分注重对后继者的培养，平时也教学生们舞狮。每年从5月到10月间，校友会每周有两三次排练，同时指导学生。中华街每年有四次大型活动，校友会的龙狮参加开港纪念日和"双十节"，关帝诞辰和国庆节则由山手中华学校的校友会（现华侨青年会）负责参加。

1995年校友会会长一行六人在新加坡买舞龙道具时偶然看到当地的舞龙表演，对其技艺大为惊叹，希望把这种技艺带回横滨，于是第二年他们就再次去新加坡学习舞龙技艺。在1997年的关帝诞辰上他们表演了夜光龙。一直以来人们把在中国台湾和香港买的道具龙叫"金龙"，后来就把在新加坡买的龙叫作"夜光龙"。

2. 横滨山手中华学校及其校友会

因为"学校事件"，学生们在私塾上了一年左右的课。因为学校纷争一直得不到解决，家长们就合力建造了临时的校舍，取名为"横滨山手中华学校"。现在设有幼儿园、小学部、中学部[①]，1997年约250名学生，日本学生占10%，近年来中国大陆到日本的新华侨子女占了25%，其他为老华侨的的子女[②]。到了2007年左右，学生数量增加到400余人，明显增加的是新华侨的

---

① 1967年设立了高中部。但是因为当时日本政府不承认华侨的高中，所以大部分学生都希望进日本的高中，这样，学生越来越少，最终在1982年终止了高中部。

② 从中国大陆来的学生随时可以入学，其比例经常变化。

子女，目前新华侨子女的比例增加到59%以上，日本学生在13%左右，其他是老华侨的子女。

学校以汉语教育和普及中华文化为目的，致力于把华侨子女培养成为具有科学文化知识以及良好情操的"三好五爱"学生①，成为能为日中两国友好事业做出贡献的人才。②

小学部以教授中文为重点，中学部逐渐增加日语课程，目的是让希望进入日本高中和大学的学生具备必要的知识和教养。至1972年以前，学校和中国的来往都通过红十字会。当时的教材既有从台湾运过来的，也有来自东南亚华侨学校的教科书，如果有不恰当的内容学校就自己编辑。现在使用的教科书有的是翻译日本的教科书，有的是中国国务院华侨事务办公室配发的，还有自己编辑的。

学校的教育经常受到中国国情的影响。1960年代到1970年代中国发生"文化大革命"的时候，日本的学生运动也很流行，直接影响到东京的留学生和日本学生。中华学院也受到这股潮流的冲击，在学校里挂起了毛泽东像，教材中也出现毛泽东、红卫兵、红小兵的内容，音乐课上教革命歌曲和"忠字舞"。一些华侨看到这样的情况，担心学校的政治色彩太浓，就把学生转到日本的学校去了。

学校活动中，6月1日儿童节的游艺会最为热闹。除此以外还有9月下旬的运动会、10月1日国庆节等。学校很重视文化活动，从4月份开学起，就开始为游艺会做准备了，每个班都有各自的节目，如戏剧、歌曲、舞蹈等。还有舞蹈队、狮龙队、腰鼓队等俱乐部，他们不仅参加学校的活动，还参加春节祭、关帝诞辰和横滨开港纪念日等各种节庆活动。

和中华学院一样，山手中华学院校友会也成立了龙狮队，队员主要是学校的毕业生。从1970年代后半期开始有不是山手中华学院毕业生的华侨参加，因此改名为横滨华侨青年会（和中华青年会是两个组织）。除了舞狮和舞龙，还成立了民族乐器组、桌球组等体育小组。

1994年开始，由山手中华学院舞蹈部的毕业生组成了中国舞蹈小组凤凰组。此后，他们和龙狮队一起活跃在各种节日和活动中。1998年为了更广泛地开展音乐活动，校友会的音乐爱好者们组织了"横滨山手中华学校校友生音乐研究会"。

---

① 三好指的是学习好、工作好、身体好，五爱指的是爱清洁、爱学习、爱祖国、爱公物、爱劳动。

② 见《横滨山手中华学校的变迁》。

1972年日中两国外交恢复正常后，日本出现了学习中文和中国传统文化的热潮。有些华侨也开始向中华青年会的元老学习二胡，以后学习各种传统文化的年轻人也越来越多。特别是1980年代后期以中国艺术家留日为契机，为了学习正宗的二胡，中华街的华侨们组织了二胡爱好会①。到了1990年代它的影响力越来越大。现在，演奏家陈臻是爱好会的专业指导，爱好会的成员约有20多名，除了参加中华街的一系列活动以外，每年还举办两场公开演出。

龙狮队的活动在华侨青年会中最为活跃，特别在日中邦交正常化后，它的活动范围遍及日本全国。和中华学院一样，从1980年代开始，他们为了不局限于南方狮子舞，还去上海杂技团学习北方狮子舞。龙狮队、舞蹈队和民族音乐组在2006年合并为"横滨中华学校校友会国术团"，当时的团长为曾经是华侨青年会主要负责人的谢成发。

谢成发的父亲谢甜是横滨中华街的老艺术家，主要表演戏剧和乐器演奏。谢甜于1907年出生在广东省的高明，1927年来到日本，战后开了一家叫"谢甜记"的粥店。当时作为中华青年会文化部的骨干分子，他不仅演奏乐器，还参加舞狮。青年会的活动终止后，他就开始教年轻人舞狮和拉二胡，致力于中国传统艺能的传播，希望能把戏剧和乐器演奏传授给年轻人。然而遗憾的是在戏剧方面他没有找到继承人。谢成发从小跟着父亲学习舞狮，他说（1997年），"父亲还健在的时候，由他敲鼓，我和儿子舞狮"，"现在龙狮队经常去海外学习，在技术上有一定的提高，但跳得不像以前那么自然了，觉得有些失落"。谢成发以前是舞狮队的成员，现在担当他们的指导。他用父亲的教育方式教自己的孩子舞狮，现在他的儿子也是舞狮队的成员。1996年，他的儿子做了父亲后，又将舞狮技艺传给自己的儿子。

舞龙和舞狮等民族传统艺能就这样在横滨代代相传。在这个过程中，华侨的各种组织，特别是华侨学校起了很重要的作用。现在活跃在华侨总会、中华街发展合作会的第二、第三代华侨中很大一部分都是华侨学校的毕业生，他们从小学习舞狮和舞龙，即使不再参加活动，一听到鼓的声音身体还是会不自觉地摆动起来。而且，他们都有意将所学的技艺传授给自己的孩子。在横滨父子两代都舞龙舞狮的并不少见，像谢家这样三代舞龙舞狮的也逐渐多起来。②

两个学校的校友会在成立后的几十年一直延续着舞狮舞龙的传统，并确立了自己的风格。他们不仅参加中华街的活动，还作为文化交流的一部分积极参

---

① 有关二胡爱好会参照第五章第二节。
② 谢成发提供（1997年）。

加日本各地的节庆和活动。在横滨之后成立的神户华侨总会舞狮队、南京町中华街吼狮堂以及长崎侨友会龙狮团等组织都在横滨学习过。横滨中华学校校友会以及横滨华侨青年会龙狮队在当地的舞狮大会、日本三大中华街舞狮大会以及世界舞狮大会上都取得过优异的成绩。

(三) 妇女会和黄河女声合唱团

1953年,横滨中华学校分裂后,学校内部支持大陆的教师、家长会为了维持学校而成立了横滨华侨妇女会。横滨的华侨由于中华人民共和国的成立而分裂,虽然当时支持大陆的人占多数,但因为台湾和日本有"外交"关系,所以支持台湾的人占了主导地位。

围绕学校的纷争稍稍告一段落后,妇女会继续开展活动,并一直持续到现在。目前的会员,主要由学校的教师、家长及毕业生组成,其中中年妇女占了大多数。主要活动是每年3月8日妇女节的纪念活动,这一天会放映电影,还有小型的集会。另外妇女会每月还要举办两次联谊会,大家聚在一起烧些菜,边吃边交流最近的情况。

1987年,妇女会成立了"横滨黄河女声合唱团①",由40余名30~50岁的妇女组成,每星期四在妇女会馆练习。在春节祭、关帝诞辰、华侨总会的新春联欢会和国庆节时,她们都会表演节目,还参加各种日中友好活动、地方活动以及与其他地区华侨团体的交流活动。1997年举行了庆祝香港回归的特别活动,8月份参加了在温哥华举行的世界华商大会。他们每年都会举办公开音乐会,1997年秋天和神户华侨演唱团、横滨黎明日中友好联盟合唱团一起举行了成立10周年纪念音乐会,表演曲目有《阿里山的姑娘》、《茉莉花》、《我的中国心》、《大海啊,我的故乡》等中国歌曲,黎明日中友好联盟合唱团的老师给他们作了指导。现在合唱团的指挥为在日的中国歌唱家田大成。2010年黄河女声合唱团在上海万国博览会的亚洲馆演出。2012年日中恢复邦交40周年之际,黄河女声合唱团举办了合唱团成立25周年的纪念音乐会。

华侨妇女会馆是妇女会的根据地,建于1950年,并在1978年进行了整修。现在会馆的一楼是华侨托儿所,二楼作为舞狮、舞蹈等的活动场所。1953年成立的华侨联谊会(现为大陆华侨总会)在1990年代会馆建成之前,一直

---

① 横滨中华学校校友会在1950年曾成立了黄河女声合唱团,活动一直持续到1970年代前。(横滨中华学校校友会历史参见http://xiaoyouhui.info/rekisi.html)

华侨的社会空间与文化符号

在妇女会馆设有办事处。妇女会成立初期还有粤剧表演，但与中华青年会不同，主要是作为与香港来的海员们交流的一种形式进行的。当时的交通、运输工具主要是船只，横滨有很多从香港来的船，每次抵达横滨后，上岸的船员们就会表演戏剧、唱歌。由于船员中最多的是广东人，所以从1950年代中期到1960年代后期这段时间，上岸的船员们经常在妇女会馆和妇女一起表演粤剧，船员们唱男角，妇女会的会员唱女角。但她们没有在关帝诞辰这样的节日上表演过，只是根据船员上岸的时间进行一些演出。①

第三节
中华街与新传统文化符号的创造

一、横滨中华街空间的再造

（一）横滨中华街的历史变迁

横滨原本只是个百来户人家、350人左右的小渔村，开埠之后作为港口繁荣起来。所谓中华街就是指山下町的西南地区，也就是当时的小田原町（现在的关帝大道）、丰后町、前桥町（现在的中华街大道）、加贺町、木村町（现在的中华街南门大道）等一带。开港之初被称作新田的沼地，1861年经填埋成为陆地。

开港初期，和欧美人一起来到日本的华侨，聚居在山下町外国人居留地的一角，1868年已经形成了中华街的轮廓。在欧美人沿着港口和本町大道建起商馆、在排水较好的高地建造屋舍的同时，华侨却在容易到手但居住条件恶劣的本町大道的后面（与元町连结）开起店铺，并集中在这一带居住（横滨开港资料馆，1994：12）。1871年伴随着《日清修好条约》的批准，华侨的借地权也被承认，来日的华侨数量开始增长。1873年建起了小型的关帝庙。据《横滨每日新闻》1876年6月5日记载，1876年旧历五月十三日在关帝庙举行

---

① 妇女会刘燕雪提供（1997年）。

了盛大的关帝祭祀活动。1875年,横滨—上海定期航线开通,从上海等三江地域来的华侨赴日更加方便。进入1882年,华侨的数量上升到2154人,超过其他在横滨的外国人而占据首位(横滨市政府,1926:888)。1877年"清国领事馆"即开设在中华街,至此旅日华侨开始正式受到本国政府的保护。

1887年前后,中华街有了100间左右的店铺,其中杂货25间、包括中华料理在内的饮食店10间、鞋店11间、理发店7间、中华食料品5间、印刷业4间、中药4间、当铺3间、洋裁缝3间,其他还有洗衣店、公共浴堂(王,1995:5)。

之后,华侨的人口持续稳步增长,形成了被称为"唐人街"、"南京街"、"支那街"等的中华街(横滨市政府,1932:573-577)。然而,1894年甲午战争爆发,日中之间外交中断,华侨再次成为无条约国民,其中的许多人选择了回归母国,华侨人口仅一年间就急剧减少到了1174人(王,1995:8)。不过,甲午战争结束后,1897年华侨的人口再度恢复到战前的水准,达到2015人。

1899年,随着居留地的撤销,公布了《内地杂居令》。除了贸易商以外的杂货业者被准许进入内地,外国人也可以在居留地以外居住和从事经济活动了。但是,这是仅限于餐饮业、理发业、涂装业、印刷业、洋裁缝等的杂货业者,以及干家务的佣人,从事农业、渔业、土木、建筑、制造业等一般的不熟练劳动力仍然不被允许进入(内田,1949:5-6)。

另外,当时日本手工业者的技术水平也大幅提高。19世纪末,日本人也开始从事西服裁缝、面包业、洋酒店业、船具商、油漆业等行当。随着《内地杂居令》的公布,许多日本人也开始进入中华街居住、开设店铺。随着多数职业渐渐被日本人占据,华侨的职业逐渐被局限于"三刀业"(料理、理发、裁缝)。当时中华街的主要街道上红瓦的二层建筑接次鳞比,颇具中华街的特色。①

1923年9月1日发生了关东大地震,中华街也受到重大损失。建筑的大多数并不耐震,且地基不牢,基本都倒塌了。当时在住的华侨4705人中,约三分之一罹难,幸存者大部分避难到了神户,还有些人从神户回到了中国。留

---

① 关于当时中华街的情形,《横滨市史稿·风俗编》有如下记载:"南京町最繁荣的街区是143号开始到154号的前桥町大道两侧,以及与其相连的里面的横町的一部分,其街面排列着赤瓦两层的商家,其他横町和小路,都是一栋栋大小杂夹的简陋房屋。街面的店家红砖赤瓦,店内外金银铜色的雕刻装饰,五彩修饰的招牌,暗色门窗内极其丰富的杂货,火鸡或家鸭的蛋,鱼翅,门梁上悬吊着的猪肉块和晒干的猪头,悬挂着仿佛青龙刀一般的刀具,雕刻花纹的椅子上店主人悠然坐着吸着长烟管,醉心于云雀的老先生,街面是如此走马灯似的繁杂景观……"(横滨市役所,1932:573)

华侨的社会空间与文化符号

在横滨的仅有 303 人（王，1995：7）。

地震灾难后，欧美人大半都回了国，剩下的华侨盘下他们的地，并辅以日本各地华侨的援助，白手起家努力复兴中华街。此外，为了推进山下町的复兴计划，成立了行政一体的"山下地区区划整理委员会"，华侨也参与其中。①不久，避难到神户的华侨也逐渐回到横滨，开始经营起料理店、西装裁缝店、理发店，但一部分贸易商由于金融机构、仓库及货物等的原因，留在了神户（横滨开港资料馆，1994：16）。

1927 年前后中华街有职业的人数为 1726 人，其中餐饮 539 人、西装裁缝 260 人、理发业 120 人，占了半数以上。而且一时回到中国的很多华侨，也因为无法谋到生计，又逐渐回到了横滨。到了 1930 年前后，中华街的复兴基本结束，木制结构的建筑取代了原先的红瓦建筑，人口也升至 4000 人左右，基本回到地震前的状态。

然而，1937 年发生的卢沟桥事件导致了抗日战争全面爆发，华侨再次出现了回国潮，在日人口减少到了 1713 人。而因为日中关系的恶化，华侨的活动被限制在中华街一带，外出也要征得警察的许可。

1945 年 5 月 29 日，由于横滨大空袭，地震灾难后用了 23 年复兴起来的中华街，一夜之间又化为焦土。横滨中华街的景致和生活样式，就是如此因关东大地震和大空袭被大大地改变了。

战后不久，联合国军登陆日本。当时的日本，全国各个主要城市都处在严重的粮食不足状态，是个既无居所又没食物的时代。由于战争而疏散到各地的华侨也开始慢慢地返回横滨中华街，当时，除了广东省籍的人，原籍东北（旧满洲）和台湾的人也有所增加。来自台湾的人主要是战前来日本的留学生和战时被征用的军工厂的劳工；相对于此，来自东北的人除了留学生，还包含了战时的强制劳工。战后，强制劳工大半回到了中国，留学生却基本在日本定居了。

华侨们作为战胜国的公民，由美军优先配给食品、衣物、医疗品等生活物资，也是因为离美军基地较近，基本什么东西都可以到手。华侨们在中华街的废墟上摆上一排排木板，向日本人兜售食品等生活必需品，再用所得资金盖起店铺。就在这个时期，差不多有 20 家中华料理店开张营业。可见中华街的复兴就是这样从黑市开始的。

从战后不久至朝鲜战争初期，中华街周边有很多美军宿舍，也因此在中华

---

① 其委员会的委员构成是：英国人 6 人，美国人 5 人，法国人 2 人，中国人 1 人，日本人 3 人（菅原，1996：133）。

街上一家接一家开出了酒吧和舞场。由此，中华街的印象被改变，加上了欢乐街的要素。

中华街真正的复兴，还是从 1953 年前后开始的。1953 年，横滨市长与横滨商工会会长等人视察了美国，特别是对旧金山唐人街的参观成为了横滨中华街复兴的契机。他们回国后，开始号召复兴中华街和元町商店街。① 于是，1953 年 11 月，中华街和元町振兴会成立，12 人的成员中有 4 名华侨，同时还成立了中华街牌楼建设委员会，以建设中华街的象征——牌楼（中华门）（菅原，1996：159）。1955 年 2 月，被命名为"牌楼门"的中华门竣工，雕刻有"中华街"的名字。由此，迄今一直被称作"南京町"等各种名字的中华街，正式定名为"中华街"。

不仅如此，1955 年，在中华街首次以华侨投资的融资为目的，设立了信用银行横滨华银，灵活运用于在中华街开店等经济活动中。从此时起，中华料理等各种店铺也开始增加。基于中华街和元町振兴会的复兴方针，复兴计划于 1954 年开始，至 1975 年结束。元町商店街不仅作为横滨的观光名胜，还作为当地的时尚中心繁荣起来。

与此相对，中华街则因为 1950 年代初期华侨内部在政见和意识形态方面存在的分歧而发生"学校事件"，从而分裂为大陆派与台湾派，由此给中华街的建设、中华传统的继承都制造了极大的障碍，使得中华街的建设远远不及于元町。

（二）中华街发展会协同组合的设立

横滨中华街发展会协同组合的前身是中华门竣工后的 1956 年成立的自发性团体"发展会"，成立当时有约 60 个会员店，其中以料理店居多。当时中华街的状况是，由于关东大地震和空袭，曾两度遭到破坏。即使到了战后，除了有一座关帝庙并有一些华侨居留于此以外，还没有恢复到中华街的原貌。为了复兴中华街，市长亲自参加了中华街和元町振兴会，广东会馆会长庞柱琛[②]

---

① 该复兴计划的主旨在于将中华街、元町、山下公园等三个地方汇为一体，发展成横滨更有特色的知名场所，吸引国内外的观光客。其主要内容有：一是开阔中华街、元町、山下公园整个地区的道路；二是积极宣传万珍楼、安乐园、华正楼、华胜楼、均元楼、太平楼等从战前开始就业绩显赫的老字铺，同时请众人再度品尝正宗菜肴的美味；三是将大地震灾害前就以技术而全国称道的裁缝店（西装）培植成一流的商店；四是修整、宣传现存的关羽庙（关帝庙）等中国风情浓郁的设施；五是集中建有特殊氛围的小剧场；六是开设面向大众层面的低价中华料理食堂（菅原，1996：158）。

② 现在的发展会理事长林兼正（原名庞国忠）的父亲。

曾作为中华街的代表参加,同时也是该会的主要负责人之一。中华门建成后,以牌楼建设委员会为基础设立了发展会,其目的就是要改变日本社会历来对中华街的一些负面印象。从设立之初起谋求会员之间的亲善和睦,并扩大宣传、设置街灯,打下中华街发展的基础。

从1970年大阪召开世界万国博览会开始,中华街的来访者也逐渐增加。在这种形势下,为中华街的整顿和发展提供了难得的机遇。此前成立的发展会因组织机构的不够完善而自行解散,基于中小企业协同组合法,横滨中华街华侨店主等与部分日本人合作,于1970年设立了法人组织横滨中华街发展会协同组合(以下简称中华街发展会)。最初的会员约有120名。

截至1997年,横滨中华街发展会的会员数达到290名。其中日本人占不到10%,加入日本国籍的华侨有30%,其余的是持有中国国籍(包括台湾)的华侨。理事成员33名,其中50岁以上的6人,其他都是20岁到40岁左右的年轻一代。但目前成员构成又有了一定的新变化。

中华街发展会的组织形式和日本的组合组织是一样的,以理事长和副理事长为首,由财务部、总务部、事业部、文娱部、宣传教育部、环境卫生部等六个部及牌楼建设委员会、会员扩大委员会两个委员会构成。委员会平常并不举行活动,只在有项目的时候活动。春节祭等大型活动由文娱部担当。

中华街发展会的运营资金分为通常业务与临时支出。通常业务主要来自会员的会费,因店铺和经营规模的不同,支付金额各不相同。春节祭这样的大型活动也作为年节活动被列入每年的预算内,基本都由会费支出。临时支出指的是类似牌楼的建设等,届时设置临时机构、制定计划,由捐款或银行融资等筹措的预算运行。

与神户和长崎不同,在中华街经营买卖的华侨,大多数都居住在中华街及其周边。因而,中华街既是华侨进行商业活动的场所,同时又是生活空间。

1993年,以中华街发展会为母体,联合在中华街活跃着的24个团体[①]结成街区建设协议会。目的是广泛集合中华街全体的意见,包括那些不在中华街做生意的人,以推进中华街的街区建设,参加团体也包括华侨总会。街区建设协议会的事务所设置在中华街发展会的事务所里,会长由中华街发展会的理事

---

① 这24个团体为横滨中华街发展会、中华街市场通会、中华街关帝庙通会、横滨华侨商公会、信用组合横滨华银、中华街停车场组合、神奈川县中日调理师会、横滨华侨总会、京滨华厨会所、广东会馆、台湾同乡会、要明鹤同乡会、福建同乡会、京滨三江会所、中华青年会、华侨青年会、自由华侨妇女协会、中华学院校友会、山手中华学校校友会、横滨华侨经济协会、南门丝绸之路协议会、中华街西门通振兴会、横滨关帝庙管理委员会、华侨妇女会。

长林兼正担任。

中华街一直因意识形态的分歧而分裂的各个团体首次实现了整合,作为支持中华街街区建设的组织,街区建设协议会的诞生在中华街漫长的历史发展中具有划时代的意义。街区建设的目的在于,不仅要把中华街构筑成为商业街、观光街,还要把它孕育成为包涵丰富中国传统文化的地方。因为成功超越了意识形态的分裂,民族特性自然成为中华街最有吸引力的特征。街区建设协议会的活动依托各团体为后盾,同时还得到了行政方面的支持。[①]

(三)中华街发展会的发展与活动

中华街发展会成立后最初的活动是以改善中华街的形象为目的,进一步推动作为中华街象征的牌楼(中华门)的建设。以1970年西门竣工为开端,东门、南门和北门也分别在1971年、1976年和1977年陆续完成。并在市里面的资助下,改造和铺设了中华街的步行道。至此,横滨中华街已经建成了五座门。

在1972年日中邦交正常化的背景下,有关中华街大门等的修整情况经常为电视、电台、报纸、杂志等媒体频繁报道。并且,自进入1980年代,日本掀起了少数族群文化热,日本人对中华街的热情高涨,横滨中华街迎来了全国各地的观光客。在这样的状况下,1986年首次举办了春节祭,并延续至今成为中华街的惯例活动。1987年中华街的电线柱重新油漆的时候,中华街发展会统一在中华街主干道的33根电线柱的广告板上绘制了中国传统小说《水浒传》的人物。1989年修缮了中华街最初的中华门"牌楼门"(1955年建成),并改名为"善临门"。

1993年,成为街区建设协议会议题的"横滨中华街综合计划"已经有2000余件。其基本构想都是得到横滨市经济局、都市计划局等的协力而策划出来的。以地处横滨市中心区域的中华街的观光、商业、居住功能的促进,食文化领域的扩大以及追求中华街的异文化性等为主要内容。不是单单为商业活动而进行基础整顿,还以长远视野推动了包括山下町小公园的再修整、博物馆和剧场等文化设施的创设、富有中华街特色的重大祭典的发展与充实以及同国内外其他中华街的交流等与华侨切身相关的课题等。此外,预定于21世纪初始开通的地铁,其距离最近站的站名拟加入"中华街"字样的议题也列入了

---

① 以上根据对林兼正理事长的访谈(1997年)。

讨论议程。

其中重要的一项内容是牌楼的改建、修整与增设，为此中华街发展会专门设置了建设委员会。牌楼的建设花费了4年时间，耗资近5亿日元，于1995年全部竣工。随后举行了盛大的典礼和游行表演，由当地的狮子舞同长崎、神户的狮子舞进行了华美的竞演。牌楼作为中华街的象征和中国文化的符号，其设计也充分遵循了中国的风水思想，比如其东西南北各门分别呈蓝、白、红、黑四色，并在门上雕刻了作为守护神的灵兽。东西南北四门各取名"朝阳门"（位于东面，迎接日出的门，由把朝日覆盖整个街区带来繁荣的青龙神守护）、"延平门"（西门，由象征岁岁平安的白虎神守护）、"朱雀门"（南门，由防灾招福的朱雀神守护）、"玄武门"（北门，由庇佑子孙繁荣的玄武神守护）。还有，在关帝庙大道的东西两端新设了"天长门"和"地久门"，在市场大道新设了"市场大道门"① 等。

除了牌楼建设以外，中华街还制定了《中华街宪章》，欲将中华街打造成为"礼节待人的中华街，钻研创意的中华街，温故知新的中华街，先义后利的中华街，老少平安的中华街，桃红柳绿的中华街以及善邻友好的中华街"这样的多元化和谐发展的空间。②

1995年10月，作为中华街文化交流事业的一部分，由中华街发展会与温哥华友好委员会共同主办，在中华街举行了与温哥华唐人街的友好签字仪式。作为日本国内的中华街来说，这是首次以加深文化经济的交流为目的同海外的中华街结成姐妹合作关系。签字仪式上，以横滨市长为首，两地中华街的代表等纷纷发表祝辞，由温哥华代理市长提议干杯，表演当地狮子舞之后举行了晚宴。当天，两市、两地中华街出席活动的相关人士约有170人。③

---

① 根据中华街发展会的资料和对林兼正的访谈（1997年）。
② 《中华街宪章》的内容为：第一章，礼节待人的中华街——我们对待中华街的宾客要以礼相迎，同时与宾客共同钻研以成长发展；第二章，钻研创意的中华街——我们尊重人才济济的专营店之切磋琢磨与创意动脑（钻研创意），同时创立食文化，提高横滨中华街的文化价值；第三章，温故知新的中华街——我们以不同文化交流的场所为历史原点，表现出每日生活与商贸中所包涵的独有文化，并将此培养成横滨中华街不可动摇之品牌；第四章，先义后利的中华街——为给我们自身及来访者带来巨大的好处，我们要恪守专营店集团的自觉，一心一意专心于提升更好的服务和工作环境；第五章，老少平安的中华街——我们要团结一致，将火灾和灾害的危险性从横滨中华街扫除，同时一扫暴力与犯罪于萌芽，以创建安全社区为目标；第六章，桃红柳绿的中华街——我们要率先厉行街道的美化，创造简洁、富有清洁感、充满魅力的横滨中华街时间和空间；第七章，善邻友好的中华街——我们要将横滨中华街内部孕育而成的善邻友好的互助精神发扬光大，怀着珍视人类和平与地球环境的意识推进街区建设。
③ 根据对华侨总会会长吕行雄的访谈（1997年）和田野调查。

第三章 横滨华侨的社会空间与祭祀文化

1997年，在加拿大温哥华召开了第四届世界华商大会。来自日本各地的华侨代表50人左右与会，其中横滨的代表最多，约有30人。此外，横滨华侨黄河女声合唱团在大会的开幕式上进行了演唱。世界华商大会以增进世界各地华侨人士的融合与交流为目的，在四天的会期中参会者彼此交换信息、互动交流，还有兼顾参观企业或文化活动、每天举办晚餐会和舞台上华丽的文艺演出等。华商大会的宗旨就是在21世纪即将来临之际，为后世子孙不仅留下物与财，还要留下华侨的信息网络，使之作为恒久的智慧财富留给不断被各个国家同化的华侨后辈们。横滨的华侨利用了这个机会，同温哥华的唐人街进行了友好交流。如在大会期间，前述的黄河合唱团还在唐人街举办的艺能表演活动中登场亮相。此次大会，使得横滨华侨在国际合作与交流中迈出了大大的一步。

另外，横滨中华街还有个巨大的梦想，那就是建造华侨博物馆。在长崎有中国历代博物馆，在神户有华侨历史博物馆。然而横滨这个在日本华侨中占据重要位置的地方迄今还没有这样的文化设施。今后在街区建设上，中华街不仅要做好饮食，还要创出更多中华街固有的历史、文物和象征中华街的文化，类似春节祭、关帝祭祀等其他新的活动，使其成为新的文化增长点。在建设博物馆的计划中，各方面提出了诸多点子，除历代文物的展览外，还设有中华街历史的展示角、国内外艺术展览、中国传统音乐和艺能的日常性表演，招募国内外的艺术家，设立介绍活生生文化的展示广场、上映中国以及亚洲各国电影的剧院等。① 但这一理想至今还没有实现。

可以说，自中华街发展会创立以来，中华街的店铺等不断增加，中华街面貌大为改观。据统计，1976年，华侨经营的店铺达到199家，其中中华料理店95家，中华食品杂货店20家，中华点心贩卖、作坊铺子15家，中国民间艺术品、特产店15家，还有其他多个经营领域的店铺等（山下，1993：61）。中华料理店到1987年达到141家，1992年达到158家，1995年增至182家（菅原，1996：28-29）。截至1997年，横滨中华街总共有店铺537家，其中由华侨经营的店有322家（中华料理店攀升到了约190家），其余是由日本人经营的铺面。华侨经营的业务种类多种多样，此外还有各种中华食品店、中国土产店、中药店、包括中国绘画及美术品等的中国杂货店、包括亚洲各国产品的民族风格杂货店以及中国衣料品店等；在日本人经营的店里，也有很多涉及中国音乐、中国食皿器具、民族特色杂货等经营内容。

从2000年至今的十几年时间，横滨中华街又发生了很多新的变化。首先

---

① 对林兼正理事长的访谈（1997年）。

是老华侨由于世代更替，第二代或第三代的职业更趋多元化，一些店铺因后继无人而不得不停止营业；相反，越来越多的新华侨进入中华街，租借或买下老华侨的店铺重新开张。不仅是新华侨，日本人经营者特别是有连锁性质的经营者大幅增加。另外，中华街店铺的种类更加多元化，加之2000年以后修建了很多如停车场、妈祖庙等新的基础和文化设施，大大改变了中华街的面貌。

截至2013年，加盟中华街发展会并登载在中华街地图上的有中华料理店137家，点心和土特产店（包括中华和横滨当地）24家，中华食品和茶的贩卖店21家，停车场5家，观光设施和庙宇等8家，衣类、杂货和工艺美术店铺等52家，其他餐饮和酒吧、卡拉OK等11家，包括中国式茶馆在内的咖啡店茶店9家，生鲜食品（蔬菜和肉、鱼类等）店6家，占卜等店铺8家，健康按摩等店铺5家，酒店饭店（包括附近的）6家，其他药店、酒店以及在中华街办公的社团组织等41处等，一共有340家左右。除此之外，还有大量尚未加盟中华街发展会以致没有登载到地图上的店铺。总之，新华侨和日本人在横滨中华街的登场，令中华街的行业结构发生了很大的变化。

二、超越意识形态对立的新传统：春节祭

（一）传统的春节与艺能表演

根据实地调查，以前横滨华侨社会春节的主要活动如下：

旧历十二月二十三日，华侨没有祭祀灶王爷的习惯。除夕之夜祭拜祖先和财神，根据华侨出身地区不同而略有差异，有的人在家里设置祭坛祭拜祖先，有的人在店里设置祭坛祭拜财神观音，也有的人去关帝庙为财神关帝老爷点上香，祈求财运亨通、学业事业有成或家人平安。不过，传统守岁的习惯已经基本上看不到了。

1980年代后期开始，作为横滨中华街春节祭的一个活动，关帝庙会在除夕之夜举行倒计时迎接新年和华侨共同参拜仪式。晚上10点左右开始，到关帝庙参拜的人群就已经络绎不绝，十分热闹。其中既有华侨又有日本人。他们各自按照中国和日本的习惯，点起香火，祈祷新的一年的幸福。午夜12点，放过爆竹之后，两个校友会的狮子舞会轮班登场表演。正月初一除了少部分的家庭以外，一般没有拜年习惯。但是在阳历新年之际，各同乡会等华侨组织会举办新年会，在组织内进行拜年活动。不过，1980年代后期春节活动开始以

后，作为春节祭的一项活动，中华街会在正月一日举行贺辞交换会，这项活动已经成为惯例。

现在，在横滨还能见到贴年画和春联的习俗，不过不是在春节而是在新年，而且不是在普通家里的门上张贴，而是在中华街的店头张贴。一部分店家也未必会每个新年都更换贴纸。有些店铺还会遵照广东人的习惯将"福"字倒过来贴。

至于传统艺能，在1932年发行的《横滨市史稿·风俗编》里，记载有以前的华侨（当时被称为支那人）"逢正月或关羽祭祀，会在关帝庙前之空地广场设置临时小屋，有组织举行戏剧表演"（横滨市役所，1932：247）。可见，当时春节曾经有过戏剧表演等项目。这些艺能因为战争等种种历史原因或时代变迁，一度中断。但如前面提到的，"二战"后不久的1946年，随着横滨中华青年会的成立，戏剧表演持续到了1950年代后半期，舞狮和舞龙持续到了1960年代的中叶。此后虽然由学校继承了舞狮，但是直到春节祭诞生之前，只是在阳历新年的除夕表演，而不是在旧历正月。

神户和长崎的中华街自1980年代举办春节祭以来，舞狮和舞龙也随之盛行起来。但是以前的正月和春节是不举行这种艺能表演的。在长崎，历史上传承下来的中国艺能作为当地民俗艺能由日本人继承，但并不是在正月或春节时表演。中华街的春节祭诞生之前，在春节期间曾经有舞狮、舞龙等艺能表演的，只有横滨华侨社会。

（二）春节祭的再造与发展

相比长崎和神户，横滨中华街居住的华侨较多。中华街不仅是华侨进行商业活动的场所，同时还是他们生活的地方。因而，横滨中华街的经济发展与华侨的生活密切相关。

战后不久，随着横滨华侨社会重建生活环境，在文化上也复兴了中国传统艺能。比如前面提到的战后不久，伴随着战前一直举行的关帝祭祀和春节等年中活动复兴，粤剧（广东剧）和广东音乐、话剧、舞龙、舞狮等活动也再次开展起来。但是，这些活动后来因华侨社会的分裂等一度中止。

意识形态的对立直到1980年代才出现缓和，但在此之前中华街发展会为了超越政治上的对立而优先发展经济，一直做着非常大的努力。至于对立的缓解，其背景有着种种社会因素，包括政治上紧张的部分性缓和、中华街经济的迅速发展、日本社会的少数族群文化热潮和观光需求的增大等，这些都给华侨社会带来了很大的影响。

春节祭的策划正是在这样的背景中进行的。中华街发展会组合的理事长林兼正对春节祭举办的经过做了如下的叙述：

> 在1986年举办春节祭之前，每逢春节，华侨一般是或者去关帝庙参拜，或者在家设置祭坛。后来从中国（包括香港、台湾）新来的华侨也有在家里庆祝春节的。但横滨大多数华侨对春节的意识很模糊，过阳历新年成为理所当然的事。而且，不会讲中国话的华侨也在增多，他们在日本生活中基本不知道中国的事情，连春节是什么都不知道。
>
> 另外，新中国成立后，由于意识形态的分歧华侨社会一分为二，横滨的华侨被卷入政治的漩涡中，政见不同会使从小一起成长起来、感情很好的朋友之间也产生决裂。以前在中华街无论干什么，大家都达不成共识，这种状况持续了十几年。中华街的建设需要全体华侨的合作，以何种形式能使华侨团结起来就成了当时的课题。华侨的各个团体都带有意识形态的色彩，很难在一起共事。不过，如果是像中华街发展会这样的商业团体、街区商店组合就另当别论了，因为组合是不带有政治色彩的，成员中不光有华侨，还包括了日本人，因此我们想到不如由发展会出面举办些什么活动。
>
> 打造街区的魅力首先要尊重街区文化，特别是举行与其文化相关的活动显得更为重要，春节活动是最好的选择。春节是华人共同的文化，不应该存在意识形态上的分歧。于是，发展会决定策划和实施春节祭。①

之后，林理事长又介绍了春节祭成立之前的具体经过：

> 出于对中华街发展会的计划的配合，由我启动春节祭，首先成立了第一届春节祭执行委员会。在得到两个华侨总会的承认后，双方各自派代表作为执行委员会的成员参加春节祭的组织运营。当时，总会还曾被警察传唤，说是担心会由此引发事故，劝他们停止参加春节祭的活动。警察之所以这样担心，是因为中华街曾有过两派的冲突。但是我给他们写了保证书，愿以个人担保、承担全部责任。我之所以这么自信，是因为两个总会的会长都是我尊敬的人士，他们会给予我大力的协助。其实大家都对意识

---

① 根据林兼正理事长的指点（1998年）。

形态的斗争很腻烦了，但是双方在公开场面又必须做出行动。华侨社会的分裂其实让大家都觉得很无奈和失落。不过有一部分年轻人因为被长辈或学校教育洗了脑，要么是最右翼，要么是最左翼。举行春节祭活动时，费了九牛二虎之力才说服这些年轻人。之后就是道具和乐器的问题，因为需要向总会和学校借，但是所有道具都到处贴满国旗标志，我们将其隐去以避免刺激。此外，两支舞狮队的时间分配、游行队伍的顺序，都让我们绞尽脑汁。我甚至还想好了万一年轻人发生冲突时的对策。加上媒体在采访时也是问来问去，什么华侨的合作能不能成功、使用了些什么方法等，对此我回答道："兄弟间就算吵架，也要一起庆祝正月，这怎么就不可思议了呢？"最终第一届春节祭得以举行，并且平安结束。意识形态迥异的华侨间的部分性合作体制终于在中华街诞生了。

1986年开始的春节祭就是在这样的状况中，由双方共同努力而创造出来的，使得分裂30余年之久的两派华侨出现了融和意向。经历过这次合作，虽然缓慢，但冰雪开始融化了。这是春节祭带来的"传统文化"超越意识形态壁垒的一瞬间。春节祭的成功，为1989年关帝庙的建设、1993年牌楼的改修和增设以及后来一系列的中华街的建设，跨出了大大的第一步。

从这个意义上来说，由生活在中华街的华侨创造的春节祭并不仅仅是以招揽旅游客为目的，而是在更广和更深的层面含有推进横滨华侨协调与融合的意义。其目的在于通过中国古来有之的传统仪式实施，来复兴和创造中华街持续衰退的传统文化，从而确立华侨本身的认同。更在于要通过这一活动，使华侨的新一代和移住国的日本人知晓并享受中国旧历正月的传统，在此基础上，创立"展现民族风情的中华街和美味且快乐的中华街"。

横滨中华街春节祭，自1986年开始，逐渐发展成为代表横滨中华街的大型活动（表3.3）。

表3.3　横滨中华街春节祭的形态与其变迁

项目	第一届(1986年)	第二届(1987年)	第六届(1992年)	第十一届(1997年)
前夜祭		1月31日（星期六）	2月8日（星期六）	2月5日（星期三）
本祭	2月9、11日（星期日、星期二）	2月1日（星期日）	2月9日（星期日）	2月9日（星期日）

续表3.3

项目	第一届(1986年)	第二届(1987年)	第六届(1992年)	第十一届(1997年)
祝辞交换会	2月10日（星期一）			2月8日（星期五）
主办	横滨中华街发展会、市场大道商店会、关帝庙大道商店会、山下街商店会		横滨中华街发展会	
实施机构	春节祭执行委员会			
目的	通过举办各种中国传统的节目，使参加者体会到旧正月的乐趣，还以此旧正月的节目为核心，展开各种宣传，推广民族的中华街、美味的中华街、轻松愉快的中华街	用浓郁的中国气息和多彩的中国饮食文化，提升横滨中华街的内容，团结所有商店组织。目的在于使春节祭成为该地区的文化品牌，为国际文化都市横滨的文化和观光事业发展添力	让平日里来中华街的顾客多少知晓些中国文化。盘活中华街的特性、守护中国文化的传统、并促进经营活动的发展	横滨中华街庆祝春节的最大节日仪式。既要呼吁当地群众的参加，也要向外部广为宣传。此外，将中华街进行华丽装饰，由此酝酿出中国正月的氛围，使参加者满足于中国文化，作为中华街的新生活动固定下来。提升扩大装潢的规模，定位在世界中华街的最高峰
本祭的主要仪式和艺能表演	舞狮、舞龙、中国舞蹈、中国民族音乐、少林拳	舞狮、舞龙、中国舞蹈、中国民族音乐、中国民歌合唱、中国武术表演、派发红包、求签、慈善粥、冰雕实演	舞狮、中国舞蹈、中国民族音乐、中国杂技、街头艺能、玩偶展示	舞狮、舞龙、中国舞蹈、中国民族音乐、中国杂技、古代服饰游行
本祭主办地点	中华街东门前广场		横滨湾停车场	横滨中华学院操场
经费	约1000万日元	约1000万日元	约2000万日元	约1000万日元

资料来源：横滨中华街发展会的资料。

（三）春节祭的内容、艺能表演及运营

春节祭是在春节期间举行，至 2000 年前后，春节祭大致分为前夜祭和本祭两天。前夜祭会被选定在除夕或者再前几天，本祭则多选择离春节最近的星期日。

第一届的前夜祭上，除了舞狮舞龙和中国舞蹈等表演之外，还有慈善中华粥活动，其收入都归于帮助非洲难民的基金。从第五届开始，前夜祭转变为春节晚会和在宾馆举行宴会的形式。除了当地华侨以外，也有与中华街相关联的行政机构和民间企业的代表参加。晚会的目的不仅在于庆祝春节，同时也希望通过晚会促进中华街和中华街相关人士间的交流沟通及亲善和睦。在前夜祭登台的中国艺能表演有舞狮、中国民族音乐、杂技等，有时也有日本艺能界人士的表演。

自 1990 年新的关帝庙落成后的第四届春节祭开始，关帝庙都要在除夕举行新年倒计时活动，其时中华街各个团体的成员会有组织地实施共同参拜。一般人的参拜大多在夜里 11 时左右开始，12 点鸣放爆竹，舞狮登场关帝庙的舞台。接下来是个人的拜神活动，之后再稍许要吃些夜宵，在凌晨 1 点或 2 点左右宣布结束。

本祭一般将舞台设在停车场或学校操场等开阔的场地，登台表演的节目有中国民族音乐、杂技、舞狮、民族舞蹈等。1994 年的第八届、1995 年的第九届春节祭因为是在平常的工作日举行，本祭以中国古代服饰游行的形式进行。游行队伍总共有 80 多人参加，包括中国三国时期和明代的古装、中国舞蹈、舞狮以及舞龙的队伍，他们会在各个场点展示表演。因为政见不同的双方校友会不能参加中华街的舞龙，舞龙队就由和中华街相关的银行职员、中华街发展会的组员等构成。最初使用的龙是中华街永乐园装饰的，1998 年从新加坡购进了新龙并沿用至今。

除了前夜祭和本祭，还有贺辞交换会和舞狮的采青。贺辞交换会是横滨中华街拜年的形式之一，是对中华街内的人们以及中华街相关人士的新年问候，在旧历正月初一的上午举行。而采青在中华街各个店头进行。

此外，从 1990 年代初期开始，春节期间华侨总会会主办新年宴会。在宴会上当地的华侨艺能组织表演舞狮、中国歌曲的合唱、中国舞蹈等节目。

进入 21 世纪后，春节祭的活动逐渐扩大，11 月 1 日起中华街开始点燃春节灯笼直至 2 月末。除了除夕的倒计时活动外，一般的节目安排在春节到正月

十五的两个周末,春节当天进行中华街的采青活动。节目活动一般在重新整修过的中华街山下公园举行,节目内容每年会有相应的变化,比如2013年的春节,除了当地的舞龙、舞狮和在东京的中国艺术团体表演的京剧杂技以外,还邀请了神户市立兵库商业高等学校的狮子舞和龙舞的表演。

横滨中华街春节活动的相关情况如表3.4、表3.5所示。

表3.4 横滨中华街春节的项目与组织

项目	组织者	说明
舞狮、舞龙	横滨中华学院校友会	于1960年代成立,表演南狮子舞和北狮子舞两种
	横滨华侨青年会舞龙团	1970年代初期成立,前身是山手中华学校校友会。同样是表演南狮子舞和北狮子舞,不过现在主要以南狮子舞为主。人员约有20人
中国舞蹈	山手中华学校舞蹈部	于1980年代成立,虽然平日不进行活动,但是每当有大型节目等非日常的活动时,会提前2~3周时间开始训练
	凤凰组	1994年由山手中华学校的毕业生组成的团体
中国歌谣	黄河合唱团	1987年由山手中华学校PTA的女性发起,以演唱中国歌曲为主,活跃在中华街各大型活动和日中文化交流事业。1997年夏天参加在加拿大温哥华召开的华商大会上的演出。现在约有40人
中国民族音乐	二胡爱好会	由中华街的华侨在1980年代后半叶组织而成,接受来自中国的专业演奏家的指导。每周举行约两次练习,现在成员有20人左右。在中华街的活动上相当活跃
	东京中国歌舞团	1980年代,由中国旅日音乐艺术家结成。其多数团员有在中国的民族乐团或歌舞团表演的经验。是活跃在中国音乐界第一线的演奏家或歌手,得到中国音乐界的高度评价
中国杂技、京剧	中国杂技团	东京中国歌舞团,或中国东方歌舞团等从中国本土邀请来的团体
其他艺能表演		新加坡或马来西亚的舞狮、英国的魔术、日本的街头艺能、歌谣等

表3.5 横滨中华街2014年年节活动

名称	场所	日期	活动内容
春节灯笼	中华街	2013年11月1日—2月28日	张灯结彩
迎春倒计时	横滨中华街关帝庙、妈祖庙	12月31日	狮子舞
除夕倒计时	横滨中华街关帝庙、妈祖庙	1月30日	狮子舞
春节	中华街	1月31日	采青
		2月1、2、8、9、11日	春节娱乐表演
祝舞游行		2月8日	狮子舞、龙舞等游行
元宵节	妈祖庙等	2月14日	点蜡烛、狮子舞
妈祖祭	妈祖庙等	3月21日	狮子舞、妈祖轿等游行
妈祖圣诞	妈祖庙等	4月22日（旧历三月二十三日）	祭典仪式等
端午节	中华街	5月30日—6月1日	
横滨中华街中心节	中华街、元町、山下公园等		各种特别活动
横滨龙舟节	山下公园和海上	6月7,8日	赛龙舟
良缘节	妈祖庙	7月7日	祈愿等
关帝诞	关帝庙等	7月20日（旧历六月二十四日）	龙舞、狮子舞、文艺表演等
烟花大会	山下公园、海边等	8月下旬	中华街和其他少数族群参加的游行
中秋节	中华街	9月8日	月饼展销
国庆节	中华街	10月1日	狮子舞、龙舞等游行
双十节	中华街	10月10日	狮子舞、龙舞等游行
妈祖升天日	妈祖庙	10月2日（旧历九月九日）	妈祖祭祀
春节点灯	中华街	11月1日	

资料来源：横滨中华街发展会。

春节祭的运营主体是中华街发展会，实行组织除了中华街发展会，还有两个华侨总会、两个中华学校、中华会馆、华侨青年会、各同乡会、中华街内的商店会等代表人士参加。赞助商等相关组织除了中华街的团体，还有中华街周边的企业组织。从1986年的第一届到1990年的第四届，都是以中华街内部的团体或组织为多，但自从1991年第五届往后，逐渐显现中华街周边及外部企业增加的趋势。这也是出于从外部导入物资和服务以部分减轻内部资金负担的目的。

　　从第一届到第四届的春节祭均是由横滨中华街发展会和市场大道商店会、关帝庙大道商店会、山下街商店会共同主办。第五届之后固定为中华街发展会为主办方。

　　在长崎或神户的春节祭执行委员会里，各自设置有以中华街振兴组合成员为中心的干事会或企划部会，作为活动运营的主导力量发挥着作用。执行委员会由中华街振兴组合连同商工会议所、市观光协会等赞助团体，还有市的行政部门的人士构成，是决定计划实施的机关。与其相对，横滨的春节祭执行委员会本身就是群英荟萃的团队，基本上是由中华街少数的精锐成员构成，是进行所有活动的计划、决策、实行等的机构。

第四节
小　结

　　在日本三大中华街中，横滨是规模最大、人口较多，特别是广东华侨聚集最多的地方。综合来看，横滨的华侨社会空间、祭祀文化和族群性可以分为三个时期。

　　第一时期是横滨华侨的形成和发展时期，可以分为两个阶段：第一个阶段是华侨社会形成阶段。华侨移居横滨与欧美人同步，几乎是与开港同时开始的。早期华侨的经济活动场域，主要是在与欧美人的关系中展开的。后来华侨人口增加，大多是祖籍广东者。1870年前后，设立了华侨的自治团体中华会馆和华侨寺院关帝庙，形成了一个以广东人为主的横滨华侨社会。就是说，横滨初期的华侨社会是以广东地方方言和广东文化为基础的单一性族群社区。因此，华侨的日常生活场域更多是在华侨内部形成和展开的。作为华侨传统文化的主要继承组织，中华会馆扮演了重要的角色，其中华侨的主要祭祀活动基本就是以中华会馆为中心进行的。中华会馆和关帝庙建立后,伴随华侨的祭祀活动的开展,广东音乐和粤剧传入日本,但是初期的艺能缺乏有效的组织,主要是由华侨爱好者和从祖籍地请来的艺能表演者来表演。于是,作为活动重要载体的中华会馆和关帝庙成为华侨社会文化的象征。第二阶段是华侨社区发展变化的阶段。1870年后,华侨人数迅速增加,横滨除了广东人以外的华侨也开始增多。但是,日本明治政府为了防止中国人大量涌入,把华侨的职业限制在除却商业活动之外的"三把刀"行业(西式裁剪、饮食和理发)及家政雇工等杂业领域。因此,日本没有出现像北美和东南亚那样的中国人大批移居,也没有形成以同姓人为主的宗亲会。由于缺乏本国的保护,来自不同地区的人也不能相互沟通,于是出现了以相互扶助和进行交流的同乡、同行业组织。这些组织后来成为传承传统祭祀和艺能的主体。在这一时期,华侨开始与其他亚族群接触和交往。同乡组织中开始有粤剧、广东音乐和狮子舞、龙舞等艺能,每逢关帝祭等关帝庙的祭祀活动,他们都会登场表演。以广东人为中心的和亲会,以原籍江苏、浙江和江西者为主的三江公所,对传承艺能起到很大作用。其中,和亲会表演的粤剧、广东音乐和狮子舞成为代表广东人的传统文化符号,龙舞则是来自三江地区华侨的文化象征。然而,战时这些组织的活动被迫中止。

第二时期是华侨社会的统一和分裂时期。1945年,为了战后华侨社会的恢复和救助以及管理,成立了全体华侨的自治组织"华侨总会"。由此,长时间以来以地缘性组织为中心的华侨社会开始走向统一的方向。华侨总会成立不久,重建了因战争破坏的关帝庙,还成立了以恢复艺能文化活动为目的的全体华侨青年的组织中华青年会。华侨社会祭祀活动中的狮子舞、粤剧、广东音乐和话剧等艺能,便由中华青年会所继承。跨越地域组织的中华青年会成为这时传统艺能的主要传承者。在同一时期,三江公所也恢复了其艺能组织舞龙俱乐部。舞龙俱乐部不仅在华侨的传统祭祀活动中登场,而且与中华青年会的狮子舞一起,参加横滨的港节等地域性活动。另外,1953年,广东籍华侨中的妇女还成立了横滨华侨妇女会,经常与定期从香港来的船员们一起表演粤剧,作为交流活动的一环。这一时期是华侨社会统一的时期,由中华青年会表演的狮子舞、龙舞、话剧等以往的艺能,成为象征横滨华侨社会整体的文化符号。华侨的交流空间,通过华侨总会从同乡社团组织扩大到整个华侨社会,而且,从龙舞、狮子舞参加地域港祭的活动来看,这种空间开始向地域社会扩大。

第二时期的后期是华侨社会分裂的时期。华侨社会空间开始转向内部的斗争场域。日中两国的关系以及中国大陆与台湾的关系,给华侨社会带来了各种影响。由于大陆与台湾在意识形态上对立,横滨华侨社会发生了"学校事件"，华侨社团组织和学校也一分为二。这种意识形态领域的对立，是以政见而非祖籍地来划分，因此，此时横滨华侨社会的分裂是跨越祖籍地的。许多华侨也由此选择了归化日本，中华青年会的活动不得不中止。中华青年会在活动停止后，将狮子舞和龙舞等道具送给了华侨学校。在这个时期，分裂的两个华侨学校分别在大陆和台湾的不同政见和教育方针下对华侨子弟进行教育，文化艺能活动亦成为学校教育的一环。在学校教育的框架下，两学校的校友会分别成立了代表各自认同的狮子舞等艺能组织。其主要的活动空间是参加由双方总会举办的带有政治色彩的"双十节"和国庆节活动。由于横滨华侨学校分裂前是在中华街区域内，之后成为台湾系华侨学校校舍。在横滨中华街还没有任何大型节日活动时期，"双十节"的游行曾经是中华街较有规模的活动。总之，华侨艺能传承的主体在这个阶段主要是两个华侨学校。

现在横滨华侨社会虽然仍以祖籍广东者占多数，可是除了狮子舞以外，粤剧等具有广东文化基因的艺能已完全中断。原因之一可以说是华侨的第二、第三代等经过几十年的生活与发展，在日本社会已经基本日本化。以语言为例，目前除了后来的新华侨以外，基本没有人使用广东话。但是最根本的原因其实是在于华侨社会几十年的分裂状态。也就是说，由于华侨社会的对立，造成原来统一的艺能组织也随其分裂或消失，给艺能的传承带来很大的阻碍。

第三时期是国际环境的变化，振兴地域发展和开发旅游以及新的传统文化诞生的时期。华侨活动的场域有了更大的扩展可能性。日中关系的新变化，成为华侨传统文化复兴和再造的最大外在因素。《日中和平友好条约》缔结后，日中间的各种国际交流推动了横滨华侨社会的政治紧张气氛走向缓和，加快了华侨恢复传统文化的运动进程。振兴中华街和开发旅游观光业的需求则成为创造传统文化的新契机。在这一背景下，两派共同协力以1986年的春节祭为始，先后恢复、重建和创造了各种传统文化符号。黄河合唱团、二胡爱好会等新的艺能组织也陆续登场。华侨学校的活动不只限于华侨社会，同时也出现在地域社会的各种活动中。华侨传统文化的传承逐渐呈现出统一的趋势。华侨关系场域开始由内部走向内外结合，特别是通过与外部的交往，让近年来中华街重新创造的文化成为代表中华街的重要文化符号。

综合来看，横滨华侨人数较多而集中，地域社会的凝聚力较强，社团组织相对稳固，因此传统文化特别是艺能能够继承到今天。但是，从另一角度来看，地域具有一定的封锁性，所以容易受到政治形势的影响，导致华侨社会以及社团组织的分裂，给传统文化的继承带来严重的阻碍。从这一点来看，1980年代后期，以振兴地域经济为目的而由两派合作创造的春节祭，可以视为华侨社会走向团结的一个转机，具有划时代的深远意义。

第四章
日本华侨祭祀文化空间与族群性的重建

第一节
华侨文化符号——祭祀和艺能的类型

一、祭祀的类型

华侨社会祭祀与艺能可概括为以下几类：第一，历史上被日本人社会接受并传承的祭祀；第二，传统的祭祀；第三，像春节祭似的由各个地方新创、重建的传统祭祀；第四，半正式的新活动。本书中将分别称之为"被接受祭祀"、"传统祭祀"、"新传统祭祀"、"新活动（行事）"（表4.1）。具体来说，可以有如下具体的解读。

（1）象征地域性的文化符号——"被接受祭祀"。这种祭祀类型是长崎特有的一种形式。在长崎对外贸易的历史背景下，借助与主流社会交流的空间，华侨的部分风俗、艺能同日本的祭祀、艺能融合，在地域社会的文化脉络中被接受和重新解释，以日本的方式继承下来，成为代表长崎华侨社会的年中祭祀和节日。其中最典型、规模最大的是长崎诹访神社的重九祭，它已是长崎社会不可缺少的重要祭日活动。虽然这种类型的主体在华侨社会之外，但却是经过与华侨社会密切接触交流而得来，是华侨融入主流社会的重要形式。将它作为一种类型，对它与其他类型的相互关系以及长崎特殊的历史空间进行探讨是有益的。目前，"被接受祭祀"仅存在于长崎。

表4.1 在日本华侨的祭祀、年内活动的类型

类型		被接受祭祀	传统祭祀	新传统祭祀	新活动
特征		历史上从中国传来、被日本社会吸收解释，并成为日本节日文化的一部分，可以视作由日本人继承的中国传统祭祀	主要是指在长崎的崇福寺、神户和横滨的关帝庙等举行的传统祭祀活动	为振兴地区文化，在中华街兴起的由华侨和日本人共同创造的新的中国传统祭祀	带有特定政治背景，基于与中国大陆和台湾关系的不同，以中华总会和华侨学校为主实施的半官方活动
主要事例	长崎	重九祭、精灵流	普度、元宵节、清明祭、孔子祭	长崎灯会/中秋节	国庆节
	神户		普度、清明祭	春节祭、中秋节	国庆节
	横滨		清明祭、关帝诞辰	春节祭、中秋节、妈祖祭	国庆节、"双十节"

（2）华侨传统文化符号——"传统祭祀"。长崎的"传统祭祀"主要是指在华侨传统空间——唐寺崇福寺举行，由三山公帮（福建同乡会）所继承的祭祀活动。其中包括在中国已不复存在，只有在长崎才能见到的祭祀仪式，如普度。长崎的普度期间，祖籍福建的华侨会从日本全国各地纷纷前来相聚。因此，普度既是华侨想象中拜祖寻根的宗教仪式，又为同乡的亲朋故友提供了相会的机会，亦是华侨维护和重新建构各种网络的空间。可以说，唐寺和同乡组织的存在对"传统祭祀"的维持起到了很大的作用。普度的传统在福建省原本就根基很深，"二战"前普度主要是在祖籍福建南部（泉州和漳州）者的寺院福济寺和祖籍福建北部者的寺院崇福寺举行。由于战时泉漳华商几乎全部回国，以及"二战"结束前长崎受到原子弹轰炸，福济寺受到毁灭性的破坏，因此现在只剩下了祖籍福建北部的华侨组织的普度活动。

普度作为"传统祭祀"活动，在神户也有着同样的地位，并以华侨寺院（关帝庙）为中心，由福建同乡会组织继承下来。除了长崎、神户之外，普度也存在于京都，由当地的福建同乡主持在宇治万福寺举行。福建北部祖籍福州的华侨，一直到战前大部分依然是以行商为生，所以他们在日本各地呈分散型分布，与其他地域的华侨帮派集中居住在某个大都市有明显不同。日本共有七

个福建同乡会①,每年全国的福建同乡们借助普度这种传统祭祀活动聚集一堂,共襄盛举,从而使得同乡会相互扶助、交流亲睦的网络功能被很好地维持下来。

与此相对,横滨则因为以祖籍广东省的华侨为主,所以没有普度的祭祀传统,但是却以关帝祭的形式传承了这一传统。作为横滨主要的传统祭祀,直到战前关帝祭都是由中华会馆主持进行的。战后,关帝庙得以重建,关帝诞辰庆祝活动虽然也恢复了,但由于新中国成立后华侨社会出现分裂,有组织的祭祀活动遇到了较大的阻碍。

(3) 再造的文化符号——"新传统祭祀"。"新传统祭祀"是后来各地中华街兴起的重组和创造地域传统文化和族群性的运动。这是为了振兴地区的发展,而选择和利用中国传统文化符号的一部分,由生活在一个区域内的华侨和日本人(特别是在长崎和神户)共同创造的新传统。几乎是在同时,由长崎、神户、横滨的中华街依照中国的春节传统习俗创造的春节祭就是典型例子。在长崎,更是将元宵节也包括进来形成长崎灯会。横滨近年来也开始将春节期间张灯结彩的时间延长为三个月。在长崎和神户,"新传统祭祀"是与本地的日本人共同构筑起来的新的传统形式。其可视为在日中邦交正常化的政治背景下,由华侨社会与所在地域社会和日本文化不断融合中再创造的新的文化形式。在振兴"新传统祭祀"的活动中,华侨的年轻一代表现积极活跃,逐渐成为活动中的主人公。在长崎,新传统祭祀之一的长崎灯会,以象征着中国文化符号的各种大小型灯笼装饰、狮子舞、龙舞等为内容,成为了充满异国情趣的地方文化的象征,已经不仅是中华街,更是整个长崎市不可或缺的文化盛事。

这种文化创造浪潮不局限于春节的活动,之后各地打造的中秋节活动以及2006年在横滨开始的妈祖祭同样也可视为"新传统祭祀"的表现形式。在横滨,1980年代后半期,与春节祭创造活动一样,传统祭祀关帝诞辰也由中华街的各个华侨团体(而非某个特定的同乡组织)联合复兴了。其在组织运营和形态上同春节祭一样,具有"新传统祭祀"的性质。此外,像战前那样,清明节再度开始由中华会馆进行组织运作。这些活动是华侨的传统,具有历史连续性,可以按照"传统祭祀"来分类,但是在内容上又兼备了"传统祭祀"和"新传统祭祀"两者的要素。长崎的孔子祭也是如此。孔子祭虽被划分为"传统祭祀",但有一部分实际上已经具有了"新传统祭祀"的特点(如其组

---

① 东京、横滨、京都、大阪、神户、福冈、长崎的各同乡会。

织形态和目的等)。

（4）带有政治色彩的文化符号——"新活动"。这是在日中邦交正常发展化的政治背景下，以中华总会和华侨学校为主实施的半官方活动，如国庆节等。尤其是在横滨，受中国本土的影响非常明显。辛亥革命不久，横滨华侨在1913年首次开始庆祝"双十节"活动。中华人民共和国成立后，由于意识形态和政见上的差异，导致华侨们一分为二。"双十节"由支持台湾的华侨总会延续下来；与此相对，大陆派也开始了国庆节的庆祝活动。特别是在1972年日中邦交恢复之后，两派为了动员更多的人员参加，有意识地把学校的运动会放在"十一"或"双十"举行，让运动会的参加者更容易参与官方的游行活动，活动规模也逐渐扩大。不过，从1980年代后半叶开始，意识形态的对立开始出现缓和，国庆节、"双十节"亦和春节祭等中华街节庆活动一样，带有了招揽更多观光客来中华街的性质。尽管仍然带有政治色彩，但其作为中华街建设的一环被赋予秋季节日庆典的意义，如今成为中华街的惯例节日。

以上四种类型是理论意义上的分类，在实际的社会化进程中不同类型之间又不是独立的，彼此之间有着较多的相互关联。如前所述"传统祭祀"里被加上了观光的因素，为了招揽更多的游客，会进行各种艺能表演。而且在"新传统祭祀"和"新活动"里也有重视传统的部分。

二、艺能的类型

前面对祭祀进行了分类，在祭祀之际演出的各种艺能，同样可以进行分类比较。由于这些艺能不一定和祭祀有直接的连锁关系，因此对其采取了独立的分类方式。艺能大致分为以下五个类型：被接受艺能，传统艺能，新传统艺能，新中国艺能，招聘艺能（表4.2）。

（一）表现地域性的文化符号——"被接受艺能"

同"被接受祭祀"一样，"被接受艺能"也只在长崎存在。在华侨社会中许多传统艺能已衰退，但有一部分艺能为日本社会所吸收而成为日本艺能，这也是历史上华侨与日本人存在密切关系和交往的结果。"明清乐"就是其中的一例。"明清乐"在唐人贸易时代传到日本，明治时代中叶曾在日本的普通家庭中演奏。现在，在长崎重九祭时可以听到"明清乐"的演奏。此外，中国的龙舞在长崎被读作"蛇舞（じゃおどり）"（书写时为"龙舞"），已成为长崎民俗艺能的重要组成部分，而且是由日本人来继承的。龙舞作为历史上唐人文化和长崎文化的象征，是灯笼节、长崎重九祭等各种活动中不可缺少的艺能。其他的还有舞狮、唐人船等，亦是长崎重九祭的供奉舞蹈，都是由日本人表演。

表4.2 日本华侨的艺能类型

类型		被接受艺能	传统艺能	新传统艺能	新中国艺能	招聘艺能
特征		长久以来扎根于日本社会的中国传统艺能	曾经在寺院等祭祀活动中表演的民众传统艺能	日中邦交恢复后复兴的传统艺能	后来进入日本的中国艺能文化	从中国以及东南亚等地招聘的艺能
主要例子	长崎	"明清乐"、龙舞、舞狮、唐人船等	〈演剧〉、〈唐乐〉（打击乐器的演奏）	舞狮		杂技、京剧、民族音乐
	神户		〈打击乐器演奏〉	舞狮、舞龙	京剧、民族器乐、民族舞蹈、合唱	杂技、京剧、狮子舞、龙舞（马来西亚等）
	横滨		〈粤剧〉、舞狮、舞龙、民族器乐		民族音乐、民族舞蹈、合唱	杂技、京剧

说明：〈 〉中的内容是指中断的传统艺能。

（二）华侨传统的文化符号——"传统艺能"

华侨把舞龙、戏剧、唐乐（打击乐演奏）等"传统艺能"传到日本以后曾经在唐馆上演。唐乐直到1980年代都还在普度等祭祀活动中演奏，但由于后继无人已逐渐失传。而唐馆的解体、日中间的战争、祭祀活动的省略化等原因，让这些自古就传来的"传统艺能"已经从华侨社会中消失。

横滨的舞狮和舞龙等传统艺能在战后很快得到复兴，虽然因华侨社会的分裂而受到阻碍，但以学校为载体传承至今。在神户，传统艺能尽管在战后也曾有过复兴，不过由于缺少传人等缘故而中断。在日中邦交恢复之后，神户的舞狮和舞龙作为"新传统艺能"才得以复活。

(三) 重新复兴的文化符号——"新传统艺能"

在长崎和神户,尽管传统艺能衰退了,但1970年代后期到1980年代初,先后在神户和长崎成立的神户华侨总会的舞狮队和侨友会,在横滨华侨的帮助下重新复兴了舞狮的传统,于是代表"新传统艺能"的狮子舞在各种各样的活动中演出。例如,在普度之际,"传统艺能"的唐乐演奏虽然中断,取而代之的是"新传统艺能"的舞狮表演。在神户,还出现了由日本人进行"新传统艺能"复兴的现象,这是现代对外来文化的吸收方式,相比长崎的"被接受艺能"形式而言,可谓殊途同归,同样有着深远的意义。

(四) 代表现代中国的文化符号——"新中国艺能"

这是后来在"传统祭祀"、"新传统祭祀"和"新活动"上登场的以民族乐器演奏、舞蹈等代表现代中国的艺能文化符号,特别是在神户和横滨,是将其作为华侨学校民族教育的一环而积极实施的。这些艺能由学校的毕业生继承和发展,并作为新的华侨艺能而活跃在各种文化庆典活动中。另外,在横滨和长崎出现的以日本人为主要载体的二胡演奏也是"新中国艺能"的代表形式。在长崎灯会进行的两周时间内,竟然有17个二胡演奏团体参加灯会的表演活动,长崎原副市长也参与在其中。17个团体的总负责为长崎市政府的二胡爱好会,知情人士指出二胡爱好会每年所参加的最大的活动就是长崎灯会。作为代表现代中国音乐的重要文化符号,二胡在"新传统祭祀"中找到了自己的位置。在"新传统祭祀"期间,二胡爱好者们既积极参加活动的演出,也与其他艺能团体和个人进行了广泛的交流。可以说,"新传统祭祀"为"新中国艺能"创设了一个开放而活跃的互动场域。

(五) 具有观赏意义的文化符号——"招聘艺能"

近年,随着各地春节祭上"新传统祭祀"的振兴,组织者为了让节日活动更具有观赏意义,便从日本其他地方(如在东京特别是神户的华人艺术团),以及中国大陆、台湾和新加坡、马来西亚等邀请和招聘一些艺能表演团体,并且在其中占据了一定的位置。特别是由新华侨组成的各种艺术团体,成为这一艺能的主要载体。横滨中华街的春节祭和长崎灯会上登场的杂技、京剧和中国民族音乐演奏等，都是由这些团体演出的。这种艺能已经成为目前华侨文化中不可忽视的要素，因此将其归类为华侨社会的新艺能之一。

三、从祭祀和艺能看华侨文化的演变

祭祀类型与艺能类型关系如表4.3所示，表中列举了有着固定模式的具有代表性的祭祀及其运营主体。

表4.3 现在主要的祭祀、年内活动的类型与艺能表演

	类型	被接受祭祀	传统祭祀	新传统祭祀	新活动
长崎	活动	重九祭	普度盛会	长崎灯会	国庆节
	艺能	被接受艺能	新传统艺能	被接受艺能、新传统艺能、招聘艺能	新传统艺能
		舞龙、龙船、唐人船等	舞狮	舞龙、舞狮、京剧、杂技、"明清乐"、民族音乐	舞狮
	运营主体	日本人	华侨	华侨、日本人	华侨
	运营组织	长崎市传统艺能保存会	三山公帮（福建同乡会）	长崎市、新地中华街商店街振兴组合等	华侨总会
神户	活动		普度盛会	春节祭	国庆节
	艺能		新传统艺能	新传统艺能、新中国艺能、招聘艺能	新传统艺能、新中国艺能
			舞狮	舞狮、舞龙、京剧、民族音乐、杂技、京剧	舞狮、民族乐器演奏、民族舞蹈
	运营主体		华侨	华侨、日本人	华侨
	运营组织		福建同乡会	南京町商店街振兴组合	华侨总会

续表 4.2

类型		被接受祭祀	传统祭祀	新传统祭祀	新活动
横滨	活动		关帝诞辰	春节祭	国庆节、"双十节"
	艺能		传统艺能、新中国艺能	传统艺能、新中国艺能、招聘艺能	传统艺能、新中国艺能
			舞狮、舞龙、民族音乐、民族舞蹈	舞狮、舞龙、民族音乐、民族舞蹈、杂技	舞狮、舞龙、民族舞蹈、合唱
	运营主体		主要是华侨	主要是华侨	华侨
	运营组织		关帝庙管理委员会、中华街发展会协同组合	中华街发展会协同组合	华侨总会

"被接受祭祀"中最重要的是长崎重九祭，重九祭之所以能从华侨社会的传统扩展为长崎地域的传统并延续至今，不论是在历史背景还是祭祀内容来看都与唐人（华侨）与长崎在地社会的交流和互动密切相关。17世纪，长崎的财源之一是唐人所从事的对外贸易。当时由于处于锁国时期，当局通过引导全体市民参加谏访神社的重九祭并使其扩大来防止基督教在市民中的传播，而在祭祀内容中便加入了与唐人（中国）有关的"传统艺能"。经过长期的传承，祭祀（重九祭）和艺能（龙舞、狮子舞、唐子舞等）均演变为长崎的地域文化，这可以视作中国传统文化融合于日本社会并被吸收成为日本文化的典型代表。

"传统祭祀"也随着时代变化而不断改变。在长崎，原本过去祭祀活动中酬神戏等节目是必不可少的，但明治以后，随着唐馆的消失而衰退了。加上后来因战争等因素的影响，祭祀和艺能出现中断，使"传统艺能"的维持陷入困境。作为"传统祭祀"的普度，在仪式上现在仍然遵循传统进行，艺能上则因为"传统艺能"的衰退而由"新传统艺能"的舞狮取而代之。祭祀的整体倾向走向了简约化。① 根据 1995 年、1996 年的调查，长崎普度盛会上的供

---

① 如田仲就指出，长崎的普度在 1970 年代末有风俗性的后退（田仲，1983：356）。

第四章　日本华侨祭祀文化空间与族群性的重建

品已呈现出简略化。① 但是，变化的原因与形态是多种的。例如，"文化大革命"时期三十六间堂的变化——变成了社会主义的主题——就是华侨们既顾虑中日两国的政治形势又试图维持祭祀传统的结果。此外，也有祭祀活动因为作秀化而复活起来，这种现象从神户的"传统祭祀"普度中便能见到。另外，在横滨的"传统祭祀"关帝祭上，作为"传统艺能"的舞狮和舞龙、华侨学校的民族音乐和民族舞蹈也登台献演，当然如前所述，关帝祭典也日渐呈现出越来越多的"新传统祭祀"色彩。通过对"传统祭祀"和"传统艺能"、"新传统艺能"的关系的考察，也可以看到华侨社会空间的变迁以及华侨文化与本国时局变化的各种联系。

综合来看，以中华街为中心重新打造的"新传统祭祀"，在三个地区都动员了所有的艺能类型。比如长崎的灯笼节，1987年刚刚创立的时候只是个简单的活动，但从1994年长崎市开始加入操作以后，其规模便得以扩大并成为全市的节日。现在，为了使节日更富有中国气息，除"新传统艺能"的舞狮外，舞龙等"被接受艺能"和京剧、杂技等"招聘艺能"等各种象征中华传统的文化符号都会同时登场，为此当局可谓是不遗余力，动员了所有的艺能。

关于祭祀的类型，通过对其运营组织、运营主体的比较，能观察到其虽然类型迥异但颇有意义。"被接受祭祀"当然是以日本人为主体进行的。而"传统祭祀"在长崎和神户以华侨的同乡会组织为运营主体，在横滨除了同乡会组织，还能看到像中华街发展会协同组合这样的组织参加运作。"新传统祭祀"在长崎是以中华街商店街振兴组合与长崎市为运营组织的中心，在神户则是以南京町商店街振兴组合为中心，华侨同日本人都是运营主体。长崎灯会，初始是以华侨为中心，但渐渐地日本人的比重在增加。在横滨，同样是由中华街合作组织在进行运营，其主体的比重却以华侨为大。三地在新传统祭祀的运营上，之所以有这样的差异，与各地的历史和地域特征、华侨社会空间以及文化变迁等有关。

像"新传统祭祀"这样新的传统的创造活动，不局限于祭祀活动，还涉及华侨社会的种种方面。1998年2月，由长崎市的相关机构和华侨中的有志人士②

---

① 原本应当是"第一天早上开始，由福首（也就是值班的人）之手为各个祭坛的诸堂诸佛献上素食料理——十品菜、五品菜、三品菜……"（团，1991：288），不过在1995年以后的调查中，发现普度盛会的供物十品菜只在第三天才有。

② 文物振兴事业部门、长崎孔子庙中国历史博物馆、长崎文献社的代表以及中西启先生（已故）、陈东华先生等。

共同设立了唐馆复兴促进会①。唐馆复兴运动也是华侨与在地政府方面共同推进,以振兴地方发展、促进旅游的一个步骤,是对传统进行重建、创作的过程。横滨的传统祭祀的再造也能见到同样的现象。

可见,华侨社会中传统的再造一直没有停止,并不断产生新的文化。

第二节
日本华侨的空间、文化再造与族群性

一、长崎华侨社会空间、文化再造与族群性

(一) 历史空间、族群的多重性及其重组

长崎早期的华侨以华商为主体,华侨的历史空间则是在中国与日本的贸易体制背景下,华侨(唐人)在与日本社会的邂逅、交往和相互关系中逐渐形成和展开的。对明末清初的中国社会来说,唐宋以来经济体制和社会结构的变化、对外贸易的统制政策、以地缘为基础的华商商帮及其商业贸易网络的形成等都成为当时的时代背景。从日本的时代背景来说,长崎是江户幕府时代唯一的对外贸易窗口。在幕府对基督教的禁教令下,为了证明自己是非基督教徒并且祭拜海神妈祖,以保持贸易关系的稳定,华侨们建立起分别代表各祖籍地的佛教寺院——唐四寺,由此华侨形成了以唐四寺为核心的四个地缘组织社会。

有学者以香港、台湾的事例为基础,分析了华侨移民中的亚族群形成过程,认为"同一方言群和'祖籍'的群体认同,作为一个族群的自我意识,往往是在他们移居后,与其他相同的群体接触和互动而产生的";而且,(如潮州人)"同乡组织,作为移居地的潮州人社区的相邻组织,既是其相互扶

---

① 最初的活动是举办唐馆310周年的纪念活动。纪念活动的内容有学术研讨会、演讲会及市博物馆的"特别展览会",在寺庙举办庙会等。此外,由推进具体活动的委员会(长崎市也有参与)企划,在1999年元宵节之际在唐馆残存的四个庙宇(福建会馆、观音堂、土神堂、天后堂)中的福建会馆举行了中国音乐鉴赏音乐会。为了收集并介绍作为观光文化遗产的历史文献资料,以复兴会成员为主组织成立了长崎中国交流史协会。

助、共谋福利的组织,有时亦是进行商业活动、学校经营、宗教活动等的主体。特别是以阴历七月十五日为中心的盂兰节的鬼魂超度日礼仪显得很重要。……从某种意义上说,其已成为潮州人亚族群认同的一个象征"。(王、濑川,1984:410)

以唐四寺为中心的长崎华侨族群性结构的形成,与上述分析有一定的相符之处。① 即来到长崎的华侨,与其他相同的集团接触过程中,方言和祖籍地相同的人们各自形成了帮。而且,各帮形成的主要象征,是各自的中国寺院的发展程度以及在寺院中是否进行普度(盂兰盆)等祭祀活动。唐寺成为长崎华侨社会亚族群的象征,发挥了凝聚散居在长崎市内不同祖籍地华侨的宗教、祭祀和相互扶助团体的功能。

然而,不仅如此,在长崎的唐寺同时也曾经是与地域社会交往互动的空间。特别是唐寺为日后宗教仪式、建筑、雕刻、绘画、篆刻、音乐等文化在日本的引进和吸收,起到了媒介的作用。作为华侨的文化空间,唐寺的关系场域没有局限于地域层面,也扩大到了日本社会。散居在长崎并与地域社会不断交流的华侨(唐人、唐通事),对中国文化的传播起到了很大的作用。在第一章中所论述的"明清乐"便是一例。由唐人传播的"明清乐"不仅在长崎,直到19世纪后期还在日本各地广为传唱,曾经是日本中上层家庭子女的必学之音乐。在其传承过程中"明清乐"也发生了很大的变化,之后逐渐成为江户时代通过华侨的文化空间传到日本的中国音乐的代名词,成为一种文化符号式的存在,其内容与原始的"明清乐"已大相径庭。同时代长崎诹访神社重九祭的形成和扩大,也与唐人贸易有直接关系。长崎是唯一能够通过对外贸易而获得财源的城市,为了使市民不关注、不信仰基督教,长崎奉行所花费大量资金鼓励和奖励市民们参加重九祭,使得重九祭得以扩大并延续至今。华侨带来的龙舞,成为代表长崎地域性的文化符号。重九祭中登场的狮子舞和唐子舞、唐船等,则是地域社会为了参加重九祭并显示与其他地域有差别的地域特征,重新建构了可以体现唐人社会以及象征地域认同的文化符号。龙舞的演变(蛇舞→龙舞〈蛇舞发音〉)和狮子舞、唐子舞等的建构呈现出华侨文化在与长崎地域文化的互动中延续和转型的过程。

唐馆是17世纪后期德川幕府锁国政策的结果,是近代中华街的雏形。尽管是从主流社会隔离出来的空间,但同时又是一个与地域社会交流的场域。随

---

① 在这里,是将整个日本华侨作为一个族群(长崎华侨作为一个地域族群),把同乡集团作为亚族群来进行思考。

着唐馆的建立,华侨的贸易据点也迁移至唐馆之内,祭祀活动也在其中由各帮共同举行,祭祀由各帮轮流主持。华侨社会空间虽然被限定在唐馆,但是逢年过节,唐馆向市民开放。华侨非日常性的祭祀活动,在与地域社会的互动中,传播到长崎日本人社会。总之,华侨在历史上的社会空间是在与主流社会和地域社会的互动关系中形成和展开的。在历史上就形成了一个一方面通过唐寺而建立的传统的、与主流社会有客观辨别性差异的族群性,而另一方面又是与地域社会交流的关系场域,华侨通过这种关系场域与地域社会的长崎人建立了"亲戚关系",华侨文化也转型为代表地域特征文化符号。

随着安政(1858年)开港,以唐馆为据点的贸易体制瓦解,据点向新的各开埠地的居留点扩展,转向自由通商。以不同祖籍地的商人为主体的会馆会所先后在新地成立,并继承了唐寺的各种功能。但是,随着更多的华侨向新的开港口岸的迁移,以及与长崎华侨有亲缘关系的福建北部华侨的增多,江户时代,由四个亚族群形成的长崎华侨社会发生了内部结构的变化。长崎华侨社会逐渐成为以福建北部为主体的福清帮的社会,随着三个亚族群的减退,崇福寺以外的三寺院也不再具有作为族群认同的核心性功能。[①] 之后,三山公帮组织进行的崇福寺传统祭祀,成为整个长崎华侨社会族群性认同的主要象征。可见,这种单一的亚族群在明治以后的长崎华侨社会占有绝对优势地位,正如象征语言的多元性消失一样,各亚族群间的界限越来越模糊,实质上已变化为单一的亚族群。其变化,在第一章提起的华侨组织的变化里也有明确的反映。17世纪以后以唐四寺为核心的同乡组织在明治维新后逐渐消失,三山公帮实际上就成了唯一具有礼仪性、有相互扶助作用的华侨组织。并且,经济组织亦是如此,祖籍地不同的组织均已消失,最终在1884年成立了中华总商会这个代表华侨整体的商业会议所。

王和濑川关于台湾汉人社会的移民集团走向在地化的论述中指出:"取代'祖籍'而出现的'分类'标准是,在现住地台湾新产生的地缘关系以及血缘关系。"(王、濑川,1984:414)。关于这一点,可以说长崎华侨也有类似过程。日本对外国人的限制政策,阻碍了华侨社会可以构成宗亲组织的规模。长崎华侨大体上是一个带有地域性的单一族群群体,它是由在第一章第一节中所论述的姻亲纽带结合在一起的。这种以同乡和姻亲关系为中心的横向的关系网络,是构成华侨特别是目前在九州占多数的福建(福清)华侨凝聚力的重要因素。由地缘组织三山公帮继承的传统祭祀,特别是普度作为华侨社会族群性

---

① 唐四寺院中,福济寺因大火烧毁,其他两寺目前基本与日本寺院相似。

认同的主要象征，既是拜祖寻根的象征性宗教礼仪符号，又有着借助同乡会相互扶助、交流亲睦的网络功能。华侨的关系场域通过崇福寺和普度的横向关系得以形成和展开。例如，尽管传统祭祀的传统艺能已经消失，但是由华侨一代重建的狮子舞，已经成为新的传统艺能文化符号在祭祀中登场。另外，长崎中华街作为华侨组织的社会活动空间，是长崎华侨社会中枢性功能的中心，是有华侨特点的中华料理、中国物产等日常文化的集聚地，特别是近年来，作为华侨非日常文化符号的聚集中心，已经成为华侨族群性的象征。

如前所述，在长崎历史中，长崎华侨社会的周围存在着一个融合了华侨血脉和风俗习惯的长崎（日本人）地域社会。与台湾地区不同的是，长崎华侨"从移民集团走向在地化"的过程可以从江户时代华侨移居的历史中捕捉。长崎华侨在维护其族群性界限的过程中，华侨的血脉和文化也不断地被主流社会（长崎地域社会）所吸收。在这种背景下，中华街一方面是华侨族群性的核心，另一方面也是连接华侨和日本人关系，构成华侨和日本人共同的新族群性的场域。而且，1984年跨越族群的组织新地中华街商店街振兴组合诞生，中华街开始成为创造新的传统文化符号的社会空间。

（二）新传统文化符号再造

1980年代中期起，长崎华侨社会发生了极大的变化。变化之一是华侨社会社团组织的变化。长崎社团组织的变化与日本其他地方相比有着诸多共同点。从近代国家与华侨社团关系的角度来看，有两个重要时期。一是在19世纪后期，在清朝领事的直接推动下，有华侨居留的各开港口岸成立了前面提到的中华总商会、中华会馆、学校等跨越地缘和帮派的组织。二是在"二战"期间，日本政府推行了"一地一组织"政策，在各地强行将各种团体合并为一，这一政策影响了战后华侨社会组织的结构。战后，日本各地均成立了有代表性的统一华侨社会组织——华侨总会，各地总会之间的关系是平行的。在1972年日中邦交恢复之前，大陆派的华侨总会甚至扮演了使领馆这样的国家驻外机构职能（廖、王，2008：239）。就地缘组织来看，长崎形成了以三山公帮地缘组织为中心的由来自福清和福州的华侨组成的一元化华侨社会。其功能在于继承以崇福寺为中心的传统祭祀活动。由此可见，华侨社会的政治和文化等问题，已由华侨总会（政治）、地缘团体（文化）等不同性质的组织所分担。但是，此时除了1947年成立的业缘组织中华料理组合以外，几乎没有与华侨经济有关的组织。为了振兴"二战"后凋敝的中华街，以新地中华街第二代店主为中心，成立了跨越族群的组织新地中华街商店街振兴组合。

新地中华街商店街振兴组合与重视故乡和祖先渊源的华侨传统组织的性质完全不同，是与以振兴地域为目的的日本店主们共同组织的。以中华街的地域关系成立的这种跨越族群的组织，成为一种新的纽带，将中华街的华侨和日本人连接在一起，形成了新的地域社会。这一动向，也可以从已经定居在长崎并在日常生活上趋于与日本社会同化的第二代、第三代长崎华侨力图重新建构华侨认同的角度来探讨。

振兴组合的成立成为后来长崎市的"新传统祭祀"——长崎灯会得以创办的先决条件。在长崎华侨社会，春节习俗曾一度丧失，其他"传统祭祀"亦是年年简化。与此相对，以重建春节和元宵节传统的形式开始的灯笼节，成为长崎市的盛大节日灯会，规模逐年盛大。

在第一章第四节中，具体记述了新地的华侨与新地的日本人一起组成中华街商店街振兴组合，以春节和元宵节为基础打造灯笼节，在长崎市的支持和参与下将其发展和扩大为灯会的过程。灯笼节创设的基础是以中华门建设为主的中华街的整建。中华门作为在日常生活方面走向日本在地化和同化的长崎华侨社会的新的文化符号，再次成为族群认同的象征，并作为中华街空间的轴心，成为华侨的"新传统祭祀"灯笼节和灯会所依托的舞台背景。

中华街的重建与新传统文化创设的背景主要体现在以下几方面：

（1）文化资本为中心的场域——第二代、第三代华侨的日本化。在日本出生、成长的华侨第二代和第三代，由于在长崎日本人的社会中定居和持续社会化，已经形成了多元化的认同。一方面，大多数华侨不会说汉语，也不懂得中国文化。为了确认自己的族群认同和复兴中国文化，在中华街经商的华侨们选择了中国文化作为有利于自己的"文化资本"。[①] 另一方面，华侨已经成为日本社会的成员，成立振兴组合是他们为自己选择的在日本社会发展的另一"文化资本"。同样，对于从小一直和华侨社会熟悉亲近的日本人店主亦是如此。这种文化资本事实上是布迪厄所言及的场域中的竞争性，即文化资本一方面是新地中华街的成员在与其他地域进行竞争发展时为达到地域发展的目的所运用的差异性战略，同时也是新地华侨与同一地域的其他日本人相区别的战略性符号，通过这种文化资本达到成功和地位上升的目的，而其过程正是在双方

---

① 梶原认为 P. Bourdieu 的"文化资本"概念也可用于解释认同的多重性，他说："正是这种'多重性'，在思考当今世界时，对于个人的存在而言，会成为有效的'文化资本'。"（梶原，1997：21）

互动的场域中进行的。例如,新地中华街经营餐厅的振兴组合理事长林照雄和现长崎灯会组织干事会的干事长林敏幸两兄弟,正是运用这种文化资本,通过新地中华街的重建和长崎灯会的创设实现了地位上升,目前已然成为长崎市观光界的业内领袖。从华侨社会空间的这种跨族群的运动中,不仅可以窥测到关系场域中的上下关系,即族群社会与主流社会以及族群内的上下移动关系,而且也可观察到同一地域与其他地域,以及同一地域内的华侨与日本人的左右横向关系。

据新地的华侨和日本人讲,在没有成立振兴组合以前,他们都是新地町町内会青年组的成员,关系很好,没有任何国籍和族群之分。振兴组合成立后,共同的利益使他们的交往更加紧密,并建立了良好的人际关系和网络,这是新地中华街能够尽快重建和发展的凝聚力。

(2) 内外关系场域——日中邦交正常化和日中国际交流。日中关系的变化,成为复兴、重建华侨传统文化的一个非常大的外部因素。很明显,1978年《日中和平友好条约》缔结前后,实现了各种各样的国际交流:1973年中日友好协会访日代表团访问长崎县及设立长崎县日中亲善协议会;1979年开设长崎—上海定期航线;1982年缔结长崎和福建省友好关系;等等。日中间的内外关系变化,不仅为华侨的传统文化复兴运动带来很大影响,也对华侨建立与地域内外的关系提供了便利的条件。日中国家间的关系长期以来就影响到华侨与主流社会的关系以及华侨社会本身和中华街。从日中关系的前后(历史与现在)发展变化,可以看到国家间的内外关系给华侨社会带来的影响。历史上的甲午战争在很大程度上改变了日本人崇尚中华文化的观念和对华侨的态度,尽管战争中为了避免混乱,长崎县知事曾发表公告呼吁保护在日清国人的利益,但战后也出现过歧视华侨的现象。之后的抗日战争更是造成华侨大批回国,改变了之后的华侨社会结构,中华街也遭到了破坏,失去了中国人社区的特点。在传统祭祀普度中,从1970年代前后的三十六间堂中采用具有"文化大革命"时期特点的绘画,也可以看到国家间关系给华侨带来的影响。国家间的内外关系同样会影响到中华街内部与日本社会之间的关系。战后到1980年代中华街一直没有得到复兴,也是受到日中关系长期冷却的影响;相应地造成华侨的职业被限定,即使大学毕业也没有机会在日本公司工作等。华侨在对外交往的场域,也经常会在国家间关系面前碰壁。但在某种程度上说,国家关系的冷却这种外在关系也有促进华侨内部凝聚力增强的一面。普度曾经作为华侨青年交往场域,为加强华侨的姻亲网络发挥了很大的作用。总之,重建中华街的最大外在因素是日中恢复邦交带来的内外关系的变化。

(3) 与主流关系变化的场域——祖籍国国际影响力的增大和中国人形象的改善。与第二方面有关，由于战后中国的复兴与国际化，祖籍国的国际影响力、中国在日本的存在度和影响力增大以及中国人形象的改善给华侨以自信心，成为传统文化复兴的原动力。在华侨与主流社会的纵向关系互动场域中，祖籍国国际影响力的强大改变了华侨的地位。华侨不但恢复了与祖籍地之间的关系并建立了各种网络。比如第一章第二节中陈述到的陈氏家族之例，国际关系和中国国际地位的变化为名治及其子女访问中国一事顺利实现提供了良好的外在背景，他们不仅在福建同乡会的帮助下得以和家乡亲族相见交流，还为陈家村的建设做了捐献。中国本身对传统文化的重新审视，让曾经一度成为破坏对象的族谱恢复了生命力。中国传统风俗的恢复，通过华侨与祖籍地的相互交流，也影响了日本华侨社会的发展以及之后的传统文化复兴与创造。作为个人，华侨在日本的地位上升，不仅可以在日本公司工作，而且可以将华侨和华侨文化作为与日本人有差异的文化资本，达成自我实现。作为群体，华侨组织成为日中文化交流的窗口和建立内外各种关系网络的载体。而中国文化符号通过重建的中华街和传统文化的打造活动，重新通过差异性的选择和组合传达到主流社会，促进了在日本中国文化新印象的生成。

(4) 文化符号创造的场域——地区搞活与旅游开发。振兴中华街、开发地域旅游资源的需求成为传统重建与创造的契机。新地不是华侨独自居留的地区，而是与日本人共同生存的地域。为此，振兴中华街的主体不仅是华侨，也是包含日本人在内的振兴组合。为了在地域空间发展竞争中取胜，中华街的华侨和日本人战略性地选择了保持与其他地域差异化的中国文化符号。这是作为行为主体的华侨在中心与边缘、内部和外部、主流与族群的相互关系和相互作用的非对称的符号场（关系场域）中，根据自己的目的进行战略性的任意选择而重新组合的。这些文化符号作为华侨的文化资本，在主观上表现了华侨的族群性（即华性），在客观上成为一种文化信息，其象征意义借助文化符号的交际功能，即借助接受者（中华街的外来者）的幻觉而不断被想象，象征在这里起到了符号意义的凝聚作用。例如，红、黄、粉颜色的灯笼，中华街的牌楼和狮子舞、龙舞等，这些符号聚集在一起，成为中华文化的标识性象征。华侨通过这些中华文化的标识来表现自己的认同和地域的新族群性。

(5) 回归历史的场域——长崎地域的特殊性。长崎的华侨社会空间自古至今都是在与该地域日本人社会的关系中形成的，华侨和中华街的历史充分反映了地域社会历史的发展轨迹。在历史空间中，长崎之所以成为华侨的发源地，是因为历史上作为日本唯一对外贸易开放的窗口，长崎曾经是日本经济贸易和市场的中心,并在东北亚和东南亚的贸易圈中占有极其重要的地位。而之后华侨社会在日本的边缘化也与明治维新以后日本以东京为中心的的政治经济政策下长崎的边缘化有直接的关系。同时历史上华侨与地域社会的友好关系,也与明治维新以前日本人崇尚中华文化和儒家思想的文化价值观点有关。这也是为什么唐寺的文化可以孕育和发展后来在日本兴盛的黄檗宗文化,唐人的祭祀艺能可以为长崎地域社会接受的原因和背景之一。

早期跟随各地商船来日的不仅是商人,还有一些人是为了躲避明末战乱的文人。这些人成为唐通事,后来大都加入日本籍。宫田安的《唐通事家系论考》(宫田,1979)中记录了49个加入日本籍的唐通事的家谱,很多家族的记录都到第十代(19世纪后半期)左右。至今仍有记录的只有以"明清乐"的传承者魏之琰为祖先的钜鹿家系,第十代的钜鹿义明死于1966年,其子孙的姓名到现在仍有记载(宫田,1979:996)。这些唐通事的后代,有的也做通事,其他还有官吏(外省部书记等)、寺院的住持、学者等,以知识分子居多。从这些记载看,江户时代来日并入日本籍的华侨,他们的子孙作为长崎人应该至今仍有残存。

历史上形成的长崎日本人与华侨之间血浓于水的"亲戚关系",被边缘化后成为清一色的福建华侨姻亲网络,并成为长崎灯会能够地域化、普度传统化和象征符号化的重要的凝聚力量。在长崎历史的轨道上建构的这些祭祀和艺能,作为象征地域认同和新族群性的文化符号,已经成为地域社会发展的文化资源。

总之,长崎华侨在日常生活中已经充分显示了与主流社会相同的在地化和社会化的倾向,他们以日中恢复邦交为契机,以中国人的形象改善以及振兴和旅游的需求增大为背景,选择了祖籍国文化的部分因素,创造了新的族群认同,实现了族群性的重建和活化。

(三)文化创造与族群性

长崎华侨社会族群性的重建活动,具有霍布斯鲍姆所指出的"为了一个全新的目的,以旧的资源创造出崭新的传统"的结构形式(Hobsbawn,1992(前川他,译):15),也体现了江渊一公所论述的"新族群性"趋向:"作为民族文化的诸多因素来规范日常行动的行动体系,无论是否发挥实际作用,……在作为区分自与他范畴基础的族群性运用上,有其本质上的特点。在极端场合下,也会出现民族文化的诸多因素全部失去,只留下'祖先是××'的情况。在这种状态下,某种意义代表与祖先联系起来的象征的所有资料都可以成为族群性内容而利用。这种新族群性的概念,帮助我们理解这样一种行为:'从传统的民族文化影响中已经完全脱离的移民第三代、第四代等,作为一个行为特点,已经从本民族的文化因素中选择出适当的内容,作为显示自己的象征'。"当然,"在某种状况下被利用的民族文化未必是其民族本来的传统文化的复苏和再生,更多可能是在其时代的某种特定客观环境下被重新组合、重新创造的"。(江渊,1983:520－521)

W. Isajiw 也强调族群认同的持续性是依靠族群的"再发现者",他认为,"在北美,族群认同由于超越了文化上的同化而被维持,许多证据显示,族群认同的持续性未必与传统族群文化的存在与否有关。反而,它是依靠族群的'再发现者'的出现与否而存在。所谓再发现者,就是那些即使在整个社会的文化中被社会化,但是也要发展与祖先文化的象征性关系的下一代。在此,即便是民俗艺能、音乐等这些在过去并不多见的文化项目,也可以构成其族群认同的象征。重要的是,它们是否看起来有从过去的文化项目中进行选择的过程,或者与其说族群的后继者们接受整个族群的传统,倒不如说是从祖先过去的文化中甚至很可能是在整个社会中,根据在特定的关系中产生的必要性,进行相当自由的选择的项目拓展过程"(Isajiw,1974:121)。上述现象亦可看作太田好信所述的,将文化作为可以操作的现象,重新打造的"文化的客体化"。太田认为"根据文化的客体化编成的'文化',是一个被选择和被解释的存在"(太田,1993:391)。

新传统祭祀创造的直接刺激是旅游。山下晋司认为,旅游在时间和空间上存在"由日常性转向非日常性的一种'神圣历程'的构造"(山下,1996:8)。在日常的生活中,华侨趋向于主流社会,选择非日常性的文化——祭祀和艺能,是欲将其作为一种辨别性的文化标志来显示新的族群性,而这恰恰与观光的追求一致。

"新传统祭祀"是在华侨趋向日本化的背景下,以日中邦交正常化为契机,为旅游和打造地域文化这一新的原因所刺激,作为新的族群标志被创造出来的。换言之,传统的文化一方面在逐渐消失,另一方面尤其是在旅游这个背景下又被不断地重新创造(山下,1996)。其直接的契机可以概括为一种实际利益的促动,但它的背景却是华侨对传统的留恋,传统的创造是由这种留恋触发而生。

总之,在思考华侨社会传统的重建和创造问题时,既要从功利性的即所谓

"动员主义方法"的角度来审视,又不可忽视强调传统和认同的"本源主义方法"。① 也就是说华侨的"新族群性"现象有"为了提高自己的经济利益和社会地位的合理战略"的一面,同时也具有"重新强调自我认同"的一面。

此外,中华街华侨与日本成员的"共存共荣"这个问题,则是长崎华侨社会的一个特点。也就是说,"文化的客体化"亦超越华侨社会界限。长崎华侨历史悠久,在长崎地域(日本人)社会的认同上,有长期以来吸收和兼容中国文化的背景。中华街的日本人,在与华侨的共存中,选择了部分中国文化符号以及有利的"文化资本"作为自己的传统文化,以增进彼此的认同。

原始性的留恋是由重视起源的乡愁概念而来,人们创造传统往往是被乡愁驱动而致。② 所谓乡愁在中文里是故乡和哀愁两个词意的结合,表现了人们对故乡的强烈思念。然而,现代的乡愁作为全球化的一个重要特征,被认为"在全球范围的资本主义的产物这一意义下——更加经济化,并且更加具有大众性和文化性"③。这一背景不仅表现在华侨本身,在长崎重新打造地域性的过程中同样可以看到。长崎从江户时代就有接受外来文化包括华侨文化的传统,并形成了自己独特的地域文化。传统节日和艺能(艺术活动)本身是"从日常向非日常的转移"。华侨文化所带有的异国情趣,对唐人时期的长崎日本人来说,唐人的节日本身带有非凡的魅力。如今,带有乡愁色彩的异国性节日活动,作为旅游产业的资源,大大助推了地域经济的发展,成为长崎人共同享有的地域文化。

在全球化的背景下,从长崎对新传统的创造中可以窥视到一种超越华侨社

---

① "留恋"是认同的希求,将其视为塑造族群性的重要因素的观点,符合李所说的"原始主义方式(本源主义)"。侧重实际利益的观点是"动员主义方式"。笔者的立场,与"许多的研究表示,两者——并非排他性关系——而是互补性关系。因为族群本身兼备表述性和手段性功能"的李光一的互补方式基本一致。(李光一:《エスニシティと現代社会》,《思想》4,岩波書店,1985年,第191~219页)

② R. ロバートン著:《グローバリゼーション 地球文化の社会理論》(《全球化:地球文化的社会理论》),阿部美哉,訳,東京大学出版社,1997年。

③ R. ロバートン著:《グローバリゼーション 地球文化の社会理論》。

会地域性的"新族群性"①。在寻求经济利益、进行合理的选择方面，华侨和地域日本人社会是一致的。以促进旅游产业发展为目的的打造地域经济的活动是由新地中华街的成员自发而始，它既合乎中华街华侨和日本人的利益，又与长崎市旅游开发的需求相吻合。

"新传统祭祀"的模式已经融入主流社会（长崎市）中，也就是说，长崎华侨社会在与主流社会的交涉中，不仅实现了族群性的重建，而且也对主流社会——长崎地域社会带来了很大影响。在当代，族群的传统节日活动与旅游观光相结合成为地域文化的一部分，长崎地域社会打造长崎灯会可以看作"被接受祭祀"生成的现代版。

图4.1是将上述长崎华侨社会的结构与"传统祭祀"、"新传统祭祀"和"被接受祭祀"的关系的图式化。椭圆形表示类型化的三种祭祀。新传统的创造不单纯是带来了华侨族群性的重建和活用。华侨的族群认同，一方面在内部是"维护传统，与主流社会保持界限的华侨"的认同，另一方面则是"扎根于主流社会，与日本人共存共荣的华侨"的新的认同，即"传统祭祀"和"新传统祭祀"所象征的两个认同的两极化。但是，这种两极化在所谓"对华侨传统的爱恋之情"上是共通的，有助于族群的统合。而且，将"被接受祭祀"的重九祭作为地域文化象征的长崎地域社会，亦将中华街创造的"新传统祭祀"作为自己的旅游文化加以吸收。

在以往的族群性研究中，往往注重于利用传统文化重建族群性，而对以上所论述内部的分化和统合并没有进行充分的考察。族群性演变过程的研究将会成为今后的研究中一个重要的方向。

华侨族群性的动向是通过"传统祭祀"创造"新传统祭祀"，而"新传统祭祀"为长崎地域社会所吸收，成为向"被接受祭祀"演变的过程。在这种过程的各个空间中，被表象为中国文化的符号起到了重要的作用。

---

① Stuat Hall 在他的论文《新族群性》中写到，在从1960年代末到1970年代美国黑人运动高涨的同时，英国也爆发了黑人运动。随之，政府提出与过去相反的新政策。即利用黑人的经验，宣传黑人的文化是国内内部的一种民族文化。黑人音乐、黑人文学、黑人作家、黑人传统等一时在社会上流行，大有欲将黑人文化固定为新的族群文化的趋势。Stuart Hall 称这种由政府的政策有意识地塑造出来的族群性（ethnicity）为"新族群性"（Stuart Hall，"New ethnicity"，*Critical Dialogues in Cultural Studies*，edited by David Morley and Kuan-Hsing Chen，1996 By Routledge，pp. 441 - 449.）。被宣传的华侨文化，并非长崎华侨"固有"文化的直接复苏和再生，而是作为地域社会的草根运动重新创造出来的族群文化。再者，所谓"华侨文化"是在制度上的支持下有意识地被"长崎化"的。本书使用新族群文化一词是基于以上两层意思。Stuat Hall 强调"新族群文化"的政策最终为政府统治者所利用。本书则试图以更积极的角度来探讨长崎的"新族群文化"。

第四章 日本华侨祭祀文化空间与族群性的重建

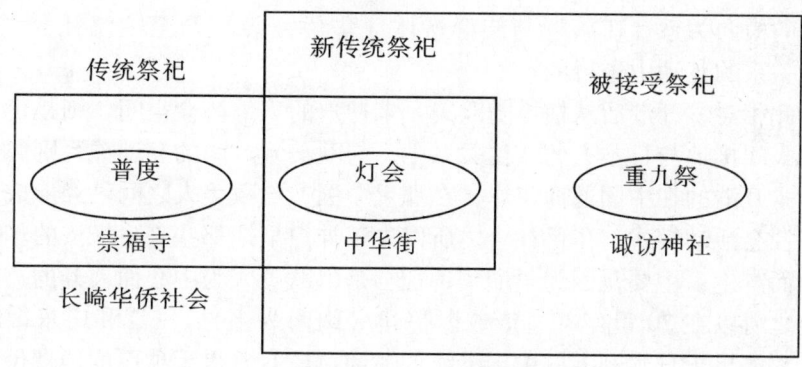

图 4.1 长崎华侨社会空间和族群认同

长崎族群性重建的特点，与神户和横滨的华侨社会相比较会更加明确。因此，在下两小节将对神户和横滨华侨"新传统祭祀"的创造过程和背景进行分析和探讨，并在此基础上综合考察日本华侨族群性的问题。

二、神户华侨的社会空间与传统创造

（一）族群与历史空间

在分析神户华侨的特征时，同样需将其放在中日两国各自的历史背景这一纵向维度，和华侨社会之间的互动关系以及内外的中日关系的背景这一横向维度中来看。首先，神户华侨的社会历史空间是以神户为据点并先于神户开港而出现的，在与长崎、横滨等其他华侨社会和中国等外在行为体的各种关系中形成和展开的。在神户1868年开港之前，经长崎来神户的福建（闽南为主）、三江（浙江、江苏、江西）和广东的商人，成为神户华侨的先驱者，之后利用早期来日本（特别是长崎）的华侨在日本、中国以及东南亚的关系，建立了各自的商业贸易网络。可见神户华侨社会从形成开始便与长崎华侨社会有互动关系，而这种关系是以族群（华侨社会）中的亚族群（福建、闽南、三江）网络为轴心形成的，体现了族群的多重性。这种多重性的形成与长崎华侨社会，与其他方言和祖籍地相同的人们各自形成了帮的亚族群的形成过程不同。可以说，这是既有帮（亚族群）的延续和展开，而其展开又是通过各个亚族群内的内外关系（日本其他地区、中国以及东南亚的同乡关系等），以及亚族群之间的横向关系、亚族群与族群整体（华侨社会）乃至主流社会（日本）等内外关系的互动中进行的。

与此相对，开港后从横滨随欧美人来神户的华侨社会空间，则是建立在通过欧美人间接地与日本人的交往关系中，与欧美人之间的互动关系则源自那些先于日本开港的在中国通商口岸，在那里中国人与欧美人之间已经形成了一定的经济社会活动模式。华侨社会之所以先于神户早期那些来自横滨的华侨的经济活动而产生，主要是因为早期华侨社会是以欧美人为中心而展开的。日本华侨社会之所以在20世纪初，形成以福建（闽南为主）、三江和广东帮的三大势力，那些早于日本开港的中国沿海的通商口岸有着得天独厚的地理位置是基础性原因，而华侨所拥有的在与欧美商人进行商业活动中所形成和积累的各种商法、经验及关系网络更是关键性的原因。早期横滨华侨开始的在日本人和欧美人之间做中介即"买办"是其中的一种。伴随神户开港从横滨与欧美人一道来神户的华侨，很多是欧美商行中的买办。买办兼有经济人、翻译、中间商等多重身份，在确保经济交易的顺利和安全中起着重要的作用。除此之外，神户早期华侨的职业，如洋装业、理发业、印刷业、制鞋业、港口搬运工、造船厂工人、红茶加工业、饮食业、佣工、船员、屠宰业等，几乎都是围绕与欧美人的关系形成的。这种形式其实与当时中国存在的外国人租界非常相似。在与欧美人关系中形成的这一部分华侨，除了"买办"以外，其他便是后来的中华街——南京町的主体。

从神户本身来看，尽管与长崎和横滨等一样被定为在1859年开港，但是由于江户幕府考虑到兵库（神户所在县）距离天皇居住的京都较近，反对外来势力的气氛很强，情势不是很稳定，特别是不想让外国人进入当时日本经济较发达的大阪等各种原因，神户真正开港的时间几乎是推迟到了与日本明治维新同步的1868年。比横滨等地晚9年开港其实给神户带来了很多的优势。优势之一是神户开港不久，日本由江户幕府时代进入明治时代，神户开港后的建设是明治政府总结几个先于神户开港的城市建设经验的基础上，合理地将港口和外国人居留地的建设与城市规划结合起来进行的。天然的港口条件、合理的城市建设和人口增长，加之对外贸易活动的不断发展以及之后开通的到上海和香港等城市的航线，使得神户一跃成为凌驾于上海和香港之上的东亚最大的贸易港口。这是神户华侨为什么会在贸易活动中领先的地理条件。优势之二是与早期开港的横滨相比，神户与外国的关系总体上很好（神户外国人居留地，2011：26）。横滨在开港初期经常发生日本商人抗议外国商人的不平等商业道德并抵制与外国商人进行交易等运动，该地的日本人对外国人非常抵触，与外

第四章　日本华侨祭祀文化空间与族群性的重建

国人的关系极其不好（神户外国人居留地，2011：295-296）。之所以出现横滨与神户之间的这种差别，理由有二：一是横滨等在开港后的9年间，在商业交往中逐渐淘汰了很多商德不好的外国商人；二是经过9年的异文化邂逅、冲突和相互交往后，日本人逐渐对外国人有所了解。这是形成神户能够比较开明和友好地与外国人相处的地域性的历史背景之一，也是华侨在与地域的交往中能够与地域的日本人成为"朋友关系"的重要因素。

另外，历史上日中两国的关系是形成日本中华街和华侨社会结构的一个不可忽视的背景。神户中华街——南京町的形成，与华侨的居住形式及其经济活动有直接联系。这种居住形式和经济活动则与日中关系有关。日本中华街的形成有其共同的背景，即日本开港后，各地开港口岸都建立了外国人居留地，但是由于开港当初与清朝没有条约关系，来日的华侨不能居住在外国人居留地内，而华侨的经济活动大多与欧美人和外国商社有关，所以华侨便得以有机会居住在居留地附近的一角落，之后便逐渐形成中华街。神户的南京町也具有这种特点。但在神户，同样是在居留地附近居住，华侨内部以职业划分为两大居住区：贸易商人居住在海岸街，其他职业的人则居住在其他外国人和日本人杂居的杂居地。《日清修好条约》缔结以及后来外国人居留地规定的废除和允许外国人进入内地杂居的条约的实施等，推动了外国人向外国人居留地以外地区的发展，华侨社会也随之发生了很大的变化。居住在海岸街的华商利用其跨国的商业网络，通过与主流社会的各种商业关系，特别是借助日本与中国的贸易活动，建立了凌驾于日本商人之上的雄厚的经济实力，并确立了在神户华侨的领军地位，成为侨领；居住在杂居地的华侨，则在神户南京町逐渐形成了以饮食、杂货等与日常生活有关的业种为中心的经济结构，相应地在华侨社会中便处在了相对较低的阶层。然而，二者的共同点之一是在历史上与主流社会的接触和互动都是通过商业活动展开的。这种在一定程度上的相互依存、相互竞争和相互合作的复杂关系，使得神户华侨社会与地域日本社会的关系既没有发展成长崎似的"亲戚关系"，也没有发展成横滨似的"邻居关系"，而是成为一种共生共荣的"朋友关系"。然而，华侨的这种社会结构，在甲午战争特别是抗日战争后，随着华商活动的衰退及华侨职业的变迁发生了很大的改变。

从文化的角度看，神户华侨的传统祭祀文化空间与长崎不同，没有建立类似长崎的以祖籍地划分的寺院。尽管神户华侨历史上也分为福建闽南、三江、广东三大势力，和长崎一样成立了各自不同的公所，并在公所内举行一定的祭祀活动，但华侨社会的主要祭祀活动更多是在华侨全体的组织如中华会馆、华侨的墓地中华义庄和华侨的寺庙关帝庙内举行。现在的关帝庙是随着神户华侨的增加，在蓝桌峰、麦少彭等有经济实力的华商与神户海关关长颖川君平（家系为唐通事）协商后，于1888年建立的。之后华侨祭祀活动大多是共同在关帝庙举行。可见，关帝庙从其建立起就很少带有祖籍地之分的亚族群的色彩，关帝庙作为象征神户华侨传统祭祀文化的符号，为族群认同发挥了重要的作用。而关帝庙在建设过程中，鼎力相助的是有唐通事血统的颖川君平，由此可以看到历史上长崎归化的唐人为华侨祭祀所起到的作用。现在关帝庙的祭祀活动由祖籍福州福清者为主的福建同乡会来组织，普度是其一年中最大的祭祀活动。在神户，普度也是以福建华侨为中心进行的；但是，近年来，普度前来参拜的不仅是祖籍福建者，也包括来自神户、大阪的祖籍为其他地方的华侨。普度在一定程度上，开始带有跨越祖籍地（亚族群）的意义。在普度活动时华侨总会的狮子舞会登场表演，有时也会有民族音乐登场。

　　神户华侨的艺能活动（包括文化活动）大多始于战后，神户华侨的民族文化活动是在与中国的关系场域中展开的，不过也可以在历史上找到轨迹。神户华侨除了在贸易为主的商业活动中与中国有密切联系以外，在政治和文化活动中也保持了与中国的紧密联系。神户华侨不仅与1898年戊戌变法以来梁启超为代表的变法派及其后的立宪派有关系（特别是神户同文学校的诞生与梁启超等人的提议就有着直接关系），而且还在辛亥革命爆发后结成民国侨商统一联合会，为革命捐钱甚至派义勇兵。之后中国国内的一系列革命运动，华侨都积极地参与并捐资。神户华侨还通过向中国捐资救灾、修水利、办学校等善举来表示对国家的支持和感情，以此建立并巩固与家乡联系的纽带。国内在各个时期的动态在神户华侨社会也会有及时的反映。新中国成立时，大陆和台湾在华侨中的各种宣传，直接影响了华侨社会对民族文化的认识。日中邦交恢复以后，华侨社会不仅在经济领域更加活跃，而且在文化交流事业等方面也积极发挥了桥梁性的作用。当然，历史上在各个方面与中国保持密切联系，是日本华侨社会的共同特点。长崎时中小学的成立与神户同文学校及横滨华侨学校的成立都有着共同的背景。但是战后，与其他两地相比，长崎华侨人数相对较少，除了时中小学①以外，没有形成像神户和横滨那样以华侨学校为中心进行文化活动的主体。这也是后来大陆派和台湾派在意识形态领域的对立没有如其他两个城市华侨社会那样表现突出的重要原因之一。总之，与中国交往和各种密切联系，是神户华侨的中国文化活动较为活跃的历史背景之一。

　　神户的"新传统艺能"——狮子舞和龙舞（后述）的传承者是华侨和日

---

① 与其他两地不同的是，时中小学如其名称一样只有小学部，没有中学和高中。

本人，其复兴和重建的过程则是建立在与横滨华侨社会的横向关系基础上的。可以说无论是华侨总会的狮子舞还是中华街的狮子舞等，都与横滨华侨社会有关。龙舞后来的发展则是通过横滨华侨的网络，在与新加坡等东南亚国家的关系中实现的。与此相对，神户文化活动的主体是华侨，华侨学校和华侨总会为培养和继承传统艺能发挥了很大作用。而活跃的各种文化活动又成为代表现代中国的标志性文化符号，这些文化符号对华侨子弟认识和保持族群认同有着重要的意义。

（二）神户中华街新传统创造——与长崎比较的视点

1. 宏观的视角：与长崎的共同性

与长崎一样，神户华侨也是随着日本社会的在地化以及日本出生的华侨后代的增加，逐渐在近代化的潮流中完成日本化（日常生活方面的同化）并最终融入日本主流社会。就华侨组织而言，同乡组织逐渐失去向心力，随之出现的是同乡组织继承的传统祭祀也呈现出简略化倾向。

在这种情况下，神户也是以1987年创造的春节祭为主，重建和恢复华侨传统的意向十分明显。中华街的节日活动，不是直接地或历史地继承华侨的传统文化，也不是如实地再现传统文化，而是在现代的日本社会或是神户的地域社会中，以及与日本文化的交流和关系中，逐渐产生的新的传统文化。节日活动的形式和运作的组织以及方法，同现代日本的各种节日活动具有许多共同点，艺能作为登场节目，成为中华文化的象征，不仅是对于中华街，对于地域的文化活动也是一个重要存在。在振兴中华街和华侨社会的各种活动中，华侨的年轻一代显得十分活跃。这一动向有着重要的意义，亦可作为华侨族群认同的问题来看，华侨的年轻一代在注视、修正前辈的足迹的同时，也在摸索与在地日本人的共存共荣中选择构筑自己的认同的道路，强化和建构自身在日本社会的存在感与归属感。

但是，整建中华街和创造节日活动的直接开端，与其说是出自确认认同和恢复传统文化的心理愿望，不如说是在于追求合理的经济利益。看似已复兴的华侨传统文化，实际上是以振兴神户南京町为目标，根据地域实际情况的需求来选择的文化符号，是重新创造的传统。①

---

① "在一定状况中建构的民族文化，未必是恢复和再造其民族本来的、传统性的、原有的文化。反而其包含了很多为适应时代的客观状况，重建或再次创造的文化。"（江渊，1985：31）

如前所述，这种倾向可以作为"新族群性"的现象来思考。神户华侨的"新族群性"现象在具有"重新加强自身的认同"这一侧面的同时，也具有"为提高自己经济利益和社会立场的合理战略"的侧面。对于以华侨为中心的中华街有关人士来说，"通过举办春节活动所带来的地区活化"，具体体现为以下几点：①用各种象征中国文化的符号来强调异国情调，谋求振兴旅游，与地域企业和服务业的经济利益直接相关；②举办节日活动，必然要建设街区，从而为景观的形成做贡献；③对于地区的各种文化活动团体来说，参加节日活动，不仅得到活动场所，而且对自己是一个很好的宣传，其结果是促进了地区的活化；④促进与中国和其他地区的交流，其交流不单纯是民间交流，（特别是在与中国的交流上）也具有政府间交流的性质。

振兴旅游和打造街区的需求，是南京町和神户市面临的共同问题，也与"日本经济发展、旅游需求的增大"这样一个外在条件相关联。而且，对日本人来说，中国文化形象需要通过与游客需求的非日常性的一致来体现。南京町商店街振兴组合的理事长曹英生（1996）曾指出：

> "节日活动"就好像是非日常性活动之"魁"。在这个意义上，南京町春节祭是一个相当高位的非日常性空间。本来所谓"唐人街"本身，不管在哪个国家都是充满油腻，"红色、浅蓝色、金黄色"等鲜艳的颜色泛滥，店铺里被烤全乳猪等装饰，到处回荡着中国女性歌手高亢响亮的歌声，等等，这些本身都被认为是非日常性的空间。而且，南京町是有特点的商店街，比起三宫、元町等其他地区更容易打造形象，也易于对外进行宣传，而支撑它的是华侨的生活历史——对日本人而言，被看作非日常性的华侨的日常生活，有形无形地渗透到街区。平时习惯在三宫、元町购物的人，多走一步进入了南京町，便能享受它独特的空间，没有拱顶的空间，带来阳光和月光，在洋溢着异国情调中，人们会在不知不觉中回到童心，购买中国杂货，享受美味中餐。我认为今后南京町应走的道路，是进一步拓展其特色，时常不忘将其定位在与三宫、元町的"日常性"截然不同的位置，打造成一个杂而有消遣欲的地方。

这种"相当高位的非日常性空间"实际上也是上面提到的具有"神圣历程"意义的一种"神圣的"空间。所谓"神圣"的概念是来自涂尔干的宗教社会学理论。涂尔干认为所有宗教的核心都摆脱不了神圣和世俗的领域，神圣的力量是通过特别的仪式来形塑，这种在宗教系统里象征和信仰的组合，不仅为社会提供了一种思考方式，而且可以凝聚散漫的道德情感和大众的认同感。象征性系统的观念的力量和具体仪式行为两者是互补的。社会定期通过仪式而聚集起来，在仪式中通过音乐、圣歌、咒语等身体和象征的使用，让聚集在一起的群体的情绪激动或达到集体兴奋的状态，表现为一种强烈的群体认同感。宗教和仪式通过集合和集会等方式，让人们得以再确定他们共享的普遍感情。其其正目的在于重建社会连带，而不是为了敬神。[①] 贝拉将涂尔干的宗教社会学理论做了进一步延伸，提出了一种对社会和宗教的本质进行研究的分析策略：象征实在论（Symbolic Realism）。贝拉认为，宗教体验能带来整体感，个体之所以为人，是因为他有着对意义和整体感的追求。整体感是借助超验性的象征符号来获得，而宗教是一个包括主观和客观的整体，它提供了一个使生命和行为都具有意义感的脉络。[②]

南京町的非日常性空间和春节祭，尽管总体看来是非宗教性的（亦有宗教性的，如南京町广场的关帝祭坛的设置等），但是，正如曹英生所说的其实这是一种高位的非日常性空间，即是一种借助了各种文化符号的、被象征化的、带有仪式性的、与日常和世俗的习惯有所区隔的"神圣的"空间。中华街的主体（华侨和日本人）正是通过对符号意义和整体感（认同）的追求，在其空间和文化活动的创造过程中，借助与日常生活中不同的、有意识的选择的象征符号，来获得认同和重建社会关系。在这一点上，长崎也是相似的。

有关"新传统祭祀"的创造和扩大的背景问题，已在长崎的部分进行了探讨，即华侨社会内部的变化（新老交替、日常生活日本化等）、日中关系（日中恢复邦交）、中国本土恢复传统的动向、日本的现代化以及蓬勃兴起的观光热等。这些在神户也同样存在。日中恢复邦交成为传统创造的直接契机，在此基础上，文化交流和人员往来加速扩大，中国文化得到重新认识。这一点，在长崎和横滨也完全一样。所以，神户南京町春节祭（1987年）、长崎新地中华街灯笼节（后来的长崎灯会）（1987年）以及横滨中华街春节祭（1986年）等新传统的创造，在时间上基本是一致的。

宏观地看，上述神户华侨社会传统文化和族群性的重建与创造活动，与长崎华侨社会完全相似，是日本华侨整体的动向。同时这亦是以拥有各种移民集

[①] Emile Durkheim:《宗教生活の原初形態》，古野清人，訳，岩波書店，1975年；Philip Smith:《文化理论面貌导论》，林宗德，译，新北：韦伯文化国际出版有限公司，2008年，第13~17页。

[②] Robert Neeley Bellah:《宗教と社会科学の間》，葛西実、小林正佳，訳，未来社，1974年，第66页。

团和多样的族群的都市为中心的广泛的世界性现象。

在重建和创造新的节日活动之前对中华街进行建设和修整也是长崎和神户的共同现象。中华街被建设得更像"中华街",作为一个族群地域空间其本身便是华侨族群性的象征,成为象征族群性认同的节日活动的场所,进而作为华侨社会的各种生活和活动的中心,迅速地发挥着重要作用。这种变化,正如大桥健一指出的那样:是"向作为民族性认同涵养的磁场的象征性社区"模式的转移[1]（大桥,1997）。

2. 微观的视角：与长崎的不同

前面叙述了在传统的重建和创新过程中神户与长崎的共同点。然而,用微观的视角来具体观察,不免会看到神户与长崎的不同之处。首先,在华侨社会的人口结构上,神户和长崎大为不同。神户的华侨人口是长崎的约20倍,从其祖籍地来看,长崎目前最多的是祖籍福建省特别是福州、福清地区的华侨,神户则呈现从南到北的祖籍地地多元化。在长崎,由于人口的减少和日本社会的社会化造成同化倾向增强,华侨学校不得不停办；在神户,华侨学校则在培养和继承传统艺能方面发挥了很大作用。

神户中华街——南京町是华侨进行传统文化活动的社会空间,同时是与地域和主流社会互动的场域。战争结束前期神户遭到空袭,南京町被烧毁。复兴后,一改往日的中国式景象,南京町并没恢复到战前的繁荣,战后不久就变成了以外国人为对象的酒吧街,成了一般客人望而生畏、无法光顾的杂乱无章的街道,以致长时间落后于时代的发展。伴随日中邦交的恢复和神户市城市规划的制定,促成了南京町商店街振兴组合的成立和南京町的重建。关于振兴组合设立的契机,较神户相比长崎华侨更有自发性。长崎的模式是以修建中华街为目的,华侨本身为主角,由中华街所在地起步,最后得到市政府的帮助。神户南京町的修建与神户市的都市区划整理有直接关系,区划整理促成了南京町商店街振兴组合的成立。

在神户,一定程度上曾经存在着大陆和台湾在意识形态上的对立的影响。但是,如第二章中叙述的那样,新的节日活动和传统艺能的重建与创新,是

---

[1] "战后持续一个时期的地区衰退、空洞式的经验以后进行的'神户南京町'的再创造,可以作为现代文化中的地方族群社区的新的典型转换来理解。"（大桥,1997：82）。大桥把中华街的新生作为典型转换掌握的观点是恰当的。但是,正如笔者在下一部分所述,关于"由华侨和日本人店主形成的地方性社区"问题,他在另一个侧面未进行充分探讨。

第四章 日本华侨祭祀文化空间与族群性的重建

用统合两派的方法实现的。日中邦交恢复前中国大陆和台湾所进行的宣传战，反而由于各自采取了积极介绍中国文化的形式，带来了神户华侨重新认识传统文化的效果。日中邦交正常化后，文化交流格外盛行，它直接牵连到新传统的重建和创造活动。南京町的春节祭，强调的既不是台湾，也不是大陆，而是南京町的春节祭，参与活动的杂技团等艺术团体也是从大陆和台湾轮流招聘。

长崎华侨在新地中华街建设之际曾经到横滨和神户参观，在中华门具体的建设过程中则得到了中国本土的合作。而且，中华街商店街振兴组合成立后，只用了两年时间就完成了中华街的整建工程。与此相对，神户南京町的建设因为很多方面关联到市的规划，因此南京町振兴组合成立后到规划结束就花费了四年时间。

神户南京町的修建大致结束是在1985年前后，春节祭等活动的开始是在两年后的1987年。这是振兴组合的下级组织青年部成立之后的事情，在青年部成立之际起到重要作用的是日本人五熊。也就是说，在青年部成立之前，南京町内部的华侨和华侨、华侨和日本人之间的关系还停留在表面上，还没有形成一个具有活力和凝聚力的组织和群体。对此，南京町有人说，神户华侨"有行动力，但由于出生地的多样性，较为松散"。这段话表明，即使是在华侨内部，由于出生地的多元性，在没有形成具有共同的目标的群体之前，曾经是一个较为松散的群体。长崎则不同，新地中华街1986年结束了所有的整修工程，第二年便举办了灯笼节（与神户同时）。这与长崎的地域性和华侨具有相同的祖籍地有关，如前面所提到的新地振兴组合的成员，在成立之前就有交往，而新地的华侨祖籍又都是福建北部，这些构成了新地振兴组合的成员在振兴组合成立之前就具有一定的凝聚力的重要因素。当以新地町内会青年部成员为主体，具有共同的利益和目标的振兴组合成立后，这种凝聚力量便变得更加强大。当南京町商店街振兴组合的青年部成立后，通过与具有共同目标的南京町空间的各种实践和互动，南京町的华侨和日本人之间又逐渐形成了作为社会共同体的内在凝聚力，成为创造南京町非日常性的异文化空间的巨大动力。

总之，虽然神户中华街的重建带有半官方的性质，而且在中华街经营店铺的日本人在中华街重建初期和打造春节祭活动中起到领军作用，但是华侨却通过对一系列活动的积极参与一跃成为南京町的主人公，并在南京町的创造活动中表现了民族和地域不同的新族群性。对于前者来说，利用中国文化和国际都市这一地域特征和形象，确定南京町作为观光地的地位，并由此谋求地域的振兴和商业的繁荣。而华侨是通过参与南京町的创造活动，重新认识自己的族群认同，并将有意识地选择和创造的南京町的中华文化符号（包括龙舞和狮子舞的重组等）作为区别于中华街内部的日本人和中华街外部的地域社会的"文化资本"，达到自我地位上升和振兴其活动场域——南京町的目的。

关于春节祭的艺能，长崎有由日本人继承下来的龙舞等中国传统艺能，并会在中华街的各种活动中登场。与长崎相比，神户南京町没有类似长崎这样的带有地域性的艺能。但是，神户南京町的有志者们以春节祭的创造为契机组织了舞龙队，在没有历史和经验以及舞龙技艺的情况下，南京町采取了有别于其他地域的战略性目标，振兴组合从香港购买了一条长达40米的龙，创造了日本最长的龙，从而创造了作为"新传统艺能"的龙舞。南京町之所以以龙舞为主要艺能并组织了舞龙队，是从NHK播放的介绍中国的电视节目中受到的启发。而且，在龙舞的具体创作过程中，参考了长崎的龙舞和NHK播放的有关中国的龙舞的电视录像。可见，围绕"新传统艺能"龙舞的创作，南京町的关系网络从本地的地域社会扩大到日本其他地区（长崎）乃至扩大到中国香港、东南亚等海外地区。春节祭表演的龙舞成为南京町的文化象征。舞龙队吸引了很多日本年青人参加，如今，南京町的舞龙队成员以日本人为多。本来素不相识的舞龙队员通过舞龙活动，不仅建立了队员间的友谊，而且也建立了与南京町共同的纽带关系。

从节日的组织运作上也可以观察到不同地域的不同。在长崎，最初的灯笼节是由新地中华街商店街振兴组合主办，但1994年后与长崎市共同举办，灯笼节改名为长崎灯会，从而使得中华街小小的活动很快扩大成为装饰整个长崎冬天的风景线。在神户，节日活动的运作则以南京町商店街振兴组合为中心。

3. 震后重建与地方社区功能的强化

如上所述，可以将新传统的创造活动与华侨社会的"新族群性"结合起来理解，但是，并不意味着其只是华侨族群的族群性问题。春节祭得到了地域行政和商工会议所等各机关的协作，是与当地日本人一起筹划完成的。其目的首先是希望利用中国文化和国际都市这一地域特征和形象，确定南京町作为观光地的地位，并由此谋求地域的振兴和商业的繁荣。

南京町商店街振兴组合是由华侨和日本人店主各半组成。在振兴组合成立时，华侨和日本人共同发挥着重要作用（振兴组合第一任理事长辻川、第二任理事长生岛以及当时华侨总会的会长陈德仁）。另外，在春节祭的创造方面，最早推动成立振兴组合青年部进行具体性工作的是日本人五熊。

1997年12月28日，神户市文物保护审议会批复了包括南京町春节祭在

第四章 日本华侨祭祀文化空间与族群性的重建

内的在日外国人三项节日祭祀活动作为神户市地区非物质文化遗产。对文化厅而言，在日本外国人的节日祭祀活动被指定为地方自治体的文化遗产在全国尚属首次。在三项活动中与华侨有关的有两项。然而，其中华侨的"关帝庙盂兰盆（普度）"和在日朝鲜人的祭祀活动"长田广场"二项可以认为是在日外国人的祭祀活动。① 与此相对，南京町春节祭的性质则不同，春节祭无论从组织企划还是到具体运作和实施，以及一部分的艺能表演等，其主体都是华侨和日本人。尽管活动的内容是从中国传统文化中选择出来的，但是在运营操作上，却不能完全断定是在日中国人的祭祀活动，这一点反倒很有意义。

春节祭的活动开始以后，南京町对许多人来说已不是单纯的进行经济活动和生活的场所，而是振兴地域活动的空间和进行各种交流活动的关系"场域"。在打造春节祭以前，南京町内的人与人交往，只是见面打个招呼而已；但是春节祭活动开始之后，南京町的人们通过在活动中的各种合作迅速增强了团结的意识，建立了相互间无话不谈的信赖关系，这种关系成为当今南京町发展的凝聚力量和源泉。与长崎和横滨相比，南京町春节祭规模不大，在资金上既没有像长崎那样有市政府的后盾，也不如中华街规模最大的横滨社区那般有雄厚的经济基础，虽然神户市政府会给予一定的支援，但也远远不够支付春节祭的支出费用。因此，为了节约开支，南京町在春节祭的准备和具体活动内容等方面，不依靠任何有关的代办公司，靠自己的力量做，用振兴组合理事长曹英生的话来说，这是春节祭之所以能够持续到今天的基础。自己的力量实际上就是组织的凝聚力以及行动和智慧的力量。

与华侨族群性的重建有直接关系的中华街整建、中国风格的节日活动和中国传统艺能的复兴活动等都是通过包括华侨和日本人在内的振兴组合的成立及其活动而进行的（虽然是与华侨族群部分重复的形式），但是也形成和强化了包括华侨和日本人在内的地域社区。春节祭在作为华侨族群认同象征的同时，也成为了包含日本人在内的地域社区认同的象征。

地震后振兴组合成员所表现出来的行动和话语，充分说明了他们已超越华侨和日本人的族群界限，而具有了将自己作为南京町一分子和神户市一分子的意识。南京町的恢复比其他地区要完成得快，同时还积极地参与神户各地的复兴活动等。南京町的华侨们通过超越族群边界与地区的他者共生死的经验，与

---

① "关帝庙盂兰盆"是由福建同乡会主办，参与运作祭祀的人基本都是华侨。"长田广场"是由在日韩国人和朝鲜人组成执行委员会，每年4月在地区小学举办，主要内容是进行一些民族舞蹈和戏剧等民族文化的表演等。

作为不同族群的地域他者拥有了共同的社区性认同。"既是华侨,也是地域的一员"的这一多重性认同得以强化。另外,地震后,南京町也从横滨与长崎的华侨社会获得了各种支援,这一切都增强了华侨地域社区间的相互交流和关系网络。①

1995年,由于地震,南京町自慎中止了春节祭。但是,在旧历正月初一(1月31日)举行了春节祭神仪式。至3月恢复水电煤气等生命线后,3月12日以《南京町恢复宣言》为名,举行了狮子舞等为主的活动。随后,为使恢复气氛更加高涨,策划举办了"神户五月祭"。此时,南京町九成店铺已经重新营业。之后,龙舞和狮子舞的表演还参加了神户的夏节和横滨三洋名手赛的活动。另外,还策划了神户大羚羊棒球队联赛夺冠时的活动和秋季美食节等各种各样的活动。在南京町对外关系场域里,南京町的舞龙队和吼狮堂的活动不可忽视,他们不仅是地区的节日活动和文化活动的主角,同时也积极参加市内外的各种活动。

总之,春节祭的活动振兴了南京町。震灾之后,南京町之所以能够很快重建家园,并得以成功企划和实施《南京町恢复宣言》和"神户五月祭"等活动,正是因为有了春节祭的经验和成效。换言之,春节祭是南京町进行街区建设和振兴地域活动的基础。南京町也是华侨进行艺能文化活动的空间,通过举办南京町春节祭等各种活动,神户华侨建立了与地域和跨地域(横滨、长崎等)以及跨国(中国、马来西亚等东南亚等国家)交流的网络,并扩大了其活动的空间。

三、横滨的传统重建与创造

(一) 历史空间、祭祀文化与族群性的变化

横滨华侨社会与长崎和神户的华侨社会有着极大的不同。华侨社会空间的形成和展开与世界性的华侨华人的移居和移动有着共同的背景,自鸦片战争后中国通商口岸的开放、认可了以英国人为首的外国人在中国的居住和建立商社以及广州、香港等地成为外国人的商业活动中心等都是具体的表现。1858年

---

① "特别是关于与横滨中华街或者华侨社会的联系,能够使人想起关东大地震时居住横滨的受灾华侨被神户华侨所接收的这段历史。"(大桥,1997:83)

第四章 日本华侨祭祀文化空间与族群性的重建

日本签订了《日美修好通商条约》，第二年日本首先开放了横滨、长崎、函馆等口岸，使横滨成为日本最早开放的口岸之一。欧美的商社相继进入横滨，早期来日的华侨除了一部分人做贸易商以外，多半是做买办，以及与欧美人和商社有关的职业，如佣工、厨师、油漆匠、洋装裁剪师等，形成了以欧美人为主的社区。前面所述的早期神户华侨形成的一部分，就是来自横滨华侨来日的这种模式和社会结构。由于当时清朝与日本没有条约，为了管理这些随欧美人来日的华侨，日本实施了"籍牌规则"。即来日华侨在进入横滨后，要去神奈川奉行所付钱登录。在最初实行时期，登录的人口已经达到了600多人，两年后便超过1000人，几乎都是广东人，于是在横滨形成了以广东人为主体的华侨社会，并形成了日本规模最大的中华街。广东人移居横滨与广东人的海外移居有共同背景，但是，由于日本严格地限定华侨的职业，使得横滨没有发生类似旧金山那样的来自广东地区的大批劳动力移居。因此，早期的华侨进入日本是以欧美为媒介，华侨的社会空间是在与欧美人之间的关系中形成的。之后，随着《日清修好条约》的签订，华侨人口持续增加，以广东人为主的独立的华侨社区逐渐形成，社团组织和社会结构也不断健全，华侨的活动空间开始从以欧美人为主的关系场域转到华侨社会内部的交往和互动。横滨华侨社会和横滨中华街在一定的规模上具有了从主流社会中隔离出来的空间的性质。从社区形成时起，就很少具有如神户南京町似的与日本人和其他外国人杂居的性质。加之横滨开港后，日本人刚刚开始接触外国人，文化差异和商业活动中的摩擦等情况也造成日本人与外国人之间无法建立真正良好的关系。因此，作为外国人的华人，活动空间被限定在与欧美人的关系网络和华侨社区内部，除了少数从事贸易和商业等活动的华侨以外，大部分华侨自然和日本人交往较少，长期以来形成了华侨社会隔离于主流社会之外的现象。这造成至今横滨华侨与日本人之间既不是长崎那样的"亲戚关系"，亦不似神户的"朋友关系"，而是始终停止在"邻居关系"的历史背景之一。上与主流社会、外与地域社会很少交往的华侨社会以及华侨内部的上下和横向关系的互动，使得横滨华侨社会内部管理体制和祭祀等与长崎和神户相比更具有规模并较为完善。关帝庙、中华会馆以及之后的华侨学校、华侨的祭祀场所和文化设施以及华侨的社团组织等，都是在中华街区域内。这些都是长崎和神户中华街所不具备的。

另外，早期横滨华侨社会也有很多贸易商，但之后的发展却远不如神户华侨。其原因主要是神户开港后，很多贸易商将贸易据点转到神户，特别是广东人以外的华商。还有，20世纪初的关东大地震也造成许多华侨去神户避难，有经济实力的贸易商等也将仓库等移到神户。日后，尽管大部分华侨重新回到横滨，但贸易商大多都留在了神户。地震时，横滨华侨得到了神户华侨的支援和帮助。70多年以后，在阪神大地震时横滨华侨不忘当年救灾之恩，也向神户伸出了救援之手。可见，横滨和神户的华侨社会之间的互动关系由来已久。

战后，长崎和神户都中断了对传统艺能的传承；与其相对，横滨华侨的传统社区性则使得横滨的传统艺能一直被传承下来，并对后来长崎和神户中华街新传统艺能的重建起到了很大的作用。因而，通过对祭祀文化特别是传统艺能继承形态变迁的分析，可以捕捉到横滨华侨社会空间与族群性变化的些许印迹。横滨华侨艺能继承形态的变迁以及族群性的变化过程可以从以下五个时期来探讨。

1. 第一时期：初期华侨移居形态与单一的族群社区的形成

正如第三章所述，华侨移居横滨与欧美人同步，几乎是与开港同时开始的。后来华侨人口增加，大多是祖籍广东者。初期华侨对外的经济活动场域，主要是在与欧美人的关系中展开的。1870年前后，设立了华侨的自治团体中华会馆和华侨寺院关帝庙，形成了一个以广东华侨为主的横滨华侨社会。就是说，横滨初期的华侨社会主要说广东话，是以广东文化为基础的单一族群社区。这一点与长崎和神户等地不同，横滨华侨从一开始就是一个广东人的社区，具有与主流社会隔离的空间特点。

伴随中华会馆和关帝庙的成立，华侨的祭祀以及随之而来的艺能——广东音乐和粤剧便从广东省进入日本。但是初期的艺能并不是有组织的，而是由华侨爱好者和从祖籍地请来的艺能表演者来表演的。在这一时期，中华会馆和关帝庙成为华侨社会的象征。

2. 第二时期：社区的变化与艺能组织的形成

1870年后，华侨人数迅速增加，横滨社会涌来了大批祖籍广东之外的华侨。但是，日本明治政府为了防止中国人大量涌入，除了商业活动之外，把华侨的职业限制在西式裁剪、饮食和理发所谓的"三把刀"行业及家政雇工等杂业领域。因此，日本没有出现像北美和东南亚那样中国人大批移居，也没有形成以同姓人为主的宗亲会，由于缺乏本国的保护，不同地区出身的人不能相互沟通，于是出现了以相互扶助和进行交流的同乡、同行业组织。这些组织后来成为传承传统祭祀和艺能的主体。在这一时期，是华侨开始与其他社群（亚族群）接触和交往的时期。同乡组织中开始有粤剧、广东音乐和狮子舞、龙舞等表演活动，每逢关帝祭等关帝庙的祭祀活动，他们都会登场表演。以广东人为中心的和亲会,以江苏、浙江和江西者为主的三江公所,对传承艺能起到很大作用。由和亲会表演的粤剧、广东音乐和狮子舞等都成为广东人的传统文化符号,龙舞则是祖籍三江地区者的文化象征。然而,战时这些组织的活动被迫中止。

3. 第三时期:整个华侨社会统一的动向及艺能组织的变化

1945年,为了战后华侨社会的恢复和救助以及管理,成立了全体华侨的自治组织华侨总会。由此,长时间以来以地缘性组织为中心的华侨社会,开始走向统一的方向。华侨总会成立不久,重建了因战争被破坏的关帝庙,还成立了以恢复文化活动为目的的全体华侨青年的组织中华青年会。伴随着华侨社会的祭祀和庆典活动等的开展,狮子舞、广东剧、广东音乐和话剧等传统艺能便由中华青年会所继承。之后,由三江公所恢复了艺能组织舞龙俱乐部,不仅积极组织华侨的祭祀活动,而且与中华青年会的狮子舞一起,参加横滨的港祭等地域性活动。全体华侨的组织中华青年会成为当时传统艺能的主要传承者。另外,1953年,广东出身的妇女还成立了横滨华侨妇女会。作为交流活动的一环,她们也与从香港来的船员们一起表演粤剧。这一时期是华侨社会统一的时期,由中华青年会表演的狮子舞、龙舞、话剧等传统艺能,不仅是代表广东文化,而且是象征横滨华侨社会整体的文化符号。华侨的关系场域,通过华侨的统一的组织华侨总会,扩大到整个华侨社会,而且,从龙舞、狮子舞参加地域港祭活动来看,这种场域开始向地域社会扩大。

4. 第四时期:华侨社会和艺能组织的分裂

这一时期,华侨社会空间开始转向内部的斗争场域。日中两国的关系以及中国大陆与台湾的关系给华侨社会带来了各种影响。由于大陆与台湾在意识形态上对立,横滨华侨社会因此发生了"学校事件",从此华侨社会一分为二。这种意识形态领域的对立,并不是以祖籍地而是以各自的政见来划分。因此,此时的横滨华侨社会的分裂是跨越祖籍地的。许多华侨也由此选择了归化日本,中华青年会的活动不得不中断下来。中华青年会在活动停止后,将狮子舞和龙舞等道具送给了华侨学校。在这个时期,分裂的两个华侨学校,分别在大陆和台湾的不同政见和教育方针下对华侨子弟进行教育,文化艺能活动亦成为学校教育的一环。在学校教育的基础下,两学校的校友会分别成立了代表各自认同的狮子舞等艺能组织。其主要的活动空间是参加由各自总会举办的带有政治色彩的"双十节"和国庆节活动。文化艺能活动分别成为代表各自认同的文化符号。由于横滨华侨学校分裂前是在中华街区域内,之后这里成为台湾派华侨学校校舍。在横滨中华街还没有任何大型节日活动时期,"双十节"的游行曾经是中华街较有规模的活动。现在横滨华侨社会虽然仍以祖籍广东者占多数,可是除了狮子舞以外,粤剧等具有典型广东文化特色的艺能已完全中断。尽管其原因之一,可以说是华侨的第二代、第三代等过半都已经基本完成了日本化的进程,不再熟悉传统文化,除了后来的新华侨以外,基本没有人使用广东话,但是最大的原因还是在于华侨社会几十年的分裂状态。也就是说,华侨社会几十年的分裂对立造成艺能组织也随其分裂或消失,以致给中华传统艺能的传承带来难以估量的影响和阻碍。

5. 第五时期:日中恢复邦交,振兴地域发展和开发旅游,新的传统文化诞生

日中关系的变化,成为复兴和重建华侨传统文化的最大外在因素。华侨的活动场域有了更大扩展的可能性。《日中和平友好条约》缔结后,日中开始了多种多样的国际交流。横滨华侨社会紧张的政治气氛也随之出现了缓和,从而促进了华侨恢复传统文化的运动的发展。振兴中华街和开发旅游观光业的需求则成为传统文化创造的新的契机。在这一背景下,原本分裂的两派共同协力,以1986年的春节祭为始,先后恢复、重建和创造了关帝祭和妈祖祭等多种传统文化符号。黄河合唱团、二胡爱好会等新的艺能组织也陆续登场。华侨学校的活动也不再仅限于华侨社会,同时也出现在地域社会的各种活动中,华侨传统文化的传承开始出现统一的趋势。华侨关系场域由内部走向内外结合,特别是通过与外部的交往,中华街重新创造的文化成为代表中华街的文化符号。

横滨华侨的艺能传承形态的变迁及其主要原因与其华侨族群性的变化相对应(表4.4、图4.2)。在这里,为了与横滨族群性的变动过程相比较,分别对长崎和神户的情况也进行了归纳(图4.3、图4.4)。历史上长崎华侨虽然形成了以唐四寺院为中心的四个亚族群,但是,最终福建同乡会成为具有唯一优势的组织,形成了以其为核心,兼顾祖籍为其他地区者的相对单一的族群(图4.4)。在神户,早期华侨形成了以三个同乡组织为中心的亚族群;但随着世代的更迭,亚族群分界线逐渐模糊,整个族群的统合度增强了。尽管新中国成立后华侨总会开始分裂为大陆派和台湾派,但是,这种分裂对于整个华侨社会来说,并非如横滨那样具有决定性,诸如学校以及大多数组织等都免于分裂(这里,图4.3中用点线表示)。

第四章 日本华侨祭祀文化空间与族群性的重建

表4.4 横滨华侨的艺能传承形态变迁和族群性

时期	特征	组织	艺能	族群性
第一时期（1870年代—1890年代）	导入期	尚谈不上组织传承，传承和表演者为广东华侨，或本国的艺能表演者	粤剧、音乐演奏	形成横滨华侨社会
第二时期（1890年代—1940年代）	由同乡组织传承	①三山公所——1887年由祖籍江苏、浙江、江西的人组成，后来开始跳龙舞，在关帝庙演出，1923年活动中止；②和亲会——1910年由祖籍广东的人组成，后来就在关帝庙演出，后因战争中止活动	狮子舞、龙舞、粤剧	作为亚族群的同乡集团并存时期
第三时期（1940年代—1960年代）	战后恢复	①中华青年会——1946年成立，从翌年关帝节开始演出狮子舞和粤剧，目前其活动停滞；②龙舞俱乐部——由三山公所恢复，1960年其活动中止；③妇女会——在1953年成立的妇女会上也开始演出粤剧，不久停止，是近年成立的黄河合唱团的基础	狮子舞、粤剧、话剧、龙舞	由同乡集团向整个族群的地区社会的过渡时期
第四时期（1960年代—1980年代）	由华侨社会传承	①中华学院校友会——1960年成立，跳两种舞，即南方的狮子舞和北方的狮子舞；②山手中华学校校友会——1970年成立，跳南方的狮子舞和北方的狮子舞，现在主要是跳南方狮子舞	狮子舞、龙舞	因意识形态对立，华侨社会分裂为政治性的亚族群的时期
第五时期（1980年代以来）	向文艺活动统合转变	①中华学院龙狮部——一般认为中华学院校友会是其前身；②横滨华侨青年会龙狮会——山手中华学校校友会是其前身（现为横滨中华学校国术团）；③黄河合唱团——1987年山手中华学校OPA的女性设立，主要是唱一些中国的歌曲，多为参加中华街和日中文化交流等活动；④二胡爱好会——1980年代后半期由中华街的华侨组织，接受来自中国的演奏家的指导，多为参加中华街的活动；⑤山手中华学院舞蹈部——1980年前后成立；⑥凤凰组——1994年由山手中华学校的毕业生组成的组织（后合并到横滨中华学校国术团）	狮子舞、龙舞、民族音乐、中国舞蹈、中国歌	是华侨社会内部对立开始向缓和与统合方向转变的时期

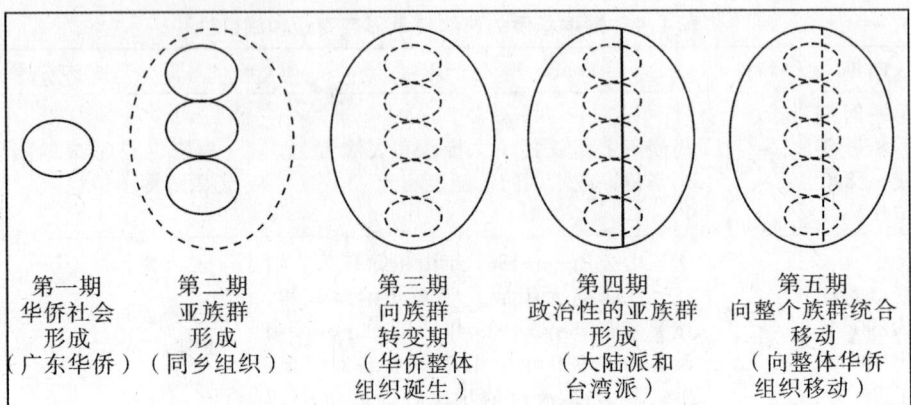

图 4.2　横滨华侨社会的变动以及艺能组织的变迁

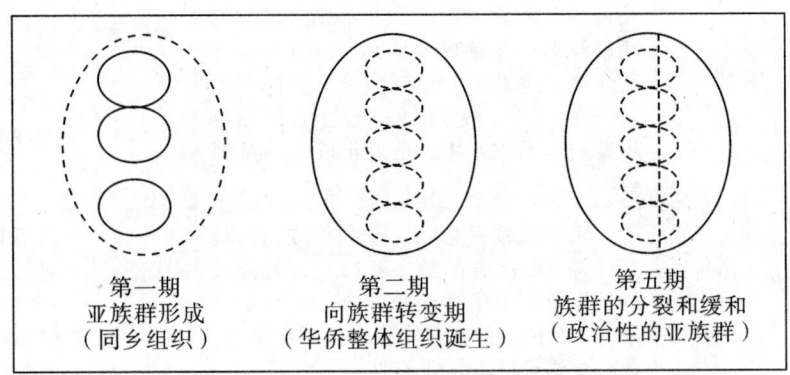

图 4.3　神户华侨社会的变动以及艺能组织的变迁

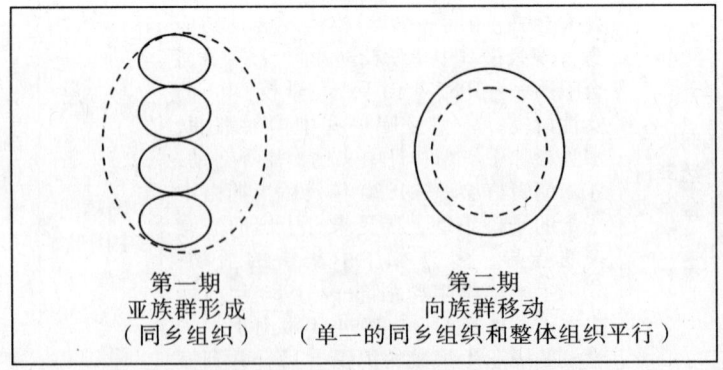

图 4.4　长崎华侨社会的变动以及艺能组织的变迁

第四章　日本华侨祭祀文化空间与族群性的重建

简言之，横滨华侨的族群性动向为：①华侨社会的形成期；②作为亚族群的同乡集团并存时期；③由同乡集团向整个族群（的地区社会集中）过渡时期；④由于意识形态对立，华侨社会分裂时期；⑤随着新传统创新，华侨社会内部对立开始向缓和与统合运动发展的时期。横滨华侨的社会空间如前所述也具有族群性相应的历史性演变过程。这种演变也明显地表现在新传统的重建过程中。

横滨华侨社会由于意识形态分歧而造成严重分裂，并大大影响了传统的祭祀和艺能的继承，传承艺能的组织也完全分裂了。然而，后来以振兴地域发展的重建春节祭为契机，开始了向传承艺能的统合方向运动。虽然两派的艺能组织至今尚未实现同时站在同一舞台，并统合为一个组织，但能够协同参加中华街的各种祭祀活动，对于横滨华侨来说已经是划时代的大事件。

（二）横滨华侨"新传统祭祀"的意义及特点：与长崎和神户之比较

以居住在横滨中华街的华侨为中心创造的春节祭，与长崎和神户一样，有观光和打造区域经济发展的背景，在寻求恢复正在衰退的文化传统和重新加强认同等主要方面，作为"新族群性"现象具有与长崎和神户共同的因素。但是，横滨与其他两地的不同点之一是华侨内部意识形态上的分裂问题。

如前节所述，神户也受到大陆和台湾分离的政治动态的影响。然而，大陆和台湾的宣传战反而带来了神户重新看待传统文化的效果，并且与日中邦交正常化后的文化交流、新传统的重建和创新联系在一起了。此时唯一存在的华侨学校在其中起到了很大的作用。华侨总会与横滨地域一样分为两派，但已经有重新合并的动向，同时华侨在政治上对立的这种现象已经不常见了。在长崎，华侨中往往是与日本政府有官方关系的一方掌握着主动权。横滨则以"学校事件"为起点，华侨社会一分为二，特别是学校的分裂，对于传统祭祀和艺能的传承与发展带来很大影响。

与神户不同，同样是因空袭被破坏的中华街，在横滨却是战后最早恢复起来的。1946年失去的关帝庙很快得到重建；1953年以横滨市长等人参观旧金山唐人街为契机，成立了中华街元町振兴会；1955年建成第一个中华街"牌楼门"；之后在日中邦交恢复前的1970年成立中华街发展会协同组合，前后相继建设了中华街的西门、东门；日中邦交恢复后的1976年和1977年完成了余下的南门和北门。中华街如此快速的兴复，与横滨华侨居住在中华街及其周围很有关系。在长崎和神户，华侨生活的地方向周边地区扩展，采取"缓和的集居形态"（大桥，1997：85），与此相对，横滨华侨一方面人数较多，另一方面居住地域也比较集中，所以形成了一直保持很强凝聚力的地区社会。

横滨华侨社会由于开港后与日本人和其他外国人分地域集中居住，形成了比较独立的社区，这不仅是经济上，而且包括政治、祭祀和文化等华侨日常生活的所有方面。横滨华侨在职业上以饮食业为主的杂业较多，所以华侨之间平时的交往较多，形成了一个比较封闭的社区形态，这是该地域华侨保持集中性居住的一个原因。随着社会整合的发展，目前华侨社会与日本地域社会的联系增多，不过与长崎和神户相比，横滨华侨社会内部的传统性纽带依然比较牢固。

在横滨之后开港的神户，华侨最初亦是采取和横滨相似的居住形式，但也有一部分是保持着与日本人和其他外国人杂居的形式。开港之后，此地从事贸易的华侨较多，与日本社会接触的机会要比横滨频繁得多，尤其是伴随着华侨社会日本化的进程，在地化趋势越来越明显，于是华侨的居住形式也逐渐向周围扩散。现在的南京町，已不再是像横滨那样较独立的社区，而是成为了一个进行经济活动的场所。长崎华侨在战后则实行了分散居住形式，比起其他地区的华侨来，新地中华街的华侨在平时与日本人的交往更多。不过长崎新地中华街居住的华侨数量较少，新地与其说是华侨社区，倒不如说是一个日本人和华侨共同杂居的地域社区。神户和长崎的共性在于，两城市中华街华侨的商业活动空间是建立在与日本人的交往的基础上，横向的地域关系网络要比横滨发达得多。

横滨华侨社会作为传统的地方族群社区有很强的自律性和团结性，对于继承传统文化发挥了极大的作用；但是，由于新中国成立后华侨因为意识形态的不同而引发华侨社会内部的分裂，最终成为阻碍传统文化继承的一个重要原因。对长崎和神户的华侨社会而言，日中恢复邦交等国际形势的变化，给重建和恢复传统文化以直接影响。与此相对，横滨华侨却走过了一个复杂的过程。春节祭在横滨既是推动区域社会建构以及发展的一环，同时又是华侨社会借机通过有意识地创造新的节日活动以超越双方意识形态分歧的重要实践。在推动旅游事业发展与打造区域社会这两个层面上，三个城市的中华街都是共通的，但是在认同方面却存在上述的差异。神户和长崎在中华街的修建完成后不久便创造了春节祭活动，横滨虽然在中华街的修建和整备方面领先一大步，但节日活动的创造时间与神户和长崎却大致相同，与彼此之间所存在的认同差异有很大的关系。

各社区特点的不同，也反映在春节祭的运作组织上。长崎和神户春节祭的执行委员会中，都分别设置以中华街振兴组合成员为中心的干事会和企划部，作为活动运作的实际操作者。执行委员会的其他委员，是由商工会议所、观光协会等赞助单位以及市行政部门的人员组成。执行委员会的作用在于把握大方向，决定计划和行动的正确与否。与此相对，横滨的春节祭执行委员会就是实际操作者，几乎都是由中华街的少数精锐成员组成，是担当活动的计划、决定和实行等一切责任的组织。执行委员会中除了中华街发展会协同组合之外，还有各种赞助团体，其赞助团体除部分企业外，大都是中华街内部的团体。

在横滨华侨社会，于1986年超越意识形态的对立全新打造出的春节祭的成功，为后来重建和恢复传统活动打下了坚实基础，之后横滨中华街进行了一系列推动区域建设的活动：1988年中华义庄的整修和清明节祭祀的重建；1990年关帝庙采用北京和台湾古建筑风格完成重建，并合作实施了共同庆祝关帝诞辰；2006年在中国大陆和台湾的协助下建立妈祖庙并实施妈祖祭祀等。甚至连分别与台湾和大陆联动实施的"双十节"与国庆节活动，也逐渐由原来有较强的政治色彩逐渐转化为振兴地域色彩浓厚的秋季节日活动。可以预料，促进与母国的交流，重新评价中国文化、少数族群热和旅游化等因素，将进一步成为超越意识形态分裂的更大力量，为推动华侨族群性的重建和活化而发挥作用。

韦伯（M. Weber）十分重视族群形成时的政治意义，他指出："我们把根据体型、习惯以及与这两者相似的因素，或者殖民和移居的记录，而拥有共同的主观信念的人们的集团，叫做'族群'。……族群的成员（Gemeinsamkeit）是根据已设想的认同而形成的，由于并不是像亲属集团那样属于有着实质性社会行为的集团，所以两者有着明显区别。我们认为，族群的成员不构成集团，它不过是促进某种特别是政治领域的集团的形成。另一方面，唤起共同族群信念的，无论它是如何人为地组织起来，在形式上首先是一个政治性共同体。"①（Weber, 1968：389）

但是，横滨华侨的事例与韦伯所说相反，政治上的因素成为引起族群分离的决定性因素，从某种程度上显示出这种"已设想的族群认同"超越了政治性的过程。

---

① W. Isajiw 在引用韦伯之后也反驳道："其他几乎所有主观上的定义，没有认定所谓仅政治性共同体能够唤起共同的族群性的信念一说。在通常的假设里，心理上的族群的认同，往往是以文化、种族、语言、宗教等几个特点为基础而形成的。"（Isajiw, 1974：117）

华侨的社会空间与文化符号

第三节
三地华侨社会的特点

本书在前面用了大量篇幅介绍日本华侨社会空间和祭祀文化：第一章是关于发展历史最长的长崎华侨，综合论述了与华侨社会空间有关的祭祀活动和艺能、中华街的修整等，并以新传统祭祀活动的复兴和创新为中心做了比较论述；第二章是神户的华侨社会，第三章是横滨的华侨社会；第四章到此为止的部分，主要归纳了日本的华侨社会空间以及作为文化符号的祭祀和艺能，并在将其分类的过程中特别论述了以春节祭为中心的新传统祭祀活动的复兴、创新和族群性。另外，从宏观角度分析了三地华侨社会总体的趋势，以及从微观角度分析了各个华侨社会由于历史条件不同而具有的差异。由此全面了解了日本华侨社会空间、传统复兴和重建族群性的现象。

一、中华街的关系场域——华侨活动的社会空间

日本三大中华街的最大特征是与日本社会地域化，并成为地域的旅游文化资源。本小节将通过对这三个地域在打造新传统文化以使其成为各地旅游资源的过程中的各种关系场域的分析，进一步探讨各地的特性。

首先从社会空间的前后关系来看，长崎华侨的历史可以说与长崎地域本身的对外贸易关系是同步发展的，长崎在日本历史上的地位，决定了早期华侨来日后以长崎为中心历史轨迹。华侨文化也正是在这样的历史背景下形成和发展的：重九祭等作为象征长崎对外交流历史的地域性文化符号被吸收；普度则成为华侨社会传统的象征；"新传统祭祀"形式的长崎灯会，作为新的文化象征符号，已成为华侨与主流社会交流的历史轨迹的重现形式。长崎新地中华街上的中国式建筑在战后不久1947年的大火时尽遭回禄。在1960年代几乎丧失了中国人居住区的特点。但以日中邦交正常化和此后的国际潮流为契机，新地成立了跨越族群的社区组织，华侨和新地的日本人一起重新修建了中华街。1987年从福州等地购买了灯笼，打造了新地中华街灯笼节，并收到了良好的经济效益和文化效果。此项活动随即引起了地方政府的重视，并将灯笼节正式纳入以观光产业为经济基础之一的长崎市城市发展战略之中，由市政府投资直接参与

规划与实施。由此,中华街小规模的民族节日灯笼节被扩大发展为全市性的一大节日庆典——长崎灯会。在灯会前后成立的各种艺能组织则为长崎灯会提供了丰富的表演内容。目前,长崎灯会已经成为装饰长崎冬天的一大风景线。

与此相对,横滨和神户华侨社会是伴随日本开港以后形成的。横滨中华街规模最大,特别是形成了一个以广东华侨为主体的较为单一的地方族群社会,作为传统性地方族群社区有着很强的自律性和团结性,传统祭祀和艺能组织保持得也较好,为后来的地域传统创造以及长崎和神户的华侨传统创造发挥了很大的作用。特别是起源于广东的狮子舞曾经是横滨华侨社会的文化符号,后来随着华侨的文化空间逐渐向神户和长崎华侨社会扩展,狮子舞成为华侨社会整体的象征,对打造地域文化和重塑中华街文化起到了重要作用。横滨中华街是战后最早复兴起来的中华街,但是由于华侨社会曾经出现意识形态领域的对立,华侨社会被一分为二,给祭祀和艺能文化的传承带来了很大的影响。在国际环境变化以及地域振兴发展和旅游开发等背景下,横滨华侨首次超越政治上的对立,创造了中华街春节祭。以春节祭为开端,中华街从1980年代后期到2000年代后期的20年间,先后重建和增建了中华街牌楼、关帝庙和妈祖庙,恢复和创造了关帝祭和妈祖祭等活动,使得中华街成为日本的一大异文化旅游观光胜地。

与长崎和横滨相比,神户华侨社会形成相对较晚,但其特有的历史背景让神户华侨在历史上形成了一个以华商为中心的华侨社会。在近代日本与欧美和东南亚的贸易等各种商业活动中,华侨特别是跨国的华商网络起到了极为重要的作用。神户南京町在形成、发展的历史轨迹中,曾一度十分繁荣,聚集了世界各国的珍品,成为神户唯一的富有国际色彩的市场。"二战"结束前期神户遭到空袭,南京町被烧毁,元气大伤。复兴后,南京町一改往日的中国式景象,却一直没有恢复到战前的繁荣。在日中邦交的恢复和神户市城市规划的推动下,促成了南京町商店街振兴组合的成立和南京町的重建。南京町的华侨和日本人一起打造了南京町春节祭,南京町也成为继横滨之后,日本社会(特别是在关西地域)有名的观光地。

日本三大中华街的这种前后的历史和文化发展与传承是中华街成为旅游之地的重要的历史条件和基础。

中华街之所以能成为日本社会成功的文化旅游资源,可以从两个层面来理解:第一是日本主流社会和华侨社会的关系。按照普拉托的接触区理论来看,中华街的确是在与主流社会邂逅、冲突和交往过程中,从主流社会隔离出来的空间,而且,主流社会与华侨社会的关系也许是不对称的。但是日本华侨社会

华侨的社会空间与文化符号

和主流社会的关系中有一点与其他国家不同的是，历史上日本人有崇尚中国文化和儒家思想的传统，华侨文化不但给主流社会带来了一定的影响，一部分文化还被主流社会吸收。即使日本开港以后，华侨也大部分是从比日本开港早并先于日本接受西方文化的中国开港口岸来到日本的。这些历史背景造成主流社会与华侨社会的关系呈现出不对称状态，并不完全是上下关系。因此，即使是隔离性相对比较强的横滨华侨社会，在早期并没有受到日本社会的差别对待和歧视。甲午战争特别是抗日战争彻底改变了主流社会与华侨社会的这种上下结构，日本人对中国的歧视自然也会影响到华侨社会。然而，同样是在日本，三个地方却表现出与主流社会关系的不同。华侨与主流社会交往历史悠久的长崎，即使在甲午战争爆发之际，长崎华侨的权益在一定程度上也得到了保护。但是"二战"时的日本政策推动了混合居住形式的形成，破坏了传统中华街的经济结构。在甲午战争后其他两地的华侨经济特别是贸易活动受到很大的打击，而且在文化和生活上也开始受到歧视。曾经给主流社会带来巨大经济利益的神户华侨，受到的差别对待程度比横滨华侨相对轻一些。具有一定规模的横滨中华街在两次战争时期起到了一定的避难所的作用。这种与主流社会的上下关系直接影响到华侨与本地域日本人的左右关系，也是后来长崎春节活动能成为全市的节日，神户南京町能够与地域社会合作打造春节活动，而横滨中华街的春节祭以中华街为主体的背景之一。从中华街整体来看，重建中华街和创造春节祭，使中华街成为优质的旅游资源，在某种意义上说，是将有别于其他地区的中华街的文化作为战略性方法，从而达到改变中华街在主流社会的形象，提高中华街的地位并推动华侨的地位也获得上升的目的。

上下关系的第二层是华侨内部的结构关系。历史上长崎和神户都形成了以福建、三江和广东为主体的三足鼎立的华侨社会，内部有经济实力的贸易商构成了华侨社会的上层结构。横滨中华街则形成了以广东人为中心，以中华会馆为主要行政组织的社会结构。内部结构虽然比其他两地更为复杂，但上下关系与长崎和神户有近似的地方。随着历史的发展，后来长崎华侨逐渐演变为以福清和福州人为主、三山公帮为中心的华侨社会，神户华侨社会中亚族群（次社群）的界限则逐渐模糊，横滨华侨社会也出现了多元化的局面。从整体上看，华侨内部的上下关系带有通过前后关系（资格、年数）来排列的倾向。这与日本的社会结构本身有很大关系。以商业目的为主的跨越族群组织中华街振兴组合就带有这种性质，在这类组织中很少有组织内的权力斗争，这是中华街和春节祭的创造得以顺利进行并成为文化旅游资源的基本保证。

从内外关系来看，日中关系是宏观领域的内外关系，这一国家层面的双边关系一直都影响着华侨社会。甲午战争和抗日战争导致了各地中华街的严重破坏，日中邦交恢复则成为推动各地中华街重建和春节祭传统创造的最大的外在因素。华侨社会和主流社会的上下关系，与中国和日本间的关系直接有关。特别是中国在国际社会的影响增强，增加了华侨对中国文化的自信心。神户和长崎狮子舞等的复兴和中华街的重建，横滨中华街出现意识形态对立的缓和等，都是基于这一大的背景。中华街在建造中华牌楼以及创造春节祭活动的过程中，还得到了福建等省市的特别支援。通过春节活动各地中华街与中国大陆、台湾、香港以及东南亚国家和地区等建立了完善的内外文化交流网络。

  从微观的内外关系来看，长崎中华街和神户南京町的重建都是有外因促进内因的一面。长崎中华街商店街振兴组合的成立和中华街重建的直接原因是外部的发现和内部的觉醒。游客站在中华街的中心向林照雄（原振兴组合理事长）打听中华街在什么地方，林才意识到尽快重建中华街的重要性。之后他迅速与市里有关人员联系，询问重建中华街的具体措施，不久便动员新地的店主们成立了振兴组合。神户南京町的重建契机则是中华街外部神户市的区划调整。重建中华街的目的在于塑造神户国际城市的形象和振兴地域的发展。在与神户市的互动下，南京町成立了南京町商店街振兴组合，为打造南京町和南京町文化建立了基础。与长崎和神户相对应，横滨有着日本最大的中华街，日中邦交恢复后，作为日本国内的少数族群观光地，吸引了越来越多的外面（中华街外）的游客。受到日中关系良性发展的宏观大背景的推动以及来中华街旅游的游客数量暴增的微观直接因素的刺激，中华街内部决定采取用双方共同的节日——春节文化来打开华侨社会内部意识形态对立缺口的战略，使得抱有不同政见的两派在文化面前携手，共同重建了春节祭。中华街和春节祭活动成为文化旅游资源，与宏观和微观的内外关系有着非常重要的联系。

  最后，从中华街和春节祭等成为旅游资源过程的左右关系来看，三大中华街也是各具特色。左右关系可以从华侨与地域社会、中华街之间的关系、中华街与当地华侨社会的关系等方面来分析。从左右关系来看，如前面提到的长崎的华侨社会主要是由姻亲关系结成的网络，华侨与地域社会的日本人之间是"亲戚关系"，这种亲上加亲的横向关系促进了长崎的春节活动成为长崎市重要的旅游资源——长崎灯会，吸引了近100万游客，创造了近100亿日元经济效益。神户中华街与地域社会以及华侨之间的关系，主要是通过重建南京町和创造春节活动的过程来建立的。战后南京町在重新成为中华街以前，曾经是黑暗、杂乱无章和令人望而生畏的地方，甚至直到1970年代都无人问津。不用说南京町与外界的关系，南京町内的华侨与日本人也几乎是不相往来。重建南京町的活动不仅使内部的华侨和日本人之间建立了信赖关系,而且南京町和地域各界也建立了友好和合作关系,春节活动还帮助南京町和神户华侨总会、华侨学校以及新华侨的艺术团体等结成了文化网络,这一系列的活动促进了该地与长崎和横滨中华街之间的交往和交流,最终使南京町成为一条连接地域社会和华侨社会等的纽带。这一纽带带来了南京町的繁荣,使得南京町和春节祭成为国际化城市神户的非物质文化遗产和一个充满异国情调的旅游之地。横滨中华街在日本是规模最大、最有名的中华街,这种印象也是在1970年代以后打造的。之前的中华街与神户南京町相似,曾有着不光鲜的过去。例如,日本在拍有关黑社会和暴力组织的电影时,经常会在中华街拍摄;中华街是一般人很少光顾的地方,中华街与地域社会的关系只停留在进货出货等经济上的往来;中华街内部两派对立,关系紧张。1970年代以后,日中内外关系和主流社会上下关系的改善,给中华街带来了复苏的生机。中华街的整修是通过内部的横向关系开始的,中华街的一部分店主(华侨为主)联手成立了不含政见的中华街发展会协同组合,以之为轴心首先从振兴中华街经济的角度建立了中华街华侨之间的交往和联系。在中华街的基础建设部分完成后,发展会又从发展中华街文化的角度出发建立了两派华侨在文化上的合作关系,创造了中华街春节祭,并通过春节祭与原本分裂的两个学校及其校友会(艺能组织)建立了合作关系。春节祭的成功促进了华侨之间更多的交往和交流,之后的关帝庙和妈祖庙的建设、关帝诞辰和妈祖祭等祭祀活动的创造等都是在这种关系的基础上完成的。通过中华街的各种活动建立的经济和文化纽带,使华侨之间的联系更加紧密,形成了横滨中华街的凝聚力。目前,横滨中华街增加了很多日本人和新华侨的店铺,中华街内部的华侨和日本人之间的关系也逐步增强。以前中华街与地域社会的交往不是很多,通过中华街的建设和春节祭活动,中华街与地域的交流持续增多,每年春节祭前夜中华街还会举办盛大的晚会,邀请中华街内外的各界名流参加,有力地促进了中华街与地域社会的联系。

三大中华街之所以能够成为日本重要的旅游文化资源,正是建立在围绕中华街的这几种关系之上的。可见中华街已经成为一种关系场域,并被塑造为华侨进行各种活动的社会空间。

二、蛇踊(龙舞)、龙踊、龙舞的文化符号

龙舞是象征日本中华街文化的重要艺能之一,通过对龙舞的变迁和重建的探究,可以观察到各地对中国文化的选择、解释并使其成为文化符号的过程和

特征。

　　蛇踊（现发音为"蛇"，书写为"龙"。在此为与其他地区区别，按照其原始名称，称其为"蛇踊"）的历史最长，可以追溯到长崎的唐人贸易时代。然而，在现有的文献中已无法确认蛇踊是从中国何处而来。有人推测是早期宁波商人带来的，如前有关龙舞的叙述，从横滨华侨社会早期龙舞是由三江公所表演以及战后是由三江的同乡组织复兴并表演的角度来看，各地的三江帮始于长崎，这种说法是有一定的根据的。但是笔者认为，蛇踊是从福建闽南带过来的。根据之一是闽南庙宇等建筑中的龙与长崎现在蛇踊的龙无论是颜色的搭配还是形状都极为相似。根据之二，目前在长崎重九祭供奉龙舞的四个町中，筑后町的龙舞是1973年开始的，据说以龙舞为供奉舞的原因是唐四寺中闽南系的福济寺位于町内，唐人曾经在该寺院内表演过龙舞，即闽南系唐人在其祭祀活动中曾经有龙舞登场。① 根据之三，早期在长崎唐人贸易活动中最为活跃的是闽南商人，即使在后来清朝的对外贸易，即宁波—日本、闽南—东南亚、广东—西洋的政策实施以后，仍然有很多闽南商人乘宁波（三江）船来长崎进行贸易活动。② 长崎早期三江会所的运作中也有闽南商人的参与。至于后来横滨由三江会所表演的龙舞，很有可能是三江会所早期在长崎从闽南商人学来的。另外，从东南亚华人社会中舞狮、舞龙较其他地方兴盛的现象来看，舞狮是广东的传统，舞龙的传统可能来自福建闽南。总之，长崎的蛇踊大体可以推测为来自福建闽南。但是，为什么传到了长崎就称为蛇踊了呢。据长崎史学家越中先生说，长崎人几乎没有龙的观念，而且唐人舞的龙在长崎人眼中看上去很像蛇。这可能是长崎人将龙舞称为蛇踊的原因之一。另外，蛇在日语中有两种发音，即"じゃ（jia）"、"へび"（heibi）。前者是指蟒类的大蛇，在日本常常会成为神社的"神使"（神使者的动物）；后者则是指普通的蛇类。日本社会对蛇的观念的这种认知可以说是形成这种称谓的又一个重要的原因，这也是后来为什么龙舞能够为长崎地域社会吸收为乡土艺能的文化背景。例如，重九祭中长崎诹访町龙舞开始的契机，是诹访神社位于町内，而诹访神社的"神使"便是蛇。所以诹访町以蛇踊为供奉舞。之后在1960年代，由于蛇舞的书写常使人们将其误读为"へび"（heibi），不符合长崎的风土文化习惯，加之中国的龙的概念已经为人们所熟悉，唐人当年所舞的应该是龙。基于这种原因和观念长崎将蛇踊改为龙踊，发音不变。长崎今天的龙舞——龙踊的名称

---

① 对长崎乡土史学家越中先生的访谈（2003年）。
② 廖赤阳：《長崎華商と東アジアの広域圏》，汲古书院，2000年，第41~49页。

中,既含有象征唐人贸易时代的意义,也含有长崎地域对蛇的观念的认知。在长崎地域社会的各种祭祀和文化活动中,龙舞表现的是日本文化的蛇的观念,在长崎灯会上龙舞表现的是长崎历史上与中国交往的"龙的传说"。可见,从蛇踊到龙踊的变迁,是以唐人贸易中的龙舞变迁为代表的地域乡土文化符号的蜕变过程,而文化符号所象征的正是特纳在其对非洲仪式的研究中所强调的文化意义和社会结构交流互动的过程①,是华侨文化的一种转型。

龙舞在横滨的名称即"龙舞"。横滨华侨社会龙舞的历史可以追溯到19世纪末,《横滨市史》记载了在明治三十年(1897)左右的关帝祭时就有华丽的龙舞和狮子舞的表演,并刊登了照片。如前所述,横滨龙舞是由三江公所来表演的,根据相关资料推定,1887年三江公所成立后不久,即已由三江公所的成员开始了舞龙的活动。在1923年的关东大地震的影响下,舞龙活动只好中止了。日本战时实行"一地一组织"的政策,许多华侨组织不得不解散。战后不久,三江公所重新恢复活动,并成立了舞龙俱乐部,每年在"双十节"和横滨港祭的游行中登场。后来因华侨社会分裂等原因,活动中止。之后,舞龙俱乐部将道具等各种设备送给了华侨学校。华侨分裂后的两个学校将狮子舞和龙舞作为学校文化教育的一环,对其进行了积极的传承和保护。后来校友会也成立了舞龙队。早期的龙舞主要是继承了三江公所舞龙俱乐部的风格,后来则借鉴中国的龙舞,经过创作改编逐渐形成了横滨华侨自己风格的龙舞。1996年中华学院的舞龙队从新加坡学来了夜光龙,并在横滨中华街的各种活动中登场演出。可以说,横滨中华街的龙舞,尽管在名称、形状和内容等方面都进行了创作和改编,但是大体上与中国普遍认识的传统龙舞相似,很好地继承了华侨社会的传统,呈现了一定的文化延续性,这与横滨中华街华侨社会的规模和组织机构的健全程度有关。

舞龙在神户被称为龙踊,完全是日本式的称呼。历史上没有关于神户华侨舞龙的纪录。神户华侨也没有舞龙的组织。即使是在同文学校,舞龙作为课外活动也是2000年以后才开始的。神户中华街的龙踊也许要算是最早的了。如前所述,中华街的龙踊是与春节祭同时起步的,正因为龙踊的起步落后于长崎和横滨,因此以创作日本最长的龙踊为区别于其他地区龙舞的战略战术,在参考长崎和NHK电视台有关中国传统龙舞录像的基础上创作编排。尽管南京町龙踊的技艺没有其他地方高超,但当初连续两年从香港购买长龙,并别出心裁地编排了"雌龙"嫁"雄龙"的结婚仪式,目前长达47米的色彩鲜艳的"南

---

① Victor Witter Turner:《儀礼の構造》(1969),冨倉光雄,訳,新思索社,1996年。

龙"以及多达几十人的舞龙队伍，在春节期间的神户也形成了一大景观。特别是后来为增强对异文化的理解和促进地区的相互合作而开始的神户市立兵库商业高等学校的舞龙活动对此发挥了很大的作用。该学校在南京町中华街帮助下成立的龙狮团，拥有神户最强的舞龙队伍。该学校通过神户和横滨华侨也去新加坡学习了夜光龙，现在这支舞龙队伍积极地活跃在神户南京町春节祭、中秋祭以及神户地域其他的各种文化活动中。龙舞在神户作为中国文化和异文化的象征，目前也基本是由日本人特别是日本的学校继承。这种传承形式体现出与长崎不同的风格，同时也体现了神户中华街和神户地域社会具有的与异文化共生共存的地域开放性。

三、春节祭的组织活动空间

从春节祭的运作形态来看，在横滨，参加运作的大多数是华侨，艺能组织也大多是华侨的组织。在神户和长崎，则由居住在中华街的华侨和日本人共同参与。特别是在长崎，市政府也参与到运作之中，将灯笼节改为灯会，扩大为全市的活动，相对于华侨，反而日本人逐渐成为活动的主体。三个城市的春节祭祀在仪式、活动方面有着共通的特征，但是其运作主体有很大的不同。究其原因，有三个相关的因素：①华侨居住历史的长短；②华侨的人数、居住形态等华侨社会的特征差异；③与此相关的经济意义等（表4.5）。

表4.5　横滨、神户、长崎春节祭祀的运作比较

项目	横滨	神户	长崎
主要举办者	中华街发展会协同组合	神户南京町商店街振兴组合	长崎市（商工会议所、国际观光大会协会、新地中华街商店街振兴组合等）
运作参与者	大部分是华侨	华侨和日本人	华侨和日本人（日本人偏多）
历史	短	短	长
经济效益	大多数华侨能从活动中获益	中华街以外的直接利益很少，居住在中华街的日本人也可以获益	华侨方面和神户一样。但作为观光都市，全市都可获益。

续表4.5

	项目	横滨	神户	长崎
各地社会的特征	华侨的人数	多（1万余人）	多（80000人左右）	少（约500人）
	中华街的规模	大	中	小
	凝聚力	紧密	松	松
	居住形态	集中：主要集中居住在中华街与其周围	分散：很多华侨居住在中华街以外的地方，中华街加盟店（到1998年为止有85家）的半数左右是日本人（包括入日本籍的华侨）	分散：很多华侨居住在中华街以外的地方，中华街加盟店（到1998年为止有41家）的半数左右是日本人（包括入日本籍的华侨）

在横滨，华侨人数众多，而且大部分集中居住在中华街及其周边地区，很大程度上保留了传统华侨地方社区的特征，凝聚力很强。因此华侨自然而然地成为在中华街举办春节祭的运作主体，而且参加运作的华侨组织也大多是中华街的组织（也是全体华侨的组织）。在神户和长崎，中华街的组织是中心，华侨总会和同乡组织基本上不参加。另外，神户和长崎的华侨艺能组织中有日本人参加，但居住在中华街以外的华侨除了艺能组织的成员以外基本不参加。

神户的华侨人数众多，分散居住在兵库县内，而中华街（南京町）的华侨只是其中的一小部分。中华街半数左右的店主是日本人，在这样的背景下，神户的春节祭是由华侨和日本人共同举办的，其"打造街区"的目的性很强。对于居住在中华街的华侨来说，神户的春节祭不仅仅是华侨民族传统和族群性的复兴、创新，同时还和促进商业有着密切关系。但是对于居住在中华街以外地区的华侨来说，春节祭没有直接的经济效益。

长崎的华侨居住历史最长，但现在人数却非常少，中华街的规模也很小，加盟店店主半数左右是日本人。和神户一样，长崎新的传统祭祀创新是由华侨和日本人共同致力开发的，有"打造街区"的作用。但长崎市政府也参与其中，使其从中华街的活动发展成为全体市民的活动，更成为长崎观光事业的一部分。以前长崎冬天没有节庆活动，灯会填补了这个空白，使长崎一年四季都能以观光吸引游客。神户和横滨的华侨祭祀活动虽然也有促进城市观光业的作

第四章 日本华侨祭祀文化空间与族群性的重建

用,但影响没有长崎这么大。

和长崎相比,横滨的行政部门几乎不参与活动的组织,中华街以外的企业参加的也少。神户的行政机关虽然不参与,但是市商工会议所以及其他企业会合作赞助。这些赞助商都是春节执行委员会的会员。长崎则是市政府全面参与活动。

和行政机关的关系,从春节祭的资金支持就可以看出。横滨以中华街本身的资金最多,也有企业的赞助,但多数是和中华街有关联的企业,市政府的支持非常少。神户则由中华街和元町商业街出资,也有来自商工会议所、中华街周边企业的赞助,政府的支持多少有一些。而长崎,从政府得到的资金援助是最重要的。

有关艺能组织的构成,横滨大多数是华侨自己的组织,神户则是由日本人和华侨共同运作(南京町甚至以日本人居多),长崎则是华侨和日本人各自的组织。

可见,日本华侨从中国春节的传统中吸收、创新形成春节祭,其运作形式的差异则充分反映出了日本三大城市华侨社会的不同特性。

如前所述,在长崎和神户,中华街作为华侨和当地社会联系的节点,有相当一部分华侨散居在日本的地域社会。与此相对,横滨的华侨是集中居住形态,维持着原来的社区传统习惯。横滨的中华街几乎被华侨占据,类似于同心圆的核心位置(图4.5)。因此,其艺能组织的传承体系也很坚固,和长崎、神户传统艺能的中断形成强烈反差,"传统艺能"能够根深蒂固地保存下来。后来长崎和神户的艺能传承与创新以及祭祀活动的复兴很大程度上也得益于此。在第一章已经讨论了血缘、姻戚关系网络对加强华侨社会的凝聚力的作用,这虽然是三个地区共有的问题,但也许横滨华侨社会的倾向更强一些。不过,本书没有对神户和横滨就这个问题进行更深入的探讨。

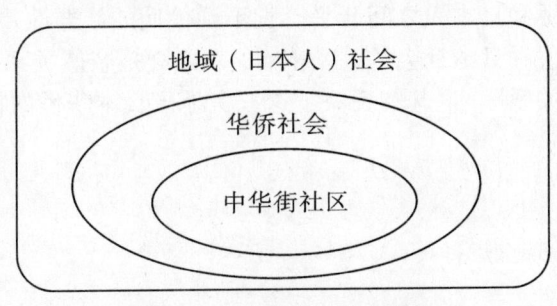

图4.5 横滨华侨社会的结构

横滨的华侨社会，由于其社区内相互关系紧密，所以缺乏一定的开放性，以致后来直接受到新中国成立而产生的意识形态分歧造成的影响，引发了华侨社会的分裂，这也给传统祭祀活动和艺能的传承带来了消极的影响。从1952年以来，大陆派和台湾派之间在意识形态领域的对立一直持续，横滨的春节祭就是在这样的特殊背景下，由两派协作举办的。横滨的春节祭更为直接地反映了日中两国关系发展对华侨社会的影响，它的举办具有协助两派超越政治对立、增进族群团结的象征意义。

至于长崎和神户，中华街社区中的华侨和日本人几乎各占一半，族群在社区有所交叉（图4.6）。新的传统祭祀活动的复兴和创新对华侨和日本人来说，可以共享"打造街区"的经济利益，所以是由两者共同促进的。在长崎和神户，族群性的"再发现者"（参照第二节）不仅是华侨，也包括中华街的日本成员。

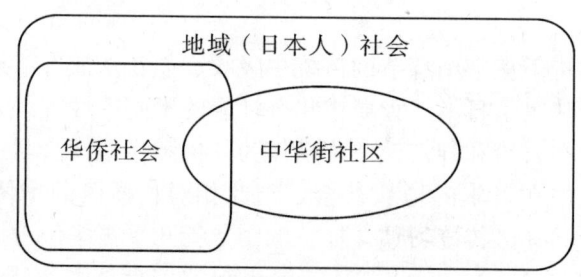

图4.6　长崎和神户华侨社会的结构

然而，长崎和神户的区别在于，长崎华侨居住的历史很长，如前所述，地域社会里有华侨后裔的日本人存在。因此，长崎的日本人社会接受华侨及其文化是一件很自然的事。和其他地区相比，如图4.6所示华侨社会族群的界限，以及中华街社区的界限是很模糊的，也许边界线可以用虚线来表示。特别是在中华街内部，华侨和日本人之间几乎感觉不到他们的族群性差异。

总之，从华侨和日本社会的关系来看，"长崎是亲戚关系，神户是朋友关系，横滨是邻居关系"，这基本反映了这三大地区日本华侨的特质和现状。

第五章
走向 21 世纪的日本华侨社会空间与文化符号

第一节
新华侨的出现与华侨社会空间的变化

前文已经指出日本传统的中华街①存在于长崎、神户与横滨三地。其中，长崎和神户中华街的功能主要是为一部分华侨提供商业活动的场所，其店铺和人员构成比例差不多是华侨和日本人各占一半。即使是在日本规模最大的横滨中华街，日本人亦占有一定的比例，中华街的观光客也大多是日本人。因此，日本的中华街可以说是日本式的一个以日本人为消费对象重新打造而成的社会空间。春节期间在中华街举办的春节庆典活动，亦是面向日本游客的。在1980年代开始的重新打造中华街以及中国传统文化的活动中，当地的日本人也同样作为主人公活跃在第一线。华侨和日本人同心协力打造中华街，是日本中华街区别于世界其他国家华人社区的一个主要特点。日本三大中华街，以异文化作为卖点成为当地的主要旅游景点，构成地域社会经济发展中不可或缺的文化资源。与此相比，随着1980年代后期新华侨的到来，东京的池袋和新宿等地也逐渐形成新华侨的商业聚集中心，特别是池袋被称为新的唐人街，其不使用传统的中华街一词，而是用英文的唐人街（Chinatown）来称呼。不过，

---

① 在海外往往将华人聚集区称为"唐人街"、"华埠"等，而其在日本被惯称为中华街，本书亦按照日本的习惯使用"中华街"一词。

华侨的社会空间与文化符号

池袋唐人街[1]这一新兴的华人社会空间至今未被主流社会所认同。尽管2007年起池袋有财力的一些新华侨的经营者们策划和酝酿在池袋正式成立"东京中华街",并组建了筹委会,但由于各种因素特别是缺乏所在地域社会的支持而夭折。

一、日本传统的中华街[2]

日本的中华街起源于江户时代,当时由幕府所建立的旨在对来航唐人实施统一管理的唐馆可以说是日本最初的中华街雏形。之后在华侨的经济活动和生活中心的新地形成了新地唐人聚居地,即长崎新地中华街的前身。1850年代开港以后,横滨、神户、函馆等地成为新兴的开港口岸,来日的中国人遂于神户、横滨等地聚居,并在聚集地周围建立了自己的学校、中华会馆和庙宇等,这便是日本中华街的早期发展。

在"二战"中,中华街遭受了重创,战后到1970年代左右,中华街仍然没有恢复战前时期的繁荣。横滨和神户的中华街战后曾作为占领军和外国船员的欢乐街而使游人望而却步以致走向萧条,中华街往往会给人以不安全、恐怖、肮脏、黑暗等印象,以至一段时期内中华街被描绘成了电影中黑社会出没的场所。而长崎中华街由于战后不久的大火使中国建筑尽遭回禄,加上日本在战时的政策,使该地区出现了混合型社会,日本人数超过了华侨,至1960年代,这里已几乎丧失了华侨居住区的特点。

这些凋敝的中华街以1970年代的日中邦交正常化和此后的异民族文化热以及国际化潮流为契机得到了再生。1970年在大阪召开了世界万国博览会,从此时起光顾中华街的客人开始增多。为了促进中华街景观的完善和发展,横滨中华街的华侨和日本商人共同协力,率先组织了横滨中华街发展会协同组合。发展会成立后的第一个目标就是为改善中华街的形象,修建作为中华街象征的牌楼和扩建道路。至1976年止,横滨中华街共修建了五座牌楼。在1972年日中邦交恢复正常的气氛中,这些牌楼建设等多次被电视广播和报刊杂志介绍。特别是1980年代兴起的日本少数族群文化热的潮流中,中华街倍受关注,来自全国各地的游客也越来越多。

以横滨中华街为开端,神户中华街(南京町)和长崎中华街以振兴中华

---

[1] 鉴于区别于传统的中华街,有关池袋本书将使用"池袋唐人街"一词。
[2] 有关日本传统中华街的详细情况参照本书前三章。

第五章　走向 21 世纪的日本华侨社会空间与文化符号

街为目的，亦先后成立了跨越族群的地域组织"中华街商店街振兴组合"并开始了中华街的建设工程。至 1980 年代中期，两中华街相继完成了牌楼和步行街等硬件方面的基本建设。中华街这些新建的牌楼和步道各运匠心，充分体现了阴阳五行、风水等中国传统建筑文化的特点。

然而，单纯的硬件并不足以给中华街带来繁荣，中华街目前的繁荣是由 1980 年代以后在各地中华街开始的以春节祭为首的文化节日活动所带来的。此后，横滨中华街的关帝祭、妈祖祭、中秋祭，神户中华街的中秋祭，长崎的唐人馆祭、中秋祭等一系列传统节庆活动相继被打造出来，成为振兴中华街和吸引游客的催化剂。这些传统节日是从各地不同的地域特点出发，自主地选择部分的中国文化而重新创造的日本式中国文化。其活动不单是对中华街，而且对所在地的地域旅游观光业提供了有效的观光资源。特别是长崎中华街的灯笼节发展为市级的灯会，成为装饰长崎冬天的一大风景线，被列为日本全国主要的传统节日活动之一。

如上所述，如今在人们印象中的日本中华街的历史，也只有 20 年左右。中华街之所以能成为日本的名胜观光地，除了地方政府的支持以外，作为其建设和发展的中坚力量的第二代或第三代老华侨和在地的日本人同样功不可没。那些曾经不起眼的中国餐馆等行业的经营者，就是这些老华侨，当时他们面临传统中华街的凋敝和自我认同的丧失这两大危机。然而，通过打造中华街，创造新的传统文化，他们一方面凝聚了对自身原初文化的重新认同，另一方面也提高了自己的经济和社会地位，从而塑造出融合于主流社会的新华侨形象。

横滨中华街的传统文化打造活动更有其不同于其他两地中华街的意义。1949 年中华人民共和国成立以后，华侨社会分裂成大陆派和台湾派，学校和组织也随之分成两系。进入 1980 年代以后，由中华街的经济组织中华街发展会协同组合主导的春节祭活动、牌楼的修建、关帝庙与妈祖庙的建设等，也为两派华侨的团结创造了良好的开端。

2004 年起横滨高速铁道"港口未来 21"线路开始营运，"元町和中华街"被设为终点站，中华街的名称被用于车站站名，加之从东京的中心涉谷站也有直达中华街的列车，使得中华街的交通更加便利，知名度大幅度提升。中华街年均来访游客甚至超过东京迪斯尼乐园，成功地增加了旅游收入，特别是给新华侨创造了在中华街的就业机会。

如前所述，日本传统中华街已经成为其所在地的旅游名胜，游客也以日本人为主。这与北美等地唐人街有很大的不同，尽管世界各地的唐人街都具有走向旅游化、商业化的特点，但与日本相比，还是更多的具有华侨社区的功能。

众所周知,北美等地的唐人街历来是新来者的落脚点,特别是具有接收同乡与宗亲的地缘性、血缘性的网络功能。与此相对,日本传统的中华街在战后时期除了横滨以外,长崎和神户已经基本丧失了华侨社区的功能。虽然近年来有一些新华侨进入,但还是以老华侨和日本人为主,事实上中华街也不具备接收新华侨的规模和平台。

二、新宿、池袋的地域变迁

比起长崎、神户、横滨等近代以来的开港口岸,中国改革开放以后来日的华侨,大部分是逗留在首都东京。据2013年6月日本法务省的统计,目前在东京都的中国人(包括长期、短期)近15.4万人,约占在日中国人总数(65万人左右)的1/4。[①] 新宿和池袋均是东京的副中心,这里集聚了很多包括新华侨在内的外国移民,特别是亚裔移民。不同的是池袋以新华侨为多,新宿特别是大久保地区则以韩国人为多,尽管很多新华侨的商业活动据点在新宿。

作为新华侨前身的大批自费留学生的来日是在1980年代末期,当时主要以上海人和福建人为先导,很快就在新宿和池袋出现了诸多日语学校,加之这两个地区的饮食服务行业居多,为留学生提供了便利的打工场所。之后由于福建非正规移民的增多,使得主流社会一度拒绝给福建人发签证,取而代之的是北方人特别是东北人的来日。除了留学生以外,来日人群也包括日本的残留孤儿及其家属。新宿和池袋新华侨社会的形成是在1990年代,池袋形成初具规模的唐人街则是在进入2000年代以后。

以往日本被认为是单一性民族的国家,具有很强的集团性和对异己的排斥性。早期移居日本的移民史中,亦没有似北美、东南亚等地区大量的劳动力移居的史实。城市的构造本身也具有排斥异己的性质,城市居民对外来人口特别是来自海外的移民的敏感而有所警戒。然而,1980年代末期,地处城市副中心的新宿和池袋出现了大批以中国和韩国为主的新移民。[②] 事实上,无论从他们的留日动机、生存方式还是对移居地的适应方式等来看,均难以单纯地用以

[①] 参考日本法务省出入境管理局统计(http://www.e-stat.go.jp/SG1/estat/List.do?lid=000001116310)。

[②] 有关新宿和池袋的亚裔移民可参考:田嶋淳子:《世界都市・東京のアジア系移住者》,学文社,1998年;奥田道大、鈴木久美子:《エスのポリス・新宿/池袋—来日10年目のアジア系外国人調査記録》,Harvest,2001年;奥田道大、田嶋淳子:《新宿のアジア系外国人—社会学的実態報告》,メコン,1993年。

第五章 走向21世纪的日本华侨社会空间与文化符号

挣钱为主的外来劳动力的形象来套用。另外，地域社会本身对外国人居住的问题也逐渐脱敏。尽管文化差异会导致日常生活中难免会出现的一些当地居民与外国人的摩擦，但地域社会已不再是单纯排斥异己，而是进入逐渐包容的境地。主要的原因有以下两点：

一是在1980年代中期，由于向市中心及郊外的两极发展扩大，人口不断向城市中心或郊区移动，很多地区出现衰退和空洞化的"面包圈"现象。池袋正是处于这这种空洞化的地区，以致该地区地价便宜。而以新华侨为主的新的华侨的到来，无疑对再造和振兴地区经济活力起到积极作用。新宿的大久保地区和池袋有着共同的特点，两地的发展是伴随着不断接受外来者的移居而兴起的。新宿则有所不同，东京都中心三大区新宿、丰岛、涉谷是都内人口最多的地区，然而1985年以后，由于地价高涨和都厅的迁入，这里逐渐变成行政和商业区域，地域生活的空间不断丧失，导致人口因为迁出而减少。

二是像新宿、池袋这样的区域，历史上就具有聚集全国各地移居者的生活场所的功能，过往外地客的流动性使得这些地区本身就带有多元、异质的性格，隔壁住的是外国人还是其他地方客，对当地居民来说没有太大的不同。对外来客及异己有相对的共存和包容的一面，以新华侨为主的外国移民的流入，无疑充分证实了这些地区包容异己的能力。

池袋位于东京中心的丰岛区，是东京繁华街区之一。池袋车站将池袋分段为东西出口地区和南北出口地区：东西地区集中了各大百货商店等商业设施，艺术剧场、大学等文化设施，酒店、银行、电影院等服务设施以及区政府等行政机关等；南北地区颇带有红灯区的特点，这里集中了很多酒吧、色情和娱乐场所。之后被称为池袋中华街的正是位于夜晚繁华街的中心，这种地理位置与海外其他唐人街有着相同的特点。由于池袋的这种多元的性格及方便的交通，越来越多的包括新华侨在内的外国人都集中在此地居住和经商。池袋被称为东京的副中心，但车站附近，尤其是南北地区，仍保留了许多相对便宜的廉价住房。

1980年代后期起，上海及福建等地的新华侨逐渐聚集到池袋一带，他们大多都以就学签证的身份来到日本，在语言学校学习日语。越来越多的新华侨在东京丰岛区居住，如今居住在池袋地区的新华侨占当地居民的3%，是东京都内人口比例最高的地区。近年来池袋又涌入了很多来自东北三省的新华侨，池袋的新华侨日益多元化。而房租便宜和交通方便的有利条件使得很多新华侨集中于池袋。

与池袋相比，新宿分为有鲜明对照的以车站东口为中心的东京都内有名的繁华区的歌舞伎町一带，和以西口为中心的超高层建筑鳞次栉比的地区。据说以前在西口地区曾经有淀桥净水厂和专卖工厂，歌舞伎町则是芦苇丛生的潮湿地带。目前的都立大久保医院之前为陆军传染病院，因此在新宿大久保地区一带曾经是军人和官吏的居住场所。战后新宿被夷为废墟，战后的城市复兴计划中，曾试图以歌舞伎等艺能的活动为主，将这里建设成新东京的健康之家，因此起名为歌舞伎町。这一计划由于财政困难而没有完全实现，只落实在几个剧场建设上，但歌舞伎町还是被视为东京战后复兴的桂冠，据说其中起到决定性作用的是原籍台湾，历任东京华侨总会会长和日本华侨联合总会会长的老华侨林以文。之后的歌舞伎町发展成为以餐饮、娱乐等为中心的夜晚繁华区。西侧的迅速发展是在净水厂迁出后，1970年代初在其旧址建设高层建筑的百货商店开始的。特别是在此地区建立了新都厅以后，这里成为东京主要的行政、商业中心。

新华侨进入新宿也是在1980年代以后，最初以上海人为多，之后福建、北京以及东北地区等地的人先后聚集此地，主要集中在歌舞伎町。当时最多的是就学生和留学生①。除了交通方便和离学校近以外，其主要原因是新宿可以提供很多工作机会。作为夜晚的繁华区，新宿也是黑社会集中活动的场所，容易为非法移民提供藏身之地。从居住人口来看，活动在新宿的新华侨未必比韩国人多；但从经济活动等方面来看，合法和非法的新华侨遍布于以饮食、娱乐为中心的各个行业。新宿与其说是新华侨聚居地，毋宁说是他们进行经济活动的场所。1990年代中期到2000年代初期，各种形式的妓院、赌场、酒馆以及各种各样的服务行业等均有新华侨的出入，帮派械斗等以及其他冲突事件层出不穷，曾一度是令游人畏怖的中国黑帮活动猖獗的场所。2001年起日本开始的清查运动，驱逐了大量从事非法活动的新华侨。尽管目前新宿仍然是新华侨活动的主要场所，但此地的新华侨社会本身已经发生了很大的变化。早期的新华侨一部分回国创业，一部分在日本创业（包括在新宿）做经营者，或在日本公司、文化机构就职，大部分人生活都较为稳定。而接替他们的是1990年代末期后来日的以独生子女一代为主体的"新新华侨"。

三、池袋唐人街的探索

世界各地随着大批新移民的增加，开始出现与传统唐人街不同形式的华人

---

① 在日本有就学生和留学生两种签证。前者是指在语言学校就读，没有正式进入大学或专门学校读书的学生；后者是指正式在大学或专门学校读书的学生。

第五章　走向 21 世纪的日本华侨社会空间与文化符号

聚集地区，这些聚集区也通常被称为新的唐人街，或被称为"后唐人街"。日本的池袋唐人街与北美和欧洲的例子不完全相同，但也可以被视为此类唐人街的一个案例。

池袋唐人街[①]与日本以往的中华街不同，一眼看去，既没有象征传统中华街的牌楼，也难以发现中国式的传统建筑，表面上和日本其他的街区没什么区别，很难想象这里会是唐人街。然而，池袋周围近年来集中了近 300 家中国式餐厅，亦有物产店、旅行社、美容院、学校、托儿所、新华侨服务公司、不动产中介、媒体等，还有许多免费中文报刊提供社会信息和生活情报，因此池袋成为不少新华侨聚会的重要场所。由于池袋唐人街与近年来北美及欧洲的新型的唐人街相似，是以新移民为中心而形成的，因此在日本传统的唐人街被称为"中华街"，池袋唐人街则使用英文的"Chinatown"。事实上池袋唐人街的名称也是近年由日本学者所赋予的，之后在日本报纸、杂志等新闻媒体报道后，逐渐为人们所知。但提到唐人街，更多的日本人还只会想到传统的中华街。池袋唐人街在某种意义上说，还没有正式成为人们所公认的概念。

随着在日华人数量的增长，由新华侨经营的以华人为对象的包括饮食、新闻媒体、旅行社等在内的服务设施和店铺犹如雨后春笋般地涌入池袋，尤其是 JR 池袋站北口附近，形成了衣食住行样样俱全的商业和生活空间。池袋成为新华侨们适应艰困孤独的异国他乡生活的最佳场所，也逐渐成为新华侨的生活据点、聚会场所和交流信息的空间。

与传统的日本三大中华街不同，池袋唐人街是由新华侨的集聚而形成，其以新华侨为主要服务对象，并呈现不断发展的势头。池袋站北口一带和新宿歌舞妓町一样，是人所皆知的娱乐场所，这里虽然看不到传统的中华街牌楼和建筑，但从过往行人中可以听到掺杂着中国各地方言的中国话。

与世界各地唐人街一样，池袋唐人街也是以餐饮业为主。池袋的中式餐馆可以分为两种，一是老华侨或日本人经营的传统店铺，二是由新华侨经营的新式店铺。前者的服务对象多为日本人，如餐馆的菜单种类虽不多，类似麻婆豆腐、青椒肉丝等，但均为日本人所喜好的传统菜式。目前由于新华侨店铺的增加所带来的竞争性，这类餐馆也开始调整菜系和菜种。后者的服务对象则以新

[①] 有关池袋唐人街参考：山下清海：《池袋唐人街》（洋泉社，2010 年），*Hanako* 2007 年 2 月 8 日号，*Metro Min* 2007 年 6 月 20 日号，《东京新闻》2007 年 5 月 16 日，《中文导报》2007 年 5 月 31 日，《朝日新闻》（英文版）2007 年 10 月 1 日，《读卖新闻》2007 年 11 月 5 日以及笔者的田野调查（2008 年、2009 年）。

华侨为主，菜单种类和国内的餐馆有很多共同性。由于在日的中餐馆不断增多，近年来日本人的中餐口味也变得多样化，开始光顾新华侨的店铺。日本人客人的增加，让这些店铺也开始按照日本人的口味调节菜单的品种和口味。除了餐饮界以外，在池袋还集中了很多杂货店、超市、报社、房地产公司、旅行社、法律事务所、广告代理店等各种产业。

由于各国新移民的到来，池袋已经成为多国籍化、多层次化的生活空间。1980年代后期来日的包括新华侨在内的新移民，大多在1990年代中期搬迁到了池袋以外的地区，包括回国的以及向北美及其他国家再移居的，他们向池袋外移动的目的大都是为了寻求更好的生活空间。填补他们的迁出所造成的空洞化的群体是以中国大陆人为主的亚洲新移民，以及稍后进入池袋的包括中东、欧美人在内的"新新移民"（New Arrivals, Newest Arrivals），可见池袋新移民呈现出更丰富的多元性和多国化。另外，由于池袋在海外有很高的知名度，新移民来日之际，池袋遂成为他们获取在日学习生活和工作信息的一个平台。

由于1980年代后期来日的新华侨在地域社会已经奠定了一定的社会地位，他们不一定还强调自己的外国人身份，反而从地域社会的角度出发，把自己摆放在当地的日本人和新到来的新移民的中介立场上，为"新新移民"提供住房和工作机会，帮助他们建立各种社会网络，同时也向他们传授一些如何与日本人和睦相处的知识和经验。

不过，对于新到的移民来说，便利的生活环境无疑是很重要的。这不但体现在交通、物价等客观条件上，更重要的是如何适应异国的生活，与当地居民和睦相处，减少由于文化摩擦所造成的心理负担。比如由于饮食习惯的不同，很多邻近的日本人很难接受新华侨炒菜所带来的油烟味道，不愿意同新华侨做邻居，因而也造成了很多房东不愿为新华侨提供住房。然而事实上，如前所述，外来移民的到来会多少解决地区的空洞化问题，会为地域的商店街等各种商业活动带来各种活力，即新移民所带来的影响并不完全是负面的。于是很多房东变消极为积极，不再拒绝把住房租借给外国人，而是积极地为他们提供良好的住房，同时教给他们与邻近日本人相处的方法。地域社会对外国人的紧张和不和谐的感觉因此而得到相对的缓和。尽管地域社会的日本人对外国人的包容程度不同，但日本人与外国人之间的一种默契已经渗透到双方的社会之中。

由于文化价值观的不同，很多新华侨最不适应的是难以和日本人交心，人际关系往往停留在日常寒暄程度上。日本人讲究礼节，只要是表面上的礼数到了，就合乎日本社会的基本常识。这种习惯容易招致外国人的误解，认为日本人虚伪和冷漠。然而，来日的许多新华侨，在日本生活了一段时间，经历了各

第五章　走向 21 世纪的日本华侨社会空间与文化符号

种交往的磨擦后，开始了解并逐步适应日本人的生活习惯和为人处世的方法。不管是在池袋开店或其他的什么理由住在池袋的新华侨，日常生活和生意上不可避免地要与日本人发生各种关系，是否能与日本人和谐相处，关系到生意与事业的成败。因此要求新华侨学会适应日本社会，生活上渐渐走向日本化，这同时也促进了地域社会对外国人的接纳和包容。

在池袋的新华侨，往往会表现出一种积极主动的生存方式和态度。不管是通过打工，或者上学、毕业后进入公司工作，他们都努力积攒资金，建立自己的各种网络，为的是以后能够独立，拥有自己的店铺或公司。他们往往不是单纯为了以定居日本为移民的终极目标，而是借用类似池袋地域的各种社会生活与网络的场景，来逐渐确立和实现自己独立的生活目标和生存方式。

包括新华侨在内的新移民的主动生存方式和态度，同时也决定了每个人作为生活据点的日常生活圈，形成了包括居住、与左邻右舍的交往、聚会、饮食、购物、医疗、养育儿女、教育、传统文化、娱乐等各种领域在内的网络。如果将这种网络型的日常生活圈与都市内地域改造与复兴活动连接在一起，便会给城市的地域带来一种与其他地域不同的"少数族群（ethnic town）街区"①的色彩，为都市地域振兴拓展出跨越国境、文化与族群的崭新空间。

四、竞争、共享与融合

日本传统中华街虽然没有像北美的唐人街那样有更大的接收新华侨的规模，但是仍然有很多新华侨以各种形式进入传统中华街。

神户中华街开始有新华侨的介入是在 1995 年阪神大地震以后。② 地震给神户中华街造成了很大程度的破坏，使得许多店铺无法正常营业。地震时正值冬天，中华街的店主们为了给当地的灾民提供热腾腾的饭菜，在店外搭起了露天饮食摊点。这便是之后成为神户中华街一大景点的露天摊点的开始。在此之后尽管餐馆恢复了正常营业，却仍然保留了露天饮食摊点。除了餐馆以外，经营杂货店、蔬菜店等的店主们，为了招揽客人及增加收入，亦开始将店前的空地租出以提供摊位，而租这些摊位的人大多是新华侨。露天摊点固然给神户中

---

① 例如，有学者将北美如今的唐人街称为跨城市领域和国境的"文化、资本、族群网络的聚集点"，而不单纯是"城市中的村落"（Iven Liant and Parminder Bhachu, *Immigration and Entrepreneurship-Culture, Capital, and Ethnic Networks*, Transaction Publishers, 1993）。

② 详见第二章第三节。

华街带来了活气和繁荣景象，但在餐馆和摊点以及新老华侨之间开始出现各种竞争和摩擦。首先，摊点的出现给中华街的游客提供了物美价廉的中国小吃，很受游客特别是包括学生在内的年轻人的欢迎，但对传统的中餐馆来说却是一种竞争和挑战，很多人选择便宜的露天小吃，如何招揽客人进店成为餐馆店主们共同面对的难题。另外，新老华侨在价值观和生活习惯上也相当不同，令在日本出生的中华街的老华侨和日本人头疼的是，由于经营摊点的新华侨不加入日本的商店街组合，也不参加中华街组织的活动，很难进行统一管理。对于新华侨来说，摊点是租来的，自己不属于中华街的一员，没有必要参加商店街组合。再者，新华侨不按照地域社会的规定处理垃圾，有时甚至卖过时的食品，等等。虽然经过多年地域社会的共同生活，最近这些现象有所改变，但新老华侨之间还是存在着难以逾越的隔阂。在中华街经营摊点的新华侨，在与老华侨共享中华街的资源的同时，如何承担相应的义务并建立归属感，值得新华侨进一步深思。

横滨中华街是日本最大的中华街，被认为是世界上最干净、治安最好以及最受主流社会欢迎的中华街。随着在日华人以及来自中国大陆和港台地区、新加坡等地的游客增多，虽然中华街的华人游客亦有大幅度增长，但还是以日本人游客为主。近年来，比起长崎与神户，横滨中华街新华侨的店铺急剧增加，给传统中华街带来了很大的变化和冲击。以往的横滨中华街中餐馆是日本的一大品牌，以提供日本最正统、最精致、最高级、最讲信用的中餐为号召，虽然价格相对偏高，但不仅来访中华街的游客会光顾，在横滨和东京等地也有很多固定客户。然而，新华侨进入后，其店铺的卖点在于味道地道、价格低廉，很多低消费的游客群自然流向新华侨的店铺。特别是新华侨的餐馆所提供的物美价廉的自助餐，经常成为电视、杂志等媒体界的话题，而带来更多的客源，导致中华街的一些传统餐馆甚至知名老店也无人光顾，门庭冷落。新华侨的低价格战略虽然迎合了游客的需要，但也招来在中华街经营高档老店的经营者们的强烈不满。他们觉得辛辛苦苦建立和经营多年的中华街的品牌受到了质变的威胁。对突然到来的新华侨，特别是他们不惜一切降低价格与传统店铺争夺客人的做法很懊丧，但却是回天乏术。横滨中华街新华侨店铺的增加，正是因为一些老店铺时值经济不景气，又无力与其竞争，陷入倒闭或破产、不得不关店走人所致。新华侨将破产的店铺买下并使其经营状况由赤字转黑字。尽管一些新华侨不按中华街的传统规矩办事，不加入横滨中华街发展会协同组合，随意在路上和人行道上堆放物品等行为引起了老华侨的不满，但新华侨在经营和竞争上所体现的超负荷、超时间工作的拼搏精神，也不得不使老华侨钦佩。除了新

第五章　走向21世纪的日本华侨社会空间与文化符号

华侨进入横滨中华街以外，最近亦有很多日本企业进入中华街，这些企业多是选择经营与横滨中华街相适应的业种，如算命、礼品店以及其他的连锁店等。

事实上，新华侨和日本人的到来，在经济上避免了中华街出现店铺关闭的萧条景象。在华侨社团组织上，也为面临会员老化、后继无人或人员不足等问题的中华学校和其他各种社团组织提供了新鲜血液。

一般而言，日本新老华侨的社团组织基本上是分开的。但传统的横滨中华街的新华侨组织和中华学校，不管是华侨总会的理事还是中华学校的教师，都有新华侨的参加。在打造和重建传统中华街的文化形象方面，新老华侨的合作也带来了新的气象。特别是在中华街的各种祭祀和文化活动中，为营造活动的气氛和内容，新华侨音乐艺术家起到了很大的作用。例如，下一节将介绍的二胡演奏家 A 氏，便是以中华街为据点，经常带领他的学生们活跃在中华街的各种活动中，为中华街中国文化形象的创造发挥了很大的作用。横滨中华街之所以能够被誉为世界上最美最好的中华街，是因为中华街的天时（日中邦交、文化资源的多元化）、地利（百年的历史和良好的地理环境）、人和（社区机能的健全和人员的多元性——包括政见和文化价值不同的新老华侨）所造就的。

五、东京中华街的构思与鸿沟

回到池袋，在过去10年里尽管池袋地区的华侨商业如雨后春笋般冒升，但由于华侨大都自己开店营业，与其他华侨经营者之间缺少联系，与日本人的商店街组合更是缺乏沟通，因而在地域社会产生了一些问题。这对华侨企业今后在日本的发展非常不利，因此建立华侨自己的商店组织是当务之急。组织可以作为一个统一的窗口与政府和商店街的日本人组织沟通。2007年10月，在池袋规模较大的几家店铺的经营者开始策划和酝酿成立"东京中华街"的构想。① 2008年1月25日，当地的华侨业者及相关的团体代表正式在池袋成立

---

① 有关东京中华街，参阅：《TOKYO 発　池袋チャイナタウン　熱烈歓迎"本場"中国のにおい》，《東京新聞》2007年5月16日，朝刊第32页；《東京・池袋に中華街　中国人の生活支援、雑居ビルに80軒》，《読売新聞》2007年11月5日，夕刊第19页；《メガロポリス街ひと》東京・池袋"中華街"構想　中国系200店、手結ぶ》，《朝日新聞》2008年8月28日，夕刊第15页；《（在日華人　第4部　列島町村：下）隣にすむ　日中の商店混在、地元と対話模索》，《朝日新聞》2009年58月，朝刊第3页；《池袋"チャイナタウン"震災復活祭活気消える　帰国増え留学生減　日本離れ象徴か》，《東京新聞》2011年5月31日，夕刊第9页；《东京中华街诞生在即》，《中文导报》2008年7月3日；《池袋东京中华街面面观》，《中文导报》2008年10月23日；《东京中华街动议两面观》，《中文导报》2008年1月31日；《相邻而居：日中商店混杂存在　摸索寻求对话之路》，《中文导报》2009年5月14日；《右翼骚扰华人经营者强烈不安》，《中文导报》2009年10月8日。

了"东京中华街促进委员会筹委会",并向池袋地区的中国经营者发送了调查信以征求意见。在得到池袋 86% 受访经营者的支持意见后,筹委会首次召开了面向华文媒体的记者会,公布了发展计划。同时,筹委会也先后拜会了辖区的丰岛区政府、区日中友好团体和池袋地区各界人士,说明了筹组东京中华街的初衷和意义。2008 年 8 月 1 日,举行了东京中华街成立大会,起草和修改并通过了章程,选举了由 50 家会员参加的理事会,并为纪念北京奥运会开幕,决定把 8 月 8 号作为东京中华街的成立纪念日。

东京中华街的正式名称为"Tokyo China Town 池袋"①。以池袋车站为中心,方圆 500 米以内,与"中华"有关联的企业及其经营者不分国籍都可参加。东京中华街自我设定为民间商业团体。池袋地域经营者为一般会员,非池袋地区的经营者为名誉会员。

东京中华街构想经媒体报道后,引起了很大反响,日本媒体也纷纷前来采访,在社会上掀起了不小的风波。例如有媒体用"东京中华街 VS 商店街"为题进行报道,仿佛东京中华街要与商店街搞对立。甚至有一些右翼宣传车也横行池袋,叫嚣要"粉碎中华街"。② 这些无疑给东京中华街的起步带来了障碍。

造成日本当地社会反对的原因有以下几点:

(1) 日本的商店街不是由行政单位管理,而是由各地区商店街的自发组织如振兴组合等管理。如池袋西口有 20 条商店街加盟池袋西口商店街联合会。按日本的常识来讲,在商店街范围内经营店铺的都有义务加入商店街组织,便于统一管理。但是池袋华侨经营的店铺几乎都没有加盟商店街联合会,也不担负街灯的电费及其他公共设施的费用,他们对商店街没有承担任何责任。

(2) 由于日中生活习惯的不同以及语言沟通上的原因等,商店街的日本经营者与华侨经营者之间已经围绕垃圾等问题发生过多次矛盾。华侨经营者单方面提出建构东京中华街的构想很难引起共鸣。

(3) 池袋与大久保地区不同,在大久保地区的在日韩国人已入乡随俗,并且已发展成为汇集日、中、韩等特色的国际化街区。池袋与长崎、神户、横滨也不同,这些中华街有着历史渊源,战后老华侨在日进行了长期的交流和努

---

① 有网站报道东京中华街的日语的名称为"东京中国城 池袋",英文是"The Tokyo China Town Ikebukuro",中文名称为"东京中华街"(http://blog.livedoor.jp/the_radical_right/archives/51952037.html)。但日语当中没有中国城一词,可以推测的此名称是从日语的"チャイナタウン"(英文的语音借用)中来的。

② http://www.j-cast.com/2008/09/08026350.html?p=all, http://soumoukukki.at.webry.info/200806/article_4.html。

第五章 走向21世纪的日本华侨社会空间与文化符号

力。池袋也有一些老华侨，他们与日本人也建立了广泛的交流。而目前新华侨与日本人的交流还不够深入，能够与日本人建立相互信赖关系的还不是很多。

（4）政府不支持。丰岛区政府的有关人士表示，东京中华街规划是民间团体策划的构想，与丰岛区政府没有任何关系。该规划只是将池袋周边已经存在的与中国店铺相关联的店铺网络化，并不是在池袋重新建设像横滨中华街那样的中华街。池袋作为首都的副中心，在健全的副中心规划中，安全安心的街道极为重要。如果发生治安问题，东京中华街应该与警方联手为地区安全尽心尽力。如果展开新的街道规划，一定要尊重战后60年来该地区已经形成的商业街历史，取得商店街联合会及邻近日本人的认可，尽可能多花费时间相互沟通。

尽管如此，池袋地区毕竟是一个多元化的区域，中华街的建设对于提升池袋整体的知名度有着重要的意义，对此持期待心态的日本经营者也是大有人在。尤其是连接池袋—新宿—涉谷的地下铁副中心线已经开通，不少日本商店经营者对池袋周边的人口流向涉谷和新宿表示不安，也希望通过中华街来提高知名度。当然，日本人的反对也不是要将中国人排挤出去，而是说要建立相互信赖关系，毕竟在相互理解的基础上才能得到大家的认可。

筹划东京中华街建设的有关人士也表明，其计划是一个复杂和庞大的工程，要循序渐进地细细渗透，不能在池袋地区引发"东京中华街威胁论"。为此中华街成立的促进组织需要做好几方面的工作。对外，要善于同媒体沟通，要尊重商店街联合会，要传递出中华街会员企业都是认真做事和合法经营的信息，树立良好形象，打消地域社会的不安。对内，针对中国人个性强，每个人对中华街理解各不相同的现实，进行绵密而扎实的沟通工作。既要让东京中华街成为服务新华侨的社区，更要为会员带来实实在在的便利与实惠，只要中华街的品牌树立起来，就会有事半功倍的效果。东京中华街的最终目的就是在日本社会和中国人之间，在中国经营者之间，在店铺与消费者之间建立起"互惠环境"，让池袋成为中国商品、中国服务和中国文化的发祥地。

打造"东京中华街"的品牌的确有很多难题，但如果将它与城市的发展和振兴计划相结合，就会有希望在城市中成为具有族群色彩的"街区（town）"。打造"东京中华街"的意义就在于，它既可以成为首都新华侨的日常生活空间和信息中心，也可以在池袋地区打造跨文化和国境的"文化、资本与网络聚集"的"族群街区（ethnic town）"。

从池袋中华街的设想公布到本书成文为止已有近6年，但和地域社会的沟通仍然没有任何进展，两者之间存在的隔阂难以消除，筹备委员会的成员和商店会的负责人甚至连见面的机会都很少。尽管如此，筹备委员会并不显得很悲观，因为中华街的构想虽然遭到了一些日本政界人士和团体的抗议，但从其成为新华侨与当地商店会正面相对的契机来看，可以说是迈开了新华侨与地域社会沟通的第一步。然而，与地域社会沟通并不是一件很容易的事儿。日本与北美移民国家不同，很多移居到北美等国家的华人，尽管几十年都仍不熟悉当地的语言，也照样可以在华人社区生活，因为在这些地区华人社区组织功能很健全。日本则不然，尽管来日的中国人增加了很多，在日的中文新闻媒体和学校也很健全，但由于各种原因，既没有像北美那样的传统链式移民的纽带，也没有能将华人聚集在一起的由政府资助的专门为华人服务的组织与社区。地域社会是华人进行经济、社会和生活活动的重要土壤，只有理解和融合于地域社会，才能达到共享地域资源，建立真正的跨文化和跨界的"文化、资本和网络聚集"的唐人街（Chinatown）。东京是新老华侨聚集最多的地区，有建立东京中华街的群体实力，但实现其构想需要新老华侨和日本人的共同努力。

改革开放以来中国新华侨总体上最大的特点是以"中国"为资本，不妨分为以下几个类型：①"卖中国的"的群体。随着中国经济的发展，中国造的商品被贩卖到世界各地，而新移民成为卖家。②"吃中国的"群体。他们同时也可以被称为新的中国文化传播者。日本的中国民乐二胡的传播即为一例。由于移民出身地的多元化，中餐馆也由原来以广东菜为主，发展到多样化的菜系。为数众多的新移民从事着中餐业以及与此相关的周边产业。而新移民的社群扩大，也直接带来了中文报纸、电视等传媒的发展。③"炒中国的"群体。他们主要是高学历者和技术移民。不少留学生毕业后留在日本工作并有效地活用他们的知识。除了一部分从事IT产业者以外，很多人的工作内容都与中国有关。例如，留日中国学生毕业后的出路主要有三条：回国服务，在日本企业就职，在日本大学或研究机关就职。企业就职者大多倾向于从事和中国有关的工作，大学与研究机构内就职者多研究教授中文、中国文化、中国史、日中关系、中国经济等。④"穿梭中国的太空人"群体。新移民的技术者或投资家往往不固定于一地，而是跨越国境往返于中国与所在国之间。

进入日本中华街的新华侨，以上述第二种群体为主。同时，中华街也是中国物产的批发与零售的中心，第一种群体活跃其中。事实上他们也不停地往返于日中之间，兼有第四种群体的特征。第三种群体事实上是新华侨的主体，他们一般而言散居在中华街之外的日本社会中。但是近年来，一些研究生毕业的高学历新华侨加入了中华学校的教师队伍，而将子女送入中华学校就读的家庭也拉近了这个群体与中华街的距离。

新华侨散居于日本各地，如笔者所在的四国地区，也有4000余人的在日华侨，其中大绝部分都是改革开放以后来日者。不过，中华街毕竟凝聚了日本华侨社会的历史，也是汇集日中文化、经济、社会与人员交流的一扇重要窗口。新华侨的到来，既给传统的中华街带来了冲击与摩擦，也给它带来了活力与变化。传统中华街的变化，是反映新老华侨关系的一面镜子。而东京都新中国人街区的出现，以及东京新中华街构思所引发的各种问题，实际上是日本多元文化共生社会建构所面临的各种问题的一个缩影。无论是新老华侨的关系，还是在日华侨与日本主流社会的关系，中华街都既是历史断层又是历史的延续，既是冲突的焦点又是沟通与理解的平台。

传统中华街的成功，主要是由于其是根植于当地的地域社会，并且有深厚的历史与强有力的文化资源作为支撑。新的东京中华街的构想之所以碰壁，恰恰在于缺乏地域社会的理解与支持，缺乏扎根于地域社会与历史土壤中的深厚文化资源。而新华侨本身也缺乏对于地域社会的真正认同，甚至并未做好承担相应责任与义务的准备。今后，如果新华侨群体在保持其在日中关系和跨国活动的强项的同时，更积极主动地融入日本的地域社会，并且创造性地发挥活用其多元的文化资本，相信不仅将更好地促进华侨社会的发展，也会对日本社会做出更大的贡献。

第二节
新文化符号与日本的地域文化：
二胡在日本的传播和发展

如前所述，中国音乐文化在日本的传播和发展由来已久。由于两国同处于东亚特定的地理、自然和文化环境中，长期以来孕育了多元而又相似的审美意识和文化价值观念。中国音乐艺能在不同的历史时期由不同的传播者和传承者（华侨华人及日本人）在日本进行介绍和传承，并在相关的哲学、审美意识、价值观及文化市场等因素的影响下形成了各自的发展和演变过程。本节将以音乐和艺能表演为分析出发点，对当前中国音乐文化在日本社会的传播、发展和演变过程，特别是当代中国音乐在日本的传播和发展过程中新华侨的作用进行探讨。

一、中国文化输入的概况及日本音乐的流变与变迁

日本在历史上有过两次规模较大的文化传播，而且均由国家为主导。第一次文化输入是5—8世纪来自中国、朝鲜半岛和印度的文化传播。在这一时期，中国文化的传播是通过日本僧人组成的遣隋使和遣唐使而完成的，这部分自隋唐时期传入的文化成为今天日本文化的基础。日本奈良正仓院博物馆所收藏的琵琶、古筝、洞箫、古琴、笙等乐器，均为这一历史时期中国音乐文化传播的证据。第二次文化输入是在明治维新时期来自西方的文化传播。随着明治政府采取脱亚入欧的政策，日本开始大量地汲取西洋文化，并使其演变成为日本文化的主流，从而改变了日本文化和知识的结构。随着西洋音乐文化传入日本以及日本教育体制的西化，西洋音乐遂逐步地成为日本音乐教育的主体。除了这两次大规模的文化传播输入之外，从室町时代到江户时代，日本九州特别是长崎地区输入了不少来自葡萄牙、荷兰和中国的文化。目前在长崎保存着的"明清乐"以及日本各地的狮子舞[①]即为很好的例子。这些起源于中国的音乐和艺能表演如今已成为日本艺能表演体系中不可分割的一部分。

有关日本音乐的发展和变迁，可以参考日本著名的音乐学家田边尚雄先生对日本音乐史的分类（表5.1）。

从表5.1中可以看到，第二期是日本第一次大规模的外来文化传播时期，第三期则是日本音乐史的变动期。从第三期开始，日本进入武家政权时代。佛教的禅宗在元朝从中国传到日本，对于镰仓武士道的形成起到了很大的作用。同时，佛教音乐"声明"和中国民间杂剧的传入，为后来谣曲、平家琵琶和能乐的兴起曾产生极大的影响。特别是禅宗文化被融入与日常生活紧密相连的建筑中，为日本茶道、花道的出现和发展贡献良多。锁国政策时期，日本与外部世界隔绝，却因此发展出了日本自己独特的文化。作为日本茶道和花道的最高境界"侘"（wabi）和"寂"（sabi）的产生，亦正是在这一时期。佛教的世俗化促成了带有滑稽、道化性质的田乐和猿乐的诞生，之后逐渐地演变为武士道的艺术——能乐。另外，在同一时期作为宣扬武士精神的音乐，产生了平家琵琶和萨摩琵琶。正是"侘"（wabi）和"寂"（sabi）以及武士精神，使得日本人特别喜欢悲哀音乐的感性。这也就是后来二胡在日本流行并受到日本人喜欢的一个重要的原因。

---

① 这里指的是日本式的狮子舞，与前面所涉及的华侨的狮子舞不属于同一类型。

第五章　走向 21 世纪的日本华侨社会空间与文化符号

表 5.1　日本音乐史中的四大时期及音乐特征

时期	音 乐 特 征
第一期	大和民族固有的原始音乐时代（太古到 5 世纪左右）（上下平等）
第二期	中国、朝鲜等亚洲国家的音乐引进时代（5—8 世纪）（以公卿为中心的时代）。①前期：模仿引进音乐的时代；②后期：引进音乐日本化的时代
第三期	锁国性的日本民族音乐兴起的时代。①前期（镰仓时代——混乱时期）：作为教育和教养音乐的低潮，游艺音乐（猿乐、田乐等）的胎动，尺八从中国传入，蛇皮线从琉球传入本土，平家琵琶的兴起。②中期（足立室町时代——武士中心的时代）：作为武士阶层的式乐、谣曲、能乐、萨摩琵琶的产生。③后期（江户时代——町人为中心的时代/庶民阶层/人情主义的时代）：最上层的公卿——复兴雅乐；上流、中流、武士——勃兴谣曲；中流及下层商人、手工业者——雅乐的琵琶法师将蛇皮线改造为三味线，三味线成为庶民阶层的乐器，能乐通俗化，加之歌舞伎和三味线，产生长呗
第四期	国际性音乐发展时期（明治以来）。①江户音乐的进步发展和古乐的复兴：长呗的发展，由筝、三味线、尺八形成的三曲，筑前琵琶的产生；②外国音乐的引进与模仿："明清乐"的传入、流行及衰退，西洋音乐的引进并将其导入学校音乐教育教程，萨摩琵琶和筑前琵琶的流行；③日本音乐的国际化：西洋乐器在新民谣中的使用，日本乐器的新形式合奏——筝、三味线、尺八、胡弓、玲琴的合奏，西洋乐器与日本乐器的合奏

资料来源：田边，1995（1926）：55－66。

至于平家琵琶对于谣曲的影响，在后期形成的义太夫节和清元节的音乐要素中可以清楚地看到。在第三期后期，琵琶法师即琵琶音乐的传承者有力地促进了江户时代庶民音乐的形成。如表 5.1 所示，从冲绳传入的蛇皮线经过琵琶法师改造而成为三味线，而三味线成为江户时代庶民音乐的代表元素，从而大大地促进了歌舞伎的形成和兴盛。

第四期是日本音乐史上第二次大规模的外来文化传播时期。从此意义上来看，可将其视为日本音乐的国际性发展和走向多样化的时期。在此时期内，发生了几件变革性的大事：

一是江户时代音乐的发展和古代音乐的复兴。明治维新后，明治政府在宫内省设立雅乐局，雅乐得到复兴，在此过程中出现了雅乐的革新者。日本古代音乐的复兴和改造与西洋音乐的引进是同步进行的。在奈良时代，当中国音乐和朝鲜音乐传入日本时，日本音乐还处于起步的原始阶段，对于突然传入的高水平的艺术进行模仿和消化并非易事。经过几百年的时间，外来音乐才逐渐地完成了其日本化的过程。至明治维新时代，日本已能够在引进西方音乐的同时改造古代音乐。

二是对西方音乐的引进和模仿。在江户时代的文政年间（1818—1829），通过对外贸易港埠长崎而传入日本的"明清乐"，在天保年间（1830—1843）传播到了江户（东京），并大为流行。到了明治时期，不仅是江户，甚至是大阪也开始流行中国明清音乐。但是，由于日中甲午战争的爆发，"明清乐"被视为敌国的音乐，因此迅速地走向衰退，几乎灭迹。与此同时，西洋音乐的引进和模仿，以明治二年（1869）萨摩的士兵在横滨英国军乐队学习军乐为契机，日本明治政府对是否在陆军、海军内部设置军乐队，以及在小学实施西方音乐教育进行了调查。明治十六年（1883），日本政府决定设立东京音乐学校，到后来在全国实现了西方音乐的普及。日本明治时期开始实施的西方音乐教育和普及政策，对日本全国音乐的发展造成了较大的冲击，其结果造成了今天西方音乐成为日本音乐主流的现象。

二、中国音乐艺能在日本的传承与空间

在日本，除了两次大规模的外来文化传播以外，江户时代曾通过九州特别是长崎传入了中国明清音乐文化。明治维新之后，延续数百年的中国音乐文化在日本的传播基本上处于停顿状态。直到1980年代，中国新移民的到来才使得中国文化的传播进入了一个新的阶段。在日本，中国音乐艺能表演艺术的传承者是各个历史时期来日的中国移民。

如前所述，在日本，有关中国移民的名称有多种，即华侨、华人、唐人、在日中国人，以及老华侨、新华侨等。[①] 在日本中华街等经常登场的狮子舞、龙舞等中国艺能的传承者为老华侨，以老华侨为中心的华文学校和社团组织是中国艺能文化的主要传承和维系者。与此相对，近20余年来在日本兴起的中华文化热中的二胡、民族舞蹈和太极拳等的传承者是新华侨。"唐人"一词指的是江户时代来日的中国人，是当时日本社会特别是九州地区对华侨的称呼，中国人的音乐曾被称为"唐乐"，前面提到的"明清乐"和龙舞等，便是由"唐人"传入的，而现在的传承者为当地的日本人。

---

① 有关概念参照导论。

第五章　走向21世纪的日本华侨社会空间与文化符号

至于中国音乐艺能的社会空间，根据历史时代及传承者的不同而异。在江户时代日本锁国时期，长崎曾经是日本唯一的对外开放口岸。江户时代，中国音乐艺能的传播主要是通过两种渠道来进行的。传播渠道之一是唐寺。明清时期，日本长崎的唐四寺不仅是旅居日本的华侨的社会文化活动中心，同时也是华侨（包括当时所谓的归化唐人）与长崎当地居民及日本社会交流的文化窗口。传播渠道之二是唐馆，亦即华侨寓居长崎的街区。日本德川幕府为了进行统一管理，于1689年在长崎建立了唐馆。其后，幕府当局禁止长崎的华侨随意外出以及在市内与本地日本人杂居，日本人的进出也仅限于官员、唐通事和艺女。尽管唐馆平时处于关闭状态，但逢年过节及进行各种祭祀活动时，仍然对长崎市民开放。当时中国的各种风俗习惯和节令活动以及龙舞等各种音乐艺术表演，就这样通过旅居在长崎的华侨传播进了日本。当时中国的风俗习惯、节令活动以及音乐艺能表演，长期以来与当地日本人社会和文化相融相汇，如今演变为长崎独特的地域文化，唐寺、唐馆等也成为当地富有异国风味的旅游文化景点。

日本中华街是中国音乐艺能活动的重要场所之一。如本书的前三章中所详述，日本中华街发轫于江户时代，伴随着唐人贸易的登场而出现，当时的唐馆可以视为中华街的雏形。日本于近代开港以后，华商从东亚的各个主要口岸来到长崎，并由此北上神户、横滨等地建立起日本对外贸易的基地。日本开港后，在长崎、神户和横滨等地设立外国人居留地，由于当时中国与日本没有外交关系，很多来日的中国人只能居住在居留地附近的某个地段。之后，随着商人以外的其他中国移民的来临，这一地段遂渐渐地发展成为中华街。日本中华街在"二战"时期遭到极大的破坏，战后横滨和神户的中华街曾作为外国占领军和外国船员寻欢作乐之处而令游客止步，渐渐地走向萧条，丧失了原有的中国文化的特色。1970年代日中邦交正常化后，这些凋敝的中华街得到了再生，当地政府进行了精心整修，将之发展为当地乃至日本全国的、具有中国文化象征和异文化色彩的观光胜地，从而成为各地民间节令活动和音乐艺能表演的不可缺少的社会空间。

在日本的中国音乐艺能传承者，按照历史时代可以划分为以下三类：①江户时代从中国传入的"明清乐"和长崎龙舞的传承者为日本人；②活动在中华街的狮子舞和龙舞的传承者为老华侨和日本人；③中国民族音乐（特别是二胡）和舞蹈的传承者为新华侨和日本人。有关前两类，本书在长崎、神户和横滨华侨社会的论述中作过详述，以下以第三类为主进行探讨。

三、新的文化符号——以二胡传播为例

（一）背景和概况

自1980年代初开始，随着日中邦交实现正常化，以及中国实施了改革开放政策，大批中国青年前往日本留学。这些来自中国的青年在日本各地的大学、研究院完成学业后，许多人在日本找到工作，并定居下来，继而自发地推动着日中文化交流向前发展。通过中国新移民的不懈努力，近年来日本再度出现了中国热，使得中断数十年的中国文化对日本的传播重新步入了一个新的高潮。中国民族音乐在日本的传播就是其中一个重要的组成部分，尤其引人注目的当推近年来在日本各地兴起的二胡热。

如前所述，改革开放后，中国大地曾一度掀起了前往日本留学的热潮。在当时东渡日本的留学生中，有许多是年轻的中国音乐家，特别是民族音乐演奏家。他们以留学生的身份来到日本，在日本适应了一段时间，特别是在掌握了基本的语言沟通能力之后，大部分的中国民族音乐家或演奏家都以艺术家的身份，开始在日本社会崭露头角，并逐渐地努力开辟出自己的一片音乐艺术活动天地。日中邦交恢复正常化后，日中双边交流活动日益频繁，在日本举行的各种各样的交流活动上，经常需要借重中国民族音乐演奏家登台表演，在活跃气氛的同时，让日本社会和民众重新熟悉和了解中国的民族音乐，从而为这些以新移民身份定居日本的中国民族音乐演奏家提供了大显身手的机会和活动舞台。此外，当时正值日本泡沫经济的鼎盛时期，从日本各级政府文化机关到大中小企业和社团机构，甚至是个人组织的各式各样的活动种类甚多，而且任何活动都不惜重金邀请颇有特色的中国民族音乐演奏家来助兴。这些中国新移民的专业演出博得了日本各界人士的好评，渐渐地使得中国民族音乐在日本重新占有了一定的文化市场。1990年代以后，这一趋势愈发明显。许多日本人对中国的民族音乐产生了极大的兴趣，他们从聆听欣赏逐渐地转变为开始接触和学习中国民族音乐。在这一方面，日本人特别表现出他们对中国二胡的喜爱。

目前，在日本各地有许多专门学习二胡的教室或学校，前来学习二胡的几乎清一色的都是日本人，而在这些教室中教授中国民乐的大多数是来自中国的新移民民族音乐家或演奏家，其中也有业余的二胡演奏者和曾经在这些教室和学校学习过的日本人。

第五章　走向21世纪的日本华侨社会空间与文化符号

至于日本全国教授二胡的学习班或学校究竟有多少，目前很难做出准确的统计。这是因为，目前除了由二胡音乐家直接开办的学校和教室以外，很多教室从属于日本最大的音乐产业公司或者是各地电视台和文化中心等。例如，河合乐器和雅马哈是日本两大音乐产业集团公司，其下属的的音乐教室分布在全国各地，在东京等大城市，有时一个区里便有好几个音乐教室中心，教室中心里是否全部设有二胡教室，或者根据需要不同是否同时设有几个二胡教室，都很难全部把握。电视台和地方文化中心等也是如此。例如，笔者所居住的四国香川地区，该地区的NHK电视台下属的音乐教室，分布在全县各地（日本的县在市之上），不仅高松市（香川县政府所在地）较多，就连附近辖属的各町几乎都有NHK的音乐教室。不过，从笔者的调查访谈纪录和一些网上资料以及笔者本人在日本多年的生活、工作经验和估计来看，目前在日本的二胡学习班或学校、教室有近100个。如果一个教室有100多名学员的话，那么，至少有1万名日本人正在学习二胡。这还不包括这些学习班或学校下属的一些教室，以及学习其他中国民族乐器的学员。

在日本，大体上有三类学习二胡的学校。第一类是由中国到日本的专业民乐演奏家开办的学校。这批在国内受过民族音乐专业训练的中国新移民往往是到日本后，通过参加各种演出活动，得到了日本观众的认可，打响知名度之后，开始个别教授日本学生。也有的在早期是到日本文化中心开办的二胡学习班去担任二胡教师，待积累了一定的资金和有了名声后，再开办自己的演艺公司和二胡学习班或学校。这些演艺公司多半是由日本人来当经纪人。这类学校占二胡学习班的大多数，有的学校甚至在几个地方开设分支教学机构。至于二胡教师，多为演奏者本人，也有部分是由这些中国新移民培养出来的日本人。

第二类是由日本的音乐学校所开办的二胡学习班，如河合乐器、雅马哈音乐教室等。这些学校在日本全国各地都设有分校。比如东京河合乐器的音乐学校，仅在东京新宿一个区就有近十几所音乐教室开设二胡学习班。连日本四国高松这样一个比较偏远的城市，也有几所隶属于河合音乐学校的学习班在开设二胡课。该校的教师多数由专业人员来担任，部分教师会同时在几个地方兼任二胡老师。一般比较专业的二胡教师集中在大城市，在小地方进行二胡教学活动的一部分人则完全是业余出身。例如，同时在高松地区的各个音乐教室或文化中心教授二胡的教师，曾经是二胡业余爱好者。虽然他们的技术没有专业二胡演奏家高，但完全可以应付地方城市的日本人初学者，而且收费比较低。

第三类是由日本文化中心开办的二胡教室。在日本，几乎所有的市、区、郡都设有文化中心，并在文化中心内开办了许多包括音乐、美术等艺术学科在内的文化学习班。近年来，作为推动文化教育的一部分，许多文化中心还开设了二胡学习教室，其教师均为专业或业余的二胡演奏者。除此之外，还有其他的一些由日本人开办的音乐教室。例如，西泉二胡协会和高桥音乐教室。现在总的情况是：日本学二胡的人多，有关的二胡学校也多；但是，教学经验丰富、演奏技巧高超的二胡教师却不多，供不应求。为了在日本推广中国的民族乐器二胡，部分专业二胡演奏者和教育工作者呼吁志同道合之人士合作研究二胡的教学方法，还成立了二胡研究会。成立二胡研究会的目的，一方面是增强日本人对二胡演奏的理解能力，另一方面是提高师资素质和教授方法。

此外，日本还出现了几个专门研究和教授二胡的组织。例如，由日本音乐家于2001年成立的西泉流二胡协会等，其目的是加强日中文化交流。该协会成立后，为了发展扩大规模，专门派遣有关的教师和学生前往中国学习二胡。西泉流二胡协会的规模发展甚快，如今仅在静冈县就有近30间教授二胡的教室，并逐渐地扩大到东京等地。另一个值得重点介绍的，是非营利法人机构——日本二胡振兴会，因为该组织的名誉会长闵惠芬是中国著名的二胡演奏家。除了闵惠芬之外，该协会的许多理事都是移居日本的中国新移民。从该协会的组织章程中可以看出，日本二胡振兴会的宗旨是要在日本推动中国民族乐器二胡的发展，并以此为契机，促进日中文化交流。

至于学员，如前所述，与其他国家的情况形成鲜明对比的是，在日本学习二胡的人几乎全部都是日本人，各种年龄层和职业都有，但还是以家庭主妇和学生为主，尤其以女性为多。

（二）实例介绍

为了具体说明中国新移民是如何一步步地在日本社会传播中国的民族音乐和民族乐器的，他们在跨国文化传播方面扮演着一种什么样的角色，以下列举笔者访谈中所搜集到的两个具体实例。

1. 实例A

A出生于福建，祖籍上海，孩童时代从父亲那里学到一些演奏二胡的技能。13岁时进入福建艺术学校学习音乐，毕业后曾在福建省的多个艺术团体工作，并曾被送到北京师范大学艺术系深造，学习有关音乐教学和作曲指挥方面的知识。随着1980年代兴起的出国热，A来到了日本，和其他的留学生一样在日语学校一边学日语，一边打工。不久，一道打工的朋友介绍他在离住处

第五章 走向21世纪的日本华侨社会空间与文化符号

不远的一家音乐酒吧里工作,和西洋音乐、爵士乐等打交道,合作演出的人也都是日本人。音乐酒吧的演出成为他在日本崭露头角、表现艺术才华的契机。渐渐地,许多曾经听过他的演奏的客户又介绍他到其他的地方去演出。一段时间之后,友人介绍他到横滨中华街的同发饭店进行长期演出,这份演出工作使他最终获得了在日本的立足之地,他得到了工作签证。此后,他每个星期六和星期日都在同发饭店演出,这一系列的表演活动使得他的名气大增。在此同时,横滨中华街成立了二胡爱好会,邀请他当老师,学员则以在中华街经营店铺和餐馆的老板娘为主,每个星期活动一次。后来,前来向他学习二胡的人越来越多,不仅是老华侨,慕名而来的更多的是日本人。随着学员的增多,他开始借用横滨中华街华侨总会的房间,开办起了中华街的二胡学习班。接着,他又在自己寓所的附近买了房子,办起了另外一个二胡学校。随着日本全国各地兴起二胡热,他班上的学生越来越多。据A表示,最多的时候他一个人要教100多个学生。A是个很负责的教师,他一再强调,他来日本的主要目的是传播中国文化,让更多的人理解中国民族音乐。

现在,经过多年的努力,A建立起了自己的民族音乐学院,学院的学生有60多人。除了日本人之外,他的学院里还有来自德国和韩国的学生。A表示,今后他的学院不光要教授二胡,也要教授其他的中国民族乐器,如琵琶、扬琴、古筝等。

与他人不同的是,A在日本传播中国民族音乐的成功,关键在于他拥有横滨中华街这样一个著名的招牌。在日本,横滨中华街被视为世界上最好的中华街,横滨中华街的所有商店和商品都成为代表中国的品牌和象征。而且,横滨中华街每年都会举办各种各样的中国物产展或中国文化展,并在举办展览之际让中华街的小吃、杂货、书法、狮子舞和以二胡为主的中国民族音乐表演粉墨登场。换言之,横滨中华街是中国文化在日本之集大成的缩影。中华街本身就是一个品牌,作为中国民族乐器的二胡更代表了中华街的文化,只要到了中华街就可以享受到最可口的中国料理和最地道的中国文化。正因为如此,日本人认为,只有到中华街来学二胡,才可以学到地地道道的中国民族音乐。

2. 实例B

B出生于辽宁鞍山,从小酷爱音乐。留学移民日本之前,曾经是鞍山歌舞团的团员,擅长打击乐和吹奏乐器,也曾学过一点二胡。1992年,B随妻子一同到日本留学。从日语学校毕业后,他考入爱知县艺术大学,一边打工,一边学习长号。毕业后,由于学管弦乐专业毕业的学生很难在日本谋生,他不得

— 281 —

不到酒吧打工。一次偶然的机会，使他下决心学习二胡，并以二胡作为他生存的手段。在酒吧的一次纪念活动上，他在卡拉 OK 的伴奏下随手用二胡拉了几首日本歌曲，博得了在场日本客人的好评。当时正值日本兴起二胡热，只要有时间，他就在酒吧里为客人用二胡拉日本歌曲。渐渐地，他开始有了自己的粉丝和支持者，建立了自己的后援会。他一边工作，一边全力以赴地学习和演奏二胡，还回国内请教专家。最后，他完全停止了自己在酒吧的工作，专职从事二胡的演出和教学工作。由于早年在酒吧工作时打下的基础，他很快就有了自己的观众和演出市场，而且每次演出都有当地电视台、报社或企业给予名义和实质性的赞助。B 又在名古屋市较好的地段租下了琴房和录音室，扩大了二胡教室。现在，他的二胡教室已扩大到日本爱知、岐阜、三重等县，拥有 300 多名学生。他还将 7 名当年的学生培养成了其学校的二胡教师。B 连续出版了多张 CD，CD 里收录的曲子，除了一些传统的中国二胡演奏曲目之外，更多的是日本人喜闻乐见的从日本歌曲改编而来的二胡曲子。他经常自豪地说，尽管我是半路出家，但我知道日本人的口味儿，明白如何去迎合日本人的欣赏心理，所以很多听众会喜欢我和支持我。B 自称自己拥有几个第一：一是在 2006 年的爱知世界博览会和 2010 年的上海博览会上，他率领 100 个学生演奏中国民族音乐，当时，日本的各大新闻媒体都进行了实况报道；二是他连续 5 年在爱知县 CBC 电视台的每个星期六的黄金时段中演奏二胡；三是他的二胡演奏团作为非营利法人组织（NPO）被官方承认，这在日本是史无前例的。2007 年，他率领二胡演奏团在天津与中国著名演奏家一起举办盛大的演奏会，天津各界对此进行了各种报道。日本 NHK 和中央电视台对他及其二胡演奏团做了多次采访，播放次数亦有 10 多次。2009 年，B 获得国际器乐音乐大奖赛的优秀指导奖等。2012 年 7 月他再次带领他的二胡演奏团去南京，并与南京交响乐团合作演出。用他的话说，迄今为止还没有其他中国人在二胡演奏和推广传播领域可以取得像他这样的成绩。

像 A、B 这样在国内受过专业训练的中国新移民，固然是在日本推广中国民族音乐的主力军，但这部分具有专业演奏能力的新移民数量毕竟有限。于是，有些原来在国内并非音乐专业毕业的新移民也开始加入这一推动跨国音乐传播的行列，以教授二胡在日本谋求生存。例如，在笔者工作的日本国立香川大学，有些到日本 10 多年的中国博士生，由于找不到固定工作，平时也只能做些兼职的工作，如教中文、当翻译等。其中，有一个中国新移民，由于他从前曾在业余时间拉过二胡，就决定投入教二胡的热潮。他回国内学了一段时间后，在高松开办起自己的二胡学习班。现在，他已拥有数个二胡学习班，在

NHK的文化中心和其他的文化中心里都有他的教室，每个教室有10多个学生，香川大学的学生和许多教员的家属都成为了他的学生。尽管新兴的中国音乐在日本传播的历史已有20年左右，日本人已经开始逐渐了解和区分专业与业余的水平，但是大多数日本人特别是在地方城市，还并不真正了解二胡，只要是中国人，而且能拉一点二胡，在他们眼里可能都属于专业水准。

3. 实例C（西泉流二胡协会）

C是西泉流二胡协会会长、日本筝曲"枝会"会长，1997年曾参加静冈县组织的企业家上海旅游团，并在晚会上演奏日本筝。在上海期间，C有机会欣赏了中国民族音乐，为二胡的音乐所打动。回国之际，她在上海买了二胡，之后多次前往上海学习二胡。后来，静冈朝日文化中心筹备建立二胡教室，招来了很多学生，邀请她去做教师。据她介绍，二胡使用的简谱与日本的筝谱很相似，只要掌握了二胡的演奏方法，学起来比一般人要快。自上海一行以来，她定期带领日本筝教室的成员去上海学二胡，其中有7人已经成为二胡教室的教师，在静冈各地的文化中心、公民馆、NHK文化中心等的文化音乐教室教二胡。教室大小和学生人数各有不同，既有20余人的，亦有100人以上的。教师们不但定期去上海学习，学生们也经常随着教师们一起去上海学习。学习二胡的学生中以女性为多，职业亦是多种多样，2002年的学生中有一名高中生还考上了中国的中央音乐学院。

2008年6月在静冈与上海第一乐器厂联合举办二胡考级考试，在日本的日本人教室中举办这样的考试是首次，静冈县内各教室前来考试的人达到100人以上。静冈县以生产日本乐器为名，也是各种音乐活动较为盛行的地区。静冈县与浙江省是姊妹省份，每年都会举办一些民族音乐的演奏活动，通过民族乐器进行传统艺术交流。在定期的文化交流中，西泉流二胡协会有机会访问了浙江兰溪市"诸葛八卦村"，为其每年春秋举办的祭祀活动和民族风习所感动。出自与诸葛孔明文化交流的愿望，2007年在静冈市文化会馆举办"日中友好传统艺术交流会"之际，邀请了来自诸葛八卦村的作曲兼扬琴演奏家和杭州市的武术家进行表演。

4. 长崎市役所二胡爱好会

该会成立于2003年，会员大部分是市役所的工作人员，他们从师于居住在长崎的原中国某市专业团体的二胡演奏者。爱好会成立的契机与长崎灯会有直接的关系。至1999年，长崎灯会的主要活动会场只有新地中华街附近的凑公园。在1999年唐馆建立310周年之际，作为复兴唐馆的纪念活动的一环，在唐馆残存的建筑之一福建会馆举办了由在日中国音乐家表演的民族音乐晚会，受到了极大的好评。于是从2000年起每年长崎灯会之际，为吸引更多的游客光顾唐馆地区，邀请在日的音乐家在福建会馆举办小型的中国音乐晚会。2003年前后，长崎灯会组委会得知在长崎市内和近郊也有中国音乐的擅长者，特别是二胡演奏者，于是开始邀请这些表演者来参加长崎灯会，并在唐馆等会场作表演。中国音乐特别是二胡受到了长崎的日本人和游客的欢迎，长崎市役所（长崎市政府）的爱好者们开始筹划学习二胡，并成立了二胡爱好会。会员有近20个人，成立之初的大部分成员是市役所的工作人员，然而目前的成员有一半是普通的长崎市民。二胡爱好会最主要的活动在长崎灯会的各个会场演出，灯会期间的15天，几乎每天都在表演。他们的演出场所除了唐馆的会场以外，还有长崎孔子庙和商店街会场。演奏的曲目多是人们熟悉的日本和中国歌曲，还会有当年较为流行的歌曲。例如，2014年的灯会期间，二胡爱好会演奏了2013年NHK电视剧《ごちさそうさん》的主题歌《花》，而且为了让大家了解二胡的乐谱和活跃会场的气氛，将歌曲的乐谱发给在场观众，并让大家随着二胡音乐一起演唱。二胡爱好会成员的年龄不等，学习二胡的时间在3年到10年。退休不久的原长崎市副市长也是二胡爱好会多年的成员。为了促进爱好会的每个人练习和增加演奏机会，同时也表示爱好会的成员人人平等，每个曲子的第一部分都是独奏形式，由成员轮流担当，而不论其学习和演奏年限。

与其他地方不同，如本书第一章中表述，长崎具有接受外来文化，特别是中国文化的历史和土壤，长崎灯会正是这一土壤孕育而成的以中国春节文化为基调的城市节日。长崎灯会出场的二胡演奏小组有17个，共200多人，除了二胡爱好会的指导者以外，其他都是清一色的日本人。除了参加长崎灯会，他们还经常在地区的其他活动中经常登场演奏。比起日本其他地方的二胡教室，长崎更具有地方的活动场所。

（三）日本出现中国二胡热的原因

促使二胡在日本流行的因素有以下几点：

一是与两国政府间的交流动向有关。日中邦交正常化以后，两国政府间的文化交流日趋盛行，中国民族音乐成为中国文化的象征之一，开始为日本人接触和了解。作为一种文化交流项目，NHK在1980年代制作了大型纪录片《丝绸之路》。而《丝绸之路》的主题音乐就是使用二胡演奏的。之后，随着两国

第五章　走向21世纪的日本华侨社会空间与文化符号

间关系的不断改善，文化交流活动不局限于政府之间，特别是出入国管理条例等条规的修正，两国的普通国民亦可以取得签证，很多人开始以留学、探亲、旅游等自费形式出访和移居，在来日的中国移民中渐渐地出现了很多专业的音乐家，他们成为二胡音乐在日本的主要传播者。

二是媒体的宣传。随着日中友好关系的复兴，日本掀起了中国文化热潮。在1980年代播出的《丝绸之路》中，背景音乐使用了充满哀愁情调的二胡音乐，画面中映照的代表中国悠久历史的辽阔的江河大地的风景，与带有乡愁色彩的二胡的旋律交相呼应，深深地打动了很多日本人的心弦，二胡音乐作为中国民族音乐的代表因此开始在日本社会传播。1990年代后，以NHK为主，日本各地方电台、电视台经常会播放有关中国音乐家活动的节目，其中包括著名日本指挥家小泽征尔与二胡演奏家姜建华合作的二胡协奏曲，以及许敏和女子十二乐坊的演奏和专访等，这些节目为二胡音乐走向普及起到了很大的宣传作用。例如，由于经常在电视上介绍在日音乐家许敏的二胡，所以西泉流教室在网上的宣传语是"我们教的是许敏拉的二胡音乐"。由此可以看到媒体宣传对二胡流行的影响。

三是音乐产业和音乐制作者的作用。二胡音乐市场在日本的成功推广和开发，其中不可忽视的是音乐产业和音乐制作者所发挥的作用。例如，女子十二乐坊的登场是日本音乐制作者精心策划的，在制作过程中花费了大量的资金为女子十二乐坊做广告及宣传。女子十二乐坊并不是在中国开始出名的，其初露头角是在日本，是在日本获得成功以后才逐渐地为中国音乐市场所接受。之后，女子十二乐坊曾尝试在北美进行音乐活动，尽管为北美华人社会所认可，却始终没有为西方主流社会所接受，这是因为欧美和日本的文化土壤不同。女子十二乐坊目前已解散，其音乐也不再流行，但是她们对中国民族音乐特别是二胡在日本的流行，起到了一定的作用。

四是作为新移民的中国音乐家的作用。1980年代以后，很多专业的音乐家移居日本，在中日文化交流以及其他各种形式的活动中演奏和宣传，在日本接受中国音乐的土壤中撒下了种子。其活动范围遍布了日本各地，并通过NHK等媒体播送的中国民族音乐成功塑造了在日本社会的形象。典型的例子便是女子十二乐坊。换言之，如果没有女子十二乐坊之前众多音乐家的努力，女子十二乐坊就不会这么快地为日本主流社会所接受。①

---

① 由于音乐制作人经营的失败，以及中国音乐的多样化和普及，女子十二乐坊逐渐地走向衰退，在日本很难再听到女子十二乐坊的演奏。

五是日本文化教室的体系对二胡普及所起到的作用。如果没有分布在日本各地的文化教室体系，二胡也许不会这样流行。教室体系不单纯是教授二胡，同时也促进了二胡的销售和修理等乐器制作产业。日本文化教室的功能在于无论男女老少，只要愿意，谁都可以去学习音乐，并有机会上台演出。这种文化教室体系与日本传统文化传承中的家元制度有一定的联系。家元是指在日本本土的传统文化领域中形成的特殊的文化社会里，作为各自核心性存在的家或人物。家元制度是指将师徒关系虚拟为家族血缘似的关系，按照家元—直接弟子—间接弟子等阶段性、身份性的阶层等级秩序划分，给予家元教授、维护秘传、发行资格证书、授予艺名、惩罚门人等绝对性权力的制度。家元制度是日本传统艺能界的传承制度。① 比如，西泉流二胡协会最近开始的二胡考级制度，从中国请来教师为二胡的学习者进行考试，并给予各种资格，获得高水平的资格者可以自己开教室教授二胡。事实上西泉流二胡协会是在原有的家元性组织"枝会"的基础上产生的，会长是家元，会员中的很多人则是"枝会"的成员，之后陆续取得教授二胡的资格，成为二胡教师。不仅是西泉流二胡协会，前面介绍的第二个例子中的 B 也有很多下属教室，在下属教室教授二胡的都是 B 的学生，B 为具有一定学习和演奏经验的弟子发放资格证书。这种家元制度的传承和教学体系是二胡能在日本流行并传承的主要原因之一。

二胡之所以能为日本人广泛接受，还有如下几点原因。首先，是日本人喜好哀愁音乐的感性。上文曾提到这种感性的产生与武士道精神有关，是镰仓时代的产物。比起华丽的音乐，日本人比较喜欢带有哀愁的曲调，二胡和胡弓等乐器正是具有这样特点的乐器。其次，是二胡音乐合乎日本的自然。温和的风土和气候以及自然的风景，造就了日本人对带有自然性音乐的执着，悠扬的二胡旋律犹如对大自然的叙说。再次，二胡与胡弓有一定的共性，较其他乐器学起来容易，而且携带方便。小提琴虽然也具有携带方便的特点，但是西方音乐与东方音乐的感觉不同，加之乐器本身难度较大，不是所有的人都可以轻易掌握，即便只是演奏一首歌曲。与小提琴相比，二胡具有大众音乐的特点，学习

---

① 西山对家元制度的构造和特征做了以下几点归纳：第一，家元制度中的家元是君临其家元社会的绝对权力者，垄断所有的世袭相传权和许可权；第二，其弟子们是按照家元的直接弟子、孙弟子、重孙弟子等多层上下统属身份关系，即名取制度排列组成；第三，所有家元和弟子的关系是一种虚拟的家庭成员的结合，其结合不是按照单纯的技能世袭和许可的交换原则，而是按照名取的规范，即弟子将被授予家元的流派姓名的一部分，成为所谓的名取弟子，虚拟为家庭内部的一员，或者是按照永恒的主仆关系的规范系统化的纽带似的结合（西山松之助：《家元の研究》，校仓書房，1982 年，第20～21页）。即世袭、资格认定、相传和名取制度是家元制度的主要特征。

第五章 走向21世纪的日本华侨社会空间与文化符号

演奏自己喜欢的歌曲也较其他的乐器容易，对日本人来说这就是二胡的一种魅力。最后，二胡乐器本身合乎女性的爱好。从前，在日本有过一种说法，认为尺八是男性的乐器，胡弓是女性的乐器，如泣如诉、扣人心弦的二胡音色带有女性所喜爱的氛围，特别是二胡可以用来演奏日本歌曲，这也许是为什么在日本学习二胡者多为女性的原因之一。

如前所述，二胡之所以能够在日本传播，新华侨音乐家起到了很大的作用，他们不但是介绍和传播中国音乐，而且起到教授中国音乐的作用。在日本的所有的二胡教室都与新华侨有关，不论他们是专业的还是业余的。与欧美国家不同，在日本大学里很少有教授中国音乐和乐器的课程，即使是音乐艺术学院，学生们也很少有机会学习中国音乐。各地的二胡教室正是填补了这样的空白，对二胡在日本的教育和普及起到了重要的作用。尽管传统的中华街的活动新华侨很少参与，但是除了春节祭之外的由中华街和城市共同举办的其他节日演出活动，包括民族音乐、杂技、戏曲、歌舞和武术等在内的艺能表演——都是与中国文化有关的活动中，新华侨音乐人却常常会成为主人公。

中国历史上很多已经失传的传统文化，比如"明清乐"、长崎龙舞等，尽管在日本的传承中发生了很大的变迁，但是至少还可以看到其本来的一部分面貌。这一文化保存的主体由"唐人"（华侨）转为日本人，从某种角度上说，在日本，日本人对中国传统文化的保存做出了很大的贡献。中国的音乐艺能表演之所以在日本能够得到保存，与双方的地理距离、自然性和文化圈的距离感有很大关系。文化传播之过程，比起传播的经由地、传播的目的地或者说归结地，更能比较完整地保留其原有的文化形式。例如中国和日本，按照这种假设以西亚为起点的丝绸之路的经由地是中国，归结地则是日本。经由地具有开放性和流动性，与此相对归结地往往具有封锁性和静止性，具有在其封锁的环境中进行文化消费的倾向。日本各地对龙舞的不同称呼表现了对文化接受的不同的流程和维持文化的手段。

二胡本来是游牧民族的音乐，游牧民族的特点在于其流动性，流动性又以个人性流动为多，在人烟稀少的空旷的异地他乡，二胡作为倾述内心世界的手段可以慰抚寂寞的心境。如今的日本是物质文化极为丰富的国家，但是在精神世界却有贫乏之处，人们为繁忙的工作而奔波忙碌，不乏内心的空虚。为了慰藉心灵，日本社会也许需要二胡的帮助。

江户时代的"明清乐"的传播和目前二胡的传播在流行构造上有着共同的特征：文化流行不是西方社会式的自上而下，即无论是音乐还是时装等往往都是从王室贵族开始，之后在民间大众中流行，而是具有清晰的肇始于民众阶层的倾向。宫廷或王室的音乐尽管很高雅，但与民众的距离太远，民众难以感受到其魅力。例如，同样是弦乐器又能演奏出悲哀的旋律的小提琴，虽然既古典又高雅，但是学习和演奏的难度很大，不是任何人都能够轻易学会的。二胡则不同，是距离日本最近的异国文化，对于日本人来说甚至比日本本土邦乐更易学且携带方便，还带来了成就感。

在日本，形制与二胡相似的本土邦乐乐器有胡弓。胡弓本来在日本并不流行，但是二胡在日本流行之后，很多日本的胡弓演奏家们开始觉醒，与二胡相对抗，打破传统的演奏形式，挑战各种新的形式进行演出活动，推动了胡弓音乐的普及。比如畦地启司、石田音人、原一男、木场大辅、本条秀五郎、若林美智子等邦乐演奏家的活动便是如此。其中既有胡弓的专业演奏家，也有人本来是从事西洋音乐，1990年代二胡音乐兴起之后开始学习胡弓的音乐家，也有人是专业的三弦演奏家。至此，日本胡弓遂开始广为人们所知。其走向民间普及的背景之一虽然是传统日本邦乐的复兴，其契机却是中国二胡在日本的流行。胡弓的音乐教室和胡弓演奏的盛行，也是在1990年代以后。胡弓音乐在维持传统形式的基础上，进行改编和创新，其演奏也出现了与西洋音乐合作等大众化的形式，目前已经常在学校和其他大众节日等活动中演出。

二胡本来是中国的民族乐器，由新华侨传入日本以后，从事二胡音乐演奏的主体几乎全部变成日本人。这是在其他任何国家和社会看不到的现象，也是跨国音乐文化的传播和演变的一个实例。二胡在日本的推广和普及，不仅对日本邦乐的复兴、中国音乐和日本音乐形式的多样化带来一定的影响，同时亦开拓了新的音乐市场。2008年，二胡演奏以崭新的形式出现在北京奥运会的闭幕式上，不仅向世界展示了传统二胡的新的魅力，也使得更多的中国人对二胡有了新的了解和欣赏体会。

目前，二胡在日本已经不完全是象征中国音乐的文化符号，亦被当地社会看作日本的大众音乐之一。二胡在日本社会的传播与历史上"明清乐"在日本人社会的传播和接受有一定的共性，可视为日本接受外来文化的一种新的模式。在二胡的传播和接受过程中，作为传播者和教育者的新华侨起到了重要的作用。

第三节
世界视野中华人传统组织的文化功能和网络：
以福建同乡会的祭祀等活动为焦点[①]

有关中国及日本的（华侨传统社会组织）宗乡会馆与行会组织的研究，从战前起日本就有根岸佶、仁田升、今崛诚二、内田直作等多位优秀的学者从事这项研究[②]，其问题意识在于揭示中国社会的特质。新中国成立前后，弗雷德曼、斯金纳、瓦森等西方学者以东南亚及中国港台等地为田野所做的相关研究[③]，方法上十分不同于日本学者，但是问题意识有共同之处。民族独立国家建构之后的东南亚华人学者，则以本土视野来审视相关研究。1980年代后，跨国主义和网络理论被用来诠释华人相关社团的全球化动向。[④] 中国大陆学者则开始从国家与社会的关系及传统持续的角度重新评价地缘与血缘组织的重要性。关于日本新华侨组织的研究，最新的有日本学者廖赤阳关于日本新华侨组织教授会、日本最大的商业组织包括新老华侨（以及日本人）在内的"中华总商会"以及在日福建华侨等组织的一系列研究[⑤]。廖强调目前日本已经进入

[①] 有关本节，参见王维、廖赤阳：《在日福清移民的社会组织及其网络：以福建同乡会的活动为焦点》，刘宏主编：《海洋亚洲与华人世界之互动》，（新加坡）华裔馆，2007年，第225~238页。

[②] 根岸佶：《上海のギルド》，日本评论社，1951年（大空社，1998年重刊本）；仁井田陞：《中国の社会ギルド》，岩波书店，1951年（1989年重刊本）；今崛诚二：《中国封建社会の构造》，日本学术振兴会，1978年；今崛诚二：《中国封建社会の构成》，劲草书房，1991年；今崛诚二：《中国封建社会の机构》，汲古书店，2002年；内田直作：《日本华侨社会の研究》，同文馆，1949年（大空社，1998年重刊）；内田直作：《東南アジア華僑の社会と経済》，千仓书房，1982年。

[③] M. Freedman 著：《东南中国の宗族组织》（*Lineage Organization In Southeastern China*），末成道男、西泽治彦、小熊诚，訳，弘文堂，1991年；J. Watson 著：《移民と宗族—香港とロンドンの文氏一族》，濑川昌久，訳，阿吽社，1995年；G. W. Skinner 著：《東南アジアにおける華僑社会》，山本一，訳，東洋书店，1988年；G. W. Skinner, *Chinese Society in Thiland*, Ithaca: Cornell University Press, 1957。

[④] William Skinner, ed., *The Study of Chinese Society: Essays by Maurice Freedman*, Stanford: Stanford University Press, 1979. （有关近一个世纪来海外华人研究的范式变迁，可参看：叶春荣：《人类学的海外华人研究：兼论一个新的方向》，《"中央研究院"民族学研究所集刊》1993年春季号，第171~201页；Liu Hong, "Introduction: Toward a Multi-dimensional Exploration of the Chinese Overseas," in Liu Hong, ed., *The Chinese Overseas*, 4 volumes, London: Routledge, 2005.）

[⑤] 廖赤阳：《华人知识分子社团的跨国实践及其理念：以日本华人教授会为个案》，《华人研究国际学报》2012年第2期，第3~20页。

以新华侨为主体的时代，因此，华侨特别是新华侨的研究，应该重新审视传统的华侨研究的方法论等。① 目前来自福建地区的华侨有6.4万人②左右，其中包括战前来日的老华侨和1980年代以后来日的新华侨，老华侨的人数不超过5000。福建同乡会为老华侨的组织，其活动范围尽管在向新华侨扩展，但仍然是以老华侨为主。其人数虽少，但活动规模之大和历史之久都超过了在日的其他乡帮的华侨，形成了独特的经济与社会网络。通过对福建同乡会活动的分析和探讨，可以为福建新华侨的社团等的研究提供其历史轨迹。

本节对相关对象的史实考察聚焦于两点：①从1960年代初开始，至今持续了44年的福建同乡会恳亲会活动；②由福清帮主办的在日华侨社会最大的传统祭祀——普度。

目前福建同乡会的主要活动，一是旅日福建同乡会恳亲会，其自1961年第一次大会始，迄今已有44年的历史，是日本唯一的具有全国性规模的同乡恳亲会。二是在第一章已经论述的日本华侨社会最大的传统祭祀活动——普度，每年旧历七月到九月分别在神户、长崎、京都的中国寺院里举行。普度之际，日本全国各地的福建华侨集聚一堂。

在日本加上长崎共有七个福建同乡会，其成员多来自以福清为中心的福建北部地域。由于早期来日的福建北部华侨，多是在长崎等九州登陆以后，在各地以行商为生计，造成他们散居在日本各地的特殊现象，这与集中在主要开港口岸的来自其他省份的华侨有着明显的区别。

迄今为止，在日本有关福清帮的研究，有关在日福清帮历史与经济的研究（如许淑真，1983，1998等）以及在日福建华侨的普度研究（吉原和男、曾士才 等，1992，1987）等。③ 本章在这些研究的基础上，试图从以下几个方面来考察在日福建同乡会的特点、形成过程及其作用：福建（特别是福清）华侨的特点，经济活动及网络的形成，家族、姻亲的作用，福建同乡会的组织

---

① 蒙奇：《"21世纪的美国华人"和"后新华侨时代的日本华侨社会"的学术讲座综述》，《华侨华人历史研究》2013年第4期，第77~78页。
② 《日本法务省在留外国人统计》，《都道府県别·本籍别外国人登录者（其一，中国）》，2012年5月，http://www.e-stat.go.jp/SG1/estat/List.do?lid=000001111183。（之后日本取消了对本籍别的统计项目。这里揭示的数字将成为日本对在日中国人出身地统计的最后数字。）
③ 許淑真：《留日華僑総会の成立について（1945—1952）阪神華僑を中心として》，山田信夫編：《日本華僑と文化摩擦》，巌南堂書店，1983年，第121~187頁；許淑真：《函館における福清帮》，飯島渉編：《華僑·華人史の現在》，汲古書院，1998年；吉原和男、曽士才 他：《在日福建華僑による盆行事—宇治萬福寺における普度勝会》，《宗教行動と社会のネットワーク》，大阪大学人間科学部，1992年，第91~129頁。

第五章 走向21世纪的日本华侨社会空间与文化符号

过程,普度和旅日福建同乡恳亲会。同时希望通过福建同乡会的实例,对有关日本华侨华人史和移民史具有普遍意义的几个问题加以探讨:移民史的时空,认同问题与文化嬗变,组织结构与网络功能。

一、在日福建(福清等)华侨的历史特征

在日福建华侨祖籍多为福州、福清等地。早期来日的福清帮大多以行商为其生活手段,因此与集中在开港口岸的其他省份的来日华侨相比,他们更多分布在经济流通不很发达的口岸腹地或农村边陲,造成散居在日本全国各地的特殊现象。

福建华侨的来日历史可以追溯到长崎开放口岸的16世纪。如前所述,1613年,日本幕府发布严禁基督教的条令,来自不同省份的华侨为了表明自己不是基督教徒,也为了保佑海上贸易的安全,分别建立了佛教寺院,即唐四寺。寺院的建成,使得在日的华侨明确地形成三江(江苏、浙江、江西)、福州、泉漳、广东四个帮系,这些帮系成为后来华侨社团组织的基础,加强了华侨的同乡团结意识。四个寺院当中,有两个为福建系,可见当时福建人在来日商人中的优势地位。1715年德川幕府对铜贸易实行了"信牌"许可证制度,围绕"信牌"的分配福建商人和江浙商人进行了激烈的竞争,结果是离官府较近的江浙商人获胜。福建商人因此受到巨大的打击,其优势地位遂为江浙商人所取代(许,1983:122)。不过,当时船员的大部分为福建人,他们具有出色的航海技术和丰富的贸易经验,因而为江浙商人雇用并得以继续在长崎进行贸易[①](刘,1990:17)。福建商人中泉州和漳州人多为船主,福清人更多的是普通船员(市川,1987:216-217)。在当时,容许船员装载一定数量的个人货物,在船到达口岸时,船员们成帮结伙用小船把货物运到港口,上岸后,再各自去卖这些货物。这就是行商的开始。1899年日本发布了第352号敕令,行商者不再是入国限制的对象,于是行商的活动便愈加广泛(许,1998:20-21)。这样一来,以从事行商及杂业为主的福州、福清的华侨,开始从长崎、神户、横滨等开港口岸向日本各地移动。来日的福清华侨也随之迅速增长。

[①] 刘序枫:《長崎における華僑の祭祀文書について——泰益号文書を中心に》,《長崎華商泰益号関係書簡目録》(華僑研究会年報6),1990年,第17~24页。

二、福清华侨的经济活动和网络的形成

如前所述，在日福清华侨以行商为多，他们是在亲戚同乡的帮助下来日，并接受同乡等的援助和行商指导，然后他们要去（与先来者相比）更偏僻的地方行商。其行商形态有三种：第一种是完全独立的行商，即独自采购、独自贩卖的形态；第二种是由老板雇用店员的形式的行商形态；第三种是在经营上独立，但商品依靠老板来提供。不管是哪一种，其行内规则是绝对不能侵犯先来者的领域，愈是后来者愈要去更边缘的地方开辟新的贩卖途径。福清人行商的目的大多是尽可能地集攒资金，以早日拥有自己的店铺，成为独立商人。①

当然，福清华侨不仅只是从事行商或开服装店，其中也不少人行商积累了资金后，开饭店、杂货店和制面厂。前面提到的四海楼，即是由福清华侨陈平顺创立的。如前所述，陈平顺1873年出生在福清，1892年投靠其在长崎新地经营砂糖贸易的亲戚益隆号来到日本，从此再也没有踏上过家乡的土地。陈平顺最初也是从事布匹的行商。7年后，他和三个朋友合伙开了四海楼。之后，他不但成为独立的经营者，而且还扩大了店铺。在他有了经济势力以后，经常帮助新来的福清华侨，为他们做担保人，并照顾他们。

东京福建同乡会会长江祥龙的一家也是如此。江的父亲1921年16岁时从福清来日本，投奔在九州开绸缎庄的亲戚。当时他住在其亲戚家，并开始在九州各地作布匹行商。等集攒了一些资金后，21岁时回故乡办了父母定好的亲事，先后有了12个孩子。祥龙是第5个。后来，祥龙的父亲在足利成为独立商人并拥有了自己的绸缎庄和饭店。

行商这种谋生手段使得福清华侨不同于来自其他省份的华侨，他们以长崎和九州岛为据点，其足迹遍布了日本各个角落，从而确立了他们广泛而强大的同乡网络。并且为了确保同乡网络后继有人，他们经常出入中国，与家乡保持紧密的联系，由此推动着其同乡网络遍布日本、中国及东南亚各地。

三、亲族与姻族网络

在日福清华侨的另一特点是在同乡的基础上构成血缘和姻缘关系的亲族网络。这种亲族网络在没有宗亲组织的华侨社会中，在某种意义上说，既是他们

---

① 許淑真：《函館における福清帮》。

的社会关系网络，又起到商业网络的作用。如第一章所论述，华侨亲戚网络中最多的是姻亲网络，从中不难看出华侨女性所扮演的媒介角色。从长崎四海楼的事例中可以窥视到长崎华侨由婚姻而构成的千丝万缕的亲族关系网。

在福清华侨亲族网络中，尽管很少有直系的亲属关系，但由婚姻构成的姻族关系却发挥很强大的功能。前面提到，至少可以清楚地看到长崎华侨陈、刘、张、林、郑、叶等姓氏之间，几乎都具有与婚姻有关的亲属关系。姻族网络是构成福清华侨凝聚力的重要因素。

众所周之，海外华人社会，特别是在东南亚和北美，可以看到像宗亲会这样的同姓组织。这种组织尽管未必是从家谱上的连接而成，但由于是同姓便被设想为是出自同一祖先而结为一体。在日本没有同姓的宗亲会组织，明治维新以后的华侨社会只有同乡会这种地缘组织。其原因是日本没有发生过可以构成宗亲群体的大规模的移民，华侨社会最基本的组织只能是出自同一地域的同乡会。迄今为止，同乡会组织起到了宗教祭祀、互帮互助、联情联谊的作用。尽管当今更新换代之时，同乡组织发生了很大的变化，甚至有些组织已失去其功能，但与来自其他省份的华侨相比，由地缘、亲缘、姻缘等错综复杂的要素构成的福清华侨网络，依然发挥着不可忽视的作用。

四、福清华侨组织的形成及过程

如前所述，福清华侨组织的雏形可以追溯到17世纪，当时来自不同省份的华侨在长崎所建立的寺院及后来在日本各地建立的会馆、公所等，可谓在日华侨组织团体的前驱。其中崇福寺是1629年由福州地区的华侨建立的，目前在长崎是唯一有活动和组织功能的寺院。崇福寺的祭祀活动由前面提到的三山公帮组织进行。崇福寺最大规模的祭祀活动是普度。

长崎的福建同乡会是战后重新组建的组织，其成员同于三山公帮，在进行祭祀活动时，按照传统以三山公帮的名义举行，其他场合则使用福建同乡会的名称。

在日本其他各地，战前也有几个福州、福清华侨的团体，由于战时日本"一地一组织"的政策，这些团体的活动都是到战时为止。[1] 但这些团体同样成为以后在日本各地成立的福建同乡会的基础。目前的七个福建同乡会分别在东京、横滨、千叶、福冈、神户、大阪、长崎等七个城市，都是在1950年代

---

[1] 内田直作：《日本華僑社会の研究》，同文館，1949年，第157~158、353、357页。

后期到 1960 年代初期重新组织成立的。当时的活动内容为：①解决子女教育及婚姻问题；②庆祝新年和国庆；③募集活动经费；④创立"无尽会"进行同乡援助；⑤建设同乡会馆；⑥召开和支援福建同乡会恳亲会等。①

1960 年代福建同乡会的重新组织和构成，有其外在和内在的原因。外在的因素是中华人民共和国的成立，由于 1950 年代日本与台湾当局仍存在"外交"关系，在日华侨出现了思想意识形态领域的分歧。另外中国大陆本身当时也处于自然灾害、与苏联关系破裂以及经济政策失败等状态中，这些都影响了在日华侨社会的发展。内在因素是华侨面临着子女爱国爱乡的教育、婚姻、传统文化的继承、就职等各种问题。也就是说，福建同乡会的重新组建是为了顺应各种各样的新形势和环境需要。以下将进一步透过传统祭祀普度和旅日福建同乡恳亲会两项活动来观察福建同乡会的网络及其功能。

五、以福建华侨为中心的传统祭祀——普度

如前所述，普度是日本华侨最大的祭祀活动，其活动和组织均以福清华侨为主。每年从旧历七月起分别在神户关帝庙（七月十三至十五）、长崎崇福寺（七月二十六至二十八）、京都万福寺（新历 10 月下旬）举行。

长崎的普度已具有 380 年左右的历史，神户的普度也有了 80 多年的历史。京都万福寺的普度始于 1930 年代，现在活动的组织者是京都福建同乡会。与其他地方不同的是，组织形式上设有由华侨干部和寺院的日本僧侣参加的实行委员会。僧侣担当普度的法事，华侨领袖们则负责普度的整体活动。领袖中每年设的正总理是普度的最高负责人，一般由福建同乡会长担任。三地区普度的过程和形式大同小异，但内容多少有些变化。京都普度除了有和长崎、神户相同的读经、供品、金山、银山、冥宅以及华侨组织的狮子舞以外，还有叫"放水会"的一项，它类似于中国的"送亡灵"、"放河灯"等，即把莲花似的水灯和竹制的小船一起放入寺院内的放生池里，与小船一起放入池里的还有食品和水果之类。

普度的功能不仅是祭祀祖先和神，还在于促进亲戚、朋友及同乡会员和睦交流。在三个地方的普度之时，分布在全国各地的福建华侨聚集一堂，普度成为他们加强同胞交流、交换各种信息的场所。特别是在 1960 年代前后，尽管华侨子女与日本人的婚姻不断增加，但是传统的观点和日本社会对华侨来说所

---

① 对东京华侨总会会长江祥龙的访谈及同乡会的资料。

存在的文化差异性，造成华侨在选择配偶时更多的还是先考虑华侨。为了给华侨青年人创造更多的同胞之间的婚姻机会，普度活动便被赋予了这一层功能，为青年人相识提供了重要的场所。

尽管现在时代发生了很大的变化，随着更新换代及华侨的日本化，乡亲的概念渐渐淡漠，人们对寺院的祭祀活动不如以前那样热心。但普度作为在日福建华侨最大的传统活动，在新的形势下，仍然具有它特有的功能。从纵向来看，普度仍为福建华侨的纽带。福建同乡会实际上是唯一具有祭祀和互相扶助性质的华侨组织，通过普度发挥作用。普度使得福建华侨再次确认自己的归属。普度成为一种族群认同的象征，并为第二代和第三代华侨提供了文化教育和活动的场所。普度的轮班制度，不仅促使青年人知道祭祀的规则和构造，还促使他们培养起对传承传统文化的责任感。另外，他们通过参加狮子舞等艺能表演，来认识和表现自己的族群认同。

从横向角度来看，普度作为各地方的文化资源，为地域观光和经济发展做出了一定的贡献。各寺院的祭祀活动，不仅是一种由同乡会组织的族群文化仪式，而且已经逐渐成为地域性的节日，是华侨与当地人们共同享有的文化财产。例如神户关帝庙的普度被指定为地区的非物质文化遗产，同乡组织通过普度建立了与地域之间的社会网络。

六、旅日福建同乡恳亲会

福建华侨的另一个重要仪式是每年一度的全国规模的恳亲会。恳亲会始于1961年。举办恳亲会主要出于以下的背景[①]：如前所述，福建（多指福州、福清等北部）华侨多是依靠同乡的帮助来日，他们的特殊的职业形成了散居于全国各地的状况。1960年代初期，福建同乡已占日本华侨的1/4，而且已经有了一定的经济基础。但一方面，当时的国际形势和日中间的关系等给华侨社会带来了很大的影响。另一方面，长期远离故土，华侨社会本身也出现了许多新的问题，如怎样加强同乡关系、促进经济发展、怎样解决子女的就职和教育与婚姻问题等。尽管各地已经建立了福建同乡会，但是其活动一般局限于当地，没有扩展到全国。如何把福建华侨聚集在一起，强化和扩大其社会网络成为当务之急。在这种情形下，以京都福建同乡会为主的关西华侨提议召开旅日福建华侨恳亲会，并迅速地建立了会议的筹备委员会。筹备委员会的第一项工作便

---

① 对林同春（已故）的访谈（2003）及《旅日福建同乡恳亲会：回顾20年》。

是制作福建华侨名册。当时，由于日本和台湾当局仍有"外交"关系，召开有爱国色彩的全国性华侨大会并不是容易之事。在大会即将召开的前日，台湾当局驻大阪的"领事"向大会筹备委员会提出中止的要求，大会当天又赶上台风，尽管如此，第一次大会还是按计划在京都附近的温泉地召开。

第一次大会共讨论了九项议题，分别是结婚、回国探亲、青年交流、就职、普度、同乡名册制作、教育、恳亲会继承、团结和恳亲。其中与华侨青年有关的议题占有很大的比例，可见福建华侨继承人的问题被视为最重要的问题。作为解决问题的具体实践，自1962年起，每年10月在京都万福寺召开华侨青年男女交流会，之后被改名为"双喜会"，其活动一直持续到1980年代。而长崎、神户、京都三地区的普度，也成为青年男女相亲相会的场所。这些活动促使许多华侨青年结为伉俪。战后以来，在与故土隔离，很长时间没有后来人的情况下，对加强同乡意识，解决华侨之间的婚姻和教育问题发挥了其不可忽视的作用。换句话说，旅日同乡会的一个重要功能是在迄今为止的血缘、地缘的基础上，继承和扩展以姻缘为主的社会网络。

旅日福建同乡恳亲会的另一功能是进行族群教育，促进爱国爱乡和同胞团结，加强与中国的联系，建立日中友好关系。在福建同乡会刊发的《旅日福建同乡恳亲会：回顾20年》前言中这样写到：

> 福建华侨高举爱国爱乡的旗帜，团结一心，在华侨中起到了先锋带头作用。恳亲会的召开和发展，是最好的见证。它不仅在爱国团结方面，而且在促进中日友好等各方面，给旅日华侨带来了不可估量的影响，创造了无形的宝贵的精神财富，它是旅日华侨史上的一大创举。
>
> 恳亲会之前的30年，以及恳亲会的初期，对福建华侨来说可谓是饱经风霜的年代。由于日本帝国主义的侵略及其"三光"政策，使祖国的大好河山和故乡的人民遭受了不可言喻的悲惨灾害。旅日华侨不但被迫与亲爱的祖国和故土割断了联系，还要置身于受歧视和监视等痛苦环境中。
>
> 战后在政治、经济、社会的混乱中，特别是在国际形势及中日关系的逆境中，福建同乡面临着各种各样的难题。但是，福建同乡的前辈们，为了解决这些问题，克服困难，排除各种障碍，勇敢地、毅然决然地开辟了"旅日福建同乡恳亲会"。
>
> 后来，恳亲会在全国同乡的全面支持下，规模一年比一年大地发展起来。……现在对于福建同乡来说，恳亲会是光荣的传统和团结的象征。

第五章　走向21世纪的日本华侨社会空间与文化符号

从上文中可见,"爱国爱乡"、"同乡团结"、"中日友好"是恳亲会一贯的重要宗旨。日中邦交恢复前的10年(1961—1970年)可以称为恳亲会的黎明期——发展期。在这其间恳亲会在不断受日中关系和中国国内的政治形势的影响下,起到了加强爱国精神,促进同乡团结的作用。1970—1990年代是恳亲会从发展到高潮的阶段,日中邦交的恢复,给华侨社会带来了很大的影响,华侨们欢欣鼓舞,也使恳亲会焕然一新。例如1973年恳亲会的参加人数达到370名,成为空前的盛会。日中关系的改善,使得华侨们自由回祖国回故乡变成了现实,以这次恳亲会为契机,旅日福建同乡重新建立了与中国的联系。

中国的改革开放政策也给华侨社会带来了重大影响,1984年福建同乡实现了多年的愿望,恳亲会第一次在故乡福州隆重地召开,有420名华侨参加了大会。福建省副省长也参加了大会。恳亲会的活动没有停留在福建省,1995年的恳亲会在首都北京人民大会堂召开,除了400多名日本华侨以外,从中国香港、台湾和新加坡、马来西亚等地,也有许多福建同乡前来参加,成为国际性大会。就这样,通过旅日福建同乡恳亲会,福建同乡会的网络不仅在日本,而且扩展到中国和世界各地。

迄今为止,在日本只有福建同乡会保持着很强的同乡网络和活动。其理由如前所述:①福清帮独特的移居途径、职业与经济网络、居住与地域分布形态;②家族、亲戚特别是强有力的姻亲网络;③具有历史悠久的传统祭祀和打造现代的同乡会活动形式。而且同乡会的活动应时势所需,不再局限于日本国内的同乡会框架内,而是将其活动延伸到地域社会,并力求将其向心力回归中国。

通过日本福建(福清)帮的个案,可以透视出以下日本华侨史的多维和广角的时空场景:

(1) 移民史的时空。

1) 移民历史的持续与断层。福清帮移民日本有如下四个历史时期:①长崎贸易时期的福州系商人、水手、唐寺与唐僧;②开港后的三山帮贸易商;③20世纪前半期的吴服行商;④1980年代后的福清新移民。虽然,福清帮移民日本具有其历史持续的一贯性,但是四个时期实际上互不直接连续。而第四期中,日本已被编入福清人全球移民的一个环节。

日本一直是福清人的主要移居地,但是上述四个移民浪潮很明显是没有连续性的。在口岸开放后,福清商人进入长崎时,唐馆贸易已经衰退。而20世纪前半期移居日本的吴服行商与开港后来日的经营海产品贸易、杂货、旅馆业等三山帮华商不同,实质是不具有任何资本及技术的单纯的劳动力。由此,围绕这些行商人的入境问题曾引起日中间政策和外交上的争议。尽管战后的日本华侨经济受益于美军占领期对战胜国国民的特殊分配带来的资本积累而形成多样化，但如今福清帮的领袖人物其父辈几乎都是来日本的第一代行商人。1980年代中期来日本的福建新华侨，其中有一部分是抗日战争期间回国的福清人的后裔，是在福清地方被称为"战争孤儿"的日中混血儿，然而福清新老华侨的接触点仅此而已。在美国一直会有从广东而来的作为老华侨预备军的新华侨，可同时期移居日本的福清新移民，无论是出身地、文化背景还是移民途径以及经济活动等，都很少与老华侨有直接联系。

2）移民途径、空间分布与经济形态。第三期来日的方式，是如陈达所说的典型的链式移民。当开港口岸为先来的大贸易商帮所占据之后，福清帮只能向农村腹地发展。独特的行商网络的运作方式，使得新来者不停地被推向去开拓遥远的边陲，福清人也因此遍布于日本各地。在印度尼西亚，这种土著性为福清人提供了独立后商业发展的契机；在日本，则是加深了被歧视的历史印记。行商的移民，还为以商业移民为特征的日本华侨社会提供了容易被忽略的劳动移民问题的视点。

（2）认同问题与文化嬗变。

1）目前在日本的福清人除了新华侨以外，从语言到日常生活，基本上完全同化于日本。在政治身份上，则基本保留中国国籍。这是日本华侨社会的一个文化悖论。在族群身份上，无论入籍与否，他们基本保持作为华侨的认同。在地缘观念上，以居住地形成长崎华侨、横滨华侨、神户华侨这样的地缘意识，而祖籍地的地缘意识更多地融会到华侨或在日中国人这一"大认同"意识之中。

2）悖论形成的原因之一来自国家层面。日中之间在历史与制度领域存在着厚厚的壁垒，而华侨为了认同的持续就需要重新建构传统。如普度这样的祭祀活动，就在非日常的空间为华侨文化的延续提供了强有力的依据。

（3）组织结构与网络功能。方言凝聚力逊于日本广东帮的福清帮，可以具有超过前者的组织与网络活力。福清帮几乎都出身于龙高半岛，这种祖籍地十分集中的情形，在菲律宾也可以看到。但是，由此而形成的结果是菲律宾的地缘组织较弱而宗亲组织强大。日本则与此相反。其原因如下：

1）非正式的血缘组织——姻亲及其网络。作为对抗歧视与族群延续的重要方法，福清人形成了全国范围的同乡通婚圈和姻亲网络。与父系为主导的正式血缘组织不同，非正式的血缘组织以女性为主导。由此，福清帮同时获得了地缘组织的广度和血缘组织的深度。

第五章　走向21世纪的日本华侨社会空间与文化符号

2）传统的行商网络以标会形式集聚资金，当资金需求消失，这一方式遂成为亲睦的手段，并由此培养了下一代的亲情。

3）赢得绝对信赖的领袖人物的存在，无论对于组织还是网络，都具有十分重要的意义。

4）日本的福清华侨热衷于对故乡捐资办学与公益事业，同时他们也参加世界福清同乡会联谊会的网络。不过对于在故乡的投资活动，老华侨不如福清帮的新华侨积极。综合来看，语言不通是构成老华侨参与世界福清同乡网络的障碍。

至今，日本有关华侨地缘组织的研究，可能还没有超出日本内田的时代。特别是新近的有些研究，直接以东南亚模式套用于日本，似乎以为从华侨到华人就是移民社会唯一的普遍经验。如果不符合这一"经典"路径，那么就只能被以"特殊"为由而逃避解释。不过，如果比较美洲、欧洲和日本的模式，应该说所谓的东南亚模式，亦只是局限于民族国家形成这一特定历史时期的特定地域的特殊经验而已。与此相比，有关日本福清帮的个案，可以在我们寻找华侨华人与移民社会的普遍性时提供多样化的历史经验。

第六章
全球化背景下的唐人街比较
——以春节活动为中心

本书在前面几章对日本的华侨社会及中华街进行了详细的论述。唐人街是全球化现象，同样是唐人街，根据国度、地域及文化背景的不同有很大差异：有一边保持传统的生活空间，一边在与主流社会接触、冲突、调和的过程中，用特有的经济和文化资本建立持续的、共生的关系的唐人街（如美国纽约、旧金山等）；有脱离传统生活空间的脉络，寻求全球化中的地方化，通过与地域社会交流和融合，创造出新的超民族、超文化的唐人街（日本中华街）；也有在全球性的移动中，在与他者的接触和生活实践中，自觉不自觉地形成回归于传统生活空间的唐人街（各地形成的新的唐人街）。全球化中的唐人街是多元化的，针对其多元性，区域性的唐人街研究固然重要，然而如何运用比较文化学的理论，从共时性和历时性的视点来探讨唐人街的共性和特性，同样是一个重要的课题。

本章将以伦敦唐人街和旧金山唐人街为例，通过与长崎中华街的比较，从以往社会学、人类学领域中探讨的接触区、社会空间以及文化资源论等不同的视点出发，尝试对各种不同文化（主导文化＝主流社会文化、他族群、亚族群文化）在彼此的接触、融合、共存关系中形成的唐人街进行共时性的思考。

第一节
伦敦华人社会与唐人街

一、英国华人概况

从历史上看英国曾是欧洲华人社会的中心。据英国内务省资料显示，自2001年至2009年间，英国的少数族群人口从660万人到910万人，大约增加了250万人；特别是华人人口，从2001年到2009年间每年增加率为8.6%，至2009年为止已经达到了45.2万人。2011年前后有资料推测英国华人人口已经超过了50万人。华人人口32%集中在伦敦，其中70%是从香港移民而来的中国人，其中绝大多数来自新界地区。改革开放后，英国华人中来自中国大陆的人数开始增加，其中很多是留学生。伦敦以外，英国中西部的港口城市利物浦和早期的工业都市曼彻斯特以及伯明翰、爱丁堡、格拉斯哥等地，也有许多华人居住。在不同的地方都有新老唐人街的存在。

（一）华人移居英国的历史阶段划分

1. 1850年代—1945年

早期进入英国的是来自广东省的契约劳工，即"华工"。其历史背景和经过与之前移居北美和东南亚的华人劳工相似，并与鸦片战争后中国打开沿海城市的门户有关。中国港口城市的开放，英国商人得以自由进出中国。19世纪末，在东印度公司契约下的许多华工，作为船员在中国到英国的船舶上工作。这个时期，进入英国的华人并不多，而且大部分是独身男性，他们主要出入伦敦、利物浦和加蒂夫（加的夫）等城市，后来他们当中的一部分人回到了家乡，另一小部分人则留在了英国。留在英国的华人当中，有的人寻求在伦敦和利物浦等地定居，也有的人在当地等待与另外的船舶公司签约的机会。据说第一次世界大战时，与欧洲船舶公司有契约的华工，有来自山东、浙江、广东和上海等地的10万余人（Pieke，1998）。战后，他们几乎都回到中国，只有少数一些广东人留在了英国。1851年英国的华人只有78人，到了20世纪初期，

1911年为1319人，1921年增加到4382人，到了1930年，其人口总数达到了5973人。①

除此之外，20世纪初期渡英的华人中还有另一个群体，即从中国香港、新加坡、马来西亚以及加勒比地区和东非等英国旧殖民地国家和地区来的华人留学生。他们当中的大部分在留学后回到了当地，仅有少部分人留在了英国。

伦敦早期唐人街的形成具有以上的背景。即早期英国华人主要是19世纪殖民地时代所属东印度公司的船员。他们大多来自广东，本来不过是流动性很强的一时停留者，后来逐渐在当时的海口处——伦敦东部沿泰晤士河的兰豪思附近居住生活，而且，先到的船员会协助后来者寻找住处等。伴随华人的生活，兰豪思附近聚集了杂货店、洗衣房、烟店、修鞋店以及饭馆等，初具唐人街的规模，形成了伦敦早期的华人社区。1930年代以后，由于世界各地不景气，不再有船员来伦敦，以船员为服务对象的生意亦逐渐衰退，结果是一部分已定居的华人也只好回国。

2. 1945年—1980年代

这个时期的华人主要是经香港来英国的广东人和香港人两个群体，其中以香港人为多。他们来英国的背景有两个。一是"二战"后不久，像香港这样曾经是英国殖民地，即后来的英联邦国家和地区的公民权持有者被赋予英国臣民的地位，香港人可以较自由地出入英国，条件是有工作，而且在其入境的同时几乎和英国人一样可以行使政治和社会权利。在当时这种形式的移民（包括其他英联邦国家的移民）往往是由民间企业接纳。香港人主要是以投靠从事餐饮业的亲友为多。英国当时之所以接纳大量英联邦的移民，是基于战后劳动力不足的经济原因和旧殖民地的政治性的文脉。旧殖民地移民的大批流入，使得英国从1960年代期进入了移民劳动力经济时代。

二是中华人民共和国的成立和1950年代起香港经济的不景气以及联邦政府进行土地征用等移出地的各种缘故。香港人的移居本身并不很难，但是广东人要想来英国的话，一定要依靠在香港的亲朋好友的帮助。他们移居的形式一般是先投靠在香港的亲戚等到香港，之后再移居英国，很多人是靠传统的家族连锁性移民网络来实现这一目标的。"二战"后至1960年代中期，华人人口已达到6万人左右（Luk，2007：47）。1960年代中期开始香港人进一步增加，主要从事中华料理业，而且以（家庭）家族经营式的店铺为多。传统的、独

① Luk，2007：47；吴，2006：30。

特的职业以及家族式的经营方式，更加激活了连锁性家族式移民，使之成为当时的主要移居形式。

这个时期流入英国的华人，除了留学生和政治避难者等以外，大多是香港新界没有受过高等教育的农民、船员以及他们的亲戚朋友等。他们移居英国的主要目的是为了挣钱，并能帮助在家乡的家人们过上更好的生活。由于语言的障碍和种族歧视等，他们所能够从事的工作只有餐饮业及与其相关的职业。

3. 1980年代至今

1980年代以后，英国华人开始走向多元化，出现了新的移居。这个时期移居英国的华人可以分为以下几个群体：

首先是香港人群体。进入1980年代后，依然有很多投靠家属、亲戚的香港人来到英国，同时英国出生的华人也在不断增加。这主要是受到以往的英国移民政策的影响。前面提到，1960年代特别是1970年代，英国政府为了限制移民的流入，实施了外国人移居时在入境之前必须持有劳动许可，或者是具有英国所需求的技术和资格等，以及有在英国持有居住权的家属等政策。1960年代在华人移居高峰时进入英国的香港人，很多是只身一人来到英国的香港新界的农民。他们大多数从事餐饮业，并将挣来的钱定期汇给在家乡的家属。他们的女人则在家乡依靠丈夫寄来的生活费服侍老小，养家糊口。随着中餐馆特别是简易方便的中餐外卖店在英国的人气上升，外卖店不断增加，劳动力的需求也越来越大，这便是1970年代家属式移居明显增加的主要原因。这种家属移居形式1980年代以后亦一直在持续。早期只身一人来英国的男性，曾经梦想着回故里生活。但是妻子和儿女等家属的移居英国，使得他们改变了初衷，决定与家属们一起在英国落地生根。

1980年代以后移居英国的香港人中，也包括1997年香港回归前移居英国的"新来者"（newcomer）。1981年英国的《国籍法》并没有规定对于当时还没有独立的旧殖民地的人们在独立后给予任何移民政策上的优遇措施。对于1981年时还属于英国殖民领地，拥有众多人口的香港也不例外。1985年制定的《香港法》（Hong Kong Act, 1985）规定，对于在1997年回归中国之前申请移居英国的市民，可以从"英国属领地市民"转换为"英国公民"。但是，英国政府并没有认可"英国公民"的入境和居住的自由。即使是1990年的《国籍法》，亦还是设有专业人员优先等资格和接纳人数的严格限定（柄谷，2003：186-188）。

由于英国政府设置了诸多的限定，所以香港人并没有发生大量移居英国的现象。他们移居的方向更偏向加拿大、澳大利亚、美国和新加坡等,也有一部分人只是打算拿到英国护照而已。事实上离开香港的一部分人,由于生意上的关系不得不重新回到香港或者是做在移居地和香港之间飞来飞去的"太空人"。1990年代后期从香港流向世界的移民总数有了新的变化,1996年是40300人,1997年是30900人,1998年则减少到19300人(Benton and Gomez, 2008)。

其次是从大陆来的移民群体。与分布在世界其他地区的华人新移民一样,其移居背景有祖籍地和移居地的推拉两个因素。推的因素是1970年代后期开始的中国改革开放以及1990年代以后的移居自由开放政策,成为大陆移居者增加的最重要的起因。拉的因素则是2000年前后英国由拒绝到积极接纳的移民政策的转换,一是因为英国劳动市场的需要,二是受北美移民政策的影响。作为福利型国家,英国政府为了确保公共社会服务质量,决定用引入移民来解决劳动力不足的问题,于2000年修改了劳动许可制度,特别对医生、护士、教员和与IT相关的行业就业的移民进行规制缓和,并将劳动许可证的最大期限从4年延长到5年,在英国读书的欧盟以外的外国人大学毕业后可以直接取得劳动许可证。

另外,1990年代后期,以美国为中心掀起了新的经济热潮,由于IT技术人员的不足,美国首先将H1-B签证的范围扩大,开始积极接纳来自印度和中国等世界各地的技术人员,这种潮流在世界各先进国家之间形成了对高等技术人才的竞争。为了不输给加拿大、德国和日本等,英国在2002年实施了引入高等技术移民的特别政策,并开始接纳更多的留学生和技术人员的移居。其政策为留学生就职提供了极大的可能性,这是很多留学生完成学业后可以直接在英国工作的原因。目前英国成为继美国之后接纳留学生移民最多的国家,2000年代后期特别显著增加的是从中国来的初中和高中留学生。中国大陆的新移民从1990年开始增加,1991年英国接纳了400人左右,2003年则接纳了2600人左右。而且1991年到2001年为止,其总数从22058人增加到48459人(Luk, 2007:214)。然而,由于移民数量的剧增,2010年英国政府重新更改了限制留学生入境和学业结束后就业的法令,使得留学生在完成学业后难以轻易留在英国工作。据2008年的人口普查,在大伦敦居住的中国出生的华人总数达到12万左右[①],其中留学生总数约6万人(Robin Pharoah, 2009:10-11)。

除此之外,还有一个来自东南亚的华人移民群体。据1991年人口普查,

[①] Office for National Statistics, UK, "Control of Immigration: Annual Statistics", Home Office, 2008.

英国华人移民的原籍地比例如下：中国香港 34.07%，英国 28.44%，中国大陆 11.79%（2001 年为 19.22%），马来西亚 9.66%，越南 6.02%，新加坡 3.10%，中国台湾 1.04%，泰国 0.44%，菲律宾 0.26%，日本 0.13%，其他 5%（Luk，2007：72）。

（二）华人的传统职业及分散型居住形态

战前英国华人经济活动仅限于洗衣业和中式餐饮业。英国早期中餐馆业是从 1930 年代在利物浦和伦敦的码头开起的小餐馆开始的。如前所述，1950 年代由于经济景气和殖民政府对土地的征用等，从香港新界有大批移民涌入英国。但是，由于语言不通和种族差别等，他们无法找到工作，不得已只好开起餐馆，特别是外卖店。进入 1970 年代后，外卖店持续增加，成为华人的一大产业。为了避免同行间的竞争，外卖店分布到全国各地，从而形成了英国华人比较分散的居住形态。外卖店并非只限于英国，是整个欧洲中华餐馆的一大特点。分散居住和不起眼的存在是英国华人最大的特征，因而被称为"沉默的少数族群"（Benton and Gomez，2008：172）。因此，英国华人与其他地区华人相比，传统的华人组织较少，功能也不是很强。

华人居住的分散性从各类统计中也可以观察到。根据 2001 年的人口普查，英国全国的华人人口有 247403 人；其中居住在大伦敦的最多，有 80210 人，但也不过是华人总人口的 32%。而且即使在大伦敦内也没有华人人口超过在地总人口 2% 以上的区域（吴，2006：3）。与华人人口在所居住地区所占的比例在 1% 甚至以下相比，其他少数族群在所居住地区的比例呈现出明显的聚居特点，如西印度群岛系是 21%，印度系是 18%，巴基斯坦系是 14%%，孟加拉系是 30%，很少有少数族群如华人人口一样在居住区的居民中所占的比例在 1% 甚至以下的（Benton and Gomez，2008）。

二、伦敦唐人街的形成和发展

（一）伦敦唐人街的形成

伦敦的唐人街被称为伦敦华埠。早期唐人街是在伦敦东部的兰豪思地区。如前所述，早期的英国华人主要是 19 世纪殖民地时代所属东印度公司的广东籍船员，他们在当时的入海口处即伦敦东部兰豪思地区形成了早期的唐人街。当时的华人作为种族歧视的对象虽然为主流社会所排斥，但是对于一部分上流人士来说，唐人街也充满了异国情调，是富有神秘和幻想的空间，曾被称为"东旅之门"（Gateway to the East）。在"二战"前唐人街作为犯罪、贫困、不可思议的异国之街通过文学作品和电影等被印象化，成为当时英国对东方的典型认知。"二战"期间的空袭令伦敦东部遭到毁灭性打击，唐人街也被全面破坏。

1950年代伴随香港人的增加，很多华人开始进入索霍地区。索霍地区的主要街道爵禄街（Gerrard Street）是在17世纪末形成的，当时有很多艺术家居住在此地，19世纪中期走向衰退。由于这一地区房价便宜，19世纪后期开始，来自法国、匈牙利等地的欧洲移民和犹太人流亡者移居此地，曾经形成了几个移民社区，之后发展为移民街区（City of Westminster, 2005：3）。但是后来在这一地区建立了很多娱乐设施，进入20世纪，特别是"二战"后这里逐渐成为伦敦的夜间娱乐街区，有很多娼馆和色情酒吧等，因此土地的价格也极为便宜。华人的居住和经济活动使得这一地区逐渐形成唐人街，这便是今天伦敦唐人街的原型。

也就是说，伦敦的唐人街是在1950年代开始形成的，目前已超过巴黎13区唐人街，被认为是欧洲最具规模的唐人街。但是今天的唐人街的整建和发展实际上是在1980年代以后。

（二）伦敦唐人街的发展

1978年，为了建设和发展唐人街，在唐人街进行经济活动的有志者们成立了伦敦华埠街坊会（后改称为伦敦华埠商会，以下统称华埠商会）。促使华埠商会成立的背景中有华人当时所陷入的几重困境，即香港当时虽然是英国殖民地，但香港华人却从来没有受到殖民地臣民的待遇，而是经常处于被歧视的地位。当时在唐人街经常发生的现象是：一些当地白人随便到餐馆里白吃白喝，从不付账。由于唐人街没有正式成立，也没有组织进行管理，因此店主们没有地方说理，只能任其欺负。另外，在1980年代前后，中国的国际影响力逐渐增大，随着中国与欧洲国家特别是和英国之间的关系的改善，华人们需要从宗主国臣民和中国系移民（中国人）这两种立场出发可以堂堂正正地与在地政府进行对话和交涉的窗口。

华埠商会成立后，华人们首先从宗主国臣民的立场出发，向在地的西敏市政府提出正当的要求，要求政府出面处理华人们所面临的不平等境况。西敏市政府接纳了这一要求并出面调停、解决了长期以来华人店主们与白人之间的金钱纠纷和争执，华人店主们得到了赔偿。这是唐人街组织与政府交涉后成功解决的第一件事，之后没有再发生过类似事件。

当时华埠商会所主持的另一重要之事是需要在地政府的协助以推动唐人街的建设。1970年代末左右，唐人街已经有很多中餐馆和中式超市等，当时政府并没有正式承认其为唐人街。据华埠商会第一任会长李志章先生说，当时他在与政府交涉时，强调了1950年代以后华人在这一地区对英国餐饮业的贡献，政府应该承认像华人这样的少数族群的成绩并支持其发展，特别是英国和中国关系的改善，已在国家层面建议在伦敦建立唐人街等。经过多次对话和交涉，西敏市政府接纳了建设唐人街的提案，并于1985年修建了唐人街的牌楼和中式凉亭以及唐人街的道路。这是因为唐人街地处市中心，作为观光点可以为城市的旅游观光起到重要的作用。基础设施的建设使得"伦敦华埠"——伦敦唐人街正式成立。随着唐人街的成立，越来越多的店铺开始进入唐人街。

（三）如今的伦敦唐人街

今日的伦敦唐人街网罗了周边的几个街道，区域内有中餐馆（包括东南亚地区）78家，药店、杂货、超市、旅行社等53家，其他酒吧和西式咖啡店等12家。

唐人街中以爵禄街（Grerrard Street）最为热闹，刻有"伦敦华埠"的牌楼有三处，是唐人街的象征。唐人街里除了中式凉亭外，也有中式电话亭和汉白玉做的双狮。唐人街的餐馆以广东式为主，店头常挂有"飲茶 Dim Sam"的招牌，具有香港街道景观的特点。索霍位于伦敦市中心的皮卡迪利广场的东北，区域内有很多电影院、剧场、餐厅和夜总会等，十分热闹。唐人街位于索霍的一角，距离皮卡迪利广场很近，作为观光地具有绝对优势的地理条件。伦敦唐人街与日本横滨中华街很相似，都是位于城市的中心，是城市中重要的旅游景点。从规模上看，伦敦中华街虽只有横滨中华街的三分之一，但伦敦唐人街聚集了来自欧洲以及世界各地的游客。与日本中华街不同，伦敦唐人街是海外华人世界信息的发源地，唐人街的超市、餐厅等，对于居住在唐人街附近以及伦敦市内和周边的华人来说，是日常生活中不可缺少的存在。

事实上伦敦唐人街像现在这样成为有名的旅游景点，吸引世界各地的游客，是在2000年代以后，特别是唐人街发起的春节活动自2002年起由在地政府参与策划和赞助下扩大为伦敦中国新年（Chinese New Year）以后，中国在政治、经济上的崛起和国际影响力的增大等是重要的时代背景。唐人街在华人与在地政府的关系以及在英中政府间的关系中具有重要的位置,作为英中政府间文化交流的窗口起到了很重要的作用。

三、唐人街和中国新年

(一)唐人街的春节活动

唐人街的春节活动在华埠商会成立前便已开始。如前所述,1971年前后居住在英国的香港华人已经达到5万人左右,其中在伦敦的华人很多分布在索霍的爵禄街周围,其职业集中于餐厅和外卖店等饮食行业,曾经引起欧洲社会的关注。据载1970年代初期有关春节活动的情况如下:1971年华人的春节活动在爵禄街周围举行,当时中餐馆的店主们表演了舞狮舞龙,参加者均为男性。其中也有非华人。1972年没有举行春节活动,因为当年为鼠年,据说鼠年容易发生瘟疫,不适合举办庆祝活动。1973年是牛年,在爵禄街附近再次举行盛大的春节庆祝活动。据说活动也遭到当地一些人的反对。其理由是感到还没有发展起来的地区,利用新年作为手段,其目的是将唐人街公共区域化,对在地社会构成了一定的威胁性。尽管如此,1973年的春节活动十分盛大,地铁车站到处张贴了宣传广告,来访者除了华人以外,也有许多本地人和外来的游客。节目之一的舞狮的舞者是从香港请来的,据说节日活动收益的一部分付给了这些舞者。当时唐人街还没有自己的商业性组织,春节活动是店主们自发组织举办的。[1]

1978年华埠商会成立以后,唐人街开始有组织地策划举办定期性的春节活动。据李志章先生说,当时他们是自筹资金进行春节活动,规模很小,只是设各种摊位和进行狮子舞的采青,在唐人街里还设置了一个小小的舞台,喜欢唱歌的人谁都可以上去唱上一曲,以自娱自乐为主。后来这个舞台由业余转向半专业,开始有一些音乐、武术表演等,舞台的表演性质也越来越强。1970年代末至1980年代中期,春节活动只是在离春节最近的星期日举办。

1985年西敏市政府完成了唐人街门楼和道路的建设后,为了让更多的人

---

[1] A. Roy Vickery and Monica E. Vickery, "Chinese New Year Celebrations in London 1971-1973", *Folklore*, Vol. 85, No. 1 (Spring, 1974), pp. 43–45.

了解唐人街，春节活动扩大到附近的莱斯特公园广场，活动中开始有移居伦敦的大陆新移民音乐家表演。莱斯特公园广场附近，有很多电影院、剧场、夜总会和赌场等娱乐设施，加上游客较多，人来人往，春节活动期间就更是人满为患，道路挤得水泄不通。作为春节活动的会场，唐人街和莱斯特公园广场都有极大的局限性。为了解决会场问题，华埠商会多次与西敏市政府交涉商谈，甚至考虑到建设第二个唐人街。

2001年前后，唐人街附近的特拉法尔加广场（Trafalgar Square）大规模的重新修建完工，又逢伦敦市市长更迭时期。华埠商会瞄准这一契机，2001年邀请新市长来唐人街参观，适时提出了在特拉法尔加广场举办春节活动的意愿，市长爽快地同意了其提案。理由是华人是第一个在特拉法尔加广场活动的少数族群，伦敦作为世界首要城市之一，可以向世界宣传伦敦具有欧洲最大规模的唐人街的形象。华埠商会与在地西敏市政府协商，决定自2002年起在特拉法尔加广场由双方共同举办中国新年活动。至2013年为止，共举办了12次大型中国新年活动。特别是2012年伦敦奥运会时，中国新年成为伦敦奥林匹克之年的第一个大型活动。

中国新年活动的运营组织由华埠商会、唐人街狮子会、唐人街华人社区中心和西敏市政府的有关人员构成。与日本不同的是，整个活动的实施委托给专门的活动经营公司具体操办，协助人员有50多名华人志愿者，其中亦有大陆的新移民；警备等由在地的警察署担任，春节活动的准备工作是从春节前半年左右开始。①

特拉法尔加广场的中国新年活动虽然只有一天，但在唐人街从除夕起就有狮子舞的采青和化妆游行。中国新年期间唐人街、莱斯特广场和特拉法尔加广场会举办各种不同的活动。值得注意的是2002年在特拉法尔加广场开始中国新年活动以后，每年中国都会派艺术团参加活动，即伦敦的中国新年已经不完全是伦敦唐人街或者是伦敦市的活动，而是带有政府间文化交流活动的性质。特拉法尔加广场的舞台表演，除了当地华人和学生们的舞狮舞龙以外，艺术团的表演已经成为惯例。中国新年的规模也是一年比一年盛大。

2011年开始唐人街的春节活动的时间延长到一星期左右。春节期间有化妆游行、舞狮舞龙和民族舞蹈等，还有以唐人街的店铺为中心的狮子舞的采青。特拉法尔加广场的舞台以舞狮舞龙和中国艺术团等各种表演为主，莱斯特

---

① 对唐人街华埠商会吴国雄会长（2010年8月）、唐人街华人社区中心主席Christine Yau的访谈（2013年2月）。

广场则以春节的饰品和烟火为主。2012年是伦敦奥林匹克之年，中国新年作为与奥林匹克有关的第一个开年活动，在特拉法尔加广场有微型万里长城和其他有中国特色的激光表演，活动时间亦较以往延长到深夜。伦敦特拉法尔加广场的中国新年活动虽然只有一天，但其规模据说在海外是数一数二的。

春节活动的资金筹措在2002年以前主要来自唐人街店主们的集资，2002年以后春节活动被扩大为中国新年以后，活动资金来自西敏市政府的资助和地区企业的赞助。

唐人街之所以成为伦敦的重要的旅游景点，除了唐人街本身所具有的异文化性以外，还有唐人街得天独厚的地理条件。唐人街位于博物馆、电影院、剧场和各种餐厅及夜总会、赌场等各种娱乐设施俱全的索霍的一角，距离伦敦中心的皮卡特里广场徒步只要三分钟左右。一般来说来访伦敦的游客一定会光顾此地。因此，即使不是假日唐人街也会有很多游客。最近特别显著增加的是从中国大陆等世界各地来访的华人游客。

唐人街和中国新年成为旅游资源和地域的品牌，不仅给唐人街带来经济利益，而且也给周围的娱乐设施带来更实惠的经济影响。迄今为止，唐人街和周围的地域社会没有太多的关系。但是，通过中国新年活动，唐人街知名度不断提高，同时对周边社会也产生了一定的影响。为了使地域社会更加活跃，在地政府和地域间也开始尝试进行各种联系活动。就有关事项，Yau说："英国政府提议让各地政府给当地的人们发言权利，主张有关地域发展应该聆听该地区人们的意见。最近提出了一个新的方针，叫做'邻近地区论坛活动'（Neighborhood Forum）。目的是让各个地区在区域内建立横向联系。例如，唐人街和周边的莱斯特广场建立合作关系，就地域发展共同进行探讨和协商等。唐人街的圈子很小，与邻近地区的人们是抬头不见低头见，遇到问题有时也会共同商量。"最近经常谈到的是有关"Hippodrome"（赌场、娱乐场）的计划。[1] 为什么是赌场？赌场与唐人街究竟有什么关系？

我们知道，很多华人喜欢赌博。唐人街周围有很多赌场，经常会出没于赌场的华人有些是在唐人街里工作的，也有人是住在附近的，更有一些是从外边来的游客。最近一家集团企业看准华人的这种市场，将邻近唐人街的旧剧场改造为新型的赌场，这便是"the Hippodrome Casino"（赌场表演场）。自称拥有英国第一个世界水准赌场的the Hippodrome Casino耗用了4000万英镑的投资，花了近30个月时间，将具有百年以上历史的马戏院（Hippodrome Theatre）改

---

[1] 对Yau的访谈（2013年2月）。

造成为现在包含赌场和带有表演舞台的综合表演设施的综合性场所，并于2012年7月正式开始营业。在其开张典礼时，伦敦市市长出席了典礼仪式并发表讲话，讲话中高度评价了西敏市的这个新型超级的表演综合设施的完成是一个壮举，其巨大的投资不仅使具有百年以上荣耀和历史的剧场得到保存和复活，而且为该城市提供了几百人的就业机会，促进了地域经济的发展，贡献巨大。赌场表演场是四层建筑，有完善的赌场设施、天井很高的舞台和有180人座位的剧场。并且，有提供包括中餐在内的150人座位的大型餐厅、5个酒吧和4个包房等。因为距离唐人街很近，雇用4名中文翻译，电梯等公共设施里也标有中英双语。其目的是吸引来访此地的游客，特别是华人游客。据有关人员说，在这一地区开业的最大利益点是可以活用唐人街这个名牌，以华人为生意对象。特别是中国新年的成功，使得更多的游客光顾此地，今后也一定会有更多的华人游客光顾赌场。因此，其设施在语言环境等各个方面为方便华人利用而下了大功夫。这也是与同地区其他同类企业进行竞争的具有差别性的战略。该战略正是因为有唐人街的存在才能实现。据说该企业与唐人街保持了很好的关系。当然，不仅是华人，在演艺行业和餐饮业等与该地域有很密切的关系的俄罗斯等地的游客，也是该企业不可忽视的目标。①

可见，唐人街和中国新年作为旅游资源和地域品牌的成立，带动了周围地区的经济效益，双方相辅相承，在互动过程中创造了进行文化资源和旅游资源再生产和储蓄的连带关系。

（二）唐人街的变化

1990年代以后，大陆新移民的到来让唐人街发生了很大的变化。以前，唐人街的主人公主要为香港系移民；新的移居者来自中国各地，特别是东北和福建地区，他们成为唐人街的新的主力军。

伦敦华侨中原籍东北者很多是以留学生身份来到英国的，他们的目的其实并不是学习而是工作，而且最近经常会看到有父母陪伴的移居形式。当然父母陪伴的形式其实不仅限于东北人，已经成为现在来自中国各地留学生的一个特点。以往唐人街经营者的第二代，由于他们更多接受的是高等教育，很多人已经离开唐人街，在唐人街外的公司等就职，代替他们进入唐人街的是来自马来西亚的廉价劳动力。然而，之后随着东北人的进入，他们在餐馆等行业的工作

---

① 对 The Hippodrome Casino 的所有者 Simon Thomas 的秘书 Ian Haworth 的访谈（2013年2月）。

很快便被东北人代替。来自东北的华侨一般在完成学业后都留在英国工作（Liang & Morooka, 2004; Pieke & Xiang, 2008）。

众所周知，福建省是具有移民传统的地区之一，以往福建人的移居地主要是印度尼西亚、菲律宾和马来西亚等东南亚地区。但是1980年代以后伴随福建省大量新移民的世界性外流，他们的移居地开始转向美国、日本、欧洲等发达国家和地区。福建移民最常见的移居方式是通过蛇头进行偷渡（Pieke, 2002）。英国开始出现福建移民是在1990年代以后，由于福建人很多是非法移民，所以申请政治避难者较多（Pieke, et al., 2004: 110）。在英国的华人申请政治避难者在2000年以后急速增加，可以想象是出于以上的背景。①

福建移民来到英国后一般作为廉价劳动力被香港人或广东人的餐馆雇用，他们的工作一般从在厨房洗青菜、清扫等工作开始，几年后逐渐转变为厨师等。在2004年前后，75%～80%的伦敦唐人街餐馆雇用福建移民，在厨房工作的半数以上为福建人，其数量为300～400人。但是，即使是廉价劳动力，他们的工作也经常被新来者所顶替，多数人工作几个月就得换工作，很难找到一份安定的职业。以学生身份来英的东北人也会在唐人街餐馆竞争工作，与福建人相比，教育程度较高的东北人往往会得到餐馆接待员的工作，而英语能力较低的福建移民工作一般只限于厨房内。

近年来由于警方对雇用非法移民的经营者的惩戒在强化，很多福建移民不得不离开饮食业。加之最近英国开始严格限制从中国大陆或香港招聘厨师，目前唐人街很多餐馆陷入厨师不足的状态，成为唐人街中华饮食业的最大的问题。②

新移民的登场使得唐人街社区结构呈现出多层化。新移民的到来和新的需要带来了中餐的多样化。唐人街餐馆原来多以广东菜为主，现在则有四川菜、北方菜、台湾菜和日本菜、韩国菜等各种菜系。业种也由单一的饮食业向银行业、旅游业、按摩业、中医中药业等行业变化发展。而且，广东话已不再是唐人街的主流语言，目前主流语言是普通话。

伦敦唐人街目前是世界各地游客光顾的人气旅游景点，唐人街小巧玲珑，有便于周转观光的优点；但是，唐人街范围和街道狭窄，特别是周末和节日时，经常是非常拥挤。2007年，英国查尔斯王子访问了唐人街，并商议设置

---

① 在英国中国人政治避难申请者1989年只有5人，2000年2625人，2001年4000人，2002年增加为3735人（吴，2006: 30）。

② Pieke等人2004年及2010年的调查。

王子基金会，以便更好地推动唐人街的发展。唐人街华埠商会与西敏市政府就唐人街发展问题进行了多次协商，有关提案包括建立新中华牌楼和扩建唐人街等重新开发唐人街的计划（投资额达5000万英镑）。但是，由于近年英国的不景气，基金会方案不得不推迟，其计划至今未能实现。

与纽约和旧金山一样，在伦敦郊外也形成了新的华人社区。比如伦敦近郊的伯内特在1990年代以后集中了很多新移民，形成了新型的唐人街。在这一地区积聚了贸易公司、旅游社、餐饮店等小型的自营企业。其特点在于他们的服务对象不单纯是华人，在与地域社会（白人社区等）以及巴基斯坦和西非等其他少数族群共生共存中，进行经济活动。店铺等多集中在商业地区（包括商业中心等），其中东方城曾经为其中心。东方城曾经是海外最大的日本人商业中心。1990年代中期，东方城由于日本国内的不景气和企业的倒闭等而衰退，最后其经营权被华人企业收购。之后，不仅华人企业，韩国和东南亚等族群企业也开始进入，使其成为新型的亚洲城。尽管如此，东方城所表现的中国文化，对分散在城市近郊的华人新移民认识和保持中国文化认同起到了重要的作用。东方城因各种原因于两年前关闭，但是在该地区的周围仍然集中了很多华人以及其他少数族群的移民。

以上对伦敦的华人社会以及唐人街进行了论述。为了进一步证实伦敦唐人街的特征，以及全球化时代唐人街的共性和差异，在对日本的中华街进行简述后，对旧金山传统唐人街和华人社区结构进行论述并与长崎中华街进行比较，最后运用接触区和社会空间以及旅游资源的视点来探讨三个不同唐人街的共性和特性。

第二节
旧金山传统唐人街的空间与日本中华街（以长崎为主）之比较

一、旧金山唐人街及华人社区的结构

旧金山唐人街规模最大，华人人口有10万左右，是一个有完整的社会功能、持续的华人（广东人）社会。唐人街既是华人的经济和社会活动的场所，

又是华人生活的空间。旧金山唐人街始于1850年代前后的淘金热,以广东人的集体移居而形成。之后他们在美国获得公民权,为后来广东人的移居奠定了社会基础。链式的移民方式使得以广东人为中心的地缘和血缘的社团组织,伴随着同一地区的移民的到来而持续地发挥着作用,至今其功能未衰。在1960年代美国新移民法制定的影响下,华人移民也呈现出更多的多样化。

与唐人街直接有关的的群体主要包括:早期移民(大多已经不在),早期移民的后代(土生华人),1970年代以后移居美国的早期移民的家属和亲属,香港、澳门的移民。尽管各个群体各自所拥有的资本、认同等不同,但是,这四种移民群体是具有同样的祖籍和方言的群体,其群体有着同样的对祖宗、家乡的感情和经济上共同的利害关系,是建构唐人街及春节活动的直接策划者和参与者。

(一)旧金山唐人街的形成与族群社区的特征

华人移居美国的历史可以追溯到1850年代。在淘金热的浪潮中,许多华人抱着一攫千金的梦想飘洋过海来到美国,他们最初登陆的地方就是旧金山。旧金山曾经诱惑过成千上万的华人移民。

当时移居美国的华人大多来自广东省珠江三角洲及与其相邻的潭江流域四邑地区。这些地区地少人多,因为生活贫困窘迫,很多人出奔异国他乡。另外,珠江三角州等地很早就有与欧美人相接触的历史,即使是在清朝禁止对外贸易的时代,这一地区口岸仍然对欧美开放。除此之外,当时中国本身的政治与社会的不安定也造成了大量移民的产生。

乘淘金热潮移居到加州的华人,在1852年已经达到2万多人。1860年代由于采矿业的衰退,华人开始转向从事其他的产业。特别是1860年代当横跨美国大陆东西的铁路建设开始时,相当大部分的华人成为了铁路建设工人。不仅如此,华人还是旧金山烟草、鞋、服装等行业的主要劳动力,也有一部分人从事洗衣、餐饮及家政等行业。总而言之,当时的华人以从事体力劳动为主,约占全旧金山劳动力的四分之一。从1850年开始至1882年排华移民法令制定时为止,先后共有30万左右的华人到美国充当廉价劳动力,为美国西部的开拓及各种产业的发展等做出了极大的贡献。

华人移居到海外,人地生疏,举目无亲,语言隔阂,这种存在于社会上、心理上、经济上等各方面的困难,促使他们自发形成集体聚居的形式,于是便在各地出现了唐人街。华人最先登陆的港口城市旧金山的唐人街最为古老,当时被称作"小中国",被视为美国华人的政治、经济和文化中心。1870年代起美国排华运动日益高涨,1882年加州最终制定了禁止华人入境的排华法令。在十分恶劣的形势下,唐人街成为华人唯一的栖身之地和避难所。

19世纪的美国华人大多来自中国农村,他们有着浓厚的地方和家族观念,移民在一个地区立足,就设法将其同乡迁至同一地区谋生。这种通过血缘、地缘——家族和同乡的链式移民形式,营造了同乡在同一地区居住、从事同一职业的现象。传统的链式移民方式至今仍可以从广东新移民的移民途径中看到。

19世纪后期至20世纪初期,美国的华人社会是一个以男性为主、由少数商人控制的社会,表面上看与当时的中国没有什么两样。男人遵守清朝的留辫制度,女人也保留了缠足的风俗。日常生活中,吃的是广东菜,说的是广东话,遵守的是广东习俗,非日常性的喜庆丧事、宗教礼仪和民间节日也都是按照家乡的方式进行。①

(二) ABC (America born Chinese):土生华人与唐人街

19世纪末,美国华人的90%以上都是在美国以外出生,大多数是没有美国国籍的名副其实的华侨。进入20世纪后,美国本土出生的华人人口增加到华人人口的10%,至1930年代土生华人数已超过美国华人人口的半数。② 他们拥有美国的国籍,而且受美国社会和文化的影响较深,无论是语言、生活习惯还是思维方式都比较接近白人社会。他们有着强烈的争取华人权利和进入主流社会的愿望。

1943年排华移民法令废除后,华人不但可以获得永久居住权,还可以把家属接到美国,从此华人社会出现了新的变化。从这时起,华人在美国的工作范围越来越广,一部分华人特别是商人和专业技术人员等,在美国成功的机会也逐渐增多。经济状况的改善带来了生活环境的变化,许多华人离开唐人街,搬到了繁华的旧金山市中心或是环境幽静的郊外。生活样式的改变给传统的唐人街和华人之间的关系以及华人社会的活动带来了很大的影响。由于华人的世代交替、华人家庭形态的变化以及华人不断地向唐人街外的迁移,传统的华人血缘和地缘组织的相互扶助的作用被削弱。同时,许多华人参与主流社会的活动,建立新的社会网络,远离传统的华人组织。特别是在美国出生的华人子

---

① 刘伯骥,1982;麦礼谦,1992。
② 麦礼谦,1992:130-131。

弟，传统的地方与家族的观念淡薄，汉语的应用日渐生疏，对以往中国的传统风俗习惯和祭祀活动感到陌生，对参加华人团体和组织的活动也持有消极态度。

然而，1960—1970年代，受到美国各地兴起的少数族群运动的影响，年轻的土生华人开始试着去寻找自己的根，重新去学习和认识中国的历史和文化。他们积极地参加美国亚裔人的各种政治运动，力求在运动中摸索自己独特的政治性和文化性认同的象征和表现。特别是1970年代中美建立了外交关系后，美国也一度兴起了中国热，许多华人回国寻根问祖，他们希望通过文化的回归，来寻找一种民族性的认同。具有中国文化象征意义的唐人街以及那里的节日和艺术活动，使他们找到了新的答案。

（三）华人移民多样化与唐人街

1965年美国新移民法的制定，促进了华人移民的多样化。新移民法公布以后到美国旧金山的华人可以根据他们的来源地分成以下几个社会集团：

首先是从港澳来的移民。他们大多祖籍是珠江三角洲及四邑一带，其中也有来自华南等其他省份的。其中有一部分人出身于农村，后来到了香港，在思维方式和生活习惯方面与早期华人很接近。他们的下一代因为从小就生活在香港、澳门，不仅习惯于城市生活，也懂一些英文。他们是比较容易融入美国主流社会的一群。港澳移民中有一部分人是带资金到美国投资，也有一部分人以旅游或留学身份进入美国，然后待调整好身份后在美国定居，随后将其家属办到美国。来自港澳的华人属于粤语系，他们与唐人街有着密切关系，他们的到来无论从日常生活用语还是社会和商业活动方面都对唐人街影响极大。

其次是来自台湾的移民。最早的台湾移民主要是1950代以后的留学生，属于精英一族，许多人毕业后成为医生、学者、专业技术人员等白领，然后留在美国取得美国国籍，并把家属接到美国。他们为后来到美国的台湾移民打开了渠道。1970年代以后随着台湾移民的不断增加，在旧金山和近郊湾区都出现了台湾人的社区。台湾的一些商人曾经在唐人街从事房地产业，但目前和老唐人街的关系较为淡薄。

再次是来自大陆的移民。1970年代以后，大陆移民急剧增加，其中大部分是美国华人的直系亲属。他们虽然来自中国各个省份，但还是以来自早期华人的祖籍地珠江三角州和四邑地区的人数居多。这是由于美国华人的祖籍以珠江三角州和四邑地区为最多，19世纪后期开始至今，沿用了家属、亲属等链式移民的方式。排华移民法的实施，曾经让移民一度被迫中断。但随着排华移民法的废止及后来新移民法的制定，传统链式移民形式重新恢复，1970年代以后移居美国的广东省移民，几乎都是以这种移民方式移居美国，他们自然成为唐人街居民的一部分，与传统的宗亲和同乡团体与组织保持着密切关系。他们和早期华人一样是以唐人街为生活基础，由于他们的到来，一时濒临衰退的唐人街获得了新生。

1980年代以后，中国的改革开放政策使得一大批高学历的留学生从大陆到美国。他们来自全国各地，特别是高等院校较多的北京、上海等大城市。他们毕业后除了一部分回国创业以外，大多留在美国，作为专业技术人才活跃在各种领域。他们有美国身份，属于华人社会的中上层。但是他们和唐人街几乎没有任何联系。

1990年代以后，有更多的通过各种途径到美国的新移民，其中也包括非法移民。来自福建的非法移民，大多生活在美国东部，和唐人街有密切关系。但在旧金山地区福建人很少。也有一部分从其他省份特别是从东北地区到美国的新移民，尽管他们在移民背景上与早期华人有相似的地方，但移民途径等和传统移民完全不同，他们没有自己的同乡组织，方言的隔阂也使他们和唐人街的关系生疏。

除了以上的移民社会集团以外，还有从东南亚各地到美国的华人移民。由于1970年代东南亚政治和经济形势的不稳定，导致大批难民流落到北美等地。难民中包括许多华人，他们的祖籍大多为闽南、海南以及闽粤客家人。他们在旧金山有自己的组织和社区，一部分人和唐人街有关系。

（四）华人社团组织与唐人街

1. 七大会馆与六大侨团

一走进旧金山唐人街，首先映入眼帘的是鳞次栉比的会馆、会所、公所等建筑物，旧金山唐人街以会馆、会所之多闻名。唐人街有被称为"邑界"的地缘组织、"姓界"的血缘组织、"堂界"的帮会组织和"行会"的商业组织四大类型，其中"邑界"和"堂界"是掌控整个唐人街的主要社团组织，旧金山唐人街的会馆和会所等建筑，几乎都属于这两大界。

"邑界"即地缘组织会馆，该组织的诞生很早，早在1850年代初期，广东人便成立了三邑、四邑、人和、新安四大会馆。后来经过多次分裂、组合及兼并，最终形成了三邑、冈州、肇庆、合和、宁阳、阳和、人和七个会馆，并延续至今，这即是所谓的"七大会馆"。会馆具有相互扶助、联谊、救济、祭祀等功能。

"堂界"也称帮会，起源于中国的洪门系统。但美国的帮会组织虽然采用洪门的仪式结社，却与洪门没有直接关系。美国的帮会组织称为堂，它不同于地缘组织的会馆和血缘组织宗亲会，其成员的背景极为复杂，多为社会下阶层的人物。"堂界"的宗旨虽然是团结互助，支持正义，但其后来变质，成为保护少数人经营毒、娼、赌利益的黑帮式组织。19 世纪后期到 20 世纪中叶，由于美国政治、经济、社会等各种原因，唐人街经常成为各派势力争斗的场所，堂械是华人社会最常见的冲突形式。[1] 旧金山唐人街曾经有致公堂等 30 多个堂号，后来经过合并和改组等，最后构成致公堂、秉公堂等六个堂会，被称为"六大侨团"。具有黑社会性质的六大侨团曾经凌驾于其他社团之上，控制着整个唐人街，直至 1970 年代。[2]

进入 1980 年代，六大侨团的势力减弱，七大会馆在唐人街开始占据优势，主要有外在和内在两方面原因。从外在的角度来看，以前唐人街是由华人社团管理，政府从不问津，但中美建交后，政府逐渐加强了对唐人街的管理，因此大大地削弱了已经渗透到政治、经济、社会、生活各个领域的六大侨团的势力。从华人社会内部来看，美国新移民法的实施，使得更多的华人眷属来美，华人的家庭社会结构发生变化。侨团的许多人为了维护家庭利益，开始疏远不法活动，从事正当的职业。侨团活动的本身也在走向合法化，有些侨团逐渐开始把精力和财力放到华侨社团的发展和唐人街的建设上。[3]

另外，唐人街还有华人的统一组织中华会馆。1870 年代，为了应付日益高涨的排华运动，清朝派驻美公使到各地建立领事馆。在公使和旧金山领事的推动下，旧金山成立了全美华人统一组织机构中华会馆。中华会馆既是向外界的华人社会的代言人，又起到了领事馆和华人社区之间的媒介作用。中华会馆的董事会由各个会馆派代表组成，为了避免各派的争执，领事馆也参与了董事会。[4]

与会馆组织有密切关系的是华侨的"姓界"组织，即姓氏相同的人可以参加同一组织。这些组织为宗亲会和公所，其功能与会馆相同。

---

[1] 麦礼谦，1992：32-37。
[2] 对旧金山湾区中国统一促进会会长、全美中国合统会联合会总会理事长池洪湖的访谈（2004年2月）。
[3] 对池洪湖的访谈（2004年2月）。
[4] 麦礼谦，1992：38-42。

"行会"是保护经济利益的华人商业组织。19世纪后期，随着美国西部社会经济的发展，华人各行业间的竞争开始激烈，因此出现了许多同行业的社团组织。但是，由于华人职业的变迁，20世纪初期大多数的同行业组织被淘汰。

2. 春节活动的中坚组织——中华总商会与同源会

旧金山中华总商会是旧金山华人社会的商业组织。中华总商会是1917年在旧金山领事的建议下，将1909年设立的华商总会改组而建的组织。成立中华总商会的目的和功能在于维护商业秩序，防止各行各业的竞争，统一物价，调停各商家种种交涉与纠纷，联络有关商务事宜，促进唐人街的商业发展，对商业以外的事情则一律不予干涉。[①]

中华总商会与日本的中华街振兴组合的组织形式很相似，对于唐人街的建设、繁荣唐人街的经济、营造唐人街的节日活动以及对内对外的商业联络等起到了很大的作用。

目前中华总商会的会员数有500名左右，几乎全部是华人和华人企业。董事会由27人组成，任期为两年。每年召开一次会员大会，选举产生十三四名董事。中华总商会的所有事宜由董事会决定。中华总商会的会员不仅是唐人街的居民，还有一部分是居住在附近或旧金山其他地方，而且会员也不完全是与商业有关，其中也包括医生、学者以及华人的旅游社团等。

同源会是土生华人的组织。同源会成立于1911年，至1920年代在美国各地设立了分会。该会具有兄弟会的性质，保持友爱互助精神，以美国良好公民自励，除致力于改善移民条例之外，还将争取公民之平等待遇、兼及慈善公益及社会服务等工作等作为该会的宗旨。据资料记载，土生华人在美国华人人口中所占之比例，1900年为10％，到了1960年代达到60％以上。即23.6万多的华人人口中，土生华人有14.3万人左右。[②] 同源会与以往的华人社团不同，他们积极地与主流社会相融，建立各种社会网络，积极地参加和举办唐人街春节和中秋节等节日活动，为改善唐人街形象、确立和表达美籍华人的认同感等做出了贡献。

---

① 刘伯骥，1982：213-221；1984：217-220。
② 刘伯骥，1984：252-254。

3. 中华文化中心与唐人街

中华文化中心（Chinese Culture Center）位于唐人街附近，是旧金山华人社会重要的文化机构，为开展华人的各项文化活动发挥了积极的作用。中华文化中心成立于1973年，它的成立背景有以下几点：一是1960年代美中关系还没有正常化，当时中国大陆处于"文化大革命"之中，台湾地区则提出中国文化的复兴。旧金山华人社区对于大陆和台湾的看法莫衷一是，有很大的分歧。正是这时有人提出成立中华文化中心的建议。二是在当时在美国社会兴起的各种对于文化和艺术的争议，以及各种少数族群的文化运动的影响下，美国各地区设立了各种各样的文化中心，其中也包括族群集团所建立的民族文化中心。三是老一辈华人对保存文化——家庭观念、道德、伦理、文学、艺术等的要求，他们渴望下一代继续了解中国的语言文字和文化；但年轻的华人对此却持有不同看法，他们认为美国华人的种族认同感应该基于美国的历史经验，所产生的文化应与美国和中国主流文化有别，他们希望像美国黑人那样，创造一种自己独特的文化。如此这般，两代人在思想意识和价值观念上虽然有很大分歧，但他们都渴望设立一个华人的文化中心。

另外，1960年代在旧金山成立了亚洲美术博物馆，主要目的是保存并陈列亚洲各国优秀的传统艺术作品。它的成立为设立中华文化中心提供了一个宝贵的经验。中华文化中心作为华人新的文化机构，通过介绍各种艺术作品，开展文艺活动和教育活动，起到了华人博物馆的作用。

1963年旧金山市议会拟案欲将唐人街附近沿旧警察局所在的地段出售给开发商，华人社区的侨领以"华埠服务总会"（1963年成立的组织）的名义，向市政府提出在这一地段设立一个中华文化贸易中心的要求。1965年市政府采纳了这一提案，中华文化贸易中心的支持者也在该年底成立了旧金山中华文化基金会（Chinese Culture Foundation of San Francisco）来实现这一构想。文化基金会的宗旨是发扬中国文化和美国华裔文化。经过8年的努力，终于在1973年建立了中华文化中心。文化中心的建立，为华人社区提供了进行各种文化活动的场所。

中华文化中心的主要活动有：展览传统艺术和现代美术品，举办各种文艺活动和音乐演奏会，举办各种讲演会，开设各种学习讲座（音乐、话剧、舞蹈、语言、传统艺术、书法、武术、气功、中医等），协助唐人街举办春节活动，等等。

中华文化中心自1974年起参加举办唐人街的春节活动，春节期间在该中心的礼堂举办中国文艺晚会，另外还在中心的大厅里设置临时的零售商店出售中国的特产。①

4. 其他组织

1960年代以后，随着华人移民的多样化，华人社会发生了很大的变化。与早期移民相同，一部分新移民由于人地生疏、语言不通，设立了以互相扶助、联谊感情为目的的新的地缘组织同乡会。它们分别是东北同乡会、华北同乡会、山东同乡会、安徽同乡会、江西同乡会、苏浙同乡会、四川同乡会、台湾同乡会、潮州同乡会、广东同乡会、福建同乡会等。另外也有一些来自东南亚的华人社团，如越南华裔联谊会、古巴华侨联谊会、菲律宾华侨联谊会、缅甸华侨联谊会等。除此之外，还有美国华侨总会和华埠商人协会等。美国华侨总会是支持大陆的组织，主要目的是促进中美贸易，发挥了大陆和美国商人中介的作用。华埠商人协会是唐人街的另一商业性组织，每年主办春节的摆街会和中秋节活动。

二、唐人街春节的营造与发展

（一）新年庆会与游行

旧金山华人社区很早就出现有组织性的庆祝春节活动，这些活动大多是在同乡会馆举行。由中华总商会主办的整个唐人街的春节活动，始于1950年代初，它基于两个华人社区的大型活动：一个是在早期华人社区出现并延续至今的摆街会，另一个是始于1920年代的华人社区选美活动。

1. 摆街会

摆街会（Chinese Community Street Fair）类似于北京的庙会，是旧金山唐人街春节的一项大型活动，由唐人街的商业组织华埠商人协会主办。除了摆街会，还有花市（Chinese New Year Flower Fair），形式与摆街会相似。据说广东人很喜欢花市，广州的年宵花市非常有名。广州的年宵花市是从古代的花市、

---

① 中国文化中心的资料参见 Chinese Culture Center Tenth Anniversary，及对该中心顾问蒋为正女士的访谈（2004年2月）。

夜花市逐渐发展到年宵花市的。花市除了鲜花以外,还有古董、冬果、陶器、年宵品等。①

据载:"新年庆会,首次记录,始见 1851 年 2 月 1 日,仅为一私人拜年庆会,并娱西人。越两年,变为大庆典。年晚时分,有摆街花市及新岁糖果货品,应有尽有。"② 由此可见,摆街会和花市早在 1850 年代便已出现在唐人街,其活动成为习俗延续至今,是春节活动中不可缺少的一项。

2. 华人社区选美

旧金山华人社区的选美活动始于 1925 年。当时华人的东华医院落成典礼时,举办了选美活动。之后 1927 年,天主教筹款,圣玛利学校举行花灯会并举办选美活动,这次大庆典曾轰动了全市。1930 年起,东华医院因为筹款关系,连续四年举办了选美。1934 年选美活动曾一度中止。1948 年同源会举行郊游活动时,重新开始举办选美直至 1953 年。1953 年起,中华总商会开始主办选美,并定于每年春节在唐人街举办。③

1958 年,旧金山唐人街一年一度的选美被提升为全美国性的活动。从此,每年春节在旧金山举办全美华埠选美竞赛,成为中华总商会新年庆会的一大节目。其目的是吸引更多游客、发扬中华文化、繁荣唐人街的经济等。

就有关选美活动的事宜,中华总商会的有关负责人做了如下的叙述:

> 选美活动通过广告的形式发信到全美各地的唐人街。参加选美的小姐,有以个人名义的,也有各个会馆和同乡会推荐的。现在参加选美的小姐不局限于美国土生华人,最近有许多从大陆来的新移民也报名前来参加。但是,有一条基本的标准,那就是一定要有在美国居住的滞留资格。

> 现在选美活动已成为每年春节的固定节目,不用广告全美的华人社区都会知道。小姐不是什么专业的模特,她们大多是学生。选美以容貌、仪表、智能、才艺为标准,另外也有年龄的限制和考虑各个地域的平衡。评选委员会也是由音乐、教育、艺术、企业等各界的名士组成,其中有华人也有白人,而且未必一定是住在旧金山。④

---

① 惠西成、石子,1997:159-160。
② 刘伯骥,1982:110。
③ 刘伯骥,1982:623-625。
④ 对中华总商会顾问白兰女士的访谈。

另外，如果当选为全美华埠小姐的话，只要有中华总商会的推荐，目前还能够参加在香港举办的世界华人选美竞赛。

(二) 新年庆会和游行的举办及经过

中华总商会主办的唐人街的新年庆会始于1953年，其目的是弘扬中华文化，振兴和繁荣唐人街的经济。当初的庆会只有一天，白天有歌舞、武术等节目，晚上是选美游行。由同源会、中华总商会等选出的最佳小姐们穿着节日盛装，乘着被装饰得五彩缤纷的、富有异国情调的"花车"游行，吸引着许多围观者和过往行人，让唐人街充满了节日气氛。如今一年一度的大规模的新年游行便是从始于1953年的选美游行发展而来的。

1954年的新年庆会延长为三天，当时的旧金山市市长曾宣布这三天为华人春节周。

然而，新年庆会从开始的那天起至1970年代，经常受到中国大陆、台湾及美国间的政治关系的影响。就这一点，中华总商会的有关负责人谈道：

> 当时，与美国有"外交"关系的是台湾。中华总商会组织活动时自然是要和这种官方的立场保持一致，唐人街的两派经常因意识形态的问题争执不休。1970年代，美中外交关系正常化以后，为了避免不必要的华人间的政治冲突，中华总商会开始采取保持中立的立场。就是说，过春节是华人共有的传统风俗习惯，和政治没有关系。正是因为总商会对内对外坚持一致的立场，组织内部加强了团结，节日规模才会越来越大。
>
> 唐人街里有许多华人社团，有倾向大陆的，也有倾向台湾的，总商会和这些组织都有一定的关系，但不受它们的政治观点左右，即使是总商会的干部或董事、会员等有个人的观点或交往，但总商会组织本身是保持中立，不越过商业团体的范围。各个社团可以协助但不参与春节活动的主办工作。包括参加新年活动的演出团体和个人，总商会不希望他们带有任何政治观点来参加活动。我们只是为了对内避免矛盾，对外团结一致，庆祝自己的节日。因为中国春节文化和政治没有关系。中华总商会的这种立场，使得30多年来，春节活动没有因为政治上的争议出现什么大的问题和纠纷。[①]

[①] 对白兰女士的访谈。

由此可见，中国国内外的形势以及美中关系的发展变迁经常会给华人社团以及整个唐人街带来影响。

随着美中外交关系的正常化，华人社会发生了巨大的变化。春节活动的规模每年不断地发展扩大，这种情况和美中关系的发展以及中国在国际上的影响力的增大有密切关系。事实上，新年游行队伍规模的壮大，是从1980年代开始的。游行的参加者也从单一的华人转向有更多族群和种族参加的多元化。

（三）春节活动的运作及资金

如前所述，春节活动是由中华总商会举办，但其实际运作组织是春节组织委员会。组织委员会除了中华总商会以外，有旧金山旅游局、市法务经济委员会以及资金赞助企业的代表参加。春节活动的具体工作则由13000多名义务工担任。他们大部分是土生的ABC，其中既有各个会馆派出的，也有自愿报名参加的。平时他们都有自己的工作或学习，春节期间请假来参加义务活动。义务工为春节活动组委会减少了人员上的开支。

每年的春节活动大概需要100万美元资金。资金的来源有政府的补助金、企业的赞助资金以及各个社团和个人的捐款等。资金大多用在唐人街的装饰、摆街会、花车的制作、各个演出团体的费用等。

近年来，随着节日活动特别是游行规模的不断扩大，每年会有一个大企业成为节日活动的主要赞助者。比如，2004年是西南航空公司，春节活动节目单的最后印有"Win a Chinese New Year Weekend for 2"、"Southwest Airlines Offers 10% Discount"字样的广告，即节日期间，如果利用西南航空公司的话，会得到各种优惠。这种赞助方法，不仅解决了一部分节日活动经费，而且通过各种活动，赞助企业本身也能够提高知名度，获得更多的经济利益。

另外，对市政府当局来说，提供财力和人力支持春节活动，无疑是会产生文化、经济和政治效益的。从文化和经济的角度来看，唐人街作为一种少数族群的象征，是旧金山重要的旅游景点，春节活动的举办会吸引更多的旅游者。早在1870年代、即使是在美国最为排华的时期，便有许多旅游者为唐人街的魅力所吸引。曾经有旅行社编印13页《华埠指南》，供火车上的游客阅读。其中描写道：旧金山市北面"是华人社区。它呈献给游客的并非该市在这一地区耸立欧洲式的砖楼，而系由广州或上海输入的东方特色之故。它给与游客一种奇异的印象，是这里熙攘的活泼的居民，他们穿着一律的服色，黄脸孔、杏形眼,背后拖着辫子,缀以黑丝绳,几垂于地"[1]。从1950年代起,唐人街开始了春节活动,越发吸引着更多的游客,唐人街成为了旧金山不可或缺的旅游胜地。特别是1970年代以后,由于美中关系的改善,美国也兴起了中国热,唐人街及其节日活动更是成为热门景点,引起更多的关注。

从政治的角度来看,与日本不同,华人在美国的人口中占有很高的比率,对于政治家来说,他们是不可缺少的选票,与华人社区的关系搞好了,会提高自己的支持率。换言之,政府、议会与华人社区的交往也带有选举等政治交易的色彩。

中华总商会虽然是商业团体,但从利益关系来说,它需要始终保持与在地政府立场的一致。美中关系正常化之前,唐人街的活动总是按着台湾当局的意图来办。而美中关系改善之后,美国与台湾的关系变得很微妙,中华总商会也自然转换立场,采取不问政治的中立态度。其原因在于,和美国政府的方针是否保持一致,关系到唐人街的建设和活动能否得到政府在经济上的支持的问题。

就节日活动的目的和赞助的关系问题,有关人士谈道:"因为有经济效益,有的赞助单位20年来一直在赞助我们。春节本来是华人自己的活动,后来有一些非华人也希望了解中国的春节文化,并来参加或者是提供赞助。我们举行活动的目的是宣传华人社区,我们是有实力、有文化的族群。"

每年的春节活动开始之时也是下一年度春节活动进入筹备之际。中华总商会在每年2月左右便开始向各地的旅行社包括欧洲发送下一年度的春节广告,到了7月、8月,中华总商会开始进行游行、选美、摆街会等分工,然后由董事们分别去与各学校、艺术团体、武术馆等联系活动的有关事宜。近年来,中华总商会也开始动员在旧金山的韩国、日本、越南、菲律宾的人来参加庆典游行。因为旧历新年不仅是华人,也是其他亚裔系族群共有的传统。由此,新年活动的规模逐渐扩大。

(四)关于活动内容及参加的团体

1953年,春节活动刚刚开始时,活动时间只有一天,有歌舞、武术和小型的庆典游行。1954年开始正式举行华人选美,1958年选美被扩大为全美唐人街的活动,而且当年的春节举行了为期三天的庆典活动。1970年代以后,

---

[1] 刘伯骥,1982:105-106。

随着美中关系的改善，节日活动的规模不断扩大。1980年的春节活动为期一星期，有大约60个团体参加了游行。节日期间唐人街热闹非凡，有狮子舞、民族舞蹈、杂技等各种文艺表演，还进行了传统的采青活动。进入1990年代后，由于动员了当地的其他族群和学校的参加，庆典游行的规模更加壮大。

目前，春节活动的节目已经基本定型，从节目重要性和规模来看，居于首位的是庆典游行，其次是摆街会，然后是选美。节日活动里不可缺少的是狮子舞和民族舞蹈。参加表演的团体每年多少有些变化。由中华总商会来挑选，挑选时技术水平如何只是一方面，社区内的团体以及经常与总商会合作的团体会被优先考虑。

以前，中华总商会总是出面邀请各个团体参加节日活动。随着节日知名度的增大，希望参加活动的团体和学校越来越多，中华总商会需要根据各个年度节目的内容及规模等挑选相应的团体参加。对于当地的学校，中华总商会采取积极支持的态度，帮助这些学校找赞助、编排节目等。因为许多华人子弟都在这些学校上学，总商会希望尽可能地有更多的华人子弟都来参加春节庆典游行。

庆典游行的花车及唐人街的装饰等所需要的物品，原则上是在社区内筹备，根据各年度的情况，像服装、灯笼等也会从台湾、香港和大陆等地购置。必要时，中华总商会会到这些地方选购。春节活动欢迎各地区政府代表团参加，但不希望带有政治色彩的团体参加。因为春节活动强调的是文化、艺术特别是传统文化，是以繁荣社区文化和经济为目的的。

游行队伍里也有许多议员、明星等知名人士，中华总商会之所以邀请他们来参加，是为提高社区的知名度和融洽与当地政府等各种社会关系。而对议员等人士来说，参加游行正好是进行自我宣传的好时机。

以上对旧金山华人社区的特点、社团组织，特别是对旧金山唐人街的春节活动进行了考察。以下试图通过与长崎的个案比较，勾画出两地的共同性和差异性。

三、旧金山唐人街与长崎中华街的比较

（一）日本中华街和华侨社会的特征

如前所述，日本中华街的起源可以追溯到江户时代。当时最先在日本唯一

的开港口岸长崎登岸的是来自三江（浙江、江苏、江西）和福建等地的贸易商。之后随着日本神户、横滨、函馆等口岸的先后开放，很多来自广东的华侨开始来日。

开港的长崎、神户、横滨等地为缔结条约的欧美等地的外国人设置了外国人居留地，但是当时作为无条约国的清国国民的华人即不允许在居留地内居住，也不允许在居留地外与日本人杂居。由于当时的华人多是乘外国商船来日，并以外国人为贸易和生意对象，所以他们只能无声无息地居住在外国人居留地的一角，而这一角落之后发展为中华街。即日本的中华街历史是伴随日本开港，是和包括华人在内的外国人的来日同时开始的。中华街与外国人居留地日后为横滨、神户、长崎带来了异文化特色。

但是中华街在历史上由于甲午战争特别是抗日战争等的冲击而受到重创，从"二战"后至1970年代前后，仍没有能够恢复到战前的繁荣和中国式景观。大阪世界万国博览会之时来访中华街的游客开始增多，为了建设和发展中华街，横滨中华街在1971年由华侨和日本人合作成立了现在横滨中华街发展会的前身横滨中华街发展会协同组合。组合成立后，为打造中华街进行了一系列活动，特别是为了改善中华街的形象，重新修建了中华门（牌楼）。

在1972年日中邦交恢复的友好氛围下，中华街牌楼经常成为话题，并频繁地在电视、广播和报纸、杂志等媒体登场。进入1980年代后，日本兴起少数族群热，对中华街的关心倍增，中华街出现了来自全国各地的游客。以横滨中华街的建设为开端，神户南京町和长崎新地中华街也为发展中华街成立了中华街商店街振兴组合，并开始着手中华街的建设。至1980年代中期，两地的中华街基本完成了以中华门为主的中华街硬件上的基础建设。

日本中华街现在的形象实际上不过是近30年左右打造出来的，它是中华街的人们在陷入逐渐失去特色的街景的危机感的情况下进行自身改变的结果。他们从华侨原初意识出发，利用地区的特点进行与其他地域区别化的地域振兴活动的同时，想方设法将其打造成为能够融于日本社会并为其接纳的中华街。

如今对中华街繁荣起重要作用的是1980年代后期在各地中华街开始的春节祭活动。以此为开端横滨的关帝祭、妈祖祭、中秋祭，神户南京町的中秋祭，长崎唐馆祭、中秋祭等，以中国传统文化为基础的各种活动相继诞生，这些中华街软件性的年节活动，均是为吸引游客以振兴地域经济而企划和实施的。

中华街春节祭源于中国春节和元宵节的风俗习惯，但未必是原封不动地沿袭了传统文化，而是各个地方按照当地的历史文化和现状，选择中国文化的一部分进行重新创造的。这些活动年盛一年，成为当地的旅游文化资源，为地域观光产业做出了极大贡献。特别是长崎的春节祭之后发展为灯会，成为装饰长崎冬天的一大风景线，进而发展为日本全国的主要传统年节活动之一。

无可置疑，中华街的建设以及打造的春节文化渗透着浓厚的中国情调，是中国式的文化，但它不完全等于中国文化，而是为振兴长崎地域发展创造的新传统。该传统根植于拥有400多年历史的长崎华侨社会以及长崎与亚洲各地区的历史关系，是全球化背景下地域导向成为可能的历史文化资源，其创造过程是全球化时代重新打造地域文化而生成的典型。

日本华侨社会在印象上是一个持续的中国人社会，是变动和多元的社会。目前居住在日本的华人有大约65万人，其中战前来日的老华侨及其子孙不超过10%。但是，以400多年历史而自负的日本华侨社会持续性的载体主要是老华侨，他们是中华街的主人公。尽管在中华街的文化创造活动中，新华侨的一部分特别是移居日本的音乐家等也参与在其中，但毕竟是少数，大多数在日华人与传统中华街的文化活动没有直接关系。从此意义上来看，日本中华街既不是接纳新移民的平台，亦不是华侨的经济聚集地，对华侨来说日常性的存在意义相对较弱。

（二）移居的群体性和持续性

历史上的群体性移居和延续至今的链式移民方式，使得旧金山华人社区具有一元性和连续性的特点。与此相比，日本华侨社会中也有由血缘和地缘关系构成的地域少数族群。这就是来自福建中北部地区的福州（清）帮。福清帮移民日本分为四个历史时期：①长崎贸易时期的福州系商人、水手、僧侣；②开港后的三山帮贸易商；③20世纪前半期的吴服行商；④1980年代后的福清新移民。虽然移民日本具有其历史持续的一贯性，但是这四个时期很明显是没有连续性的。战前移居日本的老华侨及其后代大部分不会说方言和普通话，日常生活方面几乎完全日本化；新移民则无论是出生地区、文化背景还是移民途径以及经济活动等，很少与老华侨有直接关系。至2000年代为止，新老移民是截然不同的两个族群。

与此相对，旧金山的华人社会，从淘金热时期广东人的集体移居开始直至1950年代，几乎是清一色的广东人社会。他们在美国取得了居留权，为后来广东人的移居开辟了门户，奠定了社会基础。链式的移民方式使得以广东人为中心的地缘和血缘的社团组织，伴随着同一地区移民的到来而持续地发挥着作用，至今其功能未衰。广东新移民的来源和移居途径与老移民相似，他们成为老移民的后备军。华人社区仍然是以广东人和广东方言为中心的社会。这是地方文化、语言、祭祀和艺术活动得以继承的重要的土壤。

（三）移民的多样化与共同性

日本华侨社会在形象上是一个持续的中国人社会，似乎看不到从华侨到华人这样的明显变迁。在国籍上，持中国护照者仍占多数，华侨的大多数依然认同中国。

相对而言，旧金山华人社会，自1950年代美中关系恶化以后，大多数华人加入美国国籍，基本上完成了从华侨到华人的过渡。此外，如前所述，随着1960年代美国新移民法的制定，华人移民出现了多样化，大致可分为以下六个群体：①早期移民（以唐人街为生活和经济据点的广东人）；②早期移民的第二代、第三代（土生华人）；③1970年代以后移居美国的群体①的家属和亲属；④香港、澳门的移民；⑤台湾移民；⑥1980年代以后来自中国大陆各地的新移民。

其中①、②、③、④是具有同样的祖籍和方言的群体，其群体有着同样的对祖宗、家乡的感情和经济上共同的利害关系，它是建设和营造唐人街及节日活动的直接策划者和参与者。①把故乡视为祖国，他们即使已经扎根美国，对中国传统文化仍然抱有强烈的留恋情怀。②即ABC，是一个以美裔华人认同为对象的群体，他们积极地参加节日创造活动，与其说是出于对中国传统文化的兴趣，毋宁说是旨在打造一个美国式的中国文化，通过其过程来寻找和确认自己的认同。③与群体①有着强烈的血缘、地缘和亲缘关系，他们认同自己是中国人，由于与前辈同样是以唐人街为生活根基，他们也直接参加社区的节日活动。他们也是粤剧社、武术会馆等的新鲜血液。④的更多人虽然与群体①、②、③具有同样的祖籍，但是他们以香港人或澳门人为认同对象，而不是中国人。由于其群体以粤语为母语，在经济等方面与唐人街有着密切关系，他们的到来给唐人街的文化带来很大的影响，使唐人街社会风气染上了香港、澳门色彩。香港式的粤语逐渐代替了以前在唐人街通用的广东地方方言。他们参加节日活动，特别是参加狮子舞等各种演出活动，香港式的粤剧社和武术馆在唐人街也十分流行。

和上述各移民群体相比，台湾移民的移居历史较短。1950年代以后，才有第一批台湾留学生到美国，这些人后来成为专业技术人员等进入美国的白领阶层，调整身份后，他们把家属也接到美国。他们不懂得广东话，和唐人街的关系较为淡薄；他们几乎不参与唐人街的节日活动，他们的认同是台湾人。

⑥是指1980年代以后随着中国的改革开放，以学习先进科学技术为目标的留学生群体和1990年代以后以挣钱为目的的新移民。前者大多进入美国的白领阶层，后者则以生活在社会低层的体力劳动者为主。不管是否取得美国的居留权，他们的认同一直是中国人。除了广东省以外①，新移民和唐人街没有太多的关系。但是，其中一部分艺术家和音乐家等参与唐人街的文艺活动。

（四）祖籍地与移居地的状况和美中、日中关系

1970年代以后，日本各地的中华街开始重新建造。1980年代中期，作为中华街的"新传统祭祀"活动，春节祭被创造出来，而日中邦交的恢复与正常化是这一重新建构和创造地域传统文化及族群性活动的主要背景之一。

与其相似，旧金山华人社会的各种动向，同样是受美中关系大环境的左右。1943年美国废除了1882年制定的《排华移民法》，其背景有"二战"中美国与中国是同盟国的因素。1950年代，美中关系恶化，促使美国的中国人完成从华侨向华人的过渡；传统文化的抬头也正是在此时，它表明了华人在美国定居和保持其族群的文化的意愿。1970年代，美中关系改善给华人社会带来了巨大的影响，为重建和打造传统文化创造了有利的条件。1970年代以后，春节活动中最重要的节目庆典游行的范围，从唐人街周围逐渐扩大到旧金山市中心。

另外，1960年代以后美国国内的少数族群文化运动，特别是美国亚裔系的文化运动在非白人居多的加州地区十分活跃，其原因在于亚裔系移民历来遭受种族歧视，他们要求争取族群权益、反对种族歧视的情绪高于美国其他地区。这种动向成为了土生华人重新审视作为族群象征的中国文化、摸索和确立自己认同的一个良机。

另外，随着1970年代末期的改革开放，中国经济发展迅速，中国逐渐成为国际社会关注的焦点。在这样的国内外政治形势下，在唐人街所展开的节日

---

① 近年来有大批从福建到美国的非法移民，多以唐人街为主要生活根基。但是他们主要是居住在美国东部。

和艺术活动等,与两国的文化政策相辅相成,起到了一种文化桥梁的作用,华人社区的魅力正是通过这种文化信息得以宣传的。

(五) 地域经济、传统创造与"新族群性"

在日本长崎,始于1980年代后期的新地中华街的春节活动,几年之后被长崎扩大为全市性的节日灯会,目前已成为装饰长崎冬季的一大景观。长崎的老华侨为数极少,又以在日出生者为多,在日常生活上已经同化于日本社会。灯会并不是从华侨的传统祭祀继承来的,而是对中国传统文化的诠释和取舍。这是由华侨和日本人所共同创造的新传统。① 这一新传统具有以下两层结构:

(1) 华侨自身对于族群性的重建。在日常的生活中,华侨趋向于主流社会,之所以选择非日常性的文化——祭祀和艺能,是欲将其作为一种辨别性的文化标志来显示新的族群性。华侨"新传统"的创造活动是以日中邦交正常化为契机,在观光产业和营造社区的要素刺激下,作为新的族群标志被创造出来的。即传统的文化一方面在逐渐消失,另一方面在发展观光业的背景下被不断地重新塑造。而在全球—地方化的背景下,从长崎的新传统创造中发展了超越出华侨社会,以地域为归属的"新族群性"。

(2) 长崎地域的历史性和地域经济发展战略。长崎从江户时代起就有接纳外来文化包括华侨文化的传统,并形成了自己独特的地域文化。华侨文化所带有的异国情趣,对日本人来说是带有乡愁的魅力。观光产业是长崎地域经济的支柱产业,而华侨文化正是其重要资源,也因此成为长崎公认的地域共同文化。

与此相比,旧金山华人社会是以广东人和广东方言为中心,具有语言和文化的继承土壤,现在的春节活动不完全是新创造出来的,许多活动是从传统上继承下来的。对于土生华人来说春节活动也带有塑造族群性的一面,但春节活动是以华人为主人公的、属于华人社区的文化。庆祝节日,发扬中华文化是春节活动的主要目的。

春节庆典活动也是旧金山观光产业的热点。春节期间,除了美国国内,还有来自欧洲的众多游客。不过,长崎灯会主要是由市政府所主办的,在旧金山则是由华人所主办的,并未随着活动的扩大而从华人转移到市政府。这一方面

---

① 江渊一公认为"在某种状况下被利用的民族文化未必是其民族本来的传统文化的复苏和再生,更多的是在其时代的某种特定客观环境下被重新组合、重新创造的"。

是由于华人社会的规模较前者为大,另一方面是由于其移民与历史文化较前者有更强的连续性。

虽然观光局也加入到组织运营之中,但该活动由13000多人的华人志愿者具体实施。对于市政府而言,这既是该地域的一项观光资源,也是地域发展的少数族群战略。而对于华人来说,这是他们自身的节庆。对外宣传,只是为了让更多的人了解这一文化,并提升华人社会的形象。当然,游客的增加,也必然带来唐人街经济的繁荣。文化的认同纽带于是和经济利益连接在一起。

如上所述,旧金山唐人街作为北美第二大唐人街,是1800年代后半期由广东人的移居而形成的,具有经济、政治、祭祀、文化等各种功能的,完整的独立的华人社区。唐人街很早便是旧金山的旅游景点之一。如今的唐人街不仅是人们进行经济活动的场所,同时也是人们生活的空间,唐人街的来访者除了游客以外,大多是华人为主体。唐人街是"民族经济聚集地"。由于唐人街华人传统的血缘、地缘、业缘性的组织机能较强,一直持续性地接纳来自广东的连锁式移民,因此具有接纳新移民的平台性作用。包括新春庆典的唐人街新年期间的各种活动大多是基于广东地区的风俗习惯,从某种意义上说,旧金山唐人街是具有广东文化功能的社区。唐人街有组织性的春节活动从1953年开始,至今已走过了60年左右的历史。

对于华人来说,春节是自己的节日,尽管有很多游人来光顾,但春节活动不单纯是以观光为主,而更具有居住在此地的华人自身的庆典活动的意义。

(六) 与旧金山和长崎对比中的伦敦唐人街

与旧金山、长崎相比较,伦敦的唐人街更具有多元性。对于当地的华人社会、地域的白人社会、外国游客以及地方政府,唐人街具有不同的意义。对于居住在唐人街区域的华人来说,唐人街是异国之家,是充满回忆的故乡和摆脱种族歧视的避难所式的存在,同时亦是具有进行经济活动机会的商业性聚集地。对居住在唐人街以外的华人来说,唐人街是满足家乡风味等的日常性和乡愁性的场所。对于当地的白人社会来说,唐人街一方面仍具有犯罪和贫困的印象,另一方面则是与同事和家人相聚、享受异国风味的非日常性的空间,同时认为唐人街是居住在伦敦的少数华人族群的家园。从游客来看,唐人街是具有魅力的观光景点,是活生生的博物馆,是可以购买具有异国情调的物品的中国式市场。另外,对于当地的政府来说,唐人街都市的旅游景点是与中国交流的一个重要的媒介和窗口。

总而言之，伦敦唐人街被认为是在西方社会中具有东方价值和情调的异国之地，是被英国城市体系所统合的海外小中国——社会主义中国以外的资本主义中国社区，唐人街所代表的海外中国的形象借助访问伦敦的游客向外传递。

华人移民的出身国和移居国之间的关系对唐人街的发展和中国文化的传播有很大的影响。在日本居住的华人的生活和文化经常会为日中关系所左右，这也是中华街地域化的一个因素。与此相对，伦敦唐人街的主人公大多是香港的移居者，至1997年香港回归，他们曾经扮演了英国宗主国臣民和华人移民这两个角色；然而伴随中国在国际舞台上政治、经济领域的崛起，他们开始从以前的香港人认同转变为中国人的认同。同时，由于中国国际影响的增大和英中之间建立的各种合作关系，英中两国的关系一直处于安定状态。即使发生一些与"民主、自由"等有关的摩擦事件，但总体来看不会对两国之间的关系产生重大的影响，也不会影响到英国国内对中国文化的需求和接纳。目前英国特别是大伦敦的很多初中和高中以及高等院校都设有汉语课程，中国政府会定期派遣经选拔培训的汉语教师担当汉语教学工作。汉语逐渐成为各院校的主要外语之一。唐人街的新年庆典活动也充分反映了英中间发生的各种国家性事件。比如，2008年中国举办奥运会之际，以伦敦机场为起点，以伦敦唐人街为主，在各地举办了"了解中国（China Know）"的活动，而在2012年伦敦举办奥运会之时，唐人街的春节庆典成为奥林匹克之年的开年之活动。伦敦奥运会开幕时，香港出身的华人议员张敬龙不仅是奥运圣火的接棒人，还被选为奥林匹克公园的青年市长，为此唐人街举办了盛大的庆典晚会。伦敦奥运会期间，很多华人义工踊跃参加了各种服务活动，唐人街也吸引了更多的来自世界各地的游客。这一切使得伦敦唐人街和华人更加引起世界的瞩目。

第三节
接触区、社会空间和旅游文化资源
——唐人街之比较

一、接触区的视点

接触区的概念出自玛丽·路易斯·普拉特（Marry Louis Pratt）的《帝国

之眼：旅行书写与文化嫁接》（*Imperial Eyes: Travel Writing and Transculturation*）一书，她认为，"接触区是指不同文化相遇、冲突和纠结的社会空间，正如在殖民主义、奴隶制……以及至今存在的其他情况一样，它经常处于一种在支配和从属关系上高度不对称的关系"。接触区是指"殖民遭遇的空间，在这个空间里，以往因地缘、历史被分开的人开始相互接触，建立起持续的关系，这种关系通常包含着威胁、极端的不平等和难以调和的冲突的出现等"。普拉特是将接触区作为不同文化接触的领域，主流与非主流（支配与被支配）遭遇和接触的领域，同时也是一个交流的领域，尽管其交流是不平等的，这种领域是在二者长期的相互影响和相互作用中产生的。

尽管接触区的理论涉及社会学和殖民主义的理论中压迫与被压迫的关系，但是其"接触并不以分离的方式看待殖民者和被殖民者、压迫者和被压迫者的关系"，而是强调"他们之间如何在长期的互动中建立起主从关系"，而这种关系又"通常是建立在极端不平等的权利关系之上的共存关系"以及"他们之间的相互影响、相互理解和共同实践"。

根据普拉特的理论，接触区实际上是一个跨文化的空间，在这一空间中，非主流的、处于边缘的群体有选择地运用主导性的或者说中心的文化来创造新的形式。接触区同时被理解为自生人种学（autoethnography）的空间，在这里，弱势族群的生存需要策略，他们会不由自主地以主导性人种所指定的方式来呈现自己。无论是弱者还是强者都会自觉或不自觉地满足主导文化对边缘、他者、原始的或者异域情调的形象需求。（Pratt，1992：7）

接触区的观点，可以概括为以下三点：接触区是不同文化邂逅、冲突、交涉的社会空间；其社会空间从来不是单纯对立的，而是非相称关系中的共存、相互作用、相互纠结的理解和实践的场域；作为跨文化的空间接触区呈现的是文化的混淆化和多元化，其表现为对抗性的表象，是非主流的、处于边缘的群体有选择地运用主导性的或者说中心的文化创造出的一种新的形式。

旧金山等北美唐人街曾经是在统治与被统治的关系中强制整合出来的人种隔离区，唐人街的界线标志（如街口和门坊）似乎为一种划分内部与外部的国境线，从这里，美国的文化被代替。即是在作为日常生活空间的唐人街内部，因出身地区和经济资本（亚族群＝异质文化、内部的界线）的不同，形成了阶层性和多层性社会结构。1945年以后美国少数族群的公民权运动，1960年代以后兴起的亚裔美国人的运动等，给唐人街为首的华人社区带来了很大的影响。一系列运动的结果，是亚裔美国人从属的市民身份被解放，文化的差异性得到认可，从而使唐人街在保留和维护其传统的生活空间的同时，逐渐成为美国少数族群文化的象征之一。唐人街的料理、节日等文化符号也成为美国少数族群的一种界定和象征，作为连接不同领域（美国人、华人及其他亚裔移民）人们的媒介起到了很大的作用。可见，唐人街是各种不同文化相遭遇和交流的空间，是一个接触区（图6.1至图6.3）。

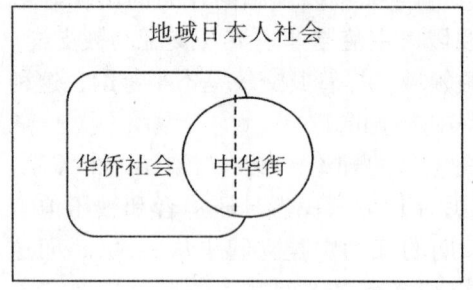

图6.1 日本中华街和地域社会

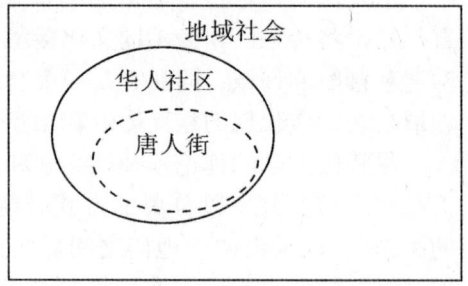

图6.2 旧金山唐人街和地域社会

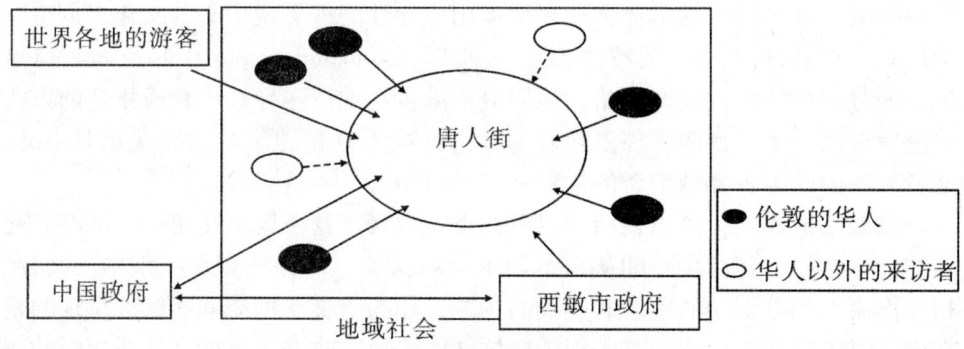

图6.3 伦敦唐人街和地域社会

与此相对，伦敦唐人街是由旧殖民地宗主国臣民及作为东方人的香港华人的移居而形成的，早期的唐人街被称为"东游之门"，曾经引起英国上层社会的极度好奇和神秘化，同时亦被描绘为一种鸦片横行、赌博猖獗和暴力普遍的犯罪和贫困的空间。这些印象来源于英国人的种族意识形态和东方意识——华人社区与外面世界之间不可调和的"差异"，以及当时制造这种意识形态和东方意识的一些文学作品和电影等媒体。正如普拉特书中所示，"欧洲人写作的关于非欧洲地区的旅行文学基本为在家的欧洲人生产出了一种帝国的秩序，并

第六章　全球化背景下的唐人街比较

使帝国扩张成为有意义的、可欲求的"。唐人街是一种西方和东方遭遇与接触的境界性场域。

1970年代之后重新建构唐人街的运动，是陷入殖民地宗主国臣民及作为种族歧视对象的东方人的困境的华人被殖民群体自我的抵抗与主体意识所使。从这种背景上来看，唐人街处于殖民地支配边境的传统接触区。然而，在后来，唐人街的商业组织成立并与主流社会建立了良好的关系，在政府的帮助实现了唐人街的建设和发展。从该过程可以观察到普拉特所指出的"被殖民者用宗主国的参与和自身语言进行自我塑造和表达"的脉络，其有助于建构新的唐人街文化。并且唐人街的主人公们运用其想象力，在当地政府和中国政府的共同帮助下，创造了伦敦中国春节。在此，唐人街对连接华人和当地政府特别是英中政府之间的跨国领域合作与交流起到了桥梁作用。

与此相对，日本的中华街有其独特的背景。日本中华街最初不是由劳动力移民聚集而成，最初抵达日本长崎的是明末清初的文人和商人，在日本江户时代被称为唐人，由他们传播到日本的中华文化对主流社会产生了极大的影响，之后有很多文化融合于日本地域社会，成为日本文化。因此，长崎作为与异文化接触的空间，历史上已经形成接纳和生成这两种不同的土壤。

国家间的关系是给中华街带来影响的不可忽视的因素。抗日战争给唐人街造成了极大的破坏，日中邦交的恢复则给中华街带来了复兴的契机。与其他国家不同的是，历史上日本从来没有过大量的劳动力移民，中华街的规模相对来说比其他地方小，重新打造中华街的活动是在1980年代以后，其背景有日中关系的恢复、华人形象的改善、旅游资源开发的需要以及第二代、第三代华人认同的变化等。与日本社会一体化的中华街建构，是长崎地域接纳外来文化的历史轨道的复现和再创造，是华人与日本人接触交流的新的过程。日本中华街的复兴运动也可从那些在接触区共同存在的主体（日本人和华人）间的相互关联中来理解。但是相互交流的过程中，可以观察到的不单纯是普拉特强调的文化混杂化、多元化，也有文化的传统性、起源性和正当性等意向。长崎灯会所强调的正统性，如按照中国的习惯从除夕开始至元宵节为止的灯会期间的设定等。其文化交流的结果，华人出于对中国文化的留恋和复兴传统文化的愿望，与主流社会的日本人一起成为接触区的主体，有意图地选择了本国文化的一部分文化要素而创造了新的传统文化，通过新的族群象征符号的中华街以及与其关联的新传统的创造活动，实现了地域以及族群的振兴。可以说日本中华街已经脱离了以往的传统生活空间的脉络，是在全球化中与地域社会（他者）融合重新构造的。

二、社会空间的视点

有关空间的理论,列斐伏尔的《空间的生产》一书是当代关于空间问题最为重要的著作之一。列斐伏尔的空间理论突破了以往仅从地理、物理概念出发形成的空间概念,提出了社会空间理论,将历史性、社会性和空间性联系起来,引入了社会空间、生活空间以及社会实践和空间实践的概念。其空间概念之核心在于空间的生产。在他的理论中,首先空间是社会的。"它内含于财产关系(特别是土地的拥有)之中,也关联于型塑这块土地的生产力。空间里弥漫着社会关系;它不仅被社会关系支持,也在生产社会关系和被社会关系所生产。"①

列斐伏尔将空间划分为空间实践、空间表征和表征空间三种,大致对应着生活中的空间、精神性的空间和实际空间与精神空间结合形成的空间。所谓空间实践,牵涉生产、使用、控制和改造这个空间的人类行动、社会空间实践中空间的生产与再生产,以及空间区位与配置组合。属于构想层面的空间表征则泛指某种空间的呈现方式,包括空间本身的样貌与意义,以及我们呈现它的方式,包括模型、影像、文字、其他符号以及概念、思维方式等。表征空间则透过意象与象征而被直接建构出来,属于生活经历和实践层面的空间。这些对空间理论的探索,使得空间因为相应的社会关系而被赋予形式、功能和社会意义。②

运用空间的理论对唐人街进行探讨,有利于解释唐人街所具备的空间性的社会功能、历史意义以及文化空间体现出来的社群文化形成、特征和共性。

法国社会理论家布迪厄的文化资本与惯习(habitus)理论,在社会空间理论中占据着极为重要且独特的位置,他赋予文化以特殊意义,认为在现代社会中,个人和团体的身份与地位只有通过诸如生活方式、阶级品味及其消费模式等广义的文化资本方能得以体现。社会学家 N. 克罗斯利对布迪厄的社会空间做了以下的解释:社会空间是由"布迪厄社会学中常见的关键概念的资本结构,如经济资本、文化资本、象征资本以及社会资本的分配构成……倘若每个人在社会上的位置都是由诸如此类的资本结构所决定的话,仅此而已我们可以认为这四类资源,或者说资源分配是构成空间的四元组合"(Nick Crossley,

---

① 列斐伏尔:《空间:社会产物与使用价值》,包亚明编:《现代性与空间的生产》,第48页。
② Henri Lefebvre, Donald Nicholson-Smith (tr.), *The Production of Space*.

2008：448）。

布迪厄在《实践理性》一书中指出，社会空间应该从其关系性而不是实体论来理解，社会空间不是被明确地规定和图式化的，而是建构在行动者之间的关系性上。而且在这种空间中仅有决定好的位置还不够，惯习也是一个重要的因素。（Bourdieu，2007（邦，译）：19 – 21）

布迪厄强调关系性和生成性，具体说来，社会空间是由处在社会网络（而非个人的或社会的）中行动者的行动场域所组成的，社会结构并不是抽象的，而只能是由行动者在不同的场域中进行实践的社会空间，它永远是同那些从事实践活动的行动者的惯习、与行动者的各种不同种类的社会实践紧密相连。社会结构与行动者在各个场域中的实际行动的紧密关系既表现为社会结构为行动者的具体实践提供客观的制约性条件，又表现为社会结构本身依赖于行动者的整个实践活动和实践过程。他对社会空间的论述主要是说明社会既是物质性、实践性的客观结构空间，又是为意义所建构的象征空间，体现着社会客观结构空间与心智结构的对应关系。

另外，布迪厄将整个社会空间描绘成一个博弈的场域。他指出，社会空间的结构不是一成不变的，"描画社会位置状况的拓扑学可以建立起维持和改变有效特性分配结构的动态分析，并由此而建立社会空间的动态分析……社会空间同时也是一个斗争场，行动者们在力量场的结构中，根据他们所处的位置，用区别他者的差异化的手段和目标进行对抗，有时这样也有助于维系或改变这个场的结构"（Bourdieu，2007（邦，译）：65 – 66）。

然而，现在社会空间在各种各样的场域中发生变化，现代人类学实践中的社会空间往往表现为在人们生存的生活现场中的各种各样不同的人或群体共存的局面，其关心在于行动者各种不同的关系性以及意向和行为的多重性和变化过程，以把握和理解其中各种各样关系性的差距、相互适应和相互对抗的形态为目的（西井、田边，2006：2）。

在此，社会空间可理解为人们在日常实践中，根据实际生活中的多层关系和行为所形成的场域，这种场域是各种不同的个人和关系性共有的场域，其亦可看作以身体为基点的行为的视点和行为主体生成的视点相结合的场域。在这里可以观察到两个层面不同的生成过程，即由与他者共同行动的主体生成社会空间的过程，以及在同样的社会空间中主体反被生成的过程。（西井、田边，2006：9 – 10）

综合上述论点，可以概括如下：社会空间是社会生产和时间的空间，空间因为相应的社会关系而被赋予形式、功能和社会意义。社会空间是由行动者资本的分配而构成，在此最为重要的是行动者的相互关系（互动）。社会位置的空间借助于性情倾向（或习性）的空间，在采取立场的空间里的具体表现。社会空间亦是各种各样的力量场，行动者们在力量场结构中，根据不同的地位，用差异化的手段和目标进行对抗，这种对抗同时有助于保持或改变这个场的结构。社会空间是各种不同的个人和群体共存的场域，是人们在日常实践中，根据实际生活中多层的关系和行为所形成的场域。

唐人街社会空间应该如何理解？首先，唐人街是一个社区。日本学者田边指出："社区是人类学、社会科学领域中很早就开始论及的一个社会空间。这个社会空间是由基于互动的实体性的社会关系以及以此为背景所积累的习惯、知觉和价值判断的倾向性，即布迪厄所说的惯习结构而成的。人们作为行动的主体（agency），在社区这种社会空间中，通过不断反复被习惯化的实践和倾向性而相互维系"。现代很多社区被规定在"国民国家或者殖民地支配的统治体系中的从属地位"。然而，这种社区的空间，"不仅仅是从属性的空间，人们拥有通过多种实践，将其改变为能动性地维护和扩大他们生活的空间的可能性"（田边，2006：372-373）。

传统的唐人街，作为一个社区，是按照中国传统的习惯和知觉形成的，并且具有被规定在国家统治体系中从属地位的过程。唐人街的内外社会关系，构成了唐人街的社会功能和社会意义。1980年代以后，社区的人们通过各种实践，大大地改变了作为社会空间的唐人街，其中起到很大作用的是人们所拥有的，布迪厄所提及的各种"资本"。比如，伦敦唐人街（华人社区）直到1970年代中期，一直处于殖民地支配体系中的从属地位，华人曾陷入殖民地宗主国臣民和受歧视的东方人的矛盾性困境中。然而，1980年代前后，华人将其作为自己有利的政治资本，利用伦敦的地方政府实现了建设和发展唐人街的愿望。之后随着中国崛起，他们在唐人街的多种实践中逐渐放弃了香港人认同，选择了中国人认同，并将其作为新的政治资本，以唐人街为媒介，与英国政府和中国政府建立了各种关系。同时在重新建构唐人街和文化节日的活动中，选择中国文化，强调唐人街中国文化的正统性，将其作为文化资本向英国内外宣传扩大唐人街这个社会空间的影响力。

从日本中华街的传统创造活动中可以观察到相同的脉络。与英国华人不同，在日本生长的第二代、第三代华人，通过日常生活中的日本社会化，形成了认同的多元性。在中华街进行商业活动的华人，在与主流社会的各种关系中，作为有差异、格差和区别性的特征的，有利于自己的文化资本，选择了中国文化，使其与地域文化相融合并扎根于地域形成独特的地域文化。通过他们能动性的实践活动，将中华街的社会空间扩大到地域社会。

与此相对，旧金山唐人街曾经具有种族隔离区的历史，同样被规定在美国统治体系中的从属地位，争取正当权利曾经是长期以来华人主要的政治活动之一。特别是在1970年代以后，受美国一系列亚裔族群运动的影响，其运动更加活跃。春节节日为主的唐人街的各种节日活动，既是华人本身的节日，也是为了让更多的主流社会的非华人了解华人的历史，为了宣传华人社区，体现华人是有实力有文化的少数族群。综合来看，美国唐人街社区的实践既不是如伦敦那样走向跨国，亦不是如日本般转化为地域，而是通过这些实践来提高华人在主流社会中的地位，弘扬唐人街的独特文化。

另外，唐人街能动性的实践活动，也脱离不了内外错综复杂的各种关系，这种关系包括唐人街内部由各种资本背景形成的阶层性和多重性，同时也包括与主流社会以及其他少数族群社会之间的关系性。唐人街是一个可以从布迪厄所强调的不是实体主义而是关系论，同时又是生成论的视点来理解的社会空间（Bourdieu，2007（邦，译）：33）。

唐人街作为一个社会空间，具有布迪厄所揭示的力量场的一面。如前所述，行动者们在力量场中，根据他们所处的位置，用区别他者的差异化的手段和目标进行对抗，有时这样也有助于维系或改变这个场的结构。力量场的结构既可以从具有多重结构的唐人街内部，亦可从唐人街与外部社会的关系中观察到。经营学领域常常提到的企业竞争的原理和差异化的经营战略与此有所相似，把唐人街作为一个力量场来理解时强调具有差异化的战略，是重新建构唐人街的关键，而成为差异化战略中心的内容无外乎是文化差异。根据各种不同的情况，文化差异有时会成为矛盾的焦点（内部亚族群之间的文化差异），有时会被重新建构，从而在既有差异的基础上形成新的文化差异。中华街的传统之所以能够成为振兴地域经济发展的关键，正是因为中华街的文化具有与其他地域不同的区别性的特征，作为差别化的战略被选择的一面。文化差异对于华人来说是一种文化资本，同时对于与华人一体化的地域来说也是一种文化资源，双方通过利用中华文化进行地域振兴的活动，进一步获得经济资本和政治资本，达到地位的上升。如果没有打造中华街的活动，用他们自己的话说最多不过是一个经营者而已，但是振兴地域的成功，使得他们拥有了直接与在地政府、中国政府以及外界各个方面对话的角色和平台。① 对于伦敦唐人街华人来

---

① 对神户南京町商店街振兴组合理事长曹英生和长崎新地中华街商店街振兴组合前理事长林照雄等的访谈。

说同样如此,通过重新建构唐人街和中国春节的活动,他们在与伦敦的地方政府、英国政府以及中国政府的关系对话中,提高了自己的地位。

在将唐人街作为社会空间来理解时,不可忽视的是旅游要素。各地的唐人街之所以成为旅游观光景点,主要在于旅游为各地唐人街的传统创造活动提供了共同的背景,也正是旅游的发展带给了唐人街用文化差异创造旅游空间的契机。伦敦唐人街规模不及横滨中华街的三分之一,却吸引了以欧洲为主的世界各地的游客,而所在地西敏市政府之所以不惜财力打造唐人街和中国春节活动,其主要原因是唐人街和中国文化可以成为伦敦富有异国情调的旅游资源。日本中华街和旧金山中华街同样如此。

日本中华街作为旅游景点吸引着日本各地的游客。横滨中华街是日本规模最大,被称为世界上最美、最干净、东西最好吃的中华街,而招来众多的游客。长崎中华街开始的春节活动之后被扩大为长崎全市的节日灯会,2013年灯会期间的游客达到100多万人。旧金山的唐人街同样是旧金山重要的旅游景点,特别是唐人街的春节大游行,每年游行当日吸引着近百万的游客。伦敦的中国春节活动同样如此,活动当天观看各种活动的游客亦有几十万人。从旅游和观光资源的角度来看,三个唐人街都是具有与地域共同繁荣和互惠意义的空间。

重新建构唐人街空间的活动中,华人和当地政府的互动是各地共同的特点,但是,不仅与政府而且与在地的居民(日本人)一体化,则是日本独特的特点。比较三个地区的唐人街的社会空间与地域的关系,从其特征来分析的话,相对来说日本是共生的空间,伦敦是共荣的空间,旧金山则为共存的空间。当然,主流社会的结构(阶层结构等)是生成唐人街社会空间特征的原因之一。例如,英国具有明显的社会阶层性,包括华人在内的移民常常处于被政府援助的社会底层(尽管华人社会已多元化,如今很多华人已经得到了地位的上升)。从此意义来看,唐人街一方面是与地域共同繁荣的空间,同时亦仍为一个从主流社会分离出的空间。

1990年代以后,与传统的唐人街相对照,各地均出现以华人新移民为主的新的华人聚集地(唐人街)。多数的传统唐人街成为文化差异的象征,在全球化中作为旅游资源重新被打造,其中也有完全脱离传统生活空间的脉络,与周边的地域社会(他者)相融合的基础上建构的中华街(如日本的传统中华街)。与此相对,聚集了新移民的新唐人街并没有成为旅游景点,具有与其他族群共存和回归于传统的生活空间的特点。但是作为与异文化相接触的场域,人们在日常的生活实践中,相互交流、互动,建立了多重(华人之间、华人和主流社会之间、华人和其他少数族群之间等）的关系。从文化交流的视点来看，新唐人街同样可以作为一个接触空间和社会空间来把握。

三、旅游文化资源的空间

旅游的全球化，是各地重新建构唐人街和春节文化的重要因素。然而，唐人街之所以能够成为各地的旅游资源，是因为其文化资源和文化资本所具有的文化价值和经济价值，以及各种前后（历史和当今）、上下（主流和非主流社会）、内外（唐人街内外、在地国内和国外）、左右（地域社会、其他族群）等各种错综复杂的关系互动的结果，同时亦有游客关注（Urry，1995）等其他各种因素。

（一）文化资源和旅游资源的视点

资源分为潜在资源和显在资源，是人们提高社会生活水平的源泉，产生于人们的欲望和目的，人类的开发和使用是资源概念成立的前提。

资源中的文化资源被认为是显在的重要资源，与本书相关联的资源概念是文化资源和观光资源。文化资源或者说文化性资源是最近常常听到的用语，特别是在当今全球化发展的社会中，文化可以"是资源"也可以"成为资源"。它不仅指那些具有"文化遗产"所代表的过去和现在的有形和无形的价值以及作为文化教育活动资源的价值，在某种情况下，也包括成为地域内人们文化活动基础的设施和文化性活动以及艺术作品等，有时也指经地域的观光开发和地域振兴活动创造的有价值的地域文化资源。

与文化资源相关的用语有文化资本。有关文化资本的定义，最传统和最权威的是布迪厄的论点。布迪厄将文化作为超越世代而继承再生产的资本形态来看，区分了文化资本的三种形态：第一种为"身体化形态"，即"身体化的文化资本"，是指个体行动者通过家庭环境及学校教育获得并成为自身精神与身体组成部分的知识、教养、技能、趣味及感性等；第二种为"客观化形态"，即"客体化的文化资本"，主要指书籍、绘画、古董、文物等有形的物质（知识载体和文化表现形式）；第三种为"制度化形态"，即"制度化的文化资本"，诸如学历文凭、资格证书、行业执照等，表示对个体行动者掌握的知识、技能予以某种权威性的确认，并将其方式转化为社会公认的制度形态（

Bourdieu, 1986: 18 – 28)。① 日本学者山下就有关资源和资本的概念的区别，进行了以下的论述："文化资源（作为资源的文化），是作为人们生存的手段而开发和利用的，与此相对，文化资本（作为资本的文化）则是可以积累和再生产的。……将文化放入历史的再生产过程中审视时，就会发现文化资源（作为资源的文化）可以通过制度而转变为文化资本（作为资本的文化）。"（山下，2007a：55）

与布迪厄的文化资本相对，在经济学领域中，思罗斯（Throsby）就观光与文化的持续性发展问题，将文化资本与文化价值和经济价值相关联进行了论述。他认为文化资本除了具有文化价值外也具有一定的经济价值。而且两者是相关联的，文化价值高的往往经济价值也很高。但是，文化资本根源在于其文化价值，最终文化资本的价值由文化价值所决定。文化资本有有形的，也有无形的，文化价值主要有审美价值、精神价值、社会价值、历史价值、象征价值、真正性和实物性价值等（Throsby, 2001：28 – 29）。与其文化价值相对，文化资本的经济价值根据该文化资本与市场原理相适应与否区分为使用价值和非使用价值。有使用价值的资本又分为消耗价值、非消耗价值、间接的使用价值等，是为市场所使用和享受的；有非使用价值的资本中有存在价值、选择价值、遗产价值等，无论其具有使用价值与否，该文化资本本身具有价值因而得到保存（Throsby, 2001：31 – 79）。思罗斯的论述直接从文化资本的文化价值和经济价值两个侧面提示了衡量文化与观光持续的发展的理论性框架（大桥，2010：51）。

有关文化资本与市场原理相适应的经济性价值，与山下所指出的文化的市场资源化观点有相同之处。山下将文化的资源化区分为日常实践中的资源化、国家资源化、市场资源化（山下，2007b：15 – 17），具有文化价值的文化，被赋予经济价值，在市场原理下成为商品。文化成为旅游资源正是基于这种原理。

各地的中华街之所以成为旅游资源，正是由于中华街及其所表现的文化符号具有一定的文化价值和带来互惠关系的经济价值，同时是在其成为资源的能动的实践中，华侨与地域社会等各种错综复杂的关系互动的结果。作为旅游资源的中华街可以视为一个互惠共荣的空间。

文化资源和观光资源在其创造、构筑和成立过程中往往会有游客凝视的作

---

① ピェール・ブルーデュー（Pierre, Bourdieu）：《文化資本の三つの姿》（*Les Trios Etats du Capital Culturel*, 1961），福井憲彦，訳，*Actes*, 1986, Vol. 1, pp. 18 – 28。

用。有关游客凝视,常常被提起的是英国社会学者约翰·厄里(John Urry)的理论。在不同的社会中,尤其是在多元历史时期的不同的社会群体中,游客凝视如何变化与发展,这种凝视与其他的各种各样的社会实践有何内在的关联?厄里以米歇尔·福柯(Michel Foucault)有关凝视的著述为基础,1992年提出游客凝视理论。厄里认为,游客凝视是旅游欲求、旅游动机和旅游行为融合并抽象化的结果,是旅游者施加于旅游地的一种作用力,旅游者拍摄旅游地人文事象的摄影行为以及各类旅游广告图片等都是游客凝视的具体化和有形化,旅游地由此在时间上和空间上被社会性地重新建构。

"假日,旅游和旅行……人们之所以去消费,是因为其消费会给人们带来与日常生活截然不同的愉悦体验;而且这种体验中至少有一部分是对不同寻常的自然风景和城镇风光的凝视和观看"。厄里所说的凝视不是单纯的视线,而是在特定的历史文化脉络中构筑的,是被社会系统化和组织化的(Urry,1995:4-27)。

厄里将现代社会中文化开展的特殊装置,即所谓的文化模式用后现代的概念来解释,对后现代文化与游客凝视进行了论述。他指出旅客行为与许多其他社会现象之间的关系十分复杂,部分是因为旅游业性质的多样化,部分是由于其他社会现象越来越涉及游客凝视的因素。在后现代的各种文化中,存在着一个游客凝视的普遍原则,这一普遍性的原则通常是以地方化的、遗产的以及对乡村和城市风景主体化重塑的形式而得以实现。此外,厄里还指出,近年来某些少数族群已被建构成为一些地方旅游"吸引力"或"主题"的一部分。这一情况在亚洲族群中特别明显。在曼彻斯特,集中在某一地域的中国餐馆增添了它的魅力,这当然得益于战后英国烹调口味的国际化过程。到1980年代,城市规划师们开始致力于新"中国城"(唐人街)的规划建设,将其保护和建设成为极受旅游者关注的旅游地之一(Urry,1995:240-256)。唐人街所表现的文化被视为具有异域风格的、令人着迷的、拥有丰富而且具有吸引力的文化,成为游客凝视的新的对象和主题。另外,厄里还指出,后现代文化使得我们培育出越来越多的消费符号和表象,社会认同通过符号价值的交换来建构,但却只是存在于展示的层面而已(Urry,1995:152)。"不同地方的社会风情、现代主义和后现代主义、历史遗产和地方性以及后旅游和游戏"等都有助于理解现代社会中游客凝视社会机理的变化(Urry,1995:241)。

对于厄里的游客凝视理论,亦有各种不同的观点解读。例如,作为游客凝视理论核心的"凝视"的概念和性格不明确,游客凝视论对于把握流动化和多样化的现代旅游的各种现象和探讨旅游的本质都存在明显的不充分等不足

（远藤 他，2004）。尽管如此，厄里的游客凝视论作为方法论，仍然被广泛应用在当前旅游观光研究的各个领域中（王，2009）。

例如，用厄里的游客凝视论，可以解释目前作为全球化文化现象的唐人街在建构中体现的游客凝视的作用和变化过程。唐人街等异域文化，不再被视为低劣的或对当地文化的威胁，而是视为可以吸引游客的有魅力的旅游资源，成为游客凝视的新的客体而被重新建构，并通过人工创造的符号和表象以展示的形式来表现。各地唐人街旅游所展示的历史性、游乐性和符号性以及观光旅游的意义、国际化和旅游服务的消费形态等，都有助于理解游客凝视在文化和社会方面的变化。

观光资源似乎比社会空间的概念更为具体。从观光资源的观点来看，唐人街作为既存的观光对象，是具有各种不同背景、文化、旅客凝视等的行为者经过一系列的互动过程建构的资源（物质资源如唐人街牌楼、餐馆等建筑物，非物质如祭祀活动、中华料理等），同时也是一种建构各种资源的场域，而构成这种场域的是各种各样的社会关系。以下将对唐人街和春节活动成为旅游资源过程中的各种关系进行探讨。

（二）旅游文化资源的关系场域

世界各地的唐人街成为旅游资源的背景，与1970年代以后中国和各个国家之间的关系变化、中国在国际政治和经济舞台上的崛起、重新发现和建构唐人街文化的动向、重新确认华侨华人认同以及地域观光开发等以及文化资源化的一系列社会动向密切相关。在重建中国传统文化历史和空间并将其资源化的过程中，可以观察到内外（微观——唐人街内外，宏观——所在地的国内外）、上下（微观——族群内的上下，宏观——主流社会与少数族群社会）、左右（微观——族群内的个人与社群，宏观——唐人街与地域社会和其他少数族群）、前后（微观——每个时期的个人，宏观——历史与现在）等关系的互动，以及游客凝视和旅游市场的动向。其相互关系和构成的因素如表6.1所示。

第六章 全球化背景下的唐人街比较

表6.1 旅游资源成立的各种关系和要素

关系和要求	长崎	伦敦	旧金山
唐人街成员	华人（福建省）、日本人	华人（香港系）	华人（广东系）
唐人街规模	小	中	大
唐人街形成和重新建构	1871年左右由华商形成，1945年烧毁，1986年重修（华人与日本人、市政府合作）	1880年代末由广东系形成，1940年代以降衰退，1960年代香港系华人形成（船员与农民），1985年修建（西敏市政府）	1880年代以后由作为劳动力的广东人的大量移居形成，规模及成员多少有些变化，但一直持续至今
有组织性的春节活动的实施/扩大时期	1987年新地中华街振兴组合/1994年由长崎市扩大为灯会	1970年代华埠商会/2012年扩大为中国春节（西敏市政府）	1953年中华总商会/1980年代末春节游行扩大（市政府参与）
春节活动的主要资金	市政府和有关企业赞助	市政府	唐人街及以西北航空公司为主的赞助单位
春节活动举办场面	长崎市中心；节目表演场所：新地凑公园、中央公园	华埠；中国春节的举办场所：Trafalgar Square、Leicester Square	唐人街；游行地：唐人街及其周边的Market St.、Second St.、Kearny St.、Jackson St.
春节活动期间	全市15天	唐人街：一个星期；中国春节：一天	唐人街：一个星期；春节游行一天
2013年旅游客数	期间（15天）100万余人，以国内游客为	中国春节（一天）约40万人，欧洲为主的世界各地游客	春节游行一天约100万人，北美为主的世界各地游客
春节活动的性质	地方节日	国家性演艺	少数族群节目

续表 6.1

关系和要求		长崎	伦敦	旧金山
形成旅游资源的各种关系	前后（历史—现在）	历史轨道的重现	殖民地记忆的反映	唐人街政治史
	上下（主流社会—非主流社会）	交涉→接受→融合→共生	差别→服从→调和→共荣	冲突→斗争→和睦→共存
	内外（国内—海外）	日中关系：发现→觉醒	英中关系：觉醒→发现	美中关系、大陆台湾关系：觉醒⇔发现
	左右（地域社会和其他族群等）	与地域一体化，文化共有	与地域客体化，部分文化共享	与地域及其他族群是合作关系，文化共存
文化资源化与市场原理		市场资源化	国家资源化	日常实践场中资源化
游客凝视		历史和文化的体验	主题乐园和演艺	少数族群文化的体验

1. 唐人街的历史与现在

从宏观的视点来看，各个唐人街的形成是与其历史的脉络，即华侨华人移居的历史和社会变迁、各自特殊的国情以及地域历史文化土壤有着紧密关系。从表 6.1 中可以看到，伦敦、旧金山和长崎的中华街几乎是在同一时期形成的，但有着不同的背景。与伦敦和旧金山相比，长崎新地中华街规模最小，但是长崎与中国的交流历史可以追溯到 200 多年以前中华街形成的唐人贸易时代，华侨与地域社会的接触和互动的历史较长，有接纳和吸收中国文化的土壤。因此，中华街重建和春节祭的创造正显现了以地域为中心的历史轨迹。

与长崎相比较，伦敦唐人街则有其不同的历史背景。从唐人街的历史可以观察到陷入殖民地宗主国臣民和作为种族歧视对象的东方人的困境以及华人与英国社会的关系，英国的东方意识是通过对唐人街的印象形成的。唐人街的重新建构，不仅是其作为观光地的在地优势，而且是其被赋予的殖民地和东方式的文化价值，其过程具有"被殖民者用宗主国的参与和自身语言进行自我塑造和表达"的历史脉络。

与此相对，旧金山的唐人街和春节活动，则体现了美国少数族群的历史以及美中、大陆和台湾之间的关系。与长崎和伦敦最大不同的是，旧金山唐人街是由自1860年代起大批移居美国的广东籍华人形成的，作为政治、经济、文化、祭祀等各种功能完善的社区，从未有过历史的中断。具有60年历史的、有组织性的春节活动本身，不但反映了由社区内部的行为主体继承和维护传统文化的历史，同时也显现了在与主流社会以及其他少数族群接触和交流过程中，持续建构华人少数族群的历史。

另外，从微观的角度来看，三地区唐人街和春节等唐人街的活动之所以能够成为旅游资源并繁荣至今，与积极参与并活动在各个时期、唐人街各个领域的个人的努力及其建立的各种关系网络是分不开的。

2. 主流社会与族群社会

从与主流社会的关系来看，长崎中华街具有特殊的历史。早期移居长崎的华侨以华商为主，尽管与主流社会是不对称的关系，但是这种关系不是受歧视和有差别的关系。历史上日本人崇尚中国文化和儒家思想，华侨文化不但给主流社会带来了一定的影响，而且其中的一部分文化也被主流社会吸收。除了战争的特别时期以外，华侨社会与日本人社会总体上是融合的，很少有特别显著的文化冲突。至于华侨内部的阶层关系，以前是有财力的华商处于领军地位，但是后来由于内部构成人员的变化以及日本社会本身阶层性较弱等原因，目前看不到明显的阶层性。即中华街的成员多是祖籍为福建北部的华侨及日本人，在中华街虽有年龄和能力之分，却没有明显的上下关系之分。中华街的成员具有振兴地域经济的共同目的，通过重建中华街和创造春节祭的活动，实现走向共同繁荣的目标。

伦敦唐人街则与长崎不同。英国社会本身阶层地位性很强，对外来移民的差别对待和歧视曾经表现在政治、社会、文化、经济等几乎所有的领域。尽管华人曾经是宗主国的臣民，但是也受到了极其不平等的种族歧视。华人的职业主要是中餐馆，特别是以外卖店为多，为了避免与同业者的竞争，外卖店分布在英国各地，形成了与旧金山华人不同的分散性居住的形式。在唐人街经商的华侨以开中餐馆和超市等为主，在唐人街正式成立之前，几乎所有的店都经常会被纠缠到当地白人白吃白喝的纠纷之中，却没有地方投诉，也没有人出来主持公道。重建唐人街和春节活动，对于唐人街的华人来说，是争取正当的权利和在主流社会中地位的一个手段。事实上，通过唐人街和春节的创造活动，他们不但得以保护了自身的权利，在与当地西敏市政府、大伦敦市政府甚至是英国政府以及中国的交往和交流过程中，实现了自我地位的上升。唐人街内部也有等级阶层性，香港出身的富裕的华人具有控制唐人街的权力。尽管目前由于东南亚以及大陆华人的移居出现了多样化，但是在上层处于支配地位的，大部分仍然是香港出身的有经济实力者。

旧金山唐人街曾经是在统治与被统治的关系中强制划出来的人种隔离区，由于华人在美国的统治体制中处于从属的地位，所以经常与主流社会发生文化冲突。与主流社会的关系，往往通过华人们争取正当权利的活动来表现。而且唐人街作为日常生活和经济活动空间，根据祖籍地的不同形成了具有阶层性和多重性的社会结构。作为观光资源，唐人街和春节活动既表现了内部对于发展地域经济的共同目标，也是唐人街在与主流社会的交流和交往中，发扬唐人街民族文化，追求与主流社会和其他少数族群共同生存的实践活动。

3. 唐人街的内外关系

从微观的内外关系来看，重建长崎中华街的直接原因是外部的发现和内部的觉醒。游客站在中华街的中心向中华街内部的人打听中华街的位置，促使内部的人觉醒和意识到中华街的危机和尽快重建中华街的价值，之后迅速呼吁重建中华街并在内外的合作下实现了中华街的再生。之后，为了使中华街成为吸引更多的外部来访者光顾的文化价值高并具有经济价值的文化资源，便多方合作创造了春节活动。通过春节祭提高的中华街的文化价值，再一次被外部所发现，并将其发展成为带来经济效果、经济价值更高的旅游文化资源——长崎灯会。构成外部发现的国内外原因，是日中恢复邦交后，日本人对中国文化的意识变化以及日本观光的需求等；形成内部觉醒的主要因素之一，是立志重建被遗忘的街区和有着较高文化价值的中华街的主体（华侨和日本人）的"我们的意识"。另外中华街也是一个相遇之场域，不仅是地域社会，对于建立中华街内外的交往和关系等发挥着重要的作用。

与长崎相对，伦敦唐人街成立的契机是受到外部歧视的内部的觉醒。唐人街商业组织的成立，不仅求得政府的帮助解决了长时间受到的不平等待遇的问题，而且，通过直接对话使得重建唐人街的计划得以采纳。与此同时，外部（在地政府）从东西文化的差异性中，重新发现了唐人街所具有的异国情调和其地处市中心的优势地理条件，为了使其成为旅游资源，在城市经济发展中发挥作用，进行了唐人街硬件方面的建设。另外，唐人街内部，按照外部的嗜好等，丰富了中餐料理并创造了以春节为主的节日活动，吸引了大量的国内外游客。

第六章　全球化背景下的唐人街比较

从下一段话可以看出唐人街内部营造中国新年的动机:"中国新年的最大的目的,是向主流社会介绍中国的传统和习惯,让主流社会更了解和知道我们的文化,是为了宣传唐人街。通过中国新年的活动,可以使更多的华人重新认识自己的文化,使其成为一个团结的纽带。当然,有更多的人来唐人街,也会给唐人街带来更多的经济利益。而且也使平时不常来唐人街的华人,通过新年来访唐人街,想起自己的文化。"① 然而,正是中国在国际社会中的崛起和旅游观光业复兴的背景,唐人街得以成为被"客体化"的文化资本。特别是伴随英国和中国之间的关系日渐紧密,唐人街作为文化资源,在当地政府、英国与中国政府之间的关系中发挥越来越重要的作用。英国唐人街和中国新年的文化资源开始带有了"国家资源化"的意义。

旧金山唐人街的春节活动,在其成为旅游资源的过程中可以观察到内外的各种利害关系,不仅是美中、大陆和台湾等宏观上的内外政治领域的关系,也有唐人街与主流社会的内外关系。比伦敦和长崎开始早得多的春节活动(新年巡游等),是对外部的"意识形态的威胁"、"忠诚及优秀的少数族群"等视线和"充满异国情调的景观"、"潜在的观光资源"等发现充分意识的基础上,通过"改变唐人街的印象"和"创造美国少数族群文化的表象"等内部的觉醒而产生的(刘,1982:105-106)。如今的春节活动是在长期的历史中,不断应付内外形势,在内外互动中创造和发展的。从唐人街中华总商会的有关人员的话语中,也可以观察到其内外关系,即春节活动的目的"当然是为了宣传社区,我们要向外部表示我们是有实力的,是有文化的"②。

另外,旅客凝视不同也会带来内外关系的不同。作为观光城市,长崎是日本锁国时代唯一对外开放的港口,市内有很多充满异国情调的史迹和建筑。因此长崎不仅是观光地,而且一直是日本高中和中学以学习和参观为目的的"修学旅游"目的地。即在游客凝视中彰显历史、文化的体验等带有教养和教育的因素。这种凝视是在长崎的历史文化脉络中构筑的,是被日本社会系统化和组织化的。构成长崎灯会的概念是"长崎中异国 CHINA 重新发现",游客们可以通过吃"烩菜面"(ちゃんぽん)、观赏灯笼和节日中登场的妈祖行列和龙舞等形式来体验长崎的历史和异国文化。

伦敦唐人街的附近,有很多博物馆、电影院和剧场、赌场等娱乐设施。唐人街作为厄里所说的具有异域风格的、令人着迷的、丰富而且具有吸引力的文

---

① 对 Christine Yau 女士的访谈(2013 年 2 月)。
② 对前中华总商会顾问白兰女士的访谈(2004 年)。

化，已经被营造成为一个带有主题公园性质的游客凝视的新的对象和主题。而且，在中国新年登场的艺能表演，不仅是当地华人的组织，每年从中国会派遣艺术代表团参加演出，因此，中国新年事实上是国家层面的文化交流，是拥有观赏性和符号性（游艺性）的国家级演艺。

旧金山唐人街作为观光资源成立而推动的文化资源化，是以少数族群华人的文化为概念，并通过与外部的主流社会以及其他少数族群的交往，即日常性的实践来实现的。因此，旧金山唐人街以及春节活动，既不是长崎那样的地域节日，也不是伦敦似的国家级演艺，而是美国的少数族群节日。游客通过唐人街和春节文化，可以充分体验多民族国家美国的少数族群文化。

4. 各种横向的左右关系

长崎的左右关系，既指中华街与地域社会的关系，也指华侨与日本人之间的关系，同时也包括与其他日本中华街之间的关系。融入地域一体化进程是长崎中华街最大的特点，在中华街的传统文化创造过程中，日本人和华侨同样起到了很大的作用。通过在中华街场域的活动，以前没有任何关系的华侨和华侨、华侨和日本人之间普遍建立了各种互动关系和网络。另外，中华街和春节创造活动的重要背景之一，是振兴地域和开发旅游资源，可以给中华街和地域带来直接的互惠关系和经济利益。因此，在某种意义上说文化是山下所说的通过市场资源化的。即具有文化价值的文化资源（中华街），经过行为主体（华侨和日本人）的活动，被赋予经济价值，在观光的背景中被客体化和活化，从而转变为用于积累和再生产的文化资本。

长崎中华街与日本其他中华街的关系既是友好对象，又是竞争对手。濑川在言及客家文化的资源化时，指出更有地域特征的文化要素，往往可以产生区别于其他地域的资源价值。"文化资源的开发，在最初阶段，常常是注重一些为一般人所知的比较雷同的文化因素。但是，进入下一个阶段后，则往往是在更局部的地方，挖掘一些知名度较低的有特点的文化因素。因此，在客家的文化资源化过程中，一般是将具有特定地域的客家特色资源化，以此来区别于其他地区。各地围绕观光开发的市场原理，从长远的观点来看，比起那些雷同的定型化的文化要素，更有必要去挖掘那些带有地域特色的观光资源，带有地域特色的文化要素可以产生资源价值。"（濑川，2012：45 – 46）

长崎新地中华街的文化资源化过程，最初曾注重那些带有与其他地区文化要素雷同的倾向，但渐渐地开始结合长崎观光开发的特点，重视用区别于其他唐人街的有特点的文化要素来创造中华街的文化价值。

第六章 全球化背景下的唐人街比较

伦敦唐人街以往与地域社会和其他行业的关系很弱，而且也没有地域一体化，看不到与地域内其他少数族群的合作。然而，"中国新年"的创造，不仅吸引了更多的国内外游客，而且也给地域其他企业带来了一定的商机，并带来了一定的合作。例如，前面所提到的与赌场互动的实例。作为观光资源和地域品牌而成立的唐人街和春节文化活动，带来了与周边和地域的其他行业的合作机会，通过多方合作，可以创造再生和积累文化资源与观光资源的连带关系。

旧金山唐人街无论是人口规模还是生活空间，都可被视为一个比较独立的民族经济聚集地和文化社区，但是，与地域社会的关系并非很强。通过春节活动，唐人街建立了与主流社会和其他少数族群之间的合作关系。在其活动过程中，唐人街以华人少数族群的文化作为区别于其他少数族群的发展战略，将华人的春节创造成为旧金山观光吸引众多游客的一大品牌。

有关各种关系，各地表现的维度不同。从前后的角度看，三个地域的唐人街形成时间大致相同，有各自的历史积累，特别是旧金山的唐人街，几乎可以作为中国社会的缩影。然而，从上下、内外、左右的关系来看，各地具有一定的区别。

从上下关系来看，伦敦唐人街具有主流非主流、国家与国民（宗主国和臣民、中国和华人）的关系性很强的纵向构造。受到旧殖民地的影响，华人有始终处于国家统治体系以及阶层性较明显的英国社会下层的经历，所以华人积极主张唐人街的重新建构是带有改变生存空间和社会地位的愿望的；在地政府建造唐人街则是因为唐人街可以成为旅游资源，成为统合到英国城市体系中的海外中国。在创造春节活动的进程中，带有英中双方的政府行为在内，作为旅游资源的唐人街和春节活动，在联结华人与在地政府、英国政府和中国政府的跨国关系中起到了媒介的作用。

从左右关系来看，长崎与地域的关系性很强，中华街和春节活动的创造充分反映出了地域社会的构造和地域意向的横向联结。

旧金山唐人街作为曾经是从主流社会强制划出来的种族隔离区，从不断改善与主流社会的关系以避免发生文化冲突的视点看，存在与伦敦唐人街既有相似又有不同的上下关系。然而，其内外关系的因素更为明显。作为一个由集团性移居而形成的持续的移民社会，这里曾经作为美国华人的政治、经济和文化中心，具有内外有别的、健全的民族经济聚集地和文化社区的功能，而且有很强的凝聚力和自我意识。唐人街和春节的旅游资源化，作为华人融合于主流社会的一种手段，是通过宣传社区的文化实力，主张自己的文化正统性而实现的。

　　唐人街是不同文化相接触和相交流的跨文化领域，唐人街是各种关系形成的场域和文化生成的空间，唐人街是地域社会存在的有文化价值和经济价值的旅游资源。

第七章
结 论

本书以华侨为主体，以中华街（唐人街）为场域，以文化为主线，从华侨的社会空间、文化符号和族群性三个层面，考察分析了日本华侨社会的文化动态和中华街的特征，并且运用接触区、社会空间和旅游资源的理论，对全球化背景下的唐人街进行了比较。其主要的论点可以归纳为以下几点。

一、华侨社会空间——作为各种关系场域的唐人街

唐人街的共性在于华侨的社会空间从历史上就是在各种关系的互动中形成和发展的。从共时的视点来看，唐人街是由华人移民创造的全球性的文化现象，分布于世界各地的唐人街是在与当地主流社会的遭遇和交流中形成的，是从主流社会中分离出来的空间，是从被迫接受异文化的邂逅中诞生的场域。从历时的视点来看，一方面，世界各地唐人街的发展历史包摄了移出国中国历史和社会的演进以及近代世界体系的变迁。另一方面，作为社会空间的唐人街从来都不是单纯地与主流社会对立的，而是非相称的关系中共存、相互作用、相互纠结的理解和实践的场域；作为跨文化的空间，它所呈现的是文化的混淆化和多元化，其表现为对抗性的表象，是非主流的、处于边缘的群体有选择地运用主导性的或者说中心的文化创造出的一种新形式。传统的唐人街，作为一个社区（社会空间），是按照中国传统的习惯和知觉形成的，并且具有被规定在国家统治体系中的从属地位的过程。唐人街的内外社会关系构成了唐人街的社会功能和社会意义。1980年代以后，社区的人们通过各种实践，大大地改变了作为社会空间的唐人街，其中起到很大作用的是人们所拥有的各种"资本"。

唐人街是文化生成的场域，1980年代以后重新创造和建构的文化，便是

华侨的社会空间与文化符号

在主流与非主流的接触和关系交流中生成的。从旅游和观光资源的角度来看，唐人街又是具有与地域共同繁荣和互惠意义的空间。各地的唐人街之所以成为重要的旅游资源，与1970年代以后中国和各个国家之间的关系变化、中国在国际政治和经济舞台上的崛起、重新发现和建构唐人街文化的动向、重新确认华侨华人认同以及地域观光开发等文化资源化等一系列社会动向密切相关。

从唐人街的差异性来看，日本传统中华街与其他唐人街不同的地方在于其所实现的地域化和日本化，亦即日本中华街是在与地域社会的长期互动关系中产生的。特别是长崎，华侨在历史上的社会空间是在中国与日本的贸易体制背景下，通过与主流社会和地域社会的持续互动而形成和展开的。无论是唐寺还是唐馆，都曾经是与地域社会交往互动的关系场域，华侨通过这种关系场域与地域的长崎人建立了"亲戚关系"，华侨文化也转型为代表地域特征的文化符号。特别是唐寺为日后诸如宗教仪式、建筑、雕刻、绘画、篆刻、音乐等文化符号在日本的引进和接受，起到了媒介的作用。作为华侨的文化空间，唐寺的关系场域不局限于地域层面，还扩大到了日本社会。这是中华街走向地域化的重要历史背景。日本各地的中华街虽然在"二战"前后走向凋敝，但在新的背景下，以振兴地域为目的而成立于长崎和神户的跨越族群的地缘组织，已经成为一种新的纽带，将中华街的华侨和日本人连接在一起，形成了新的地域社会空间。相对而言，横滨中华街作为传统的社区，华侨社会内部的传统性纽带比较牢固，尽管由于各种内外关系的影响，华侨社会空间曾一度转向内部的斗争场域，但是在新形势下各派别也能求同存异，中华街以重建传统文化为契机，已经成为跨越意识形态对立，与地域社会交流的社会空间。简言之，目前的日本中华街是在1980年代前后，在对三大场域——日中邦交正常化和日中文化交流这一主流社会及内外关系变化的场域，第二代、第三代华侨日本化这一文化资本为中心的场域，以及振兴地域和开发旅游资源这一文化符号创造的场域——进行整合的大背景下，依托华侨与地域社会的互动和交往过程而创造发展的社会空间。

与日本中华街相比较，作为华人的社会空间，伦敦唐人街有不同的历史背景。唐人街曾一直处于殖民地支配体系中的从属地位，华人曾陷入殖民地宗主国臣民和受歧视的东方人的矛盾性困境中。然而，1980年代前后，华人将其作为有利的政治资本，利用伦敦的地方政府实现了建设和发展唐人街的愿望。之后随着中国崛起，他们在唐人街的发展实践中，放弃了香港人的认同，选择了中国人的认同，并将其作为新的政治资本，并以唐人街为媒介，与英国政府和中国政府建立了各种关系。同时在重新建构唐人街和文化节日的活动中，选择中国文化,强调唐人街中国文化的正统性,将其作为文化资本向英国内外宣传,以扩大唐人街这个社会空间的影响力。

与此相对,旧金山唐人街曾经是在统治与被统治的关系中强制划出来的人种隔离区,所以在美国的统治体制中处于从属的地位,经常与主流社会发生文化冲突。与主流社会的关系,往往通过华人们争取正当权利的活动来表现。而且唐人街作为社会空间,根据祖籍地的不同形成了具有阶层性和多重性的社会结构。作为观光资源,唐人街和春节活动既表现了内部对于发展地域经济的共同目标的期许,也是唐人街在与主流社会的交流和交往中,发扬唐人街民族文化,追求与主流社会和其他少数族群共同生存的实践活动。

另外,在各地唐人街成为旅游文化资源的关系场域中,可以观察到各自不同又错综复杂的关系的互动以及游客凝视和旅游市场的动向。

二、在地化和符号化的华侨文化

祭祀和艺能所呈现的华侨文化,看起来似乎是一种零碎的本土文化片段性的拼凑形式,但是经过统合和分类,也不难发现这些形式就是具有象征中华文化意义的文化符号。这种与中心文化有差异性的文化符号,是行为主体华侨(以及部分日本人)在中心与边缘的相互关系和相互作用的非对称的符号场中,根据自己的目的进行战略性的任意选择后进行重新组合的。它表现了不同历史时期文化变迁的轨迹和华侨认同的变化,是被边缘化的华侨社会文化的延续和转型。

首先,象征地域性的文化符号——"被接受祭祀和艺能",是以长崎对外贸易为背景,通过与主流社会交流的空间,将华侨的部分风俗、艺能同日本的祭祀、艺能融合,在地域社会的文化脉络中被接受和重新解释,以日本的方式继承下来,成为代表长崎地域的文化。在长崎灯会上以日本人为主体的龙舞表现的就是长崎历史上与中国的交往的"龙的传说"。蛇踊到龙踊的变迁,是从唐人贸易中的龙舞变迁为代表地域的乡土文化符号的过程。而文化符号所象征的是文化意义和社会结构交流互动的过程,是华侨文化的一种转型。

其次,由同乡会所继承的在华侨寺院进行的"华侨传统文化符号——传统祭祀",既是华侨想象中的拜祖寻根的宗教仪式,又为同乡的亲朋故友提供了相会场所,成为华侨维护和建构各种网络的空间。从这种意义上来看,寺院和祭祀活动已经成为了华侨认同的象征。华侨社会的变迁使得祭祀中的"传统艺能"在长崎和神户衰退,后由"新传统艺能"取而代之。在横滨,尽管因华侨社会的分裂而造成"传统艺能"的传承受到阻碍,但幸运的是有学校为载体使之得以传承至今,并且作为一个参照系,为后来长崎和神户华侨新的传统文化符号——"新传统艺能"的复兴和重建发挥了作用。从"传统祭祀"和"传统艺能"以及"新传统艺能"的关系中,可以看到华侨社会空间的变迁和华侨之间的文化互动,以及传统文化符号的意义和功能。

再造和重建的文化符号"新传统祭祀和艺能",体现了日本华侨社会与地域社会互动的特殊关系和新的文化动态。为了能在地域空间的发展竞争中取胜,中华街的华侨和日本人战略性地选择了与其他地域有着较大差异化的中国文化符号。这是作为行为主体的华侨在中心与边缘、内部与外部、主流与族群的相互关系和相互作用的非对称符号场(关系场域)中,从自身的发展诉求出发而进行战略性的任意选择并重新组合和创造的新的传统。这些文化符号作为华侨的文化资本,在主观上表现了华侨的族群性和华侨性,在客观上成为一种文化符号,其象征意义借助文化符号的交际功能,通过以中华街的外来者为代表的接受者的幻觉而不断被想象,象征在这里起到了符号意义的凝聚作用。比如红、黄、粉等颜色的灯笼,中华街的牌楼以及狮子舞和龙舞等,这些符号聚集在一起,成为象征中华文化的标识,华侨就是通过这些中华文化的标志来表现自己的认同和地域的"新族群性"。

最后,带有政治色彩的文化符号——"新活动"的开展,一方面体现了在与中国的各种关系中作为重要行为者的中华总会和华侨学校所承载的社会文化意义和功能;另一方面如国庆节和"双十节"等活动,被作为中华街建设的一环,已经成为装饰中华街的秋季节日活动。这种带有政治色彩的文化符号逐渐转向在地化(中华街化)的文化符号的趋势充分反映了日本华侨文化认同的变迁。而在"传统祭祀"、"新传统祭祀"和"新活动"中登场的以民族乐器演奏、舞蹈以及目前在日本广泛传播的以日本人为主要载体的二胡音乐等艺能形式,都成为代表现代中国艺能的文化符号。二胡音乐在日本的传播过程,再现了历史上"明清乐"在日本社会传播的轨迹,揭示了以华侨为载体的中华文化在日本的传播机制。

三、与地域社会共建的"新族群性"

日本华侨族群性的形成和重建,根据地域和华侨历史的不同,呈现出了不同的背景和机制。长崎早期的华侨(唐人),在幕府贸易体制下建立的是以祖籍地为基础的寺院——唐四寺,标志着华侨形成了以唐四寺为核心的四个地缘

第七章　结　论

组织社会。唐寺成为长崎华侨社会亚族群的象征，发挥了凝聚散居在长崎市内来自中国各地的华侨的宗教、祭祀和相互扶助团体的功能。通过唐寺形成了传统的、与主流社会有客观辨别性差异的族群性。后来随着日本开港，以唐馆为据点的贸易体制瓦解，更多的华侨向新的开港口岸的迁移，与长崎的华侨有亲缘关系的福建北部华侨逐渐增多，华侨社会逐渐成为以福建北部为主体的福清帮社会，崇福寺以外的三家寺院，也随着三个亚族群的衰退而不再具有作为族群认同的核心性功能。三山公帮（福建同乡会）实际上就成了唯一具有礼仪性的、有相互扶助作用的华侨组织，而崇福寺所主持的传统祭祀，成为整个长崎华侨社会族群性认同的主要象征。而面对当今更新换代之时不断在客观上日本化的华侨，很多同乡组织已失去了其功能。不过，与来自其他省份的华侨相比，由地缘、亲缘、姻缘等错综复杂的要素构成的福清华侨网络，作为构成福建华侨凝聚力的重要因素，依然发挥着不可忽视的作用。如第五章第三节所论述的那样，福建同乡会是日本唯一的全国性亚族群组织，福建同乡会的两个祭祀和文化活动，成为福建华侨为认同和表现亚族群性而维持和建构的传统，在非日常的空间为华侨文化的延续提供了强有力的依据。

　　以中华街为中心的传统创造活动，则是全球化背景下华侨重新建构认同和族群性的新动向。这种创造活动是在与地域社会的互动中进行的。历史上长崎华侨社会的周围，一直存在着一个融合了华侨的血脉和习惯的长崎（日本人）地域社会。华侨社会从移民集团走向在地化的过程，可以从江户时代华侨移居的历史中捕捉。华侨在维护和创造其族群性认同的过程中，华侨的血脉和文化也不断地被长崎地域社会所吸收。在这种背景下，中华街一方面是华侨族群性的核心，另一方面也是连接华侨和日本人关系、构成华侨和日本人共同的"新族群性"的场域。

　　神户华侨的先驱者是从长崎移居而来的福建（闽南为主）、三江和广东的商人，之后他们利用早期的华侨在日本（特别是长崎）以及在中国和东南亚的关系，建立了发达的商业贸易网络。神户华侨社会从形成起便与长崎华侨社会有互动关系，而这种关系是以族群（华侨社会）中的亚族群（福建、广东、三江）的网络为轴心形成的，体现了族群的多重性。神户华侨没有建立以祖籍地划分的寺院，而是成立了各自的公所和会馆，并在公所内举行一定的祭祀活动。但是华侨社会的主要祭祀活动，更多的是在诸如华侨全体的组织中华会馆、华侨的墓地中华义庄以及华侨的寺庙关帝庙等这些跨越亚族群的组织内举行。如今关帝庙的祭祀活动虽然由神户福建同乡会组织，但是近年来前来参加祭祀活动的不仅是祖籍福建的华侨，也包括来自神户、大阪的祖籍为其他地方的华侨。关帝庙和祭祀活动实际上是整个神户华侨社会族群性认同的主要象征。但是,随着华侨在日本社会在地化等,传统寺院和祭祀政治逐渐失去向心力。在这种情况下,神户南京町重建和恢复华侨传统的运动对重新确认华侨的认同和族群性便具有了十分重要的意义。

无论在长崎还是在神户,"新传统祭祀"都是在华侨趋向日本化的背景下,以日中邦交正常化为契机,为旅游和打造地域发展这一原因所刺激,选择非日常性的文化符号——祭祀和艺能,将其创造成为一种表现"新族群性"并且具有辨识性和差异性的文化标志。其直接的契机可以概括为一种实际利益,但它的背景是华侨对传统的留恋,传统的创造是由这种留恋触发而生的。而华侨的"新族群性"现象有"为了自己的经济利益和社会地位的提高才采取的合理战略"的一面,同时也具有"重新强调自我认同"的一面。

在全球化的背景下,日本华侨新传统的创造已经呈现出一种超越华侨社会的地域性的"新族群性"。在寻求经济利益以便进行合理的选择方面,华侨和地域日本人社会是一致的。以促进旅游产业发展为目的来打造地域经济的活动是由新地中华街的成员自发发起的,它既合乎于中华街的华侨和日本人的共同利益,又与地域旅游开发的需求相吻合。

横滨华侨的传统艺能和族群性的重建有着与神户和长崎不同的演变过程。早期横滨的华侨社会是以广东人为主的单一的族群社区,关帝庙和中华会馆是当时华侨社会的象征。之后随着其他祖籍地华侨的增加,华侨社会走向多元的亚族群并存的时期。战后,华侨统一组织的成立,以地缘性组织为中心的华侨社会开始走向统一。关帝庙和中华会馆以及祭祀和艺能则成为象征华侨社会整体的族群性标志。后来,中国大陆与台湾的关系相应地也影响到日本的华侨社会,造成华侨社会由于意识形态上的对立而分裂,以学校为中心所进行的艺能文化活动则成为代表各自政见的象征。在这一时期族群认同的表现不是地缘性和民族性,而是政治性的。日中邦交恢复以后,横滨华侨社会紧张的政治气氛出现了缓和,这种缓和促进了华侨恢复传统文化的运动。新的时代背景下,振兴中华街和开发旅游观光业的需求,成为传统文化创造的新的契机。横滨的春节祭就是在这样特殊的背景下,由华侨社会的大陆派、台湾派协作举办的。横滨的春节祭具有反映两国关系晴雨表的意义,它的举办成为两派超越政治对立、民族团结的重要象征。在这一系列活动的复兴和创造的推动下,华侨的族群性也因此得到了重建。

总之,日本传统的三大中华街中,横滨中华街的华侨较为集中,在一定程度上较好地维持了社区的传统习惯。因此,包括艺能组织在内的社团组织的功

第七章 结 论

能性较强，不仅对传统文化的继承发挥了很大的作用，而且对长崎、神户的艺能、祭祀活动的复兴和重建起到了一定的作用。相对而言，在长崎和神户有相当一部分华侨散居在日本的地域社会，中华街作为当地华侨和地域社会的节点，对它的建设富有族群的象征性意义。在这两地，中华街内华侨和日本人各占一半，族群分布在社区内又有所交叉。所以，族群性的"再发现者"不仅是华侨，也包括中华街的日本人。在日本华侨社会兴起的新的传统祭祀的重建和创造运动，对华侨和日本人来说，是一种可以共享"打造街区"经济利益的行为，所以得到两者的支持和由两者共同促进便顺理成章了。

长崎的特殊历史背景以及地域社会互动关系的良好基础，让长崎的日本人社会接受华侨及其文化是一件很自然的事，这与神户有一定的区别。和其他地区相比，长崎华侨社会族群的界限，以及中华街社区的界限是很模糊的。特别在中华街内部，华侨和日本人之间几乎感觉不到他们在族群性方面的差异。

综上所述，无论是唐人街还是春节等文化符号，都是处于边缘的海外华人主动创造的全球化现象。通过对唐人街及其文化的分析和比较，可以观察到华人文化（中华文化）在世界各地（长崎、神户、横滨、伦敦和旧金山等）传播和发展的轨迹，以及不同国家和不同地区的华人与主流社会之间的各种互动关系和社会文化动态。希望本书以中华街为关系场域（社会空间），以华侨为主体（族群），以文化为主线（文化符号）的对日本中华街的研究能抛砖引玉，进一步推动学术界对海外华人的历史及社会文化动态的比较研究。

参考文献

日语文献（按照日语五十音图读音顺序排列）

青柳まちこ. 《エスニック》とは何か. 監，訳. 新泉社，1996.
秋山鹿園. 清楽韻歌詞譜. 井口松之助，1883.
朝倉治彦. 日本名勝風俗図絵. 角川書店，1983.
足羽洋保. 観光資源論. 中央経済社，1997.
綾部恒雄. 約縁集団（クラブ）の社会人類学. 社会人類学年報，1976：24-25.
綾部恒雄. エスニティの概念と定義//綾部恒雄. 文化人類学：2. アカデミア出版社，1985：8-19.
綾部恒雄. 現代社会のエスニシティ. 弘文堂，1993.
粟倉喜弘. 横浜の芸能―明治期新聞記事集成//横浜開港資料館紀要：14. 横浜開港資料館，1996：95-180.
市川信愛. 華僑社会経済論序説. 九州大学出版会，1988.
飯島渉. 華僑・華人史研究の現在. 汲古書院，1999.
井上以智為. 関羽祀廟の由来に変遷（上）. 史林，1941a，26（1）：41-51.
井上以智為. 関羽祀廟の由来に変遷（下）. 史林，1941b，26（2）：50-83.
今崛誠二. 中国封建社会の構造. 日本学術振興会，1978.
今崛誠二. 中国封建社会の構成. 勁草書房，1991.
今崛誠二. 中国封建社会の機構. 汲古書店，2002.
ウィリアム・スキナー（Skinner G W）. 東南アジアの華僑社会（Chinese Society in Thailand）. 山本一，訳. 東洋書店，1988.
歌川龍平. わしがまちさー長崎郷土物語. 長崎民友新聞連載，1952.
内田直作. 日本華僑社会の研究. 同文館，1949.
内田直作. 東南アジア華僑の社会と経済. 千倉書房，1982.
内田道夫. 北京風俗図譜. 平凡社，1964.
越中哲也. 崇福寺で開催されている普度法要についての調査報告. 長崎市立 博物館報：16 号. 1974.
越中哲也. 長崎の文化//越中哲也，大戸吉古. 江戸時代図絵：第 25 巻 長崎・横浜. 筑摩書房,1976:147-154.
越中哲也.長崎の明清楽//第4回日本音楽の流れ―近世の外来音楽.国立劇場,1977:4-8.
越中哲也.くんち長崎―資料編(長崎新聞連載76-100回).1978a.
越中哲也.長崎おもしろ草:第5巻 越中哲也の長崎ひとりあるき.長崎文献社,1978b.
越中哲也.長崎くんち.ナガサキ・フォット・サービス,1988.
越中哲也.長崎くんち.ナガサキインカラー,1991.
江淵一公.象徴体系としてのニューエスニシティ//儀礼と象徴―文化人類学 的考察.九州大学出版会,1983:515-542.
江淵一公.エスニック・バウンダリーとスティグマ//綾部恒雄.文化人類学:2.アカデミア出版会,1985:20-33.
エミル・デュルケム(Emile Durkheim).宗教生活の原初形態.古野清人,訳.岩波書店,1975.
王維.日本華僑社会における伝統文化の再編とエスニシティ.風響社,2001.
王維.素顔の中華街.洋泉社,2003.
王維.サンフランシスコの華人コミュニティ及び春節祭//アリーナ:2.2006:82-98.
王維.観光研究における文化論の視点//香川大学経済学部ツーリズム研究会.観光学へのアプローチ.美巧社,2009:171-215.
王維.ロンドン・チャイナタウンの文化空間―日本との比較の視点から.香川大学経済論叢,2013a,85(4):103-150.
王維.再創成された地域ブランドと観光資源―春節祭を事例として.香川大学経済論叢,2013b:101-157.
小此木啓吾.アイデンティティ論//現代のエスプリーアイデンティティ.至文堂,1978:13.
王崧興,瀬川昌久.漢民族の移民とエスニシティ―香港・台湾の事例をもとに.民族学研究,1984,48(4):407-417.
大橋昭一.観光分野における文化の意義をめぐる諸論調//大阪観光大学紀要開学10周年記念号:10.2010:39-58
大橋健一.ローカル・エスニック・コミュニティの現代的位相―"チャイナタウン"における 構造と意味の転換を中心に.兵庫教育大学研究紀要,1996,16(2):135-145.
大橋健一.エスニック・タウンとしての"神戸南京町"―地域の磁力と都市エスニシティの動態//奥田道大.都市エスニシティの社会学.ミネルヴァ書房,1997:75-87.
太田好信.文化の客体化―観光をとおした文化とアイデンティティの創造.民族学研究,1993,57(4).
岡本純.月琴雑曲清楽の栞.東雲堂,1888.

岡本伸之，越塚宗孝．観光対象と観光資源//前田勇．観光概論．学文社，1978：42-49．
奥田道大，鈴木久美子．エスノポリス・新宿/池袋—来日10年目のアジア系外国人調査記録．Harvest，2001．
奥田道大，田嶋淳子．新宿のアジア系外国人—社会学的実態報告．メコン，1993．
尾家建生．観光資源と観光アトラクション//大阪観光大学紀要：9．2009：11-19.．
尾上兼英．日本の華僑社会における芸能の変容//山田信夫．日本華僑と文化摩擦．1983：369-398．
香川眞．観光学大事典．日本国際観光学会，監．木楽舎，2007．
華僑学校国際比較研究会．華僑学校教育の国際的比較研究（上、下）．1987．
梶田孝道．エスニシティと社会変動．有信堂高文社，1988．
梶田孝道．国際社会学－国家を越える現象をどうとらえるか．名古屋大学出版社，1992．
梶原景昭．序 対立から共存へ//岩波講座 文化人類学8：異文化の共存．1997：1-26．
可児弘明，遊仲勲．華僑・華人．東方書店，1995．
過放．在日華僑のアイデンティティの変容：華僑の多元的共生．東信堂，1999．
蒲原春夫．長崎くんち//長崎談叢：3．藤木博英社，1968：103-106．
神代祇彦．長崎異国風土記．藤木博英社，1966．
川田順造，福井勝義．民族とは何か．岩波書店，1989．
河副佐十郎．清楽曲牌雅譜．杏村書舎，1877．
河村誠治．観光経済学の原理と応用．九州大学出版会，2004．
官文秀．実録—在日華僑の軌跡//潮流：4．公聞出版社，1982：200-209．
木内裕子．香港水上居民をめぐる漢族意識//文化人類学：5 漢族研究の最前線—台湾・香港．1988：164-171．
魏晧子明．魏氏楽譜．平信好師古，考訂．須原屋茂兵衛，1768（明和五年）．
許淑真．留日華僑総会の成立に就いて（1945-1952）阪神華僑を中心として//山田信夫．日本華僑と文化摩擦．巌南堂書店，1983：121-187．
許淑真．函館における福清幫//飯島渉．華僑・華人史の現在．汲古書院，1998：18-48．
京都古典同好会．古版長崎地図集．西文社平版印刷株式会社，1977．
清田章童．長崎と尺八//長崎談叢：13．藤木博英社，1968：65-77．
クリフォード，ギャーツ．文化の解釈学①．吉田禎吾他，訳．岩波書店，1987．
クリフォード，ギャーツ．文化の解釈学②．吉田禎吾他，訳．岩波書店，1987．
グレイザー N，モイニハン D P．人種おるつぼを越えて．阿部斎，飯野正子，訳．南雲堂，1986．
黒岩義嗣．陸上竜頭船の渡来系統と西浜町蛇船//長崎談叢：5．藤木博英社，1968：52-78．
黒木国泰．長崎福建会館の活動試論—福建会館帳簿をもとに//長崎華僑研究会年報6：長崎華商泰益号関係書簡目録．1990

黒木国泰. 長崎福建帮とその活動について//華人研究研究会報 10: 九州華僑. 1995: 134-146.
小泉文夫. 日本の音―世界中の日本音楽. 青土社, 1977.
神戸新聞社. 素顔の華僑―逆境に耐える力. 人文書院, 1987.
神戸中華青年会. 神戸中華青年会拾周年記念専刊. 致享印務局, 1955.
神戸中華青年会. 青年―神戸中華青年会成立廿周年記念刊. 神戸出版印刷株式会社, 1965.
鴻山俊雄. 神戸と在留中国人. 東亜学社, 1954.
鴻山俊雄. 神戸大阪の華僑―在日華僑百年史. 華僑問題研究所, 1979.
好楽散人. 明笛・胡琴月琴独習新書. 矢島誠進堂, 1910.
古賀十二郎. 長崎画史彙伝. 大正堂書店刊, 1983.
小曽根均次郎. 小曽根家と音楽//長崎文化: 23. 1968: 17-20.
小曽根吉郎. 明清楽の復興にかける//旅―九州新風土記: 6. 日本交通社, 1980: 122-123.
佐藤仁. 今, なぜ・"資源分配"か//佐藤仁. 資源を見る眼―現場からの分配論. 東信堂, 2008: 3-31.
佐々木せん. 明清楽譜摘要. 石田忠兵衛(京都), 1877.
時中編纂委員会. 時中長崎華僑―時中小学校史・文化事誌. 博文社, 1991.
下中邦彦. 音楽大事典. 平凡社, 1982.
ジェームズ・L・ワトソン(James L Watson). 移民と宗族―香港とロンドンの文氏一族(Emigration and Chinese Lineage). 瀬川昌久, 訳. 阿吽社, 1995.
ジョン・アーリ(Juhn Urry). 観光のまなざし 現代社会におけるレジャーと旅行(Tourist Gaze: Leisure and Travel in Contemporary Societies). 加太宏邦, 訳. 法政大学出版局, 1995.
菅原一孝. 横浜中華街探検. 講談社, 1996.
菅原幸助. 日本の華僑. 朝日文庫, 1991.
須田寛. 新・観光資源論. 交通新聞社, 2003.
斯波義信. 華僑. 岩波書店, 1995.
斯波義信. 在日華僑と文化摩擦//山田信夫. 日本華僑と文化摩擦. 巌南堂書店, 1983: 37-118.
精琴楽士. 清楽速成月琴雑曲自在. 盛林堂, 1898.
関根政美. エスニシティの政治社会学. 名古屋大学出版, 1994.
曽士才. 神戸に生きる//曽士才, 他. アジア読本―中国. 河出書房新社, 1995: 331-341.
祖父江孝男. 文化人類学入門. 中央公論社, 1991.
宗懍. 荊楚歳時記. 森屋美都雄, 他訳. 平凡社, 1978.

竹沢泰子. 日系アメリカ人のエスニシティ-強制収容と補償運動による変遷. 東京大学出版社, 1994.
高橋強. 戦前の日本華僑社会の変容//長崎華僑研究会年報5：長崎華僑と日本文化の交流. 1989：79-93.
高柳精一. 洋峨楽譜：乾之巻・坤之巻. 国本勝治郎, 1884.
田嶋淳子. 世界都市・東京のアジア移住者. 学文社, 1998.
田仲一成. 長崎華僑盂蘭盆会行事の構造とその変容//山田信夫. 日本華僑と文化摩擦. 1983：333-366.
田中敏朗. くんち長崎—昭和くんち考（長崎新聞連載51-75回）. 1978
田中敏朗. 新地のうつりかわり//長崎文化：32. 長崎国際文化協会, 1988：8-13.
田中雅一. コンタクト・ソーンの文化人類学へ—"帝国のまなさ・し"を読む//Contact Zone：1. 2007：31-43.
田中雅一, 船山徹. コンタクト・ゾーンの人文学 問題系. 晃洋書房, 2011.
田辺尚雄. 日本音楽講話. 岩波書店, 1995.
田辺尚雄. 日本音楽通. 四六書院, 1930.
田辺尚雄. 日本音楽史. 雄山閣, 1931.
團龍美. 長崎華僑録—写真蔵時記//時中編纂委員会. 時中長崎華僑時中小学校史・文化事誌. 博文社, 1991：277-324.
陳徳仁. 日本の華僑//戴国輝. もっと知りたい華僑. 弘文堂, 1991：99-114.
中華会館. 落地生根-神戸華僑と神阪中華会館の百年. 研文出版社, 2000.
津田昇. 国際観光論. 東洋経済, 1969.
寺尾善雄. 中国文化伝来事典. 河出書房新社, 1982.
東洋音楽学会. 唐代の楽器. 音楽之友社, 1968.
杜国輝. 多文化社会への華僑・華人の対応-日本・台湾における華僑学校卒業生の動向分析（トヨタ財団研究助成報告書019号）. 横浜中華学院, 1991.
永井新六. 月琴楽譜. 1877.
長崎芸苑社. 長崎芸苑. 1936.
長崎史談会. 長崎名勝図絵. 藤木博英社, 1931.
長崎史談会. 長崎談叢. 復刻版. 藤木博英社, 1965.
長崎市役所. 長崎市史：風俗編. 清文堂, 1938.
長崎市教育委員会文化課. 長崎市の文化財. 昭和堂印刷, 1958.
長崎市教育委員会. 長崎市の民俗芸能. （株）インデックス, 1999.
長崎事典編纂委員会. 長崎事典：文化風俗編. 長崎文献社, 1988.
長崎新聞社. 長崎県大百科事典. 長崎新聞社, 1984.
永島正一. 長崎ものしり手帳. 長崎放送株式会社, 1997.
中川忠英. 清俗記聞. 平凡社, 1966.

中西啓，塚原ヒロ子. 月琴新譜—長崎明清楽のあゆみ. 長崎文献社，1990.
中西啓. 長崎華僑と長崎聖堂（上）//長崎華僑研究会年報 3：長崎華僑史稿（史・資料編）. 1986：1-10
中村質監修. 中国文化と長崎県. 長崎県教育委員会，1989.
中村重嘉. 江戸黄檗禅刹記. 写し. 1929
中村重嘉. 清楽書目//田中享一. 長崎談叢：27. 藤木博英社 1968：60-63.
中村重嘉. 明清楽. 長崎民友新聞（中村ブック），1940.
中村重嘉. 唐人踊の中央進展—近世支那音楽本邦伝来史//田中享一. 長崎談叢：31. 藤木博英社，1968：33-39.
中村重嘉. 中支那散見//長崎談叢：32. 長崎博英社，1968.
長原梅園. 清楽詞譜. 宮田六左衛門，1885.
仁井田陞. 中国の社会ギルド. 岩波書店，1998.
西井涼子，田辺繁治. 社会空間の人類学. 世界思想社，2005.
西澤治彦. 華僑とは何か//文化人類学：2. アカデミア出版社，1985：234-243.
西山夘三，住田昌二ほか. 観光開発の基本問題. 日本建築学会近畿支部，1961.
西山夘三. 地域空間論（昭和 40 年度観光夏期講座講義録）. 勁草書房，1965
西山松之助. 家元の研究. 校倉書房，1982.
ニック・クロスリー（Nick Crossley）. 社会学キーコンセプト—批判的社会理論の基礎概念（*Key Concepts in Critical Social Theory*）. 西原和久，杉本学ほか，訳. 新泉社，2008.
丹羽漢吉他. 長崎町人誌　第 5 巻　新編長崎名勝図絵　さまざまのくらし編　住の部. 長崎文献社，1997.
日本風俗史学会. 日本風俗史事典. 弘文堂，1994.
根岸佶. 上海のギルド. 大空社，1998.
乗松亨平. ユーリー・ロトマンの文化記号論における"ロシア"の複数性と単数性//ロシア語ロシア文学研究：43. 日本ロシア文学会，2011：35-42.
莫邦富. 北海道阿寒町の日本語学校から就学生たちはなぜ逃げたか//最新華僑地図. 朝日新聞社，1994：110-117.
箸尾竹軒. 月琴・清笛・胡琴清楽独稽古. 青木嵩山堂，1907.
花和紅. 九州女傑伝（3）長崎県の巻・中村キラ//ドピックス九州：42. 1981：56-61.
浜一衛. 明清楽覚え書//文学論輯. 九州大学文学部，1966：1-18.
濱下武志. "華僑"史に見る社会倫理—華僑・華人・華裔のアイデンティティ//思想：3. 1991：19-39
浜崎国男. 長崎異人街誌. 葦書房株式会社，1994.
林謙三. 明楽八調について//岸辺成雄. 田邊先生還暦記念：東亜音楽論叢. 山一書房，1943.
林源吉. 唐八景と準提観音の縁起に就て//長崎談叢：14. 藤木博英社，1968：108-111.

林伯誠. 旅日福建同郷懇親会"二十年の歩み". 旅日福建同郷懇親会, 1982.

原不二夫. 東南アジア華僑と中国―中国帰属意識から華人意識へ. アジア経済研究所, 1993.

菱谷武平. 唐館の解体と変質―新しい居留地の形成//長崎談叢: 59. 長崎史談会, 1976: 24-45.

ピェール・ブルーデュー (Pierre Bourdieu). 文化資本の三つの姿 (Les trios etats du capital culturel). 福井憲彦, 訳. Actes, 1986 (1): 18-28.

ピェール・ブルーデュー. 実践理性―行動の理論について. 加藤晴久, 他訳. 藤原書店, 2007.

ビクター・ターナー (Victor Witter Turner). 儀礼の構造. 冨倉光雄, 訳. 新思索社, 1996.

フェルディナン・ド・ソシュール. 一般言語学講義. 小林英夫, 訳. 岩波書店, 1972.

平山国三郎. 唐寺巡礼. 長崎観光会, 1936.

比良清. 長崎県郷土誌. 長崎県史談会, 1933.

廣井栄子. 九連環とその周辺―明清楽への問題提起//音楽文化: 9. 大阪音楽大学研究所, 1981: 35-67.

廣田助利. 長崎華僑時中小学校沿革//時中編纂委員会. 時中長崎華僑―時中小学校史・文化事誌. 博文社, 1991: 8-114.

深潟久. 四海楼物語. 西日本新聞社, 1979.

福宿孝夫, 劉序楓. 長崎市稲佐山の悟真寺・国際墓地における唐人古碑数および関連資料の解説//長崎華僑研究会年報3: 長崎華僑史稿 (史・資料編). 1985: 11-40.

フリードマン・M (Maurice Freedman). 中国の宗族と社会 (Chines Lineage and Society). 田村克己, 瀬川昌久, 訳. 弘文堂, 1987.

フリードマン・M. 東南中国の宗族組織 (Lineage Organization In Southeastern China). 末成道男, 西沢治彦, 小熊誠, 訳. 弘文堂, 1991

法務省入国管理局. 出入国管理―国際化時代への新たな対応. 平成四年版. 大蔵省印刷局, 1993.

エリック・ホブズボーム (Hobsbawm Eric), レンジャー・テレンス (Terence Ranger). 創られた伝統 (The Invention of Tradition). 前川啓治, 梶原景昭, 訳. 紀伊國屋書店, 1992.

増田福太郎. 長崎"媽祖"の源流と背景. 経営と経済: 35. 1955: 1-39.

増田廉吉. 長崎南蛮唐紅毛史蹟. 長崎史蹟探究会, 1930.

増田廉吉. 長崎とお国芸//田中享一. 長崎談叢: 15. 藤木博英社, 1968: 39-50.

松尾利信. 稲佐唐人墓地//長崎談叢: 42. 1954: 81-85.

マックス・ウェーバー. 種族的共同社会関係//宮本貢. みすず. みすず書房, 1977: 9-10.

溝尾良隆. 観光資源論—観光対象と資源分類に関する研究. 城西国際大学紀要, 2008, 16 (6): 1-13.

宮田安. 長崎崇福寺論攷. 藤木博英社, 1950.

宮田安. 崇福寺の創建について—従来の通説の修正すべき2点//長崎談叢: 52. 長崎史談会, 1971: 28-44.

宮田安. 唐通事家系論攷. 長崎文献社, 1979.

宮田安. 崇福寺の開創とその変遷//長崎談叢: 73. 1987: 18-42.

宮本貢. 最新華僑地図. 朝日新聞社, 1994.

森田三郎. 長崎くんち考—都市祭礼の社会的機能について. 季刊人類学 (京都大学人類学研究会), 1980, 11 (1): 77-119.

山口光臣. 長崎の唐人屋敷における中国系寺廟建築について//長崎談叢: 72. 長崎史談会, 1987: 18-29.

山口麻太郎. 日本の民俗: 長崎. 第一法規株式会社, 1962.

山下晋司. 観光人類学. 新曜社, 1996.

山下晋司. 資源化する文化. 弘文堂, 2007.

山下晋司. 観光人類学の挑戦—"新しい地球"の生き方. 講談社, 2009.

山下清海. 横浜中華街と華僑社会—開港から第二次世界大戦まで//山本正. 首都圏の空間構造. 二宮書店, 1991: 211-220.

山下清海. 日本における中華街の形成と発展—エスニック・タウンの観光地化. 都市経済研究, 1993 (特別号): 60-66.

山下清海. 池袋唐人街. 洋泉社, 2010.

山田信夫. 日本華僑と文化摩擦. 嚴南堂書店, 1983.

山田松声. 清楽合璧. 山田信, 1888.

山野誠之. 明清楽の受容と伝承に関する総合的研究: 1990年度科学研究費補助金一版研究 (B) 研究成果報告書. 1992

山本紀綱. 長崎唐人屋敷. 謙光社, 1983.

横浜開港資料館. 開港から震災まで 横浜中華街. 横浜開港資料館, 1994.

横浜市役所. 横浜市史稿: 風俗編. 1932.

横浜中華学院校友会. 北獅子導殖記念—龍獅舞研究特刊. 1979.

楊桂香. 明清楽—長崎に伝えられた中国音楽. 中央音楽学院学報, 1993 (1): 77-80.

吉原和男. 僑刊・郷訊を利用した僑郷研究の可能性—広東省開平県の場合//可児弘明. シンポジウム華南—華僑・華人の故郷. 慶応義塾大学地域研究センター, 1992.

吉原和男, 曽士才, 他. 在日福建華僑による盆行事—宇治萬福寺における普度勝会//宗教行動と社会的ネットワーク. 大阪大学人間科学部, 1992: 91-129.

吉見重三郎. 明清楽譜 雪・月・花. 寺本長右衛門, 1887.

嘉村國男. 新編長崎名勝図絵 さまざまのくらし編・住の部. 長崎文献社, 1997.

米山俊直. 天神祭. 中央公論社, 1979.
李献璋. 長崎唐人研究余編//長崎談叢: 73. 長崎史談会, 1987: 1 – 17.
李光一. エスニシティと現代社会//思想: 4. 岩波書店, 1985: 191 – 219.
劉序楓 長崎における華僑の祭祀文書について—泰益号文書を中心に//華僑研究会年報6: 長崎華商泰益号関係書簡目録. 1980: 17 – 24.
廖赤陽. 在日中国人の社会組織とそのネットワーク 地方化・地球化と国家//日本における華僑華人研究——游仲勲先生古希記念論文集. 風響社, 2003.
廖赤陽, 王維. ローカル・イニシアティブにおける伝統の創造//東洋文化研究所紀要: 146. 2004: 45 – 68.
ローランド・ロバートン (Roland Robertson). 地球文化の社会理論 (*Globalization Social Theory and Global Cutural*). 阿部美哉, 訳. 東京大学出版社, 1997.
ロバート・ニーリー・ベラー (Robert Neeley Bellah). 宗教と社会科学の間. 葛西実, 小林正佳, 訳, 未来社, 1974.
ロラン・バルト (Barthes Roland). 神話作用 (*Mythologies*). 篠沢秀夫, 訳. 現代思潮新社, 1967.
若松正志. 李献璋《長崎唐人の研究》//長崎談叢: 80. 1993: 108 – 105.
渡部庫輔. 長崎風物記. 東洋日之出新聞 (中村ブック), 1930.

参考资料:

京都華僑総会, 大阪華僑総会, 神戸華僑総会. 関西華僑報 (1992 – 1994、1996 – 1997).
南京町商店街振興組合. 南京町通信 (1986 – 1998).
南京町商店街振興組合. 南京町沿革.
長崎史料絵葉書刊行会. 長崎史料絵葉書.
長崎ランタンフェスティバル実行委員会. 長崎ランタンフェスティバル (1992 – 2014)
長崎くんち: 41 – 48 (1990 – 1997). 山下誠編集発行.
中村ブック (東洋日之出新聞切り抜き等) //支那文化関係資料. スクラップブック.
横浜中華街発展会協同組合資料.
横浜華僑総会. 横浜華僑通訊 (1976 – 1998).

英語文献:

Anderson Benedict. Imagined Communities: Reflections on the Origin and Spread of Nationalism. London, New York: VERSO, 1983.
Barth Fredrik. Ethnic Groups and Boundaries. Boston: Little Brown. 1969.
Beck Sean. Meeting on the Margins: Cantonese "Old-timese" and Fujianese "Newcomers". Population, Space and Place, 2007, 1 (32): 141 – 152.

Bentley G Carter. Ethnicity and Practice. Comparative Study in Society and History, 1987 (29): 24 – 55.

Benton Gregor and Frank N Peike. The Chinese in Europe. Basingstoke: Macmillan Press. 1998.

Benton Gregor and Edmund Terence. The Chinese in Britain, 1800-Present: Economy, Transnationalism, Identity. New York: Palgrave Macmillan. 2008.

Bourdieu Pierre. Outline of a Theory of Practice. Trans. by Richard Nice. N. Y. : Cambridge University Press, 1977.

City of Westminster. Chinatown Supplementary Planning Guidance. 2005.

London Chinatown Chinese Association. Chinese New Year. 2008, 2009, 2010.

Chiou-ling YEH. Making An American Festival Chinese Yew Year in San Francisco's Chinatown. California: University of California Press, 2008.

Cohen Abner. Custom and Politics in Urban Africa Berkeley. California: University of California Press, 1969.

Cohen Ronald. Ethnicity, Proclems and Faces in Anthropology. Annual Review of Anthropology, 1978 (73): 79 – 413.

Diane Mei Lin Mark and Ginger Chih. A Place Called Chinese America. The Organization of Chinese Americans, Inc, 1982.

Eisenstadt S N. Intellectuals and Tradition. Daedalus, 1972, 101 (2): 1 – 19.

Eisenstadt S N. Post-Traditional Societies and the Continuity and Reconstruction of Tradition. Daedalus, 1973, 102 (1): 1 – 27.

Geertz Clifford. The Integrative Revolution: Primordial Sentiments and Civil Politics in the New States// Geertz Clifford. Old Societies and New States. New York: Free Press. 1963: 105 – 157.

Glazer Nathan, and Daniel Moynihan. Beyond the Melting Pot: The Negroes. Puerto Ricans, Jews, Italians, and Irish of New York City. Cambridge: MIT Press, 1963.

Glazer Nathan, and Daniel Moynihan. Ethnicity. Theory and Experience. Cambridge: Harvard University Press, 1975.

Gordon M M. Assimilation in America Life. New York: Oxford University Press. 1964.

Gordon M M. Human Nature, Class, and Ethnicity. New York: John Willey & Sons, 1978.

Him Mark Lai, Joe Huang, Don Wong. The Chinese of America 1785-1980. Chinese Culture Foundation San Francisco, 1980.

Huping Ling. Chinese St Louis: From Enclave to Cultural Community. Philadelphia: Temple University Press, 2004.

Isajiw Wsevolod. Definition of Ethnicity. Ethnicity, 1974 (1): 111 – 124.

Juhn Urry. The Tourist Gaze 3. 0. London: SAGE Publications Ltd, 2011.

Lai D C. Chinatowns: Towns within cities in Canada. Vancouver: University of British Columbia Press, 1988.

Leach E R. Political Systems of Highland Burma. London: G Bell & Sons, 1954.

Liu Hong. Introduction: Toward a Multi-dimensional Exploration of the Chinese Overseas//Liu Hong. The Chinese Overseas. London: Routledge, 2005.

Luk Wai-ki E. Chinatown in Britain. New York: Cambria Press, 2007.

Iven liant and Parminder Bhachu. Immigration and Entrepreneurship-Culture, Capital, and Ethnic Networks. Transaction Publishers, 1993.

Min Zhou. Chinatown: The Socioeconomic Potential of an Urban Enclave. Philadelphia: Temple University Press. 1992.

Peach C. Does Britain have ghettos?. Transactions of the Institute of British Geographers, 1996, 21 (2): 216 – 235.

Petersen William. Concepts of Ethnicity//Stephan Thermstrom. Harvard Encyclopedia of Amercian Ethnic Groups. Harvard University Press, 1980.

Pharoah R. Migration, Intefration, Cohesion: New Chinese Migrants to London. The Chinese in Britain Forum, 2009.

Pieke N Frank, et al. Transnational Chinese: Fujianese Migrants in Europe. Stanford: Stanford University Press, 2004.

Poyer Lin. Maintaining "Otherness": Sapwuahfil Cultural Identity. American Ethnologist, 1988 (15): 472 – 485.

Pratt M L. Imperial Eyes: Travel Writing and Transculturation. London, New York: Routledge, 2008.

Stuart Hall. New ethnicity// David Morley and Kuan-Hsing Chen. Critical Dialogues in Cultural Studies. Routledge, 1996: 441 – 449.

Tan Chee-Beng (陈志明). The Baba of Melaka: Culture & Identity of a Chinese Peranak Community in Malaysia. Malaysia: Pelanduk Publish, 1988.

Throsby D. Tourism, Heritage and Culture Sustainability: Three Golden Rules//Luigi Fusco Girard and Peter Nijkamp. Cultural Tourism and Sustainable Local Developments. 2009: 13 – 30.

Throsby D. Economics and Culture. Cambridge: Cambridge University Press, 2001.

Vickery A. Boy and Monica E Vickery. Chinese New Year Celebrations in London 1971-1973. Folklore, 1974, 85 (1): 43 – 45.

Waller P J. The Chinese. History Today, 1985, 35 (9): 8 – 15.

Weber M. Economy and Society. New York: Bedminster Press, 1968.

William Skinner. The Study of Chinese Society: Essays by Maurice Freedman. Stanford: Stanford University Press, 1979.

Yancey W L, Ericksen E P, and Juliani R N. Emergent Ethnicity: A Review and Reformulation. American Sociological Review, 1976 (41): 391 – 402.

Yong Chen. Chinese San Francisco 1850 – 1943: A Trans-Pacific Community. California: Stanford University Press, 2000.

汉语文献

蔡鸿儒. 晋江常谈录. 1961（福建省梨园戏剧团抄录）.
车琳. 文化符号学符号域思想解读. 俄罗斯语言文学与文化研究, 2014 (1): 85-88.
陈垂成, 林胜利. 泉州旧城铺境稽略. 泉州市历史研究会, 1990.
陈国霖. 偷渡美国. 李艳波, 译. 明镜出版社, 1999.
陈来幸. 世纪之交日本华社的演变与其展望//陈鸿瑜. 迈向21世纪海外华人市民社会之变迁与发展.（台湾）海外华人研究学会, 1999: 48-72.
陈志明. 迁途，家乡与认同——文化比较视野下的海外华人研究. 商务印书馆, 2012.
菲利普·史密斯. 文化理论面貌导论. 林宗德, 译.（台北）韦伯文化国际出版有限公司, 2008.
方雄普, 许振礼. 海外侨团寻踪. 中国华侨出版社, 1995.
冯尔康. 中国宗族社会. 浙江人民出版社, 1994.
富察敦崇. 燕京岁时记 北平年中行事. 北京出版社, 1961.
惠安县文化馆. 惠安风土记. 1978（复刻版）.
惠西成, 石子. 中国民俗大观. 广东旅游出版社, 1997.
黄华节. 中国古今民间百剧. 台湾商务印书馆, 1968.
黄瑞金, 刘汉宗. 中元节风俗谈//王聪文. 闽台民俗风情. 鹭江出版社, 1989: 175-176.
康澄. 文化及其生存与发展的空间——洛特曼文化符号学理论研究. 河海大学出版社, 2006.
李俊辰. 星光璀璨：英国华人华裔精英丛书第1卷. 欧金出版社（伦敦）, 2007.
李明欢. 当代海外华人社团研究. 厦门大学出版社, 1995.
李亦园. 信仰与文化. 巨流图书公司, 1983.
林国平, 彭文宇. 福建民间信仰. 福建人民出版社, 1993.
林谦三. 东亚乐器考. 钱稻孙, 译. 音乐出版社, 1962.
廖赤阳. 华人知识分子社团的跨国实践及其理念：以日本华人教授会为个案. 华人研究国际学报, 2012, 4 (2): 3-20.
刘伯骥. 美国华侨史. 黎明文化事业股分公司, 1982.
刘伯骥. 美国华侨逸史. 黎明文化事业股分公司, 1984.
刘春曙, 王耀华. 福建民间音乐简论. 上海文艺出版社, 1986.
刘宏. 跨界亚洲的理念与实践. 南京大学出版社, 2013.
刘佑. 南安县志（下）. 台北市南安同乡会, 1973（复刻版）.
麦礼谦. 从华侨到华人——二十世纪美国华人社会发展史. 三联书店（香港）, 1992.
蒙奇. "'21世纪的美国华人'和'"后新华侨时代的日本华侨社会'的学术讲座综述". 华侨华人历史研究, 2013 (4): 77-78.
孟元老, 等. 东京梦华录·都纪胜西湖老人繁胜录·梦梁录武林旧事. 中国商业出版社, 1982.

民候鸿. 晋江乡上志. 晋江明新小学, 1922.

潘荣陆. 帝京岁时记胜. 北京出版社, 1961.

彭轲（Frank N. Pieke）. 荷兰华人的社会地位. 庄国土, 译. "中央研究院"近代史研究所, 1992.

泉州市历史研究会. 泉州风土资料篇. 1979

泉州市民政局. 泉州市旧风俗资料篇. 1985.

王良. 横滨华侨志. 财团法人横滨中华会馆, 1995.

王铭铭. 中间圈"藏彝走廊"与人类学的再构思. 社会科学文献出版社, 2008.

王铭铭. 人类学讲义稿. 北京世界图书出版公司, 2011

王维, 廖赤阳. 在日福清移民的社会组织及其网络：以福建同乡会的活动为焦点//刘宏. 海洋亚洲与华人世界之互动.（新加坡）华裔馆, 2007：225 – 238.

王耀华. 中国传统音乐概论. 福建师范大学音乐系, 1990.

文化部文学艺术研究院音乐研究所. 民族音乐概论. 人民音乐出版社, 1964.

吴吕南. 英国华人简史//游海龙. 英国华人总揽. 亚美企业有限公司（伦敦）, 2006：30 – 34.

徐景喜, 等. 福州府志24：风俗篇. 1967. 福建省图书馆所藏（复刻版）

许龙宣. 晋江地方掌故. 晋江历史研究会.

杨存田. 中国风俗概观. 北京大学出版社, 1994.

叶春荣. 人类学的海外华人研究：兼论一个新的方向. "中央研究院"民族学研究所集刊, 1993（春季号）：171 – 201.

游海龙. 英国华人总揽.（伦敦）亚美企业有限公司, 2006.

余丽珍. 厦门华侨志. 鹭江出版社, 1991.

张揖. 广雅.

张昆. 李光前学术讨论会文集：泉州市《华侨史》第6辑. 中国华侨出版社, 1995.

郑赤琰, 张志谐. 台湾海峡两岸关系研讨会论文集. 岭南大学族群与海外华人经济研究部 香港海峡两岸关系研究中心, 1998.

中国华侨历史学会. 侨史研究十年——中国华侨历史学会成立十周年纪念刊. 中国华侨出版社, 1991.

中国艺术研究院音乐研究所. 中国音乐词典. 人民音乐出版社, 1985.

仲富兰. 中国民俗流变. 中华书局, 1989.

周处. 风土记.

周硕勋. 潮州府志. 成文出版社, 1888（复刻版）.

周学曾, 等. 晋江县志. 福建人民出版社, 1990.

朱商羊. 乾隆泉州府志20：风俗篇. 登文印刷局, 1964（复刻版）.

庄国土. 中国封建政府的华侨政策. 厦门大学出版社, 1989.

庄为玑, 王连茂. 闽台关系族谱资料. 福建人民出版社, 1983.

后　记

本书系十多年来本人对日本及海外部分唐人街之观察与研究，并首次以中文在国内发表。本书的内容包括以下三大部分：首先，是日文拙著《日本华侨传统文化的重建和族群性》，此次在国内出版时经过了大幅度的增减和全面的修改；其次，是近年来本人在日本等进行田野调查研究的成果，其中部分成果曾在国外发表过，此次以中文发表之前再经过修改和更新；最后，是过去几年内本人利用在海外学术研究机构访学的机会（包括在美国加州大学柏克莱分校五个月、英国伦敦大学一年），对当地唐人街进行实地调查之后的思考和研究。

在海外实地调查和本书的撰写过程中，笔者有幸得到了许多学者和各方人士以及相关研究机构的鼎力帮助、鼓励和支持。值此付梓之际，笔者特别感谢以下人士和社团机构：（日本）稻村哲也、清水展、藤村和宏、野口里美、廖赤阳、王柯、陈优继、陈东华、陈天玺、刘济昌、林照雄、林敏幸、林兼正、曹英生、张滨、陈臻、田上富久、池田尚己、山北守、西田京子、长崎新地中华街振兴组合、日本福建同乡会、长崎市政府、横滨中华街发展会、神户南京町商店街组合；（日本以外）王灵智、李华伟、刘新、白兰、池洪湖、谢锦霞、丘玉云、吴吕南、游海龙、常向群、李志章、郑柱挺、谢贵全、吴国强、单声、桂秋林、严振羽等；加州大学伯克利分校亚洲研究中心、伦敦大学亚非学院、伦敦华埠商会、伦敦华埠华人社区中心、伦敦依士灵顿华人协会、旧金山中华文化中心、旧金山中华总商会等机构。

在本书的构思、修改和出版过程中，新加坡南洋理工大学刘宏教授、香港大学钱江教授、山东大学范磊博士、中山大学曹善玉博士等学友曾给予大力帮助和支持，在此一并致以诚挚的谢意。同时，我要感谢中山大学出版社的李海东编辑等人对本书出版所做的努力和支持。

最后，我要特别对本书出版提供赞助经费的日本国立香川大学经济学会致谢。本书稿虽几经修改，不足或错漏之处在所难免，敬祈方家指教。

王 维

2014 年 7 月 5 日